21世纪公共管理系列教材

公共管理的方法与技术

（第二版）

魏　娜　主编

中国人民大学出版社

·北京·

21世纪公共管理系列教材专家指导小组成员

（以姓氏笔画为序）

出版说明

现代意义上的公共行政与公共管理的研究和教育开始于20世纪初的西方。时至今日，随着公共管理职业化的发展，公共行政和公共管理的研究和教育事业在西方发达国家方兴未艾。从20世纪80年代开始，适应公共管理改革与发展和培养公共管理人才的需要，我国的公共行政与公共管理研究和教育，在经历了发展的挫折之后，开始了恢复和重建的工作。经过20多年的发展，特别是公共管理一级学科的设置和我国公共管理硕士（MPA）专业学位研究生教育的启动，以及高校公共管理本科专业的大量开设，公共管理已成为当代中国社会科学和管理科学领域教学与研究的一个充满生机活力和具有远大发展前景的学科。

为了适应新形势发展的需要，更好地研究、指导、管理高等学校公共管理的教学科研工作，2001年4月，教育部公共管理类学科教学指导委员会成立，并于2001年12月在广州召开了第一届全委会。参会委员就学科发展方向、课程设置问题进行了充分的讨论，很多委员认为应根据新形势下学科发展的需要，对目前公共管理类的课程设置进行调整，按计划年内拿出调整方案。目前，公共管理本科教育发展很快，编写反映本学科最新研究成果、与时俱进的、具有创新性的、高质量的本科教材迫在眉睫。

在教育部公共管理类学科教学指导委员会的指导、支持下，在对很多院校的公共管理类本科专业课程设置进行调研和对一些院校的课程设置情况、设置方向进行座谈的基础上，结合现有的教育部关于公共管理类本科四个方向（行政管理、公共事业管理、劳动与社会保障、土地资源管理）的课程设置情况，中国人民大学出版社组织全国著名专家，计划从 2003 年上半年开始，在 2 年内，陆续出版 21 世纪公共管理系列本科教材和教育部“十五”规划教材。

本套教材涉及公共基础课、专业基础课和选修课三部分的 20 多门课程。本套教材立足本科教学的需要，从本科教育的特点出发，从公共管理和公共行政教育的特点出发，在教材编写和内容安排上，强调基础知识、基本理论、基本技能；同时，也尽可能地体现创新性、前沿性的特点。

参加本套教材编写的有中国人民大学、北京大学、清华大学、复旦大学、中山大学、厦门大学、武汉大学、吉林大学、东北大学、西北大学等国内十几所著名大学的具有丰富教学和科研经验的教授专家，我们期望通过这种强强联合、优势互补、资源共享的方式，出版高质量的、权威性的精品教材。此外，为了保证教材的质量，更好地反映公共管理本科教学的特点，中国人民大学出版社邀请有关专家成立了 21 世纪公共管理系列教材专家指导小组。

公共管理的实践是不断变化和发展的，变革与发展是当代世界范围内公共管理的主题。随着公共管理实践的不断发展，公共管理学科研究的范围、主题和内容也在不断地发展和变化。这就要求公共管理教育以及相关的教材在方方面面都应该不断地更新。我们还会根据变化了的环境和要求，对教材的编写工作以及教材本身作适当调整。望广大读者不断反馈信息，对这套教材提出批评、建议，以便于我们不断修订、完善。

中国人民大学出版社

2003 年 5 月

第二版修订说明

《公共管理的方法与技术》作为教育部“十五”国家级规划教材，第一版于2004年出版，该教材填补了公共管理教学与研究过程中对管理方法与技术重视不够的空白，受到高等学校师生以及广大读者的普遍欢迎。为了适应时代发展与知识更新的需要，教材编写组对教材的内容、体例以及案例又进行了研究与讨论，并进行了认真的修改，其基本的思路与具体的修改内容有以下几点：

一、本书撰写的指导思想是：借鉴世界各国公共管理与企业管理中的有效方法与技术，并结合我国公共管理的具体实践来组织本书的基本体例和撰写的具体内容。

二、本书的编排体例设计，既要考虑到其完整性和逻辑性同时又要照顾到读者层的不同要求，因此，在第二版的修改过程中我们有意识地删掉了一些很具体的操作技术的内容。如第一版的第8章和第9章。

三、在保留基本的案例材料的基础上，我们对一些章的开章案例（如第6、8、10章）和阅读材料（如第1、3、4、7、8章）进行了替换与更新。

本书是集体合作的成果，魏娜教授提出修订的指导思想和具体的计划，各章内容的具体分工为：第1、2章：王学栋；第3章：张文灿、魏娜；第4、5章：张璋；第6章：李传军；第7章：王学栋；第8章：李传军；第9章：魏娜；第10章：李传军；第11章：魏娜。

魏　娜

2011年2月

第一版编者说明

现代社会要求职业化和专业化的公共管理。我国公共管理的发展实践，正是对这种要求的积极回应。但是，由于学科历史、研究方法、学科队伍等方面的原因，我国公共管理的教学与研究中对公共管理的方法与技术手段重视不够，有关这方面的专著、教材也相对匮乏，这既满足不了培养在校学生公共管理技能的要求，也不能适应提升公共管理人员管理能力与管理水平的需要。为了改善这种状况，我们曾在 1999 年编写了一本教材，经过几年的教学实践，普遍反映该教材针对性强、科学实用。但是，由于该教材是《21 世纪公共行政系列教材》之一，为了整套教材的协调，有些内容没有包括进来。现在该教材（《公共管理的方法与技术》）又被定为教育部"普通高等教育'十五'国家级规划教材"。我们在原教材的基础上又增加了新的内容，以使该书的内容更丰富、给学生更多的知识与信息。

任何一种教材都应考虑逻辑体系的完整和结构形式的完美。在本书的设计中，我们也反复考虑到按照方法论、一般方法和具体操作技术这三个层面来系统介绍公共管理中的方法与技术，重点是使内容更实用。因此，本书各章的设计并不存在严格的逻辑关系。既有一般方法如系统分析方法、预测方法、控制方法、调查研究方法等，又有针对公共管理某一方面的方法与技术，如工作分析等。选取的标准主要在于它的科学性、实用性与通用性。

本教材在编排体例上有以下特点：一是在每一章前面都有一个开章案例，实际上也是一个引子，为读者了解各章的重点提供背景与线索。二是为了帮助学生对学习内容的全面掌握和灵活运用，在每章的后面还附有阅读材料及复习题。三是在文中插入了大量的图表，以增强阅读的直观性。

本书是集体劳动的成果。由魏娜负责全书的总体设计和组织工作，张璋、王学栋为本书的内容和章节的编排付出了辛劳与智慧。具体分工是：第 1 章、第 2 章、第 7 章：王学栋；第 3 章、第 8 章：张文灿；第 4 章、第 5 章：张璋；第 6 章、第 10 章、第 12 章：李传军；第 9 章：魏娜、孙迪；第 11 章：张如帆、魏娜；第 13 章：魏娜。同时，硕士研究生刘方明、王晓安、胡冬华在收集资料和案例撰写方面付出了很多劳动。

“公共管理的方法与技术”是一个不断发展的概念，以教材的形式来介绍它必然存在诸多不足，同时，它也是一个不断发展的领域，许多新的方法与技术的产生与应用，也是本书不能完全涵盖的。由于编者的水平有限，书中定有疏漏之处，我们真诚地希望读者批评、指正，以促进我们不断地学习与提高。

魏　娜

2004 年 2 月于中国人民大学

目录

第 1 章

系统分析方法

开章案例

这是一个正在迅速崛起的沿海新兴城市。近几年，由于积极贯彻执行改革开放的方针、政策，大力招商引资，该城市经济发展迅猛，人均国民生产总值居全国第 15 位，成为全国各地学习的榜样。但是，由于没有注意到经济发展同其他方面发展的关系，该城市经济发展与基础设施建设相脱节，基础设施建设的滞后又制约了经济的发展，成为经济进一步发展的“瓶颈”。其中，公共交通系统的滞后便是非常突出的方面。它给当地居民和外来投资者带来了工作和生活上的不便，已引起他们的普遍不满。假如你是该城市主管公共交通的负责人，你将如何决策，以改进现有公共交通不便的状况？

城市公共交通是现代城市的主动脉，其状况如何，往往是衡量城市经济发达程度、科学技术水平、城市规划和建设工作，甚至是精神文明建设工作的重要指标。城市公共交通一方面受到城市结构、经济水平、产业布局、商业网点、住宅分布、道路设置、土地利用、交通情况、人口增长、环境生态、文化教育、生活条件等众多社会、政治、经济、心理因素的制约；另一方面，它自身的有效性

(迅速、准点、方便、舒适)、经济性、安全性、可靠性，又直接或间接地影响着整个社会的工作效率、经济效率、人民生活、社会治安，以及整个社会的信息结构等。因此，公共交通系统是一个非常复杂的庞大系统。

作为一个城市公共交通主管部门的负责人，在对公共交通进行决策时，不能片面地考虑某一方面或某几方面，也不能简单地采用某一种具体决策方法，而应该从系统科学的角度出发，将城市公共交通置于城市社会经济环境系统之中，考虑社会、经济、环境效益的优化，对公共交通的三大要素（人、车、路）进行整体、综合、动态的研究，同时灵活采用各种定性、定量方法，使公共交通的决策建立在科学的基础之上。这一决策过程实际上就是系统分析的过程。

1.1 系统与系统分析

系统分析是 20 世纪 40 年代，为解决人类生活和社会系统中不断涌现出的众多复杂难题而发展起来的一种以人为中心的、为管理决策服务的科学和艺术。它最早是由美国兰德公司在第二次世界大战前后提出并加以运用的，此后被广泛应用于人类社会生活诸领域。系统分析方法在 20 世纪 50 年代就被引入我国，著名科学家钱学森教授为此作出了突出的贡献。其后，从 60 年代开始，著名数学家、教育家华罗庚教授用其全部的精力在国内推广运筹学和优选法，使我国操作式的系统分析研究向前迈进了一步。从 70 年代末开始，系统分析又被广泛地应用于通信理论、生物和系统工程、哲学、经济及公共领域的分析和研究。

1.1.1 系统

系统分析的基本概念是系统。按照一般系统论的创立者贝塔朗菲的观点，“系统是处于一定相互联系中并与环境发生关系的各组成部分的整体”①。我国著名科学家钱学森教授则主张把“极其复杂的研究对象称为系统，即相互作用和相互依赖的若干组成部分合成的具有特定功能的有机整体，而且这个系统本身又是它所从属的一个更大系统的组成部分”②。因此，我们可以根据上述解释把系统定义为：由相互作用和相互依赖的若干组成部分按照一定规律结合而成的，具有特定功能的有机整体。

---

① ［奥］贝塔朗菲：《一般系统论的历史与现状》，载《国外社会科学》，1978 (2)。

② 钱学森：《论系统工程》，10 页，长沙，湖南科学技术出版社，1982。

系统的存在是一种普遍的现象，世界上的万事万物都作为系统而存在。系统最显著的特点是整体性。系统的整体性质和功能，不是组成它的要素的性质和功能的简单相加，而是要素组合产生的新的性质和功能。任何系统都有其内在的结构。结构是组成系统的各个部分或要素之间相互联系和相互作用的形式，它表明事物的系统是由什么组成和怎样组成的。任何系统都有一定的层次性，因为系统的区分是相对的，在小的范围内是系统，在大的范围内就成为要素；反之，在大的范围内是要素，在小的范围内则成为系统。此外，任何系统都具有环境适应性，因为每个系统都是在一定的环境中存在和发展的，它必然要与环境发生物质、能量、信息的交换，以维持自身动态的平衡。

1.1.2　系统分析

系统分析的理论与方法产生之后，由于其在各个领域和各种类型问题中的广泛应用和发展，不同专业领域的实际工作者和专家结合自身应用系统的经验，摸索出了多种多样的分析和解决问题的方法。系统分析的方法是指采用系统的观点和方法，用定性和定量的工具，对所研究的问题进行系统结构和系统状态的分析，提出各种可行性方案和替代方案，并进行分析和评价。系统分析的任务则是向决策者提供系统方案和评价意见，以及建立新的系统的建议。

由此，我们可以把系统分析的定义描述为：系统分析是一种决策辅助技术，它采用系统的观点和方法对所研究的问题提出各种可行的方案或策略，进行定性和定量的分析和评价，帮助决策者认清所研究的问题，以便决策者选择行动方案。

系统分析方法既是一门科学，又是一门艺术。说它是一门科学，是因为它为解决政府、企业、军事、工业、农业、服务业、交通和通信等方面的各种特殊的管理与计划问题，提供了能够加以验证的理论、模型和技巧；把它视为艺术，是因为在分析过程中要作出创造性的选择，并且需要把各种定性和定量的工具巧妙地搭配使用。当实际经验表明旧的体系已不再具有适应性的时候，这种集科学与艺术于一身的方法，可用于评估是否需要重新修改有关的理论、模型和分析技巧，并为做到这一点提供手段。

1.1.3　系统分析的作用及局限性

作为一种科学的方法论，系统分析在管理决策、政策分析中具有重要作用，具体体现为：第一，使决策者能更充分地考虑所面临的各种不同选择，更有效地利用稀缺而昂贵的人力、物力资源；第二，使决策者更好、更快地达到目的并加强决策能力；第三，帮助人们理解系统并进行系统之间的比较；第四，鼓励人们对系统的各个组成部分进行同时研究，促使人们注意各种系统中的结构层次特点；第五，有助于开拓新的知识领域，有助于突出未知的东西，同其他解决问题的方法相比，能够从不同的（常常是最好的）角度提出问题，迫使人们在考虑解决问题的方法的同时，也考虑到协调、控制、贯彻执行的问题；第六，促使人们进行从目的到手段的调查、对内外各种因素的调查，以及对环境的全面调查；等等。

在认识到系统分析的重要作用时，我们还必须注意到它的局限性，即有一些场合并不适宜用系统分析方法。如目标是通过剧烈的冲击而引起系统迅速的改变；目的是破坏而不是维护；领导层的意愿是加强权力，保持统战联合或政治上的一致；对社会和人的驱动力是来自排斥独立思考的社会意识形态、信仰和封建思想；纯科学和艺术创造活动；等等。

此外，在进行系统分析时，为了避免发生一些根本性的概念错误，分析人员必须注意以下可能产生的问题：把抽象的系统和现实的系统相混淆；将局部混同于整体；局部利益和整体利益之间的对抗；虽然提出面面俱到的要求，但是却无力对其进行适当的研究；选择出来进行分析的部分，并不是系统中最重要的部分；忽视历史，缺乏全面的调查研究；所具有的知识仅够进行表面、肤浅的分析；采用单纯的、依赖纯逻辑式的分析推理；不必要地扩大分析范围；在完全不适合进行系统分析的场合硬要使用系统分析方法；等等。例如，与特定专业知识有关的问题，在时间和资源上不值得进行系统分析的简单问题等。

1.2 系统分析的内容和过程

系统分析作为一种科学的方法论，具有特有的内容以及实现这些内容的方法和步骤。

1.2.1 系统分析的基本内容

根据不同的标准，我们可以把系统分析的内容作不同的划分和归类。根据系统的本质及其基本特征，可以将系统分析的内容划分为系统的整体分析、结构分析、层次分析、相关分析和环境分析等几个方面；根据系统分析的基本研究范畴，可以将系统分析的内容划分为行为分析、价值分析、规范分析以及可行性分析等方面；根据系统分析的流程，可以将系统分析的内容划分为系统研究、系统设计、系统量化和系统评价等几个方面。我们对系统分析基本内容的介绍就是以最后一种划分方法为依据的。至于其他划分方法，我们将在后面的系统分析的基本原则和方法中作进一步解释。

根据系统分析的流程，我们把系统分析的内容展示于图 1—1 中，该图就是按照系统研究、系统设计、系统量化、系统修改与简化、系统评价的内容作出的系统分析活动的流程图。

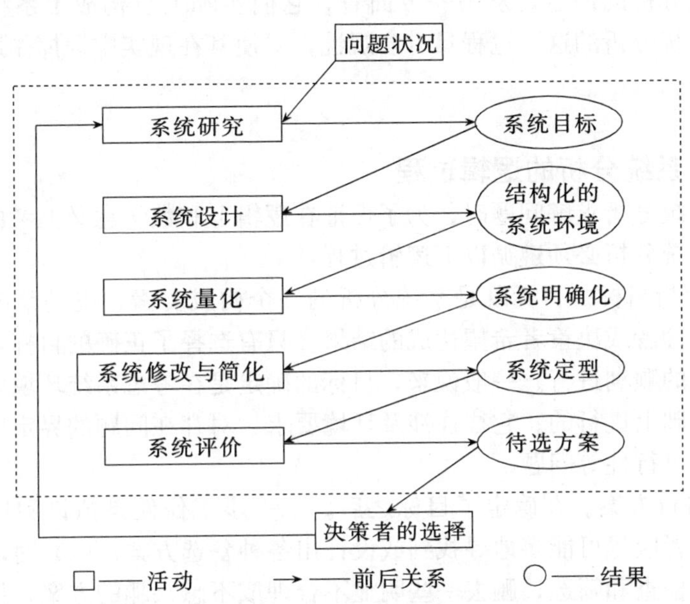

图 1—1　系统分析的内容

1. 系统研究。在提出问题后，系统分析内容中的第一项就是系统研究。通过对广泛资料的处理，获得有关信息，进而使资料所代表的意义明确化（如用数量来表示），并使相关的资料能因问题状况的特性而显现某种程度的结构化。利用一些有效方法（如进行统计检验等）进行比较和分析，以确认或发现所提出的问题的目标。

2. 系统设计。主要是处理系统的结构部分，使系统与系统环境之间实现结构化，以便进行定量处理。

3. 系统量化。这是处理系统问题的属性量化部分，也就是说，使系统定量化、明确化，以便应用建模手段和模拟等技术进行系统评价。

4. 系统修改与简化。一般说来，系统特性经过量化后，还需要经过必要的修改和简化工作，才有可能使用现有的分析模式或技术来运算，即达到操作性的要求。

5. 系统评价。这是指在对系统及其结构进行分析的基础上，应用建模手段和模拟、优化等技术获得系统中各个可行方案的计算结果，得出有关的比较分析和排序的结果，并把全部研究结果提供给决策者，以便其作出决策并付诸实施。

综上所述，系统研究、系统设计、系统量化、系统修改与简化、系统评价共同构成了系统分析的内容，从另一方面看，它们实际上也构成了系统分析的过程。当然，系统分析的这一过程具有宏观性，要使其在现实中发挥作用，必须进一步细化。

1.2.2 系统分析的逻辑过程

在应用系统分析求解问题时，为了保证在逻辑上和数学意义上考虑到所有必要的要素，系统分析必须遵循以下逻辑过程：

1. 确定分析目标。目标既是系统分析的一个构成要素，也是系统分析的出发点。它是管理者或决策者希望达成的结果。只有选择了正确的目标，才能保证整个分析过程的顺利进行。一般说来，目标的确定是在考虑系统环境要求及系统存在问题的基础上进行的。它往往涉及环境要求、对存在问题的界定以及目标自身的合理性、可行性等问题。

2. 选择可行方案。在确定了目标之后，下一步工作便是拟订和选择可行方案。(1) 分析者应尽可能多地寻找到或设计出各种备选方案；(2) 对范围广泛的备选方案加以检查和筛选，删去一些明显不合理或不感兴趣的方案，把最有希望的方案留下来，进一步加以分析和计算。

3. 选择计算准则。计算准则是人们用来评估可行方案取得目标或结果程度的尺度，它提供了一种将目标、可行方案和结果联系起来的方法，如准则指标、变量规模、风险和不确定程度等。计算准则的选择要根据所研究问题的复杂程度和水平，以及分析要求的解析水准等来确定。此外，还要选择相应的计算技术，如模拟、数字规划、网络、排队等，以保证可行性方案计算结果的有效性。

4. 应用模型技术。模型是系统分析中的一个常见的量化工具，它们可以用来研究或预测采取一项行动的结果，而不必等到实际采取行动之后再去衡量。在系统分析过程中，应用模型技术的主要内容包括模型或模型体系的分析技术。选用的模型类型及其定量程度取决于所要研究问题的变量规模、参数关系和选择的方案数目等。

5. 生成输入数据。在系统分析过程中，数据的搜集至关重要，既要利用现有数据，又要通过分析和预测产生新的数据，还要尽量获取实际的运行数据，然

后根据计算准则、模型的要求确定所需要的输入数据，并制成相应的格式。

6. 模型运行和操作。当数据齐备并输入模型之后，模型就可运行，并得到在各种不同情况或行动方案下的计算结果，进行灵敏度、风险和效应分析。

7. 结果分析。这一环节主要是对模型运算的结果加以分析，作出可行方案的排序，提出效应分析结果和推荐意见，编写出各种必需的文件和说明，提供给决策者作为决策的依据。

以上几个环节构成了系统分析的完整过程，系统分析过程实际上是一个数据处理与信息转换的过程。从系统分析的起始工作开始，一直到采取决策行动为止的每个步骤和环节都有着信息分析的成分。因此，系统分析是一种解决问题的基本工具，系统分析人员必须对系统的状态、系统的变化、系统的信息给予足够的注意。

1.3　系统分析的基本原则

系统分析的基本原则是系统分析活动固有规律的概括，是系统分析活动必须遵循的行为准则，它对系统分析具有普遍指导作用。根据系统的性质和特性，我们可以把系统分析的基本原则概括为整体性原则、优化原则、模型化原则和层次性原则。

1.3.1　整体性原则

整体性是系统的最基本的属性和特征之一。因此，在应用系统分析时，必须坚持整体性原则，即把研究对象作为一个有机整体。整体性原则是系统分析方法的基本思想和核心，它根源于客观世界的整体性。这一原则为我们进行系统分析活动提供了重要的方法论准则。

(1) 它要求我们考察任何对象都要以系统的整体性作为基本出发点，去认识、研究和处理一切客观事物。这是因为如果不坚持从整体出发，就不能正确认识事物的整体性质和规律，也不能正确认识事物整体中的部分。正如爱因斯坦所说，如果人体的某一部分出了毛病，那么只有很好地了解人的整个复杂的机体，才能医好它。而从整体出发，其一是说无论研究、设计还是解决任何问题，从目标选择到评价标准确定和系统决策，都必须从整体着眼；其二是说在研究方法上，要把整体作为起点，从整体到部分再到整体。

(2) 它要求我们既要从整体着眼，又要注意对组成要素的分析。因为如果不对系统的要素进行具体分析，那么就无法认识事物的整体性质和运动规律。对整体的组成要素进行分析，一方面要注意分析系统的要素组成情况，努力提高每个要素的素质，注意发挥每个要素的作用；另一方面又要注意分析它们之间的联系，以改进系统内诸要素的组合方式，使诸要素遵循系统的总体目标定向化协同运作，避免或减少内耗。

（3）它要求我们进行系统分析时应考虑系统对环境的适应性。因为任何系统都处在一定的环境之中，环境是系统存在和发展的条件，环境影响、制约甚至决定系统的性质和功能。任何系统要存在都必须不断与环境进行物质、能量、信息的交换，以保持动态平衡，从而体现环境适应性的特征。环境分析是系统分析的重要组成部分。

（4）它要求我们在进行系统分析时必须注意研究系统的历史发展规律性。这是因为任何客观事物都不是固定不变的，都有自己产生、发展和灭亡的过程，从而体现历史规律性的特征。

（5）它要求我们在对系统的要素、结构、功能、相互联系方式、历史发展等方面具体分析的基础上，认真搞好综合，即把对系统的各个要素、各个方面的认识统一起来进行考察，从总体上把握客观事物的本质和规律。

综上所述，在系统分析活动中，整体性原则的基本要求就是从整体着眼、局部着手，协调各方，综合考虑，以达到整体优化。

1.3.2 优化原则

优化是系统分析的基本目的，也是现代系统发展的一种趋势。它是指从系统的多种可能中，选择最佳的决策方案，使系统处于最佳状态并取得最佳效果。因此在进行系统分析时，必须坚持优化原则。优化原则要求人们研究任何系统都要着眼于系统的最佳功能，即着眼于系统的目标函数在约束条件下所能达到的最大值或最小值。具体说来，体现为以下几个方面：

（1）它要求必须坚持局部效益服从整体效益。我们知道，系统的优化是与系统的整体性紧密相连的。它的核心就是要达到整体效益的优化。但是，系统的整体效益与局部效益往往并不一致。这就要求我们根据系统的目标，正确处理好系统的局部效益和整体效益、眼前效益与长远效益的关系，确保整体和长远效益上的优化。例如，在国民经济调整中，关、停、并、转一部分企业，从这些企业的局部效益看，并非有利，但从整体和长远利益来看，却是优化的。因此，研究任何系统对象，如果整体和局部、长远和眼前的效益都好，当然更好；如果它们之间有矛盾，就要首先确保系统的整体效益优化，然后再去考虑局部和眼前效益。

总之，在处理整体与局部的关系时，必须把整体优化作为优化的主要目标。

(2) 它要求必须坚持系统的多级优化。所谓多级优化，就是把优化思想贯彻到系统分析的始终，体现在过程的各个阶段，即从确定目标、选择可行方案、确定计算准则、应用模型技术、生成输入数据，一直到模型运行和结果分析都要进行优化选择。如确定目标是系统分析中最重要的问题，目标错了必将导致整个分析的错误，因此，在确定目标时，一定要从战略上考虑系统的总体优化，目标的选择一定要具体准确，并检验其是否具有针对性、可行性及明确性等。再如，制定和选择可行方案是系统分析的核心，一定要制定出多种可行方案，“有比较才会有鉴别”，然后对多种可行方案进行可行性分析，经过筛选优化，找到最佳的可行方案。因此，系统的优化，绝不限于在预定的设计限制下去优化预定的方案，即改变某些参数和局部环节，而是在系统分析的整个过程中，贯彻优化的原则，多级优化乃是实现整体优化的重要保证。

(3) 它要求必须坚持系统优化的绝对性与相对性相结合。优化是我们进行系统分析所要达到的理想目标。但在现实中，由于各方面因素的影响，很难找出一个十全十美的最优方案，往往只能选择一种比较合理的妥协和折中的方案。因此，要追求优化，但不一定追求绝对的优化，只要这个决策方案大家认为满意就行了。这种寻求“满意性”的系统分析方法，虽然不如某些“优化”方案那么严格、精确，但它却比较灵活高效。因为使用严格的优化方法，往往需要花费很大的人力、物力、财力，寻找满意性方案则可以把人们的一些经验判断吸取进来。

这实际上反映了优化的绝对性和相对性的关系问题。因为优化本身的“优”是绝对的，而优化的进程却是相对的，即不可能达到最优。因此，在选择优化方案时，必须考虑各方面的条件和可能性，进行可行性分析，在不能达到最优的情况下，坚持满意性标准。

现代优化理论自运用于系统分析以来，发展迅速，方法也越来越多，主要有线性规划、非线性规划、动态规划、对策论、排队论、搜索论、替代论、存储论、优选论等。

1.3.3　模型化原则

复杂性是现代系统的特征之一，这就决定了单凭以往经验对比较复杂的系统进行研究和设计往往很难取得成功，因此必须通过模型进行反复试验，验证目标的可靠程度。这种预先设计一个与真实系统相似的模型，通过对模型的研究来揭示和掌握真实系统的特征和规律的方法，称为模型化方法。模型化方法在系统分析中具有重要作用，它不仅有助于我们深入研究和深刻把握系统发展的本质和规律，而且有助于系统分析的定量研究，是系统分析方法实现优化的必要途径。离开了模型化方法，系统分析也就不可能成为一种现代化的科学方法。因此，进行系统分析，必须坚持模型化原则。而要坚持模型化原则，则要求我们在系统分析时遵循以下要求：

（1）模型的相似性原则。世界统一于物质原理，是唯物主义的基本原理，也是模型化方法能够在各门科学中获得广泛应用的哲学基础。列宁曾经指出：自然界的统一性显示在关于各种现象领域的微分方程式的惊人的类似中。为了说明这种相似性，他还引用波尔兹曼的思想，用统一方程式可以解决流体动力学的问题，也可以表达结论。流体的旋涡理论和气体的摩擦理论显示出同电磁理论惊人的类似。客观事物之间存在的这种“惊人的类似”正是模型得以建立的客观基础。因此，在建立和运用模型时，必须以相似性原则为指导，运用比较、类比的逻辑方法，看到“异中之同”，找到模型和原型之间的相似之处，这样建立的模型才能真正反映原型的某些属性、特性和运动规律。如果与原型没有或缺乏相似性，则很难达到预期目标，甚至会造成更大的困难。

（2）模型的简单化原则。任何模型都应真实地反映原型的某些属性、特征和规律，如果模型失去这种真实性，就会丧失它应有的作用。但是，模型又不等同于原型，它只是原型的简单化，否则模型将丧失其存在价值。因此，任何模型都是真实性和简化性的统一，这就要求我们在建立和运用模型时，一方面要考虑模型的真实性、相似性；另一方面又要尽可能地简化，要敢于滤掉实际系统中那些可以忽略不计的因素，这样建立起来的模型，既能使原型大大简化，避免消耗更多的人力、物力、财力和时间，又能突出原型追求的主要目标。

（3）模型的客观性原则。如上所述，模型不等于原型，模型和原型的关系是一种相似、简化的关系，这就容易造成模型所提供的数据和成果与真实系统的情况不完全吻合，有时甚至会产生对立。因此，在对待原型和模型的关系上，一定要坚持客观性原则，一定要注意模型提供虚假数据的可能性，要随时注意根据原型的实际情况对模型进行核实、修正，而绝不能削足适履，随心所欲地取舍某些不符合模型观察资料的客观数据。

（4）模型的创造性原则。建立和运用模型是一项创造性的劳动，它要求我们除了要有真实的科学资料，还必须有丰富的想象力。通过运用类比方法，发挥形象思维的功能，构思出简单而不失真实的图像和模型。

1.3.4 层次性原则

任何系统都是由一定的要素组成的整体，这就表明，一方面，组成系统的诸要素是由更低一层要素组成的子系统；另一方面，系统本身又是更高一层大系统的组成部分。这就是系统的层次性特点。层次性原则要求人们在运用系统分析方法时，一定要注意整体与层次、层次与层次之间的相互制约关系。

系统分析中的层次性原则是由美国著名运筹学家萨蒂在 20 世纪 70 年代首先提出的。其基本思路是：明确问题中所包含的因子及其相互关系，将各因子划分为不同层次，从而形成多层次结构，通过对各层次因子的比较分析，建立判断矩阵，并通过判断矩阵的计算将不同决策方案按重要性或适用性大小排列，为最优方案的选择提供依据。层次性原则首先要解决系统分层及其规模的合理性问题，层次的划分要考虑到系统传递物质、质量和费用等因素；其次要使各个功能单元的层次归属合理。

1.4　系统分析的方法与技术

系统分析作为一种科学的决策辅助技术，既离不开一定方法论的指导，也离不开各种定性与定量分析技术的支撑。从一定意义上讲，系统分析过程，就是在系统分析研究方法论的指导下，运用定性、定量分析技术对所研究问题进行分析、评价的过程。系统分析的研究方法论和技术工具是保证完成系统分析活动的重要工具。

1.4.1　系统分析的研究方法论

系统分析的研究方法论有三个相互关联的基本范畴：行为研究、价值研究、规范研究。其中，行为研究解决“是什么”的问题；价值研究回答“喜好什么”的问题；而规范研究则要解答“应该是什么”的问题。此外，系统分析还要研究可行性问题，即回答“这样做是否可能”。

1. 行为研究。行为研究相当于我们常说的现状研究，它要回答的问题是：什么？什么时候？什么程度？有多少？等等。进行行为研究的前提是人们能够了解到事情的本来面目，能够认识和掌握客观规律。它要对决策所涉及的事物、事件、各种关系进行描述、观察、计数和测度等。行为研究既是科学主张得以建立的基础，也是科学中发现基本事实的手段。行为研究的基本科学论断是：如果反复观察到某种事实，则一种已知的结果会以确定的概率发生。现状研究之所以被称作行为研究，目的是要强调研究对象是人或事物的客观实际状况，是要把客观事实同对这种事实的价值判断在某种意义上区分开来，以保证对事物的客观认识。但事实上人类从来不能将事实和价值观念截然分开。从理论上讲，行为研究至少在三个方面必然涉及价值和价值判断。一是系统边界条件的确定及分析人员的兴趣问题；二是在事实的选择和对事物的观察过程中体现了分析人员的价值观，不同的选择意味着对其他选择的直接或间接的拒绝；三是分析人员倾向于用他们的整套价值观来确认事实的性质。但在系统分析中应尽量避免把“是什么”、“期望什么”、“应该是什么”过早地混淆在一起。行为研究的目的就是提供客观事实。正如列宁所说：马克思主义要求我们在确定任何重大政策的时候，必须以经得起精确的客观检验的事实作为政策的基础和依据。为此，在观察研究任何社会现象时，都必须坚持一切从实际出发，按事物本来面目去认识它，而不能附加太多的主观成分。

2. 价值研究。价值研究要回答的问题是：喜好什么？因为什么？为什么目的？许诺什么？应优先考虑什么？等等。它的基本目标是：确认某个目标是否值得争取，采取的手段是否能被接受以及改进系统的结果是否良好。价值研究是通过价值的确认与分析而直接面对价值问题，它的假设前提是在人类系统中价值观是所有行动和行为的主要决定因素。价值研究所作出的基本判断是：“该系统的偏好是……”或“经过考虑系统的偏好是……”。

价值研究中的“价值”与经济学中的价值完全不同。这里的价值是指偏好的事物或原则。个人、团体或社会的价值观是不依具体情况而转移的期望和评价标准。它依托于人的直觉，影响着人的信念和选择的合理性，决定着人的生活方式和投身其中的事业；并且它还规定着政治进程和管理过程，是社会利益分配指导原则的核心。价值观源于人们的生活背景、宗教信仰、文化修养、社会地位等客观因素，它往往表现在一些基本信念、意向、选择习惯、利益分配的优先顺序、报酬与奖赏、目标、作风、已明确和未明确的政策以及各种大众传播媒介中。其中有的是明确的，有的是隐含的，有时人们运用“好”和“坏”这类词来表示自己的价值观，有时又可能运用经济的、政治的、技术的、道德的或文化的标准。总之，价值观的表现是非常复杂的。目前，用于价值研究的方法主要有：对上述表现作行为研究、社会意识形态分析、预算分析、直接的调查研究等。

在价值研究中，应着重研究的特殊问题是政策的价值含义（其依据是机会成本，即在有限资源条件下，为了得到某种东西，而不得不放弃另一种东西所带来的成本。显然，它反映了政策的偏好）；系统中的各子系统间价值的一致性；价值的对抗与冲突；价值的组合；绝对价值和相对价值（即不可讨价还价的价值和由情况决定的价值）；对明确价值观可行性的限制；价值观的加强和改变；等等。

价值研究在系统分析中具有重要意义。价值研究能够帮助决策人员回答“我们是干什么的”和“我们希望得到什么”这两个问题；有助于管理理论的实际应用；有助于分辨出在哪些地方局部价值和整个系统的价值有所不同甚至产生了冲突；在人事安排上，还可以巧妙地使用具有不对系统造成破坏而价值观又不同的人，以增强系统的活力；它还能使我们合乎逻辑地判断出现的问题。

3. 规范研究。规范研究回答的问题是：应该是什么？应该怎么样？它寻求的是政府决策的目标和为达到目标而采取的行动和手段。由于规范研究工作中要表明应该如何如何，它具有一种内在的理想主义成分。规范研究属于认识的范畴，它主要是应用演绎推理的方法，从抽象的普遍原则出发，得出有关特定问题的结论。正是在规范研究的范畴之内，人们才能确定和创造出各种待选方案，也才产生与可行性相联系的问题。马克思主义认识论认为，实践是检验真理的唯一标准，因而规范研究确认的那些为达到目的所采取的手段，只有在一段时间内对其表现出的可用性、可行性、合意性以及有效性进行观察，才能逐步加以证实。规范研究的基本判断是：如果你想得到某种结果，那么在特定的条件下采取规定的行动，就会以某种确定的概率获得成功。

规范研究在三个方面与价值问题相联系：首先，想取得某种结果，原因就在于对它们是喜好的（即觉得好的）；其次，在选择手段时要考虑其是否合意、可行、可用和有效；最后，在规范研究中要假定所产生的结果不会使受到未来政策影响的人和机构面临价值冲突。

从时间上讲，行为研究涉及的是过去和现在“发生了什么”的问题；价值研究既涉及过去和现在，也涉及将来；而规范研究则涉及未来的期望。在整个研究过程中，这三个范畴的研究不能也不应该孤立进行。人类社会系统的实际情况是，个人和组织的偏好、行为和对未来的期望都是密切联系在一起、相互制约、相互作用的，因此，系统分析必须对所有这些方面加以综合。但是如前所述，也不能把三个基本范畴过早地混淆在一起，使人们无法分析所面临的问题。

4. 可行性研究。可行性研究回答的问题是：这样做是否行得通？领导和社会大众是否会同意这样做？可行性研究是对规范研究中所提出的方案进行经济、技术和政治等方面的考察，以确认其是否在客观现实的能力所能达到的范围之中。

在可行性研究中最重要的就是政治上、经济上和技术上的可行性。在现代民主国家中，政治可行性主要是指特定的政策被公民及公民团体理解、认同、支持并在行动上表现出合作的态度，它主要是通过考察政党和新闻媒体在特定政策问题上的态度来评判。在具体衡量标准上，得到多数或主要政党和新闻媒体支持的政策是政治可行性高的政策，反之亦然。但是必须明确，政治可行性高的政策并不一定是好的政策。经济可行性主要是指特定的政策方案占有和使用经济资源（主要包括资本、自然资源和人力资源等），进而实现政策目标的可能性。经济可行性分析的主要任务在于确定政策期望值与所需要的经济资源占有量之间的关系，计算投入产出比。不进行充分可靠的经济可行性分析，主观地制定和推行政策，其政策结果一定是悲剧性的。我国20世纪50年代的“大跃进”、“超英赶美”等脱离当时经济条件的政策盲动，其教训是极为深刻的。技术可行性是指达成政策目标的科学技术或方法论方面的可能性。任何政策方案的实现都离不开一定科学技术的支撑，没有一定的科学技术或科学技术不能满足决策方案本身的需要，都将导致政策目标不能实现。在现实中，许多政策设计在理论上可行而实际上不可行，或者在政治、经济、社会上均可行而实际上做不到，其中一个重要原因就在于缺乏可达到的科学技术方面的手段。可行性研究除应包括政治、经济和技术上的可行性分析外，还应包括社会因素的可行性，即传统文化、伦理道德、意识形态、社会的普遍氛围及生态环境等方面的可行性分析。这些社会因素的可行性有时被人们忽略，但又非常重要。如我国现在某些地区推行的“厕所文明”政策遭到人们的抵制，便是一例。

系统分析的可行性研究是一个系统，几个方面的可行性研究既在系统分析中各自发挥着不可替代的作用，同时它们又是相互联系、相互作用、相互支持的。譬如，特定的公共政策的社会理解、认同和支持程度，会直接影响政治上的可行性，而政治上的可行性又会直接影响政府资金的投入方向、投入量以及使用限制；同时资金投入又会直接影响经济资源的占有和使用，影响科学技术的研究、开发和应用。这种相互依存现象的存在，要求决策者或分析人员在进行可行性分析时，必须考虑好先后顺序、限制条件、单独考虑的时机、综合考虑的时机、可能得到的收益以及潜在的问题等。这从另一角度再次表明，系统分析既是一门科学，也是一门艺术。

总之，系统分析人员面临的方法论方面的任务，可以概括为完成行为、价值、规范三个范畴之内以及相互间的研究工作，并寻求能够具备四个方面可行性的行动路线。分析人员最后是直接提出他所倾向的解决办法的建议，还是并行地提出几种不同的选择方案，将取决于分析人员与决策者之间的关系和问题的性质。

1.4.2 系统分析的定性分析方法

任何系统都有一种质的规定性，因此在系统分析中必须采用定性分析方法。在系统分析中引进定性分析方法，主要目的是给分析人员和决策者提供合理的方法和手段，从而将定性的并且常常是超理性的因素包括在分析过程之中。对分析人员来讲，问题不在于人类系统中定性的因素是否存在，因为它们确实存在着；问题在于怎样才能更合理地考虑这些因素。系统分析的定性分析方法涉及诸多方面，除前面我们已经探讨的价值分析、可行性分析之外，还涉及超理性分析、交叉文化分析、未来分析等方面。

1. 超理性分析。现代系统分析理论认为，系统分析过程应是一种理性的过程，明晰的过程。然而，实际上这一过程经常是非理性的、模糊的，这主要是由于各种超理性因素对系统分析过程的影响。所谓超理性因素，是指使人脑不经过逻辑思维的作用就直接产生行为和决策的各种因素。从理论上讲，对超理性因素的考虑来自哲学的命题和现代生物学的发现。① 典型的超理性因素列于表1—1中，它们对行为和决策的产生具有重要影响。但是必须明确，超理性活动不同于"非理性行为"，后者经常由在恐慌状态下产生的紧张和焦虑所引起。然而，超理性活动与不合理的行动又确实存在某种联系，因为不经过逻辑思维的活动容易产生非理性的结果。

表1—1　　超理性分析

因素	定义
判断	从经验中获得的决策智慧
直觉	不依靠逻辑推理而在头脑中领悟到的知识
创造力	产生形式、构造和关系的脑力活动过程
隐含的知识	通过生活体验而获得的知识
信仰	未经理性检验而接受为真理
爱情、欢乐、歉意、憎恨、恐惧	因客观事物符合（或不符合）人的需要、希望和观点而产生的心理体验
领袖的魅力	激发忠诚和称颂的能力
忠诚	对人或组织的忠顺和自觉承担义务
洞察力	理解能力
意志	达到目的的决心（越是耐心和克己，意志就越是坚强）
政治	决定什么人在什么时候怎么样得到什么的过程
超感交流	超出感觉的正常范围的交流
预见能力	预见未来事件的能力

超理性分析方法是与理性分析方法相对应的一种系统分析技术。理性化的分析方法认为，严密的逻辑推理是获得最优化的决策结果的唯一合理的方法，依靠那些不能直观的、不可把握的超理性，只能得到含混不清的政策结论，并因此将政策实施引向失败。实事求是地说，作为一种理念或价值取向，作为一种努力方

① 参见张国庆：《现代公共政策导论》，287页，北京，北京大学出版社，1997。

向，理性分析方法并没有错，但作为一种实证的分析技术，理性分析方法在实践中又过于富有理想色彩。因为实际的系统分析既依赖于理性或逻辑分析，也依赖于超理性的思维，并且在有的场合系统分析主要是通过超理性过程作出的。大量的证据表明，纯粹由有经验的领导者根据直觉判断作出决策，也能作出高质量的政策规定，而且这种做法仍旧是世界上很多系统制定政策时的工作规范。而认为人类系统可以凭借纯粹的理性分析而制定出高质量政策的观点，却很少有事实的支持。因此，在可以预见的将来，超理性分析仍是最为有效的系统分析方法。

2. 交叉文化分析。交叉文化因素和超理性因素有些类似，即它们对系统分析人员来讲，很大程度上是主观的、非定量的考虑。在系统分析中，分析工作的结果对这些因素的反应是十分敏感的。如果忽视了这些因素，就会产生歪曲，把某种完全错误的观念或事实当作分析工作的基础。

下列因素在交叉文化分析中始终应该被考虑，并且在同一文化内部的分析中，也起着重大作用：一种管理理论常常与另一种文化和价值观不相容，涉及世界观的问题，诸如社会发展方向、进步、增长、时间感、决策问题、效率、改革、计划、平均主义等；环境因素，诸如民族意愿和自尊、政治上的稳定与局限、国际经济关系、教育与识字水平、历史、社会和宗教价值观、语言等；组织因素，诸如权威和领导能力、集中与民主、职工满意程度、工作态度、职业安全感、承担责任的意愿、雇员士气以及创造性、流动性等。

3. 未来分析。在系统分析中，未来分析是十分重要的。因为系统分析的任务就是研究在未来如何改进现有系统，如何获取可用于今天和明天的系统的知识。因此，所有好的系统分析都必须包括对未来的某种考虑，不进行未来分析的领导人和政治家往往被认为是不成熟的甚至是无能的。系统分析的兴起，很大程度上也依赖于未来分析的兴起。正是由于未来分析告诉人们，在人类社会系统中，各种危机正迅速增长，各种不可逆转的结果的出现将导致人类的灭亡，从而使人们认识到，应该结束人类对自己毫无控制的“自由落体运动”了，人类不应该只是消极地适应未来，而应该积极地去控制自己的未来，为了创造更美好的未来，人类应该积极地干预自己的命运。从某种意义上讲，系统分析是人类干预自己命运的工具，而未来分析则是路标。

在系统分析中，未来分析的指导原则是：应当创造或确认一系列想象出来的不同环境、未来状况以及相应的政策要求；明确规定各种假设和价值标准，并且对未来进行规划；通过灵敏度分析将当前的政策制定和不同的前景联系起来；广泛考虑政治、经济、社会和技术上的可行性；根据过去和当前的趋势，包括那些没有先例的情况，确定重要的政策问题和在将来有可能产生的危机；使用能使政策制定者感到简明扼要、易于理解的文字和口头表述的方法。

未来分析虽然非常重要，但实际上系统分析人员要面对未来的思考和研究工作，肯定会碰到许多组织内部的障碍。如：当前沉重的问题和日常繁忙的工作通常会“挤掉”对未来进行的规划；管理和决策人员常常把最好的分析人员用于解决当前的急迫问题；大多数领导者偏爱短期的具体项目和特殊的目标，而不是不确定的未来，或者不愿意把今天的资源用于尚无明确目的的、不确定的未来；有关未来的规划，往往同时意味着将权力交给规划者或者使那些建议被采纳了的人得到某种发挥作用的机会，从而会导致对权力转移有组织的抵制。我们指出未来分析中存在的障碍，并不是让系统分析人员畏缩不前；相反，未来分析是必不可少的，分析人员必须善于利用领导者的心理，发展和完善自己的未来分析，这是系统分析人员必须面对的艰巨任务。

1.4.3　系统分析的定量分析方法

如上所述，系统分析中的定性分析是非常重要的。但是，定性分析只能指出大致的方向和区间范围，不能得出精确的结论。因此必须要依靠定量分析方法进行系统分析，以补充定性分析之不足。

系统分析中的定量分析，是指借助于经济学、数学、计算机科学、统计学、概率论以及决策理论来进行逻辑分析和推论。它在系统分析中占有举足轻重的地位，具有十分重要的作用。首先，定量分析方法能使有关的知识条理化、专门化，使量的比较成为可能；其次，定量分析使系统分析所面临的复杂而又不确定的问题的表述更容易把握，它为规定系统的输出提供了判断标准；最后，定量分析比其他方法更客观、准确和严密，能够直观、具体、明确地反映和发现研究对象的运动变化及所处状态。因此，没有某种程度上的定量化，就不可能进行系统分析。

但是，系统分析的定量方法也不是万能的，它也有其局限性和适用范围，它不能处理系统分析的所有方面，不能取代定性分析方法。在利用系统分析的定量分析方法时会发生一些问题，主要有：(1) 为了使用某种方法而改变原来的问题和客观条件（即削足适履）；(2) 使模型过于具体而失真，在接触到客观上众多的因素时，先入为主地一头扎进模型的细节里去，“只见树木，不见森林”；(3) 忘记了“具体问题具体分析”的道理；(4) 过于自信或者过于悲观；(5) 在不要求对资源配置进行损益分析的情况下，使用过于复杂的模型和技术；(6) 解决问题时使用错误的模型；(7) 模型是正确的，但使用上不对头；(8) 重复解决同一个问题（与对问题的表述和适用的方法有很密切的关系）；(9) 把问题搅成一堆乱麻（如科恩所说的那样，依据的是完全错误的技术概念和事实）；（10）只对输出结果的价值（经济效用）感兴趣，却无视整个系统本身的价值；（11）由于过分依靠数学和与之相联系的制定政策的逻辑模型，而不重视或忽视了定性的或超理性的因素的影响；（12）过分地使用技术性的和数学的语言，从而阻碍了交流。

系统分析中完成定量分析所用的方法和技术，为方便起见，可分为确定型分析和随机型分析两大类。

1. 确定型分析方法和技术。确定型分析方法和技术是指那些可用于只有一种势态，并在作出可接受的假定之后，其变量、限制条件、不同的选择都是已知的、确定的，按一定的统计置信度可以预见问题的方法或技术。表1—2列出了在系统分析中用以获取定量知识的确定型分析方法和技术。

表1—2　定量分析中的确定型分析方法和技术

方法和技术	应　用	基础知识
线性规划	解决在商业、交通、库存、建筑、后勤及网络中的配置、分配和优化问题	计算机科学、敏感性分析、代数解法、单纯形表、经济学
排队论	人、事物或事件的等待服务问题	蒙特卡罗法、模拟、统计学
规划管理技术	生产和建设计划	PERT（成本或时间）、GANTT图、网络分析（CPM）、决策树
马尔可夫分析	销售、经营、预测	矩阵代数、经济
对抗分析	商业、心理学、国防研究	博弈论
质量保证	工业、国防	科学、技术
损益分析	资源分配	经济学、统计学

2. 随机型分析方法和技术。随机型分析方法和技术是指应用于不确定型或风险型决策的分析方法与技术。当存在一个以上势态，并且需要估计和确定每一种可能的状态时，就要碰到随机模型问题，这就需要计算在每一种势态下用每一种决策选择所得的输出结果。因而可供选择方案的数量将很大，这时就可以用数学、统计推论和概率论等学科的方法，在可以接受的假定条件下减少不确定性。有时，随机的局面可以化为确定型模型来处理，如选择一种最有可能发生的未来势态，或只分析最坏或最好的局面等。使用随机模型也可以分析在变动情况下几种势态的相互作用。表1—3列出了一些随机型分析方法和技术。

表1—3　定量分析中的随机型分析方法和技术

方法和技术	应　用	基础知识
动态规划	在生产、配置活动中的多阶段决策	计算机科学和概率论

续前表

模型、工具或技术	应　用	基础知识
计算机模拟	系统内部的相互作用	计算机科学和蒙特卡罗法
随机库存论	需求或提前时间是随机的情况	概率论与期望值统计量
随机模型	计算系统转换的概率	矩阵代数、微积分
取样、回归、指数平滑	大总体的问题解	统计学和微积分
贝叶斯定理	条件概率下的预测、相关和因果分析	代数、概率论以及有关先验概率的知识
损益分析	资源分配	经济学和统计学
决策树	系统行为	代数和统计学

本章小结

系统分析是 20 世纪 40 年代，为解决人类生活和社会系统中不断涌现出的众多复杂难题而发展起来的一种以人为中心的、为管理决策服务的科学和艺术。它是一种决策辅助技术，采用系统的观点和方法对所研究的问题提出各种可行方案或策略，进行定性和定量的分析和评价，帮助决策者认清所研究的问题，以便决策者选择行动方案。

作为一种科学的方法论，系统分析在管理决策、政策分析中具有重要作用。但是，系统分析并不是万能的，有一些场合并不适宜用系统分析方法。

系统分析作为一种科学的方法论，具有作为独立学科所特有的有关内容，以及实现这些内容的方法和步骤。根据不同的标准，我们可以对系统分析的内容进行划分和归类。根据系统分析的流程，可以将系统分析的内容划分为系统研究、系统设计、系统量化和系统评价等几个方面。在应用系统分析求解问题时，为了保证在逻辑上和数学意义上考虑到所有必要的要素，系统分析必须遵循确定分析目标、选择可行方案、选择计算准则、应用模型技术、生成输入数据、模型运行和操作以及结果分析这一逻辑过程。

系统分析的基本原则是系统分析活动固有规律的概括，是系统分析活动必须遵循的行为准则，它对系统分析具有普遍指导作用。根据系统的性质和特性，系统分析的基本原则可概括为整体性原则、优化原则、模型化原则和层次性原则。每一原则又有其具体要求。

系统分析作为一种科学的决策辅助技术，既离不开一定方法论的指导，也离不开各种定性与定量分析技术的支撑。从一定意义上讲，系统分析过程就是在系统分析研究方法论的指导下，运用定性、定量分析技术对所研究问题进行分析、评价的过程。系统分析的研究方法论和技术工具是保证完成系统分析活动的重要工具。系统分析的研究方法论主要探讨行为研究、价值研究、规范研究、可行性研究等问题。系统分析的定性分析方法涉及诸多方面，包括价值分析、可行性分析、超理性因素分析、交叉文化因素分析、未来分析等方面。系统分析中的定量分析方法，是指借助于经济学、数学、计算机科学、统计学、概率论以及决策理论来进行逻辑分析和推论。它在系统分析中占有举足轻重的地位，具有十分重要的作用。定量分析方法又可分为确定型分析和随机型分析两大类，其中每种分析方法又包括不同的方法与技术。在系统分析过程中，应综合运用定性分析与定量分析两种方法。

关键术语

系统　系统分析　系统分析的基本内容　系统分析的逻辑过程　系统分析的基本原则　整体性原则　优化原则　模型化原则　层次性原则　系统分析的研究方法论　行为研究　价值研究　规范研究　可行性研究　定性分析方法　价值分析　可行性分析　超理性因素分析　交叉文化因素分析　未来分析　定量分析方法　确定型分析　随机型分析

复习思考题

1. 简述系统分析的概念、作用及局限性。
2. 简述系统分析的逻辑过程。
3. 系统分析的基本原则有哪些？
4. 简述系统分析的研究方法论。
5. 简述系统分析的定性和定量分析方法。

阅读材料

圣吉的啤酒游戏

圣吉在他的《第五项修炼》中，多次讲述了一个“啤酒游戏”。这是他为“组织修炼”而设计的一个角色模拟项目。故事很简单，只有三个角色：一个生产商、一个批发商、一个零售商。每个参加者自选角色，有完全的决策自由，目标只有一个——利润的最大化。

这个故事中，零售商每周销售 4 箱啤酒，发出的订货单 4 周以后供货，所以他保持着 12 箱的库存。批发商也同零售商类似，每周批出 4 卡车，工厂给他的订单 4 周以后供货，所以也要保持 12 卡车库存。啤酒厂从开始制造到出货需要 2 周，所以也需要一定的库存。这种稳定的需求和供给关系已经在他们之间形成了一种默契。

但是，由于某个电视剧无意之间给这种啤酒做了宣传，导致零售商的销量增加到每周 8 箱。于是，零售商将下次的订单增加为 8 箱。不过，由于增加的订单 4 周以后才能到货，所以，第 2 周销出 8 箱后依然只来了 4 箱。多数人在这时就该着急了，因为此时他只剩下 4 箱库存，这将意味着本周将卖完所有啤酒。为了保证安全库存，零售商可能将下一个订单增加为 12 箱。而此时，批发商可能只会给他送来 5 箱。在这种情况下，零售商为了获得更多的利润，极有可能继续增加订货量，于是本周发出的订单增加到了 16 箱。到第 5 周，零售商已经销光所有库存，开始缺货，只能继续订货，这次依然是 16 箱。第 6 周，批发商只送来 6 箱，此时面对每周 8 箱的需求，供不应求发生了。但由于前面下过大订单，所以，一个谨慎的零售商很可能不再贸然增加订货，而是继续把订单保持在 16 箱。在批发商那里，需求突然由每周 4 卡车增加到 8 卡车，他会随着零售商同步增加向工厂的订货，但同样要面临着供货时间差。大概到第 6 周他开始发愁，因为他已经发光了所有库存，而订单数量还在不断上升。这时，他可能果断地把订单增加到 20 卡车（因为他的安全库存就需要 12 卡车，20 卡车的数字还是比较保守的）。到第 8 周，批发商很可能会不断打电话催工厂，而且抱怨他们反应太迟钝。随后的几周，批发商会因为缺货而疲于应对零售商的催促，很可能会再度加大向工厂的订货量。由于各个零售商的订单都在增加，批发商可能会面临每周 20 多卡车的需求。所以，极有可能把对工厂的订单增加到 40 卡车。

作为生产厂家，啤酒厂可能在第 6 周前后作出反应——很显然，订单数量急剧上升。大约在第 7 周销光库存，工厂开始加班，而且订单数量持续攀高，所以，最正常的对策就是扩大产能，增加供给。经过一番努力，大约在第 14～16 周，工厂终于达到了生产的高峰。

但是好景不长，到第 18 周，工厂的产能上去了，批发商的订单开始下降了。因为从第 16 周开始，批发商的库存开始增加，零售商这时收到批发商的大量补货，面对堆积如山的啤酒，决定不再进货。于是，零售商的订单全变成了零，而批发商正在不断接到工厂发来的啤酒。他没有别的办法，同样只能在给工厂的订单上画零。马上，就轮到工厂傻眼了，零订单的需求和正在酿造的大量啤酒，会使总经理头疼。他无论如何也不明白，为什么前几周销售业绩那么突出，却突然遇到了滑铁卢？

大概到第 24 周，批发商和啤酒厂都得面对着大量的库存发呆，而只有零售商那里清楚，啤酒的销量依然是每周 8 箱。工厂的销售经理这时有可能到零售商那里了解到实情，但他毫无办法。按照每周 8 箱的稳定销量，要消化工厂的库存，大约需要一年时间。

这一游戏最后往往是以零售商、批发商、生产商之间相互责怪，以及卖不完的啤酒结束。哪怕是工厂解雇销售经理，另找别的批发商，采取有奖销售和降价促销等手段，也都见效甚微。

资料来源：刘静：《圣吉的啤酒游戏》，载《管理学家》，2007（4）。

思考题

1. 运用系统的思想分析啤酒游戏恶性循环的原因是什么？
2. 如何改善啤酒游戏的绩效？

第 2 章

预测方法与技术

开章案例

北京某高校的法学院遇到一个潜在的严重问题。从 20 世纪 90 年代末期以来，随着该法学院招生规模的扩大，学院本科教学的负担增加了两倍。该学院在增加师资力量方面与学校的组织人事部门发生了争执。经过一系列的协商后，学校最终同意法学院聘请更多的教师。于是，法学院院长任命了一个任务小组为学院制订今后 10 年的人事计划。任务小组在制订人事计划时，决定先预测大学的课程负担，而为了能预测课程负担，任务小组认为必须首先预测两个数字：该大学每年招收的新生人数，以及这些人当中选修法学院课程的人数。如果你是任务小组的一个成员，你如何预测各年份入学的新生人数？又如何预测入学人数中选修法学院课程的比例数？

“凡事预则立，不预则废”。科学的预测工作是科学规划和决策的首要的和基础性的环节。没有科学的预测，就不可能对事物的短期、中期和长期的发展趋势作出准确的判断，也就不可能具体地确定各个阶段的奋斗目标和发展重点，因而也就不可能合理地布置力量、分配资源，这样整个管理工作就会杂乱无章，毫无效率和质量可言。在上述案例中，该法学院要制订未来10年的人事计划，必须对未来学院教学负担作出科学的预测，而对教学负担的预测又建立在对学生招收规模和学生选课规模的预测基础之上。因此，该法学院要制订未来10年的人事计划，必须首先预测未来学生招收规模与学生选课规模。而要科学地预测未来学生招收规模与学生选课规模，必须选择科学的预测方法与技术。

2.1　预测与预测方法

2.1.1　什么是预测

"预测"，根据汉语的字面含义，"预"是预先或事先的意思，而"测"是指测量、估计或推测的意思，因而"预测"就是指对事物未来的发展所作出的估计和推测。在英语中，预测（forecast 或 forecasting）是指预见、预知、预告或预言的意思。但是，现代预测科学所使用的预测概念，其内涵要丰富得多。

所谓预测，是指人们利用已经掌握的知识和手段，预先推断事物未来或未知状况的结果。这是在以定量分析为基本内容的现代科学管理条件下，对预测概念的解释。它由五个要素组成：人（预测者）、知识（预测依据）、手段（预测方法）、事物未来或未知状况（预测对象）、预先推断（预测结果）。现代预测概念各个要素之间已构成一个系统，预测是这一系统相互作用的产物。预测各要素之间的相互关系如图2—1所示。

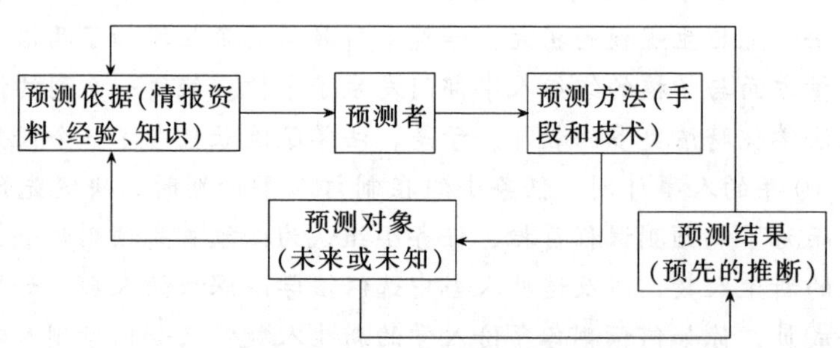

图2—1　预测各要素关系图

从图2—1可以看出，预测就是预测者根据其所要预测的对象，搜集整理有关预测对象的历史与现状资料、数据，同时使用适当的预测技术与方法，进行分析、整理、加工，然后得出有关预测对象的未来或未知状况的推断，即预测结

果。因此，科学的预测并非臆想，而是以正确的理论为指导，在调查研究和掌握资料的基础上，运用一定的方法和手段，对事物未来的发展趋势、方向、可能和状态作出科学的预言和合理的判断，从而为决策提供依据。

2.1.2　预测的分类

随着预测科学的发展以及科学决策对预测依赖性的增强，预测所涉及的领域、存在的形式及性质也越来越复杂化、多样化。根据不同的标准，我们可以对预测进行不同的分类。了解预测的这些分类是必要的，因为不同类型的预测往往需要与之相适应的预测方法和技术。

1. 社会预测、经济预测、科技预测和军事预测。这是以预测理论和方法的应用领域为标准进行的划分。社会预测是关于社会发展问题的预测，如关于人口、环境、生态、资源、教育、粮食等的预测。其目的在于从政治、经济、科学、文化、教育等方面提出改进措施，为政府决策提供依据。经济预测是关于经济领域中事物发展变化的预测，如市场预测、国民经济形势预测。科技预测是指在对科技进步进行调查研究或科学实验基础上的一种科技进步预测分析，主要研究科技进步的发展态势，为科技发展战略服务。军事预测是关于国防与战争问题的预测，如关于军事力量对比关系的预测、新式武器开发的预测，通过预测为国家军事政策的制定提供依据。当然，以上四个领域的预测并不是截然分开的，而是密切联系在一起，如军事预测，既有社会经济方面的内容，也有科技方面的内容。

2. 短期预测、中期预测和长期预测。这是根据预测的期限来划分的。对预测作这种分类的意义是：预测期限必须与决策视野相适应；预测方法的选择同预测期限密切相关。例如，不能只根据中、短期预测就来制定战略决策方案，也不宜运用平滑技术来进行长期预测。因为前者达不到战略决策所需要的视野幅度，后者则超越了特定预测方法的视野范围。表 2—1 列举了短、中、长期预测的一般期限标准。

表 2—1　　短、中、长期预测的一般期限标准

预测领域	短期预测	中期预测	长期预测
科技预测	1 年～5 年	5 年～15 年	15 年～50 年
市场销售预测	1 个月～3 个月	3 个月～2 年	2 年以上
国民经济预测	1 年～5 年	5 年～10 年	10 年以上

3. 定性预测、定量预测和综合预测。这是根据预测方法的不同特征来划分的。这种分类方法有利于我们对预测方法的总体了解与具体研究。

定性预测目的在于对事物发展变化的“质”的方面作出判断，是依靠预测者的洞察分析能力，借助于经验与逻辑推理能力进行预测的一类预测方法。

定量预测通常包括时间序列预测和因果关系预测两大类。它主要依据历史统计数据，在定性分析的基础上，运用数学方法构建模型进行预测。定量预测是预测方法的一种进步，提高了预测结论的科学性。然而，定量预测必须以定性的分析判断为前提，它对历史数据的资料要求比较严格，而且有的方法对预测者来说，既难以理解又难以运用。此外，预测结果也表明预测结果的有效性并非一定同预测模型的数量化程度的高低成正比。

综合预测亦称总体预测或系统预测，它是多种预测方法的有机组合与运用。各种预测方法都有它的适用范围和缺点，综合预测兼有多种方法的长处，因而可以得到较为可靠的预测结论。综合预测代表了世界各国预测发展的基本方向，应大力提倡与应用。

2.1.3 预测方法与技术

所谓预测方法与技术，是指在预测过程中为实现预测结果的优化而运用的各种智能方法与科学技术的总称，它是预测活动必须借助的手段，也是预测任务得以完成的桥梁。没有科学的预测技术和方法的辅助，我们就无法作出任何科学的预测。

预测的方法技术很多，据有关资料统计，目前各种预测方法已多达 200 多种，但其中绝大部分还处于试验研究阶段，在实际中真正得到广泛应用的只有 20 多种。由于预测方法种类繁多，对预测方法的研究已构成预测研究的重要内容之一。目前，世界上关于预测方法的分类有多种，尚未统一。如 E. 捷恩茨将预测方法分为四类：直观型预测法、探索型预测法、规范型预测法、反馈型预测法；英国经济学者把各种预测方法分为探索型预测和规范型预测两大类；苏联的秋也夫把预测方法分为启发式预测（专家预测）和数学模型预测；我国的多数论著把预测方法分为定性预测方法与定量预测方法等。具体的预测方法归纳起来主要包括头脑风暴法、德尔菲法、主观概率法、关联树法、先导指标法、目标预测法、单纯外推法、趋势外推法、移动平均法、指数平滑法、累积预测法、概率预测法、回归分析法、投入产出法、交叉影响分析法等。

2.1.4 预测方法与技术的选择

如何根据特定的对象选择合适的预测方法，是决定预测质量、直接影响决策成败的一个重要问题。一般说来，预测方法的选择，应当考虑以下几个因素：

1. 预测的时间期限。不同的预测方法适用于不同的预测对象。一般说来，定性预测大多适用于长期预测，如中、长期的科学技术预测、长期的经济发展预测。定量预测多适用于中、短期预测。其中时间序列分析法只适合预测 1 个～2 个周期，回归分析可以预测较多的周期。

2. 数据的散布形式。所收集到的数据的散布形式或波动形态是选择预测方法的基础和重要依据。只有准确判别数列的波动形态，进行合理分解之后，才能选出合适的预测方法。如果数据呈随机波动形态，一般多采用移动平均法，呈线性长期趋势波动可采用回归分析法，呈周期性循环波动和季节性波动，就需要多种方法配合使用。

3. 预测费用。预测的费用主要有：研制费用、存储费用和运算费用。预测费用的大小取决于预测方法的精确度，对预测的精确度要求越高，就需要选用越高级的预测方法，如回归分析、计量经济模型，需要的数据量越大，存储费用就越多。如对预测的精确度要求不高，就可选用比较低级的预测方法，所需费用就越少。

4. 精确度。预测方法在特定条件下的价值，决定了它在进行预测时所需达到的精确程度。在评估预测方法的精确度时，必须考虑到不同的预测方法能够预示基本数据波动的能力同预测波动形态中的转折点的能力是不同的。例如一元回归分析如以时间为自变量，用来预测数据的长期趋势是合适的，但对某些由于市场波动因素所造成的转折点则完全无法预测。

5. 适用性。预测方法的适用性是指应用这一方法的难易程度。这里涉及两个方面：一是这种预测方法从开始预测到得到预测结果所需时间的长短。二是预测方法对决策者的理解程度和预测结果对决策者的价值如何。因此，有些复杂的、高精确度的预测方法有可能不如简单的方法适用性强。

上述诸因素是预测方法选择的一般性要求，必须综合考虑。但是由于预测对象的要求不同，在选择的时候，还要根据具体要求，侧重考虑某些因素，以选择一个适合需要的预测方法。

在本章中，我们将在定性预测方法、时间序列模型预测方法和因果关系模型预测方法这三个大类中，对公共管理中常用的一些预测方法进行简要介绍。

2.2　定性预测方法

定性预测方法，亦称直观判断预测法。它的目的在于对事物发展变化“质”的方面作出判断，是依靠预测者的洞察分析能力，借助于经验与逻辑推理能力的一类预测方法。值得强调的是，这里所说的定性并非仅仅停留在概念的分析上，而是具有一定的统计特性。不过数据不是源于历史统计数据，而是来自调查——

第一手数据。所以国外有人又把这种预测称为技术方法。也就是说，定性预测，其结果的精确度和可靠性在很大程度上取决于预测者的技术与技巧。定性预测方法主要适用于历史数据难以采集、影响变量过多以及预测时间跨度大的宏观战略预测，当然也可用于微观预测。定性预测方法主要包括德尔菲法、专家决策法、目标预测法、前导指标法、交叉影响分析法等。鉴于德尔菲法与专家决策法将在第 7 章“决策方法与技术”中予以介绍，本部分主要介绍定性预测方法中的目标预测法、前导指标法和交叉影响分析法。

2.2.1 目标预测法

目标预测法又称规范性预测法，是美国霍尼维尔公司首先开发并投入使用的，具有重要的实用价值。

1. 特点与适用范围。目标预测法的突出特点是：它不是探索在什么时间将达到什么目标，而是在目标已定的情况下，研究如何实现既定目标。美国霍尼维尔公司最早成功地利用这种方法建立了一个 PATTERN 模型，用于研究“阿波罗登月计划”课题。关于“阿波罗登月计划”日期，美国政府在考虑多种因素的情况下，经过多次预测和评估已经确定。所以，PATTERN 模型的任务不是探索“阿波罗登月计划”能否实现或何时实现，而是如何实现，即如何按期登月。

目标预测法的核心是将目标自上而下逐级分解，每级包括一系列单元，而实施则是自下而上地完成，即每一级任何一个单元都必须按质、按量、按时完成，否则将影响总目标的实现。

目标预测法适用范围非常广，既可以研究宏观、中观问题，也可以研究微观问题，可应用于经济、社会、科技、军事等多个领域。在我国，目标预测法尤为实用。党的十六大确定了我国全面建设小康社会的宏伟目标，运用目标预测法探索实现目标的最佳途径是极为重要的。

在利用目标预测法进行预测的过程中，组织专家对各方案进行定性分析和定量评价是极其重要的阶段。因此，应认真考虑专家的选择和专家组的构成问题。

2. 预测程序。目标预测法大致分为三个阶段：

（1）确定准则与分解单元。由各领域专家组成的专家组，对决策对象进行定性分析，围绕总目标提出一些具体要求，在此我们称这些要求为准则。例如，在开发一种新型汽车时，速度、载重量、经济性和造型等都是准则。同时，专家组还要根据需要把总目标分解为一系列子目标或单元。例如，按结构分，驱动装置、车体和控制系统是汽车的组成单元［见图 2—2（a）］；按驱动方式分，内燃机、内燃机与蓄电池联合、燃气轮机、外燃机和电动机是汽车驱动装置的组成单元［见图2—2（b)]；如此等等。

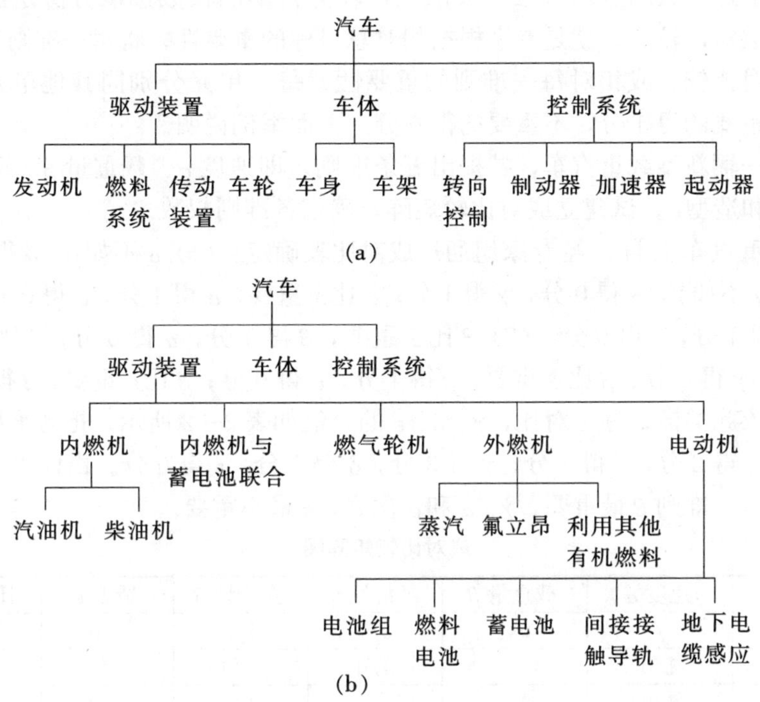

图 2—2 目标分解示意图

(2) 确定权数。专家组应根据每项准则对达到总目标的作用价值，以及每一单元相对每一准则的重要性，分别赋予一定权数。例如，对载重汽车，载重量可能价值较大，应赋予较大权数，而造型价值比较小，权数也应较小；而对家庭轿车而言，造型则较载重量具有更高的价值，因而权数也应更大。

在同一级上，每一单元相对每一准则的重要性也不相同。仍以汽车为例，就载重量准则而言，驱动装置比控制系统重要，而就安全准则而言，控制系统又比驱动装置重要。因而每一准则对于每级的不同单元，也应赋予不同的权数。为了判断的一致性，各准则权数和同一级各单元权数，应符合归一化原则，即各准则权数之和以及同一级各单元权数之和应等于 1。

权数的确定可由专家组确定，也可采取等差级数和等比级数确定。例如，“上海石化总厂建设 30 万吨乙烯成套工程可行性研究”中采用了 38 项评价指标，各项指标相对总目标的重要程度，取极重要、很重要、重要和不重要四级，各级权数取等级比数 2^n，$n=1\sim4$。不重要，$n=1$，即权数为 2；重要 $n=2$，权数为

4；很重要 $n=3$，权数为 8；极重要 $n=4$，权数为 16。

然而上述权数的选取方法都欠准确，较为科学的权数选取方法是成对比较法。所谓成对比较法，就是专家根据相对总目标的重要性，将每一准则分别与其他准则成对比较，或相对每一准则的重要性就每一单元分别同其他单元成对比较。其中重要的得 1 分，不重要的得 0 分。下面举例说明。

开发一辆新型载重汽车，共提出五条准则，即速度 α、载重量 β、经济性 γ、安全性 δ 和造型 ε。试建立成对比较矩阵，确定各准则权数。

对载重汽车而言，经专家组通过成对比较确定：(1) α 不如 β，α 得 0 分，β 得 1 分；α 不如 γ，α 得 0 分，γ 得 1 分；α 比 δ 重要，α 得 1 分，δ 得 0 分；α 比 ε 重要，α 得 1 分，ε 得 0 分。(2) β 比 α 重要，β 得 1 分，α 得 0 分；β 比 γ 重要，β 得 1 分，γ 得 0 分；β 比 δ 重要，β 得 1 分，δ 得 0 分；β 比 ε 重要，β 得 1 分，ε 得 0 分。依此类推，逐一对比，γ、δ、ε 的分值如表 2—2 所示。把各准则得分值相加，则 α 得 2 分，β 得 4 分，γ 得 3 分，δ 得 1 分，ε 得 0 分。由此可见，对载重汽车而言，准则 β 最重要，γ、α 和 δ 次之，ε 最不重要。

表 2—2　　成对比较矩阵图

准　则	速度 α	载重量 β	经济性 γ	安全性 δ	造型 ε	比较得分
速度 α	/	0/1	0/1	1/0	1/0	2
载重量 β	1/0	/	1/0	1/0	1/0	4
经济性 γ	1/0	0/1	/	1/0	1/0	3
安全性 δ	0/1	0/1	0/1	/	1/0	1
造型 ε	0/1	0/1	0/1	0/1	/	0

表 2—2 只能说明相对载重汽车而言，各标准之间谁比谁重要，但重要程度如何还无法得知，因而据此还不能求得各准确权数。为此还必须进一步用成对比较法确定各准则权数。这时需要建立确定准则权数矩阵（见表 2—3）。

表 2—3　　用成对比较法确定准则权数

准则	比较得分	绝对排队(R)	准则的原始权数(K)	准则的归一化权数(q)
β	4	1.2	3.24	0.32
γ	3	1.5	2.70	0.28
α	2	1.5	1.80	0.18
δ	1	1.2	1.20	0.12
ε	0		1.00	0.10
		合计	9.94	1.00

在表 2—3 中，首先按得分顺序，自上而下排列，即 β、γ、α、δ、ε。取最不重要的准则 ε 为基准，即令 ε 的原始权数 $K=1.0$，而后根据各标准之间的重要程度，逐次对比求出其他准则的原始权数。如专家组认为在重要性方面，δ 是 ε 的 1.2 倍，即 $R_\delta=1.2$，则 δ 的原始权数 $K_\delta=K_\varepsilon\times R_\delta=1.0\times1.2=1.2$。进而对比 α 和 δ，在相对重要性方面 α 是 δ 的 1.5 倍，即 $R_\alpha=1.5$，则 $K_\alpha=K_\delta\times R_\alpha=1.2\times1.5=1.8$；$\gamma$ 是 α 的 1.5 倍，即 $R_\gamma=1.5$，则 $K_\alpha\times R_\gamma=1.8\times1.5=2.7$；$\beta$ 是 γ 的 1.2 倍，即 $R_\beta=1.2$，则 $K_\beta=K_\gamma\times R_\beta=2.7\times1.2=3.24$。为了计算的方便，对准则的原始权数要进行归一化。各准则归一化权数分别为：$q_\beta=0.32$，$q_\gamma=0.28$，$q_\alpha=0.18$，$q_\delta=0.12$，$q_\varepsilon=0.10$。由此各准则对于载重汽车的重要性一目了然。各单元相对准则的权数也可用相似方法求得。

(3) 计算相关系数和相关途径。围绕总目标的达成，可能有众多方案，为此要从中选优。这时首先要计算每一单元的相关系数。所谓每单元的相关系数，就是每单元相对各准则权数分别乘各准则权数，然后相加求和。为此，我们就要计算每一单元相对各准则权数。我们仍以汽车为例，每单元相对各准则权数如表 2—4所示。

表 2—4　　优选矩阵

准则	准则权数 q	驱动装置 a		车体 b		控制系统 c	
		权数 S	$q\cdot S$	权数 S	$q\cdot S$	权数 S	$q\cdot S$
速度 α	0.18	0.4	0.072	0.3	0.054	0.3	0.054
载重量 β	0.32	0.6	0.192	0.3	0.096	0.1	0.032
经济性 γ	0.28	0.3	0.084	0.4	0.112	0.3	0.084
安全 δ	0.12	0.2	0.024	0.2	0.024	0.6	0.072
造型 ε	0.10	0.1	0.010	0.5	0.050	0.4	0.040
			0.382		0.336		0.282

为了保证判断的一致性，这里引用两个归一化条件：

$$\sum_{x=\alpha}^{\gamma}q_x=1 \text{ 和 } \sum_{j=a}^{n}S_j^x=1 \qquad (2—1)$$

这时相关系数的计算公式为：

$$\gamma_i^j=\sum_{x=\alpha}^{\gamma}q_xS_j^x \qquad (2—2)$$

式中：γ_i^j——i 级 j 单元相关系数；

q_x——x 准则的权数；

S_j^x——j 单元对准则 x 的权数。

很明显，遵守上述公式(2—1) 的归一化条件，各单元相关系数之和也符合归

一化条件，即

$$\sum_{j=\alpha}^{n}\gamma_i^j=1 \tag{2—3}$$

采用公式(2—2)，经计算驱动装置单元相关系数为：

$$\begin{aligned}\gamma_i^a=\sum_{x=\alpha}^{\nu}q_xS_j^x&=0.18\times0.4+0.32\times0.6+0.28\times0.3+0.12\times0.2\\&\quad+0.10\times0.1\\&=0.382\end{aligned}$$

经相似计算得 $\gamma_i^b=0.336$，$\gamma_i^c=0.282$。经计算得知，在构成汽车的三个单元中，驱动装置最为重要，其次为车体。

求得相关系数后，还要进一步计算相关途径。所谓相关途径就是组成该方案的各级相应单元相关系数的连乘积，其公式为：

$$R=\prod_{j=\alpha}^{n}\gamma_i^j \tag{2—4}$$

式中： R—— 某方案的相关途径；

i—— 组成该方案的单元级数。

由计算结果可知，相关途径越大，方案越好或越重要。为此根据相关途径的不同，就可以决定优选方案和备选方案。

2.2.2 前导指标法

前导指标法也是一种行之有效的定性预测方法。前导指标法的基本原理是：当发现两种事件有某些相似性时，或者发现一种事件的发生经常伴随产生另一事件时，就认为这两种事件间存在某些联系。前导指标法就是利用事物间的这种联系，从某一事件的发展变化来推测另一事件的发展趋势。这种方法首先是把同预测对象有关的指标分为三类：第一类是出现在预测对象前面的，称为前导指标（leading indicator)；第二类是同预测对象大体同步的，称为同步指标（coincident indicator)；第三类是落在预测对象后面的，称为滞后指标（lagging indicator)。

例如，出生人数往往就是若干年后学校规模的前导指标，而学生人数又是若干年后各种人才数目的前导指标；增加工资数往往是银行储蓄存款额的前导指标，而储蓄存款额又是许多耐用消费品增长的前导指标。三类指标的时差关系如图 2—3 所示。这种时差可以从分析历史资料中得到。

前导指标法是寻找、利用与预测对象在同一发展时期的、但在时间上有前后差别的前导指标，对预测对象进行中、短期预测和转折点预测的一种分析方法。

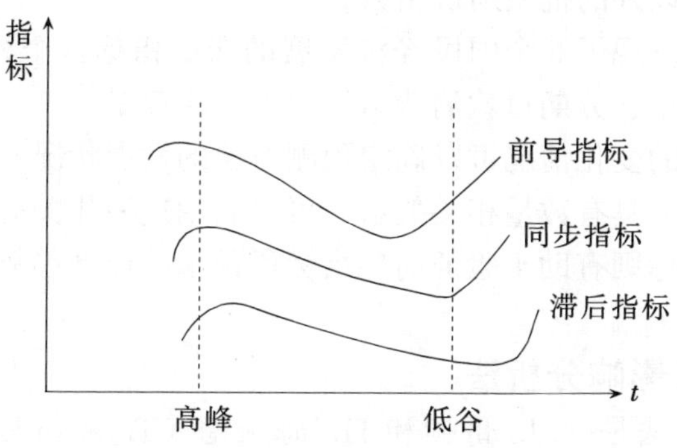

图 2—3　三类指标的时差图示

例如国家基本建设投资数量是机械产品、钢材、木材、水泥和其他建筑材料等一系列生产资料需求量的前导指标，根据国家公布的基本建设投资规划的变化情况，可以预测经过一段时间以后，对这些生产资料的需求变化情况。又如，人口增长数量和人民平均收入的变化是一系列生活资料需求量变化的前导指标，根据国家制定的人口增长规划和提高人民收入水平的计划，预测一定时期之后某些消费品的需求量，效果常常是不错的。当然，这种方法的应用条件是必须找到与预测对象发展变化相似的前导指标，并能确定两者之间的变化时间差距。

前导指标法实际上是趋势外推、因果统计和直观判断的结合。例如，美国全国经济研究局研究了 88 种时间序列，其中 36 种是前导指标，25 种是同步指标，11 种是滞后指标，另有 16 种未分类。美国发现 8 个指标对国民经济的发展有预示作用（前导指标），如表 2—5 所示。

表 2—5　　　对美国国民经济发展有预示作用的前导指标

前导指标	提前时间
倒闭企业数、负债数	9 个月
工业普通股票价格	6 个月
耐用商品新订单数	6 个月
住宅建筑合同数	5 个月
工商业建筑合同数	315 个月
平均每周工时	315 个月
新成立公司数	3 个月
28 种批发物价指数	3 个月

美国还发现 8 个与经济趋势同步出现的指标：非农业单位就业人数、失业人数、企业季度利润、银行负债数、货车装载量、工业生产指数、国民经济季度产

量、农产品及食品以外的批发物价指数。

另外，美国还发现了 5 个国民经济发展的滞后指标：个人收入、零售数额、银行工商业贷款利率、分期付款消费信贷、工厂库存量。

研究同步指标的变化情况可以确定预测对象的发展状况。通常，在同步指标与预测对象之间往往具有数量相关关系，可以利用这种相关关系建立相关模型来进行预测。滞后指标则有助于验证前导指标所预示的经济趋势是否真实。

2.2.3 交叉影响分析法

交叉影响分析法是 T.J. 哥顿和 H. 海沃德（T.J. Gordon and H. Hayward）于 1968 年首先提出的。目前，它已被广泛应用于许多预测领域，成为一种比较重要的预测技术。

1. 交叉影响分析方法的原理与程序。在一系列潜在的技术发展事件或社会发展事件中，通常存在着很强、很复杂的相互作用。也就是说，在未来可能实现的技术发展之间，有些是相互促进的，有些是相互抵触的，有些相互之间没有影响。有些未来事件之间有直接的、明显的相互影响，有些未来事件之间有间接的相互影响。例如，技术发展 A 对 B 有直接的促进作用，同时 A 对 C 也有促进作用，而 C 对 B 却有阻碍作用。我们希望发展 A 来促进 B，结果却适得其反。如果 B 的发展受到 A 和 C 以及其他几十个技术的促进或阻碍，而这几十个技术又相互影响、层层作用，就很难一下子让所有这些因素一起促进 B 的发展。在进行这种类似的长期预测时，全面考虑这些事件内的交叉影响，进行定性与定量分析，是一件非常困难的工作。即使只考虑事件之间的直接影响，仅仅分析一阶交互作用，需要涉及的交互作用数就是事件数的平方。交叉影响分析就是由于分析未来可能事件之间的相互影响而发展起来的。

交叉影响分析法的处理过程是：利用专家的主观判断和估计（如德尔菲法）确定应该考虑的事件及其初始概率，并确定事件之间的交互影响作用，把每个交互影响作用用一个实数表示出来，组成交互作用矩阵；规定一个公式，用来计算某一已知事件 D_m 发生后，其他事件发生概率的改变。将这些主观信息输入计算机后，借助计算机按预先设定的程序进行模拟（通常要1 000次以上），最后所得的结果就可以认为是这些事件在考虑了交叉影响分析以后的发生概率。

下面，用一个简化了的例子来说明这一过程。

设有三个事件 D_1、D_2 和 D_3，不考虑相互作用，它们的概率分别为 P_1、P_2 和 P_3。它们之间的相互作用用 −1 到 +1 之间的一个数 k 表示，规定如表 2—6 所示。

表 2—6　　**k 值表**

交叉影响的性质与强度	k 值
无影响	0
弱的阻碍作用	−0.5
弱的促进作用	+0.5
强的阻碍作用	−0.8
强的促进作用	+0.8
很强的阻碍作用	−1.0
很强的促进作用	+1.0

设 P_n 为事件 D_m 发生前 D_n 的概率，P'_n 为事件 D_m 发生后 D_n 的概率，D_m 对 D_n 的影响为 k，哥顿和海沃德的规定是：

$$P'_n = P_n + k \cdot P_n\ (1 - P_n) \qquad (2—5)$$

计算机将按此公式计算。假设考察的三个事件的初始概率与交互作用如表 2—7 所示。

表 2—7　　**三个事件的概率与交互作用**

下列事件将发生	发生概率 P_n	对其他事件的影响		
		D_1	D_2	D_3
D_1	0.8	0	+0.5	+0.8
D_2	0.4	−0.5	0	0
D_3	0.3	−1.0	−0.5	0

注意，这里最重要的是 k 值的选取，即交互作用矩阵的确定，因为交互作用矩阵实质上表示所考察的系统的结构。将这些信息输入计算机，计算机的输入程序如下：

(1) 随机选取一个事件 D_n，开始模拟（此步骤可通过随机抽样实现）。

(2) 产生一个在 0.00 到 0.99 之间的随机数，将它和选出的事件的初始概率 P_n 相比。若随机数大于或等于此概率值 P_n，就认为该事件没有发生；若随机数小于 P_n，则认为 D_n 发生了。

(3) 若所选出的事件 D_n 没有发生，则其他事件的初始概率都没有变化；若所选出的事件 D_n 发生了，则其他事件的概率将按前述公式（或其他公式）改变。

(4) 在没有被选出的事件中再随机选取一个事件，重复步骤 (2) 和 (3)。显然，因为哪个事件被选出是随机决定的，所以被选出的次序不同，结果也不一样。但是，经过大量的重复计算，差别就渐渐消失了。

(5) 上述步骤重复进行，直至所有事件都已经被选出一次，这表示一次试验结束。每个事件被选出后是否发生要记录下来，然后各个事件恢复初始概率。

(6) 在将步骤 (1) 到 (5) 重复多次（比如几千次）以后，用每个事件被选出后确实发生的累计次数除以总的试验次数，所得答数就反映了事件间交叉影响以后的修正概率。

试验的次数越多，计算机最终算出的修正概率就越好。因此，通常要求计算机做1 000次以上的试验。

2. 交叉影响分析法的优缺点。交叉影响分析是一种系统的长期预测方法。它的优越性在于，决策者对一个无法精确描述的复杂系统作出预测时，不能不考虑系统内各元素的交互作用，但是由于人脑计算速度和时间的限制不可能在全面考虑所有交叉影响后作出判断，因此，只能在大致地总体考虑元素间的交互影响后，凭直觉作出判断和估计。而交叉影响分析要求专家们确定事件的单独的初始概率，以及它们之间相互影响的方向及大小，然后利用电子计算机的高速计算性能，进行次数很多的计算。这样就可以认为计算机已经全面、具体地考虑了所有事件的交叉影响。最后所得的计算终值和估计终值相比较，如果差距很大，那么再检查，看看是估计过于乐观或过于悲观，还是交互作用矩阵没有反映现实系统的结构，修改以后可以再计算，直到满意为止。另外，还可以在计算机上检验人为干涉行动的结果。

交叉影响分析法的缺点在于：

(1) 对初始概率作出估计的标准是相当模糊的。一个事件“单独的”初始概率事实上是难以寻找的，因为任何真实事件都处在一定的环境之中，专家们估计的初始概率必然受到环境的影响。

(2) 计算机计算公式缺乏充分的说服力。只要计算结果不违反概率论的基本原理，预测者可建立自己的计算公式。

2.3 时间序列模型预测方法

时间序列一般是指一组按时间顺序排列的数据，展示了研究对象在一定时期的发展变化过程。时间序列主要有水平型、季节型、循环型和趋势型四种基本样式。

时间序列模型就是根据预测对象时间序列的特征，研究事物自身的发展规

律，探讨未来发展趋势的一种模型，它是一种重要的定量预测方法，主要适用于经济预测、商业预测、需求预测、库存预测，预测期限主要为中、短期，不适用于长期预测。时间序列模型主要包括移动平均模型、指数平滑法、分解预测法、鲍克斯-詹金斯模型、多变量模型以及历史类推法，下面主要介绍前四种方法。

2.3.1　移动平均模型

移动平均模型是一种最为简单的适应模型，是在算术平均的基础上发展起来的一种预测方法。

算术平均虽能代表一组数据的平均水平，但它不能反映数据的变化趋势，而原始数据虽然存在某种趋势，但数据可能是零散的或杂乱无章的，无法直接加以分析。移动平均法克服了算术平均的这种弱点，其基本方法是：选一个固定的周期数，对数据进行平均，每递推一个周期就加上后一个数据，舍去初始数据，依次类推，直至把数据处理完毕。以 $n=5$ 为例：

$$M_5^{(1)}=\frac{Y_1+Y_2+Y_3+Y_4+Y_5}{5}$$

$$M_6^{(1)}=\frac{Y_2+Y_3+Y_4+Y_5+Y_6}{5}$$

$M_5{}^{(1)}$、$M_6{}^{(1)}$ 表示第五个、第六个周期的一次移动平滑值，依此类推。若移动平均的周期为 N，则可得到计算机移动平均值的通式：

$$M_t^{(1)}=\frac{Y_t+Y_{t-1}+\cdots+Y_{t-N+1}}{N} \tag{2—6}$$

式中，$M_t^{(1)}$ 表示第 t 期的一次移动平均值。

可见，移动平均法实际上是对于某一期数据 t，取前 N 个数进行平均，N 个数权数相等，而其他数据的权数等于零。这样，经过移动平均，将消除数据列中异常的因素，对数据进行修匀。一般情况下，如果数据没有明显的周期变化和趋势变化，可用第 t 期的一次移动平均值作为 $t+1$ 期的预测值，即

$$\hat{Y}_{t+1}=M_t^{(1)} \tag{2—7}$$

为了运算方便，其通式还可变为：

$$M_t^{(1)}=M_{t-1}^{(1)}+\frac{Y_t-Y_{t-N}}{N} \tag{2—8}$$

表 2—8 中的第一列和第二列，即原始数据与一次移动平均值的对比。如取 $N=3$ 的 3 期移动平均，则第 3 期数据的移动平均值为5 775.33，是由（5 600+5 796+5 930）/3 得到的。如用于预测，它可以作为第 4 期的预测值。

表 2—8　　　　　　　　　　　移动平均值

序列	原始数据	一次移动平均值 $M^{(1)}$	二次移动平滑值 $M^{(2)}$
1	5 600		
2	5 796		
3	5 930	5 775.3	
4	6 092	5 939.5	
5	6 257	6 093.0	5 935.9
6	6 567	6 305.3	6 112.5
7	6 851	6 558.3	6 318.9
8	7 141	6 853.0	6 572.2
9	7 436	7 142.7	6 851.3
10	7 738	7 438.3	7 144.7
11	8 045	7 739.7	7 440.2

在一次移动平均值的基础上，应用移动平均的原理，还可进行二次甚至多次的移动平均。二次移动平均，就是以一次移动平均值为原始数据，再进行一次移动平均，仍以 $N=5$ 为例：

$$M_9^{(2)}=\frac{M_5^{(1)}+M_6^{(1)}+M_7^{(1)}+M_8^{(1)}+M_9^{(1)}}{5}$$

式中，$M_9{}^{(2)}$ 表示第 9 期的二次移动平均值。其通式为：

$$M_t^{(2)}=M_{t-1}^{(2)}-\frac{M_t^{(1)}-M_{t-N}^{(1)}}{N} \tag{2—9}$$

二次移动平均使原始数据得到了进一步修匀，使其呈现线性趋势。表 2—8 中的第三列数据为 $N=3$ 的二次移动平均值。

使用移动平均法，最重要的是移动周期 N 的选择。一般说来，N 越大，对原始数据的修匀能力就越强。然而修匀能力与对外界变化的反映程度是相互矛盾的，两者不能兼得。因此，对于 N 值一般应视具体情况，采用折中办法确定。根据过程的实际发展趋势，N 值大体有以下四种选择方式：

（1）水平式。也就是趋势保持不变，移动平均值是无偏差的，M 值与 N 值无关。

（2）脉冲式。趋势仅在某一阶段增加或减少，随后又保持不变，N 取得越大，M 的误差越小。因此，N 应取大些。

（3）阶梯式。趋势仅在开始一段时间保持不变，然后增加或减少到一个新的水平会又保持不变，N 取得越小，M 的误差就越小。因此，N 应取得

较小些。

(4) 斜坡式。趋势周期的递增或递减，M 总是比实际趋势落后。因此，N 取得越小越好。

一般情况下，如欲加大对原始数据的修匀力度，则 N 宜取大些；如果希望更好地反映外界变化，则 N 宜取小些。N 的取值范围一般为 3～30。

2.3.2　指数平滑法

指数平滑法是一种在逐次实际观察基础上系统地对一个预测模型的估计系数进行修正的预测方法。指数平滑的基础逻辑是：假如某一时期的预测结果太高，则将其在下个周期里降低；反之，则将其提高。我们把这种调整方法称为指数平滑的基本操作，通常表示为：

新的估计值＝先前估计＋平滑常数×误差

式中，误差定义为实际值减去预测值，平均常数必须在 0 与 1 之间。该原理可以用一个简单例子来说明。

一商店经理估计在某一星期里将售出 50 箱燕京啤酒。结果这星期实际出售了 60 箱。假如平滑常数是 0.3，问对下星期的预测应是多少？由上式可得：

新预测值＝50＋0.3×（60－50）＝53

可见，由于先前预测值低，经指数平滑将预测值提高了。假如当初的情形相反，即预测 60 箱而实际销售为 50 箱，则结果将是

新预测值＝60＋0.3×（50－60）＝57

指数平滑法具有移动平均的全部简明性和计算上的方便性，同时又更加灵活。运用指数平滑时，各个时间阶段的数据不再像移动平均法那样是等权数的，而是用了一个加权因子 α。这样下一阶段预测值可用下列指数平滑公式来求：

$$F_{t+1}=\alpha X_t+(1-\alpha)F_t \tag{2—10}$$

式中：F_{t+1}——现时段对下一阶段未知量 X 的预测值；

α——加权因子或平滑系数，$0<\alpha<1$；

F_t——上一时段对现时段的预测值；

X_t——现时段观察到的值。

在没有以前的预测值时，通常就以第一个观察到的值为预测值。现以 $\alpha=0.2$ 来说明对表 2—9 中的数据，应用指数平滑的方法。

表 2—9　　货车需求的指数平滑预测

月份	实际需求	不同的加权因子		
		α=0.2	α=0.6	α=0.8
1月	32	……	……	……
2月	26	32	32	32
3月	40	30.8	28.4	27
4月	28	32.6	35.4	37.4
5月	36	31.7	31.0	29.9
6月	29	32.6	34.0	34.8

按照上述公式，2 月份的预测值是：

$$F_{t+1}=\alpha X_t+(1-\alpha)F_t$$

$$F_2=0.2\times 32+0.8\times 32=32$$

依此，3 月份的预测值将为：

$$F_3=\alpha X_2+(1-\alpha)F_2=0.2\times 26+0.8\times 32=30.8$$

全部 6 个月的预测值见表 2—9。

表 2—9 表明，α 的值越大，对最近观察值给予的权数越重。在应用指数平滑法进行预测时，将会遇到两个影响预测结果的因素，一是初始值的选取，这是计算其他平滑值的基础，如果数据较多，根据指数平滑的原理，初始值的影响极小，则可用一个数据替代；如果数据较少，可分析数据的发展趋势给定一个估计值，或采用最初几个数据的平均值。

二是平滑常数 α 的选择，α 对平滑效果影响很大。α 越大，平滑效果越差，对原始数据修匀程度就越低；α 越小，平滑效果就越好，对原始数据修匀程度就越高。与移动平均的 N 值选择相似，α 的选择亦应采取折中形式。如果我们认为初始值选择比较正确，意欲充分反映初始值对预测值的影响，α 宜选择小些，亦即参与平滑的数据量多些。如果我们认为初始值选择不正确，意欲尽快减少初始值影响，α 宜选择大些，亦即参与平滑的数据少些。再者，如果从事长期预测，α 宜选择小些，使更多数据参与平滑。如果从事短期预测，则 α 宜取较大值，使少量数据参与平滑，以加大对近期数据的反映力度。平滑常数的选择除上述规律以外，主要还是依靠经验，视具体问题分别确定。

与移动平均法一样，指数平滑法也可进行一次、二次、三次或多次的平滑。二次指数平滑是以一次指数平滑数据作为原始数据再平滑一次；三次指数平滑是

以二次指数平滑值作为原始数据再平滑一次。随着指数平滑次数的增多，指数平滑法的数据修匀能力逐步提高。

指数平滑法具有一系列的优点，如简单、容易理解；计算效率高；所需要的信息储量小；具有良好的适应性和一定的精确度。但是，该方法也有缺点，主要有：不能预测转折点；一般仅仅适用于短期预测；对模型及平滑常数的选择在技术上存在困难；预测的精确度仍受到一定的局限。

2.3.3　分解预测法

指数平滑法中的多数模型只适用于处理平稳和非平稳系列，不能处理季节性数列。而在经济、库存和销售额等预测中，存在着大量季节性因素。对于季节性数据的处理则要采用分解预测法。

任何事物在其发展过程中都可能受到多种不同因素的影响，每种作用因子好似物理学上的作用力，而事物发展瞬间变化的大小和方向可视为这些作用力的合力。因此，事物发展的各观察值实为各种不同作用因子同时作用的结果，为此就要将数据模式分解成子模式，以便分别识别各种因子，这就是分解方法。采用这种方法进行预测，往往可以提高预测精度并较好地理解数列的特性。

分解方法常用来识别和描述经济和商业数列的基本数学模式的四个分离因子：长期趋势、循环因子、季节因子和随机因子。长期趋势代表长时期的数据特性，其表现为增加、减少或不变，如把收集到的数据绘成曲线，则不难看出定性的长期趋势，而定量的长期预测则需依靠建模来解决。循环因子代表经济或特定工业的兴衰，如国民经济总产值、工业生产指数、利率等。季节因子是一定时期内的周期性影响，是由温度、降雨、月份等引起的。季节因子和循环因子的区别在于：季节是固定间距中自我循环，而循环则是从一个周期变到另一个周期，间距较长。随机因子又称为不规则因子、残余变动或噪声，其趋向无规则可寻，这类因子是由偶然发生的事故引起的，如意外事故、自然灾害、战争等。

在分解法中，假设数据由下式组成：

数据＝f（趋势、循环、季节）＋误差

这样，除了模式的组成因子外，还存在着误差或随机因子，并假设这一误差是这一数列三个子模式的组合数效应与实际数据之差。

分解时间数列有多种方法，目的都是尽可能地提高预测精度而将数列的每一因子分开。这种分离的基本原理是由经验得出的。首先将季节因子分出，然后分出趋势因子，最后分出趋势因子。

分解方法的通用数学表述为：

$$Y_t = f\ (I_t,\ T_t,\ C_t,\ E_t) \tag{2—11}$$

式中：Y_t——t 时期的时间数列值；

I_t——t 时期的季节因子；

T_t——t 时期的趋势因子；

C_t——t 时期的循环因子；

E_t——随机干扰因子。

分解预测又分为加法模型和乘法模型。加法模型为：

$$Y_t = I_t + T_t + C_t + E_t \tag{2—12}$$

乘法模型为：

$$Y_t = I_t \cdot T_t \cdot C_t \cdot E_t \tag{2—13}$$

分解预测法的步骤非常复杂，涉及大量的、复杂的数学运算，我国原国家计委和各省市自治区计委就曾运用分解预测法对国民经济月度和季度变化动态进行预测。

分解预测法的优点是直觉上似乎有道理，常用于鉴别趋势、季节性和周期性因素，缺点是缺乏统计基础以及必要的思考，因此它并不是理想的预测方法。

2.3.4 鲍克斯-詹金斯模型

鲍克斯-詹金斯模型是时间序列分析中最复杂、最高级的模型，是一大族模型的总称，可以分成三种基本模式：自回归模型，简称 AR 模型；移动平均模型，简称 MA 模型；自回归—移动平均模型，简称 ARMA 模型。

运用 ARMA 模型的前提条件是建立模型的时间序列，时间序列是由平稳随机过程产生的，即随机过程是在一个不变的平均水平上波动，过程中偏离这个平均水平的概率，在各个时间点上是相同的。如果数据不具备平稳特性，则需要进行差分处理，然后再建立 ARMA 模型，一般称经差分后再建立的模型为自回归—移动平均积分模型，简称为 ARIMA。ARIMA 模型包含了鲍克斯-詹金斯模型的各种模式，自回归、移动平均及自回归—移动平均模型都可以作为 ARIMA 模型的特例来研究。

鲍克斯-詹金斯模型的运用程序分为模型识别、参数估算、诊断检验以及利用模型进行预测几个阶段。其中，进行模型识别和参数估算是鲍克斯-詹金斯模型最关键也最复杂的两个阶段，需要依靠计算机来实现。对于模型的识别，需要预测者有丰富的经验和准确的判断。为了克服模型识别的主观片面性，可以采用识别模型级数的信息准则。对于参数的估算，一般有三种方法，即矩阵法、最小二乘法和最小平方和法。估算的计算量很大，可以完全由计算机完成。

2.4　因果关系模型预测方法

因果关系模型主要用于研究不同变量之间的相互关系，用一个或几个自变量的变化来描述因果关系的变化。人们可以把预测值作因变量，把影响预测对象发展的各种变量作自变量，这样就可以利用因果关系模型进行科学预测。因果关系模型在预测中应用最广，它同时间序列模型不同，不仅可以用于短期预测，而且可以用于中、短期预测；不仅可以预测宏观问题，而且可以预测中观、微观问题。因果关系模型主要包括：趋势外推、回归分析、计量经济模型、投入产出分析、灰色系统模型、系统动力学等，下面介绍前四种模型。

2.4.1　趋势外推

趋势外推法是一种常用的利用事物过去发展的规律，推导未来发展趋势的方法。趋势外推法简单适用，应用面广。在预测方法分类中，有的将趋势外推法单列为一类，有的将其划归为时间序列模型，有的将其划归为因果关系模型。我们将其划归为因果关系模型，因为趋势外推的模型与预测过程和回归分析类同，可以作为回归分析的特例，即以时间为自变量的回归分析。

趋势外推法有两个基本假设：(1) 事物是在同一条件或相近条件下发展的，即决定过去事物发展的原因，也是决定未来事物发展的原因；(2) 事物发展的过程是渐近的，而不是跳跃的。

趋势外推法是基于事物的发展与时间的进程有一定的对应关系而提出来的。英国学者里内把趋势外推法的应用分为六个步骤：确定预测对象，选择预测参数；搜集数据；根据已知数据，求出趋势变动曲线和趋势变动方程；趋势外推；编写预测说明；研究预测结果在制定决策和规划中的应用。

趋势外推的方法较多，实用预测中最常用的是一些比较简单的方法，如一次直线法、指数曲线法、生长曲线法和包络曲线法等。

(1) 一次直线法。当事物的发展随时间序列呈近似直线上升或下降时，延伸该直线即可预测事物的未来发展方向。

(2) 指数曲线法。当事物的发展随时间序列按指数规律或接近指数规律变化时（即经过一个单位时间，增长一个固定的比例），就可以据此推测事物的发展趋势。

(3) 生长曲线法。经济和技术的发展与生物的生长过程有许多相似之处，也有其发生、发展、成熟等阶段，把这一过程描绘成相应的曲线，通常称为生长曲线或增长曲线，它近似“S”形，故又称S曲线。生长曲线法就是通过对生物生长与经济、技术发展、变化的比较，利用两者的相似性进行外推预测的方法。因预测对象的不同，生长曲线又可分为皮尔曲线（美国生物学家和统计学家皮尔提出）、冈珀茨曲线（英国数学家冈珀茨提出）、替代曲线等。

（4）包络曲线法。它是以技术发明过程理论为依据，利用曲线图方式预测某种技术特性参数未来发展水平的长期预测方法。通常应用中的特定经济技术对象系统有一个不可超越的最高功能水平，这一水平为指导该技术发展的经济与物理规律所制约。包络曲线法假设技术与经济的发展是一个连续整体，并根据相应整体系统的过去发展速度，来外推未来发展的速度与趋势，测算采用曲线图方式。国外常用此法预测各个时期的经济技术结构和发展态势。在技术变革与发展的前期，用它预测新的远景技术和结构；当某一技术发展趋于极限时，用其预测新的替代升级技术和原有技术群体的发展趋势。

趋势外推法的优点是简便易行，仅根据事物的发展与时间序列的对应关系，就可以预测事物未来的发展趋势；其不足之处是难以预测事物的突变。除了包络曲线法外，它多用于短期与中期预测。据统计，国外科技预测中的有80%应用此法，预测精度高达85%左右。

2.4.2 回归分析

与趋势外推法不同，回归分析法主要用于研究不同变量之间的相互关系，是一种通过分析事物之间的因果关系和影响程度进行预测的方法。它是从变量的既往值以及与该变量有关的其他变量的值作出该变量的预测。回归分析属于定量预测范畴，是利用数学工具将影响事物的各种因素与事物之间的相互关系抽象为数学模式，然后依据数学模式对被预测对象进行定量预测。回归分析不仅是一种应用范围极广的预测方法，同时也是建立数量经济模型的重要基础。回归分析主要包括一元线性回归、多元线性回归和非线性回归三种，而非线性回归又可通过一定的数学变换，转换为线性回归形式。

进行回归分析预测，首先要解决对预测量影响因素的选择、数据的收集与处理以及预测模型的选择三个问题。其中，分析影响因素，确定解释变量对回归分析来说至关重要。它需要借助有关的理论、经验和逻辑判断，并辅之以一定的辅助分析方法来完成。

在收集数据方面，预测者要面对现实，积极克服各种困难，努力采取调查法或实验法等各种行之有效的方法来获取预测量与解释变量的数据，而且一般要求数据的组数在 30 组以上（样本容量 $n \geqslant 30$）。收集与选用的数据有两种类型：截面样本和时序样本。截面样本是指在同一时点上抽取或统计的数据，时序数据是指在不同时期对某一目标进行多次调查与统计的数据。数据收集后，对数据的鉴别分析并对异常情况进行合并处理，是保证和提高预测效果的有效环节。常用的数据处理方法有：（1）剔除法，就是去掉那些不能反映正常发展趋势的异常（过大或过小）的数据。这是最简单的一种处理方法。（2）还原法，是指把数据处理成没有偶然因素时本应表现出的数值。通常对时间序列的异常值可用其前后两期数据的算术平均值或集合平均值作为还原值。在数据处理上，有时还需要对无数量标志因素的影响进行数量化，并把它应用于实际预测中。在某些无数量标志因素的数量化方法中，适用范围最广的一种是估计比较法。其一般做法是：取某一个比较平稳的时期作为基准期，并设该时期无数量标志因素的作用程度的数量化值为 1，然后以其他时期与基准期比较，估评出其他时期的量值。为提高估计比较法的客观性，必须注意加强调查研究并运用专家评估技术。

经过上述两个环节后，就可以选择预测模型。如果解释变量只有一个，而且数据样本呈现直线趋势，便可选用一元线性回归预测模型；但如果数据样本呈现某种曲线趋势，就应选用相应的一元非线性回归预测模型。如果解释变量不止一个，而且每个解释变量与预测量组成的数据样本均呈现直线趋势，一般可选用相应于解释变量个数的多元线性回归预测模型；但如果有一个或一个以上的解释变量与预测量组成的数据样本呈现曲线趋势，那就要考虑选用相应的多元非线性回归预测模型。当然，上述关于回归预测模型的选择，只是准备阶段进行初步选择的一般原则性方法。在完整的回归分析预测中，还需要通过相关统计检验方法和误差分析方法对回归分析预测模型的正确性进行鉴别，并进行必要的修正。

2.4.3　计量经济模型

计量经济模型预测法是指根据一定的经济理论和某些假设条件，建立一组联合方程描述各经济变量之间的相互关系，并用数理统计的方法加以估计、检验与预测的预测方法。

计量经济模型最早由荷兰经济学家 J. 丁伯根创立，20 世纪 50 年代由美国经济学家 L. 克莱因加以系统发展，随后被广泛应用于各种经济预测。由于它从经济理论出发，辅以现代的数理统计方法，因此其预测的可信度很高，在各种预测方法中独树一帜。

计量经济模型主要由一个方程或一组联立方程构成。模型中的因变量为待研究的事物，自变量为影响该事物的诸有关因素。不论计量经济模型的规模如何，其方程一般都有下列五种：

（1）定义方程式。将模型中的某因变量含义用公式明确定义，即得定义方程式。

（2）制度方程式。描述政府机构的政策、法令、规章以及计划等所规定的经济关系的方程式，即为制度方程式。

（3）技术方程式。某些事物之间如有某种技术性的关系，并用方程表达其关系的，即为技术方程式。

（4）行为方程式。描述经济单位的经济行为的方程式，即为行为方程式。

（5）平衡方程式。一个经济系统中存在的某些事物，其间存在某种平衡关系，并以方程描述这种关系的即为平衡方程式。

从形式上看，方程式有线性和非线性两类。大部分计量经济模型的方程式，在经过适当处理后，具有线性的形式。

利用计量经济模型预测的步骤如下：

第一，根据一定的经济理论或对经济现象的分析，确定所研究的经济现象的模型形式。如确定模型的变量，选择合适的数学形式，根据先验经济理论或规律预先假定模型参数的符号与取值范围等。

第二，运用适当的计量经济方法和参数估计技术求出模型参数的估计值，对模型进行估计。

第三，对模型估计结果进行检验与评价，即根据一定的准则判断估计结果是否能满足要求，是否可靠。

第四，对模型描述现状和预测未来的有效性进行评价。

第五，根据外生变量在预测期中的值，在模型有效范围内进行预测。外生变量的未来值可以来自另一个计量经济模型，也可来自专家意见。

计量经济模型本身除了可用于经济预测之外，还可用于经济结构分析：即对经济变量之间的关系作出定量的研究和政策评价，利用模型对不同的政策方案进行选择。

2.4.4 投入产出分析

投入产出分析就是运用投入产出综合平衡模型，对国民经济各部门之间、各部门内部或企业内部各组织之间生产和消费相互依存关系进行经济数量的分析与研究。它为经济管理部门和生产单位从事经济平衡、计划管理、经济预测等提供科学的经济情报。目前，许多国家都应用投入产出分析法研究国民经济两大部类间、积累与消费间的比例关系，预测各部门的投入量与产出量等。

投入产出分析法的具体内容是编制投入产出表，借以描述每个部门为了从事生产或经济活动所消耗的一定数量的原材料和劳动力，购买必需的机器和设备等。投入是指对各种生产要素的消耗，产出是为满足社会需要而进行的生产。每个部门既是生产产品或提供服务的产出（销售）部门，又是消费品的投入（购买）部门。投入产出分析法就是利用这种投入与产出的关系来表明各部门之间的依存关系，以及最终需求变化对各部门产生的影响。

投入产出分析法是建立在投入产出表的基础上的，投入产出表是投入与产出关系的全面反映。把国民经济各部门在一定时期内投入（购买）来源与产出（销售）去向排列成一张纵横交叉的表格，就是投入产出表。根据投入产出表建立数学模型，计算消耗系数，并据以进行经济分析和经济预测，便是投入产出分析。投入产出表从性质上分，可分为实物型与价值型两种；从时间上分，可分为报告期和计划期两种；从范围上分，可分为全国性和地方性；等等。

投入产出分析是一种常用的、有价值的预测技术。由于投入产出模型建立在有明确定义的相互关系之上，模型结果经受得起因果性探索，从而可推导出合理的结果；由于体现结构分析与综合平衡，能从整体上考虑系统结构比例以及部门之间的关联关系。但是，投入产出分析法也有其局限，主要表现为：投入产出分析中的数据不易获得，通常是若干年以前的；不同行业、部门之间的关系会不断发生变动，不像投入产出分析法所假定的那样确定。

本章小结

预测是指人们利用已经掌握的知识和手段，预先推断事物未来或未知状况的结果。科学的预测工作是科学规划和决策的首要和基础环节。预测方法与技术作为预测过程中为实现预测结果的优化而运用的各种智能方法与科学技术的总称，是预测活动必须借助的手段，也是预测任务得以完成的桥梁。没有科学的预测技术和方法的辅助，我们就无法作出任何科学的预测。

预测的方法技术很多，据有关资料统计，目前各种预测方法已多达 200 多种。一般说来，对预测方法的选择应综合考虑预测的时间期限、数据的散布形式、预测费用、精确度以及适用性几个因素。

定性预测方法，亦称直观判断预测法。它是立足于对事物发展变化的“质”

的方面作出判断，是依靠预测者的洞察分析能力，借助于经验与逻辑推理能力的一类预测方法。它主要包括德尔菲法、专家决策法、目标预测法、前导指标法、交叉影响分析法等。

时间序列模型，就是根据预测对象时间序列的特征，研究事物自身的发展规律，探讨事物未来发展趋势，是一种重要的定量预测方法，主要包括移动平均、指数平滑、分解预测、鲍克斯-詹金斯模型、多变量模型以及历史类推法等。

因果关系模型主要用于研究不同变量之间的相互关系，用一个或几个自变量的变化来描述因果关系的变化。主要包括：趋势外推、回归分析、计量经济模型、投入产出分析、灰色系统模型、系统动力学等。

关键术语

预测　定性预测方法　目标预测法　前导指标法　交叉影响分析法　时间序列模型　分解预测　鲍克斯-詹金斯模型　多变量模型　历史类推法　因果关系模型　趋势外推　回归分析

复习思考题

1. 何谓预测方法？预测方法的选择应该考虑哪些因素？
2. 简述目标预测法的特点、适用范围及程序。
3. 简述交叉影响分析法的原理、程序及优缺点。
4. 简述时间序列模型方法的概念及其种类。
5. 简述因果关系模型方法及其应用。

阅读材料

四川省旅游经济分析与预测

四川省地处中国西南腹地、长江上游，东邻重庆，南接云南、贵州，西连西

藏，北壤青海、甘肃和陕西，是连接西南、西北和华中三大地区的纽带。全省面积 48.5 万平方公里，居全国第 5 位。四川地跨四川盆地、青藏高原、横断山区、云贵高原和秦巴山地，境内山岭、盆地、丘陵、平原纵横交错，江河湖泊星罗棋布。四川辖 12 市 6 地区 3 自治州，人口8 357万，但分布畸偏。盆地面积不到全省 1/3，却居住着全省 90%的人口。四川少数民族 13 个，为全国第一大彝族聚居区、唯一的羌族聚居区和第二大藏族聚居区。四川有丰富的各色旅游资源，如有 66 个主要景区（2 处世界自然遗产、1 处世界自然文化遗产、9 处国家级风景区）、7 座国家级和 24 座省级历史文化名城、40 处全国重点文物保护单位和 268 处省级文物保护单位、64 所博物馆（包括陈列馆、纪念馆）、56 个国家级和省级森林公园、37 个国家级和省级自然保护区。在中国加入世界贸易组织和国家确立西部大开发战略的历史机遇下，对四川旅游经济进行分析和研究，不仅对全省及西部旅游经济发展有着直接的意义，而且以游促贸、促工农业生产，还可以带动全省整个国民经济的发展。以下围绕四川省的旅游接待能力、旅游收入等方面，分别就国际旅游市场和国内旅游市场予以分析预测。

1. 四川省旅游经济现状。四川省旅游经济起步较晚，20 世纪 80 年代起全省入境游客、旅游创汇年平均增长速度均低于邻近的省份。进入 20 世纪 90 年代，随着改革开放的步伐加快，无论是接待能力还是旅游业的收入，都有长足的进步，在全国旅游经济中开始占有举足轻重的地位。

（1）国际客源市场及其构成。改革开放 20 多年来，四川共接待入境游客约 341 余万人次，其中成都（都江堰/青城山）、乐山（峨眉山/乐山大佛）与阿坝州（九寨沟/黄龙）作为入境游客的主要接待地，近 4 年来共接待游客入境游客 84.324 万人次，占全省的 93.73%，年均增长 24%。1999 年全省接待入境游客估计在 37.34 万人次左右，较上年增长 28.49%。

从近两年入境游客的客源构成上看，我国港澳台游客是主体，占 45%以上，其次是日本，占 12%，美国游客约占 5%，新加坡占 7%左右，其他占 31%。国际旅游的客流和消费主要集中在成都，反映出以往省内各地落后的交通运输设施状况的限制性。由于航空、高速公路、省级公路等的改善，国际游客的数量和消费在 1998—1999 年间上升了 1 倍，表明良好的交通对吸引国际游客的意义，也表明对本省自然资源的巨大的潜在需求。港澳台游客多是探亲观光，日本游客则多是受汉文化影响且路途较近。而接受汉文化和佛教文化影响有 4 亿之众的东南亚地区则是四川国际客源潜在的市场。

（2）旅游外汇及其构成。1995—1999 年，全省旅游创汇约 3.8 亿美元，其中成都（都江堰/青城山）、乐山（峨眉山/乐山大佛）和阿坝州（九寨沟/黄龙）共创汇 2.65 亿美元，年均增长 18.70%，约占全省的 93.55%。1999 年全省创汇 972.84 万美元，较上年增长 16.19%。人均消费收汇构成可以反映一地旅游外汇收入构成，从而反映其旅游产业效益情况。一般认为，旅游者在旅游地住宿消费所占的比例越低，游览、购物、其他消费占比例越高，则经济效益越好。发达国家购物收入一般占其整个旅游收入的 60%～70%，我国北京等地约占 50%。从近两年四川全省入境游客人均消费收入情况看，其结构虽有所改观，购物消费水平呈上升趋势，吃住行总比例趋于下降，但消费的主体仍是这三项，约占 70%，尤其是住宿消费，占到了游客消费总量的 1/3。究其原因，主要是由于缺乏旅游商品生产加工基地，没有特色商品，仅有的本地产品又因质次价高而缺乏竞争力，以致旅游商品市场基本被忽略并被外省产品所占领。

（3）国内游客市场。1999 年到四川景区和文化景点旅游观光的游客达 4 771.84万人次，比 1998 年增加 8.01%。游客们的总消费估计为 138.85 亿元，比 1998 年增加 16.40%。旅游总消费的 55%用于交通、食宿和娱乐，消费水平很低，为人均 285 元人民币。多数游客（83%）是城市居民，年龄在 25 岁～44 岁之间（50%），月收入超过 600 元人民币（57%），观光和度假是旅游的最主要原因（61%）。这些游客多数来自省内其他地方（44%），还有一部分是观光地当地的居民（35%），省外游客占国内市场的 21%；省内主要观光点是峨眉山、乐山大佛世界自然和文化双重遗产区（68%），都江堰和青城山（66%），九寨沟和黄龙世界自然遗产区（31%），自贡恐龙博物馆（24%）和竹海（20%）。四川省各地市 1998 年国内旅游情况如表 2—10 所示。

表 2—10　　四川省各地市 1998 年国内旅游情况

城市	成都	自贡	攀枝花	德阳	绵阳	广元	泸州	内江	乐山	遂宁	南充
接待人数（万人）	2 255	105	54	286	312	87	102	84	257	174	84
旅游收入（万元）	723 974	28 350	14 566	38 453	46 830	13 714	26 546	9 061	71 831	29 243	13 272
城市	宜宾	雅安	达川	广安	巴中	眉山	资阳	甘孜	阿坝	凉山	全省
接待人数（万人）	112	11	104	50	36	47	52	7	71	128	4 418
旅游收入（万元）	25 470	4 358	11 344	6 150	13 445	5 562	3 037	68 669	34 560	1 192 900	—

（4）旅店接待能力。四川省星级饭店有 100 余家，16 000间客房，3 万个床位，饭店职工27 000余名。除了星级饭店之外，还有大量的无等级饭店、公寓、

别墅、旅店、招待所和度假村，其主要客源是国内游客。实地考察表明，仅在主要旅游区床位数就达到 13 万余张。从饭店床位和省内其他地区的总床位之比，可推算出无等级饭店为国内市场提供了 19 万余张床位。这些设施大都集中在青城山、乐山、峨眉山等旅游度假区。

旅店床位数是旅游业的重要组成部分，也是基础条件之一。它的发展必须与旅游市场的发展相适应，床位与客源之间应保持协调的比例关系。较合理的计算公式是：

$$N'=kMd/Dx$$

式中：N'——床位实际需求量；

M——年接待游客人数；

d——游客人均逗留天数；

D——年接待天数（以 365 天计）；

x——床位使用率；

k——折算系数。

上式中关键的一个量是床位使用率，其高低直接影响经济效益。国内外专家一致认为，涉外旅店年平均床位使用率 x 值取 60%～65%为损益的临界区，即高于这个区间一般为盈利，低于这个区间就是亏损；涉内旅店 x 值一般不低于 70%。根据全省 1998 年接待国内外游客能力，取 $d=2$ 天，算得全年旅店床位年平均综合利用率为 48.01%。如果单看涉外饭店年平均床位使用率则低得多，因为入境游客仅为国内游客的 0.7%左右。比照上述盈亏标准，目前全省涉外饭店的客房收入大多在亏损范围内。

2. 四川省旅游经济发展预测。由于四川省旅游经济起步较晚，加之全省及地市行政区划变动较大，缺乏系统、准确的旅游统计历史资料。因而这里主要根据近年四川省旅游经济发展情况，参照全省各地市的经济发展目标，尤其是旅游目标予以预测。

（1）未来入境游客接待量与旅游创汇的定性分析。根据四川省 1983—1999 年的入境游客量资料及显示的曲线（见图 2—4）看，入境游客人数增减起伏较大，其中降幅最大的 1989 年是由于政治风波，1995 年人数骤减是由于重庆升为直辖市脱离四川所致。

根据资料，1997 年我国接待入境旅游者达 5 758.79 万人次，而来四川的入境游客不到 0.5%，这与四川丰富独特的旅游资源极不相称。但我们也应看到，四川已将旅游业作为本省的六大支柱产业之一，全省上下都在努力“培育支柱产业，建设旅游大省”，未来几年四川旅游业的内外部环境将会有很大改善。主要

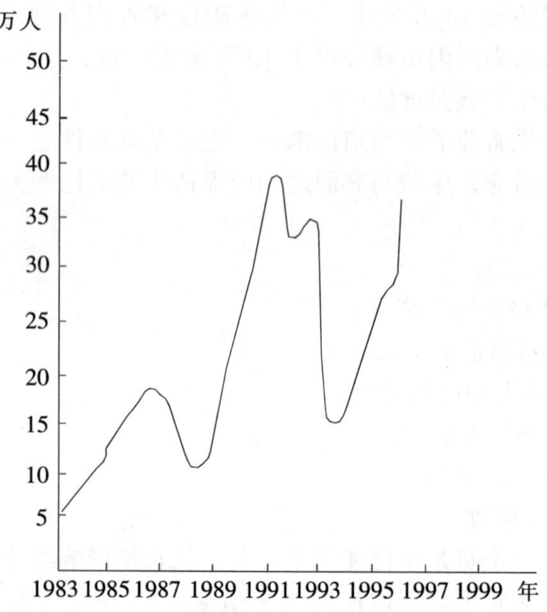

图 2—4　四川省各年游客接待量趋势图

表现在：恰逢国际旅游热点向亚太地区转移；四川地区开发开放步伐加快；国家已经作出西部大开发的战略部署并开始实施。这些将为四川提供良好的政府支持条件。交通等基础设施不断完善；以双流机场为代表的 6 个民用机场和四通八达的公路网以及包括 6 条干线和 9 条支线的铁路系统使运送旅客的能力不断增强；一些开发中的景观将更加吸引游客。这些内外部环境的改善将大大促进四川旅游经济的发展。综合上述因素及表 2—11 的资料，参照各地市旅游经济发展规划，预计全省 2005 年将接待入境游客 58.55 万人左右，6 年均增 7.79％左右；2010 年接待 91.2 万左右，11 年均增 8.46％。从创汇方面看，按国外学者发现的旅游收汇规律，旅游增长速度一般为经济增长速度的倍数。预计本世纪初的 10 年中，四川的社会经济增长水平为年均 8％～9％（高于全国 6％～7％的水平），全省国内生产总值达9 120亿元，使四川从低收入省份升位到中低收入省份。综合预测四川国际旅游经济 2005 年创汇2.457 7亿美元，7 年均增 16.64％，人均消费收汇 466.49 美元。2010 年旅游收汇 5.667 亿美元，12 年均增 17.28％，人均消费收汇 689.32 美元。旅游收汇构成中，游、购、其他三项之和将达到 60％以上，其中购物占 35％～40％。

表 2—11　　**1988—1999 年四川省的游客接待量**

年　份	1988	1989	1990	1991	1992	1993
入境游客量（万人）	17.08	10.13	19.39	26.83	38.22	33.78
国内游客量（万人）	2 700	2 114	2 330	2 710	3 200	3 600
年　份	1994	1995	1996	1997	1998	1999
入境游客量（万人）	36.80	15.82	17.94	27.14	29.06	37.34
国内游客量（万人）	4 300	3 487	3 838	3 955	4 418	4 772

（2）国内游客接待量和旅游收入预测。由图 2—4 可见，国内游客接待量除个别年份外，基本呈上升之势。考虑到国内游客受居民收入水平影响很大，这里我们选择国内游客接待量为因变量 Y，国内人均国民收入为自变量 x，建立相应模型：

$$Y=A+Bx；Y=-20.800\,197+0.192\,579\,4x\ (R=0.95)$$

另据国内有关旅游专家预测，2005 年我国人口将达到 13 亿～14 亿；再考虑到四川的现状与发展远景，初步测算 2005 年将接待国内游客5 934万人，旅游收入 265 亿元，年均增长约 11.37%；人均消费 496.35 元；2010 年接待国内游客8 159万人，旅游收入 593 亿元，年均增长 14.11%，人均消费 807.87 元。

（3）旅店床位需求。根据外省研究成果，未来几年涉外床位的实际需求量与理论需求量之间的折算系数约为 1.35。据前预测结果，2005 年四川将接待入境游客 58.55 万人，2010 年 91.2 万人。采用前述床位需求公式，人均逗留天数 d 取 8 天（估计峨眉山索道、广元机场及九寨沟机场的通航和全省高速公路的贯通将使得入境四川的游客逗留天数增加），床位年平均使用率 x 取 65%，预算 2005 年约需涉外床位27 399张，2010 年约需38 929张。这就意味着在 2005 年之前，需要新增各星级饭店客房11 249间。其中约5 800间正在成都和省内其他地方兴建，剩余的大部分将在其他地区兴建。应当看到，成都市区的饭店客房已经供大于求，2005 年之前不应增加客房，大多数新增客房建设应在成都之外（或市区之外如郊县大邑县的花水湾温泉和其他度假地），特别是在九寨沟、海螺沟冰川公园和四姑娘山的阿坝/甘孜州地区。利用床位需求公式，取 $d=10$ 天，$x=75\%$，测得涉内床位需求量 2005 年为28 874万张，2010 年为44 975万张。

3. 四川省旅游经济发展可行性分析。

（1）从外部市场条件来看。据世界旅游组织的统计，1996 年全球国际旅游人数达 5.986 亿人次，总收入4 227亿美元。亚太地区在国际旅游中所占份额增至 14.7%，其中中国起到了重要作用。又据世界旅游组织预计，2000 年全球国际旅游人数可能为6.73亿人次（亚太地区1.05亿人次），2010年可能为10.46亿人次（亚太地区3.21亿人次）。至2020年，国际旅游业的总消费将达到2万亿美元，国际旅游人数将以年均4.3%的速度增长，收入以6.7%的速度增长，远远超过了同期世界财富每年增长3%的最大可能速度。就亚洲范围而言，本世纪前10年将出现的经济强劲复苏，对四川地区的旅游业将产生重要影响，预计2010年本地区国际旅游人数将达到3.21亿人次，2020年达到4.38亿人次，年均增长率分别为6.8%和7%。从全国范围来看，1997年我国共接待了5 760万国际旅游者，其中来自亚洲和远程市场的外国游客人数750万人次，约占国际游客总数的13.2%，而日本的份额最大，达106万人次。但世界旅游组织预计2020年中国将列世界旅游接待国首位，国际旅游人数将达到1.371亿人次，占世界总数的8.6%，年均增长8%。国内旅游市场同期将达到10亿～20亿人次。由上可知，这对四川省旅游经济发展创造了极好的外部环境和条件。

（2）从独特的资源条件看。四川省有着丰富多样的自然和文化旅游资源，其中许多在中国绝无仅有，并且国际市场对其也有强烈的需求，这种具有重要意义的独特旅游资源有：九寨沟和黄龙世界遗产旅游区，四姑娘山、贡嘎山和海螺沟冰川公园，峨眉山和乐山大佛世界遗产旅游区，自贡恐龙和竹海旅游区，大熊猫繁育中心和卧龙与蜂桶寨大熊猫保护区等，其中九寨沟、三星堆和大熊猫为四川独有的、不可替代的三大品牌。这些景区都具有成为世界旅游目的地的潜力，并使四川省可以定位为中国生态自然旅游和历史文化旅游的目的地。随着西部大开发和加入世界贸易组织以及对外宣传力度的加大，将有越来越多的中外游客被四川高品位的旅游资源所吸引而至。

（3）从对策措施来看。为实现旅游业在2010年成为四川省的六大支柱产业之一的目标，凭借国家将重点进行西部大开发和继续改革及发展市场经济的战备部署，四川正努力加强对主要自然生态和历史文化旅游资源的可持续利用，努力形成一系列世界级的旅游区域和产品，除原有的世界自然与文化遗产外，四川正在申报都江堰/青城山的自然与文化双重遗产（当年中国唯一申报项目，已通过联合国官员验收，待批）；逐步改善东南亚、东亚、欧洲、北美主要城市到达四川的每日航班服务和省内快捷高效的旅游道路和交通系统；省内旅游行业都行动起来努力在旅游设施和服务上达到或超过国际标准；建立有充足财政资助的营销体系并能吸引各类高产出的旅游市场客源；将成都建成我国西南部的文化中心及本地区的一流的会议和展览中心之一。最近的四川省旅游工作会议，更明确地指出：全川人民要有跨越式、追赶型的创业精神，力争在2005年实现从旅游大省向旅游经济大省的跨越；到2010年实现从旅游经济大省向旅游经济强省的历史性的跨越。因此四川的旅游业是必有希望的。

资料来源：许虹：《四川省旅游经济分析与预测》，载《经济地理》，2000（6）。

思考题

1. 请指出在对四川省旅游经济的预测中采用的预测方法。

2. 你认为本案例中对四川省的旅游经济的分析与预测是否合理？如果你是预测人员，你将怎样进行预测？

第3章

控制的方法与技术

开章案例

A国国防部为了发展一个军事项目，向国会参议院军事委员会提交了一份拨款申请报告。军事委员会经过审核，最终否决了国防部的拨款申请。但是，国防部还是通过一定的途径，着手实施该军事项目。军事委员会获知该消息后十分愤怒，于是就要求国防部负责人向他们解释为什么要违反国会的决定。该负责人并没有如实汇报以及承认错误，而是为国防部的行为辩解，但答应以后要进一步改进。军事委员会的有些成员对该负责人的回答感到不满，于是便要求审计部门重新检查国防部的重新立项程序，并要求重新检查国防部所有的重新立项要求，以确定国防部是否遵守了国会的相关法律。然后，参议院军事委员会通知审计部门对国防部的重新立项进行评估并提出改进建议。审计部门向国会提交的报告表明，国防部已经建议从小型洲际弹道导弹项目中重新立项拨款10亿美元，用以发展国会已经否决的军事项目。于是，国会就否决了国防部企图利用小型洲际弹道导弹项目的资金作为大多数要求重新立项的资金来源的报告。然后，国会又削减了该项目3亿美元的资金，彻底消除了它作为重新立项资金来源的可能性。请问：A 国国会对国防部采取了哪一种控制方法？该方法的实施程序有哪些？

3.1　控制工作概述

公共管理领域的控制，是指对公共组织或部门内部的管理活动及其效果进行检查与调整，以更好地实现既定目标或任务的职能活动。现代公共部门具有人、财、物、信息等诸多要素，其组合关系错综复杂，内部结构和运行机制亦千差万别；同时，还面临着瞬息万变的复杂环境系统。在这种情况下，要想实现既定目标，在激烈的竞争中求得生存与发展，必须开展卓有成效的控制工作。

3.1.1　控制工作的目的

法约尔曾经指出，控制工作的目的就是指出计划实施过程中的偏差和失误，以便加以纠正和防止重犯。在现代管理活动中，管理者可通过控制活动达到以下目标：

1. 维持组织的协调运转。这是控制工作的基本目的。管理者应根据变化着的内外环境，定期将计划的执行结果与目标、计划相比较，如发现存在计划允许范围之外的偏差，则须及时采取必要的纠偏措施，以保证组织或部门运转的协调与平衡，这是实现组织既定目标的必要前提。

2. 开拓新局面。在公共管理领域，组织或部门的内外部环境都是不断发展变化的，这往往会对组织提出改革、调整的需求。管理人员为了适应不断变化着的环境，必须打破现状，修订原有计划，确定更为合理、科学的现实目标与控制标准，在变革中实现组织的发展。

3. 解决组织中存在的问题。在组织内部，往往存在两类问题：一类是“临时性问题”，即日常管理中随机产生的，直接影响日常管理活动的问题；另一类是“慢性问题”，即在组织中长期存在，会对组织素质发生潜移默化影响的问题，它广泛存在于公共管理领域的各类、各级组织中。要想使控制工作卓有成效，必须充分重视并及时解决组织中的“慢性问题”。

3.1.2　控制工作的意义

控制作为公共部门管理的重要职能和环节之一，其意义是显而易见的。概括起来，主要有以下几点：

1. 有利于及时纠正错误与偏差。每一个组织中都会存在一些错误或偏差。一般情况下，小的失误不会对组织产生不利影响。但是，随着时间的推移和小失误的积累，也会导致严重问题的发生。因此，管理者必须通过控制工作，及时纠正组织内部的错误和偏差。

2. 有利于适应复杂、多变的环境。当前，随着经济与科技的发展，公共部门无一例外地面临着复杂而剧烈的竞争形势。为保证组织与环境的协调一致，必须建立起强有力的控制系统。

3. 有利于实现组织既定的目标。控制工作是管理职能环节的最后一环。尽管计划可以制订得比较完满，组织结构可以调整得十分有效，员工的积极性也可以调动起来，但这一切仍然不能确保所有的活动均按计划执行，无法确保管理者所追求的目标一定能实现。在管理实践中，控制工作是确保组织目标实现的必要手段之一。

3.1.3 控制工作的要素

公共部门要开展正常的控制工作，必须同时具备以下四个方面的要素：

1. 员工。任何组织都是通过人员来实现其既定目标的，因此，管理者使员工按照组织所期望的方式开展工作是十分重要的。为了达到这一目的，最有效的办法是直接巡视、检查并对员工的表现进行系统的评估。

2. 财务。财务控制涉及人力、物力和信息情报系统等诸多方面，因为组织内的各项活动都要涉及经费问题。财务控制就是要对所有活动的经费预算、成本、收入和利润进行有效的管理。

3. 信息。任何组织都是在大量收集、分析、综合信息的基础上，形成计划和决策，由此维持组织的协调运转，确保组织目标的实现。不精确、不完整、过多或过时的信息必然会给组织带来不利的影响。因此，组织必须建立一个科学、灵敏的管理信息系统，实现对信息的有效控制。

4. 绩效。组织绩效是控制工作的重要依据之一。在政府机构和其他社会组织中，决定一个部门的预算是增加还是减少，其根本的依据就是该部门的任务与绩效。为了维持或改进一个组织的整体绩效，管理者必须关心控制工作。

3.1.4 控制的类型

依据不同的分类标准，可将控制分为几种不同的类型。这里根据控制点的不同时间，将控制分为以下三类：

1. 反馈控制。反馈控制是最为普遍的控制方法之一。反馈控制，即通过反馈系统了解目标的执行后果，以利于下一步工作的改进。反馈控制主要是为改进工作和制定新的计划目标服务。与其他控制方法相比，其优点有：(1) 可以提高

员工的积极性，因为它可以使员工获得评价他们绩效的信息；(2) 为管理者评价计划的效果提供了资料。如果反馈显示标准与现实的偏差很小，则说明计划的目标已基本实现；如果二者的偏差很大，管理者则应据此修正、完善计划。

2. 现场控制。亦称同期控制，是指将控制的纠正措施作用于正在进行的计划执行过程的一种控制方法，这种方法为基层管理者所普遍采用。控制的内容主要包括监督下级的工作，以保证计划目标的实现，纠正偏差，传达有效的工作指令等方面。现场控制是整个控制工作的基础，管理者的管理水平和领导能力往往可以通过此项工作体现出来。

3. 前馈控制。这是一种较为理想的控制方式，因为它能够避免预期出现的问题。进行前馈控制的关键在于，组织必须在实际问题发生之前就预测到问题所在，并采取相应的管理行动，这就需要组织必须获得及时、可靠的信息。但不幸的是，这一点并不是组织总能做得到的，因此，前馈控制往往必须与其他控制方法结合使用。

3.1.5　控制工作的过程

1. 制订计划，建立标准。由于计划是管理人员设计控制工作的准绳，所以从逻辑上说，控制过程的第一步总是制订计划。但是，计划只是为实现决策目标而制定的综合性行动方案，其内容通常是提纲挈领性的，所以，为了具体的实施过程，必须确定具体的控制标准。控制标准可分为定性与定量两类。但一般而言，控制标准应该是可以测量的。

2. 衡量实际成效。这一步骤的主要内容是用控制标准来衡量工作所取得的实际成效，发现偏差，为进一步采取纠偏措施提供准确、全面的信息。如果标准制定得当，同时又具有能有效评定下属人员工作的方法，则对实际成效的评价就会相对容易。但是，对于许多活动而言，难以制定准确的标准并且难以衡量的现象是比较普遍的。所以，将平衡记分卡这一战略管理工具引入管理过程是十分必要的。

3. 纠正偏差，解决问题。如果通过衡量与分析，发现偏差在允许的范围之内，那么就不必采取什么措施。如果偏差的程度不大，问题只是局部和浅层次的，那么针对偏差和问题采取及时、有效的措施即可。如果偏差很大，问题十分严重，那么组织的高层就必须深入分析问题出现的原因，在此基础上提出治本之策。

3.1.6　控制工作的基本原则与要求

公共部门要建立一个科学、严密的控制系统，并开展卓有成效的控制工作，必须遵循以下原则：

1. 控制应反映计划的要求。控制是实现组织计划的重要保证，因此，管理者所设计的控制系统越能全面、明确地反映计划的要求，整个控制工作就越有效。

2. 控制应反映组织结构的类型。组织结构是明确执行计划与纠正偏差职责的依据之一。组织或部门的结构设计越是完善、明确，所设计的控制系统越符合组织机构中的职责、职务要求，就越有助于纠正偏差。

3. 控制应反映组织未来的发展趋势。对于管理者而言，重要的是组织现状所预示的趋势，而非现状本身。尽管控制组织变化的趋势是一件非常困难的事，但它却比仅仅改善组织现状重要得多。

4. 应重视直接控制的潜在意义。对于组织或部门而言，管理者素质的改善与提高，可以增强管理者事先察觉偏差与失误的能力，并采取及时、有效的预防措施，促使自身及其下属工作质量的全面提高。直接控制相对于问题或损失出现后而采取的间接控制法，无疑具有极大的优越性。

5. 重视计划执行中的关键点。对于管理者而言，随时注意计划执行中的所有细节是没有必要，也是不可能的；为了实现有效的控制，管理者应关注计划执行中具有关键意义的影响因素。事实上，控制住了关键点，也就控制住了工作的全局。

依据以上原则开展控制工作时，还必须注意以下几方面的具体要求：

1. 将控制与计划紧密结合。将控制作为计划程序中的有机组成部分，是促进二者相结合的有效途径之一。在工作开始阶段，计划程序对控制程序具有极大的制约作用，但随着工作的展开，控制程序又会反过来对计划程序产生有益的重要影响。

2. 建立控制的客观标准。管理工作中难免存在许多主观因素，但从根本上说，有效的控制工作要求具有客观、准确而适当的标准。这一标准既可以是定量的，也可以是定性的，但均须以可以测定与考核为前提。

3. 保持控制的及时与灵活性。“及时”是指能够适时提供所需的信息情报。一般而言，在形势不稳定、环境复杂的情况下，对信息的及时性要求较高。同时，控制系统也应具有适时变化的灵活性，这是高效率控制系统最重要的特点。

4. 具有全局观念与面向未来的观念。对于一个合格的管理者而言，开展控制工作必须树立全局观念，要从整体利益出发，使组织目标与局部的目标协调一致。同时，控制应坚持面向未来的原则，要有能力及时发现可能出现的偏差，预先采取措施，调整计划，以保证组织目标的实现。

5. 应讲究经济效益。这是一项相对的原则。经济效益随着组织工作的重要性及其规模不同而各异，也随着缺乏控制时的耗费情况与控制系统的绩效的情况而不同。因此，这就决定了管理者可以在他认为最重要的方面选择一些关键问题进行有效的控制。

3.2　传统控制方法

随着社会的不断进步和管理方法、管理技术的不断革新，组织开展控制工作的方法也是日新月异，层出不穷。但是，自从人类社会诞生以来至今，一些被实践证明行之有效的传统的控制方法还在不同的组织、部门中发挥着重要的作用，主要有以下几种。

3.2.1　现场观察法

现场观察是一种最古老、最直接的控制方法。高层管理者通过现场观察，可以发现组织目标与计划的执行、完成情况，了解有关职能部门呈报的数据是否属实，了解员工对组织的意见或合理化建议，并及时发现组织运行中存在的问题。

职能部门通过现场观察，可以了解计划的执行情况以及有关规章制度的遵守情况等信息。而基层管理者通过观察，则可直接对组织任务的完成情况作出直接判断与分析。现场观察的最大优点在于可以获得最为真实的第一手信息。不仅如此，现场观察还可以帮助管理者发现员工中的优秀人才，判断组织系统的运转是否正常，从下属的合理化建议中获得灵感与启发。此外，现场观察还可以起到对员工的激励作用，营造一种和谐的组织氛围。当然，现场观察法的消极作用也是不容忽视的。比如，下属或员工可能为应付管理者的观察而制造假象，可能将这种观察视为对他们工作的干涉与猜疑等。尽管如此，在组织规模日益扩大、层级节制日趋规范以及自动控制技术充分发展的社会背景下，现场观察仍是一种值得肯定和提倡的控制方法。比如，为了检查安全生产法规的贯彻执行情况，我国有关部门每年都会组织力量对煤矿等企业的生产情况进行大检查，及时发现、解决生产过程中存在的安全隐患。

3.2.2　统计数据资料分析法

管理者要善于利用组织或部门活动中的统计数据、资料进行控制，因为这可以增强控制的针对性、有效性。一般而言，管理者通过对以图解或曲线图形显示的统计数据的分析，可以对组织活动的趋势及其相互关系作出明确的判断。

管理者将组织活动的统计数据资料作为控制的重要参考时，应注意保持统计数据资料的及时有效性。具体而言，就是要保证统计数据资料定期、以某种规范的形式（如统计报表）呈报到管理层，这样就可以消除因财务调整等因素所带来的负面影响。

3.2.3 专题报告分析法

专题报告是用来向管理者全面、系统地阐述计划的进展情况、存在的问题与原因、采取的措施及效果、潜在的问题等情况的一种重要方式。对专题报告的分析，有利于管理者对具体问题进行控制。例行的会计与统计报表虽然能提供一些必要的信息，但往往不充分。这时，管理者可以利用专题报告分析法进行控制。

专题报告的主要目的在于提供一种必要时可用作纠正措施依据的有关信息，它一般应由参谋小组完成。一名从事复杂业务活动的、富有经验的主管，可以聘用数名训练有素的分析人员，组成一个参谋小组，不让他们承担其他任务，只开展调查研究和分析工作。这种参谋小组应具有敏锐的发现问题的能力，他们所提出的专题报告，对改进组织活动，提高组织绩效应具有异乎寻常的巨大作用。

参谋小组所提出的专题报告应具有以下特点：（1）及时；（2）重点突出；（3）简明扼要；（4）指出例外情况；等等。一般情况下，管理者对报告质量要求的程度，决定了运用专题报告进行控制的效果。组织管理的复杂程度总在不断增加，而管理者的时间、精力毕竟有限，因此，应高度重视专题、定期报告的作用。如我国政府对社会治安、突发事件、重大社会问题所采取的专项调查，全国人大专门委员会就某项法律执行情况所进行的专项调查与执法检查都属于这一类。

3.2.4 人员管理控制法

管理者在人事管理方面的控制工作，就其本质而言，主要集中于对组织或部门内的人力资源管理上。具体又体现在对员工工作中的表现、绩效的评价和主要人事比率的分析两个方面。管理者对员工的表现与绩效进行全面、客观地评价，有利于激励先进，督促后进。这种评价、鉴定与分析可分为以下几个步骤：

1. 工作分析。是指管理者对员工所从事工作、岗位的内容进行具体、细致的分析。

2. 制定工作标准。在工作分析的基础上，管理者要制定衡量员工能力及工

作表现方面的合理标准，以利于衡量员工的工作表现、绩效，并予以相应的奖惩。

3. 衡量、鉴定员工的工作表现及成绩。其方法既可以是抽样检查，又可以是现场检查。在检查中，要结合实际情况，客观、灵活地把握工作标准。

4. 评价与反馈。管理者通过对员工工作表现及成绩的衡量，作出相应的评价，并将结果反馈给相关人员。

5. 分析组织中各种人事比率与组织任务、组织目标的关系。组织中的人事比率，主要有管理者与业务人员的比率、后勤人员与业务人员的比率、员工调动的比率、员工旷工缺勤的比率等等。通过分析这些比率关系是否合理，管理者可以发现组织中存在的问题。例如，如果高校中行政管理人员与教师的比率过高，则会影响教师的工作积极性，使高校的各种资源得不到合理配置。再如，如果组织内员工的调动率太高，则会影响组织的稳定与发展；如果调动率太低，又会窒息组织的生机与活力；等等。因此，管理者应采取适当的措施，合理确定组织中的各种比率。

3.2.5　内部审计法

内部审计是指组织内部的审计人员对组织的会计、财务和其他业务经营活动所开展的定期、独立的审核与评价。尽管内部审计具有显而易见的局限性，但从理论上来说，内部审计毕竟体现了对组织经营活动的总体评价和全面评价。组织的高层管理者可以通过内部审计发现经营活动的实际绩效与预期绩效之间的偏差，从而有针对性地开展控制活动。为保证内部审计的质量，必须建立起科学、完善的内部审计制度体系。

3.3　程序控制方法

3.3.1　程序与程序控制

程序是对组织或部门中操作或事务处理流程的一种描述、计划与规定，是按既定方式有效地进行控制或完成任务所必需的工具，它规定了处理那些重复发生的例行问题的标准方法。程序具有以下特征：

1. 程序是一种优化了的计划。程序是对组织中大量日常工作过程及工作方法的提炼与规范，它规定了处理组织中日常问题及处理物质流、奖金流、信息流的例行办法，为组织人员提供了简捷、有效、实用的行动方案。

2. 程序具有系统性。管理者只有认识到程序原本是“系统”，才能充分发挥程序控制的作用。一个复杂的管理程序，往往会涉及多个职能部门、工作岗位、主管与专业人员，以及各种类型的管理活动，如调研、计划、审核等。因此，应将管理程序视为一种系统，用系统的观点和系统分析方法来分析并设计程序。

3. 程序是一种控制标准。程序通过文字、格式与流程图等方式，对组织的业务处理方法作出了严格而明确的规定，既便于执行者按程序办事，也便于管理者的督促与检查。

程序控制是指依据程序所提供的标准而展开的控制活动。由于程序通常会影响组织内部的各个部门，所以依据程序开展控制是十分必要的。但是，不合适地运用程序控制法，却往往会带来一些副作用，比如抑制组织内部的创新活力，不能对环境变化及时作出反应，滋生组织的官僚化倾向，等等。

3.3.2 导致程序失效的因素

1. 程序冲突。组织内部不同的职能部门为了各自的运行，会试图建立一些本部门的程序（制度），如果这些程序（制度）之间缺乏有效的协调，则难免会造成程序之间的交叉、重叠等现象，从而导致程序的失效。

2. 过分依赖程序。管理人员在解决出现的问题时，应综合运用程序、正确的决策、授权或良好的指导方式等手段。如果过分依赖程序的控制作用而忽视其他的手段，则往往达不到预期的效果。

3. 程序过时。在现代社会里，组织面临的是高度开放、瞬息万变的外部环境，组织应根据环境的变化不断调整其目标和计划。程序是为组织的目标服务的，如果程序不能随着组织目标的调整而进行相应的调整，就会因为过时而失去效用。

4. 对程序的不了解。如果组织的管理人员对程序的内容知之甚少，不了解程序运行所需要的成本，或不能及时消除程序之间的冲突现象，那么程序失效是难以避免的。

3.3.3 实施程序控制应遵循的原则

在管理实践中，管理者要实现有效的程序控制，避免程序“失效”，应遵循以下原则：

1. 将程序视为一个系统。从系统的观点分析，任何一个程序都是一种系统；同时，从组织的整体角度分析，程序又是一个更大系统的有机组成部分。将程序视为系统，有助于管理者追求组织整体的最优化而非局部利益，可以促使管理者从整体角度分析并设计程序，使各种程序的重复、交叉与矛盾减少到最低限度。

2. 将程序减至最少。很明显，程序控制存在着一些弊端，如增加文书工作的费用，对环境的适应能力较差，不利于调动员工的积极性，等等。因此，管理者应充分考虑这些因素，权衡潜在收益、必要的灵活性与增加的控制之间的利弊得失，将程序减至最低限度。

3. 保证程序的计划性。从本质上看，程序也是一种计划，进行程序设计必须服从、服务于组织整体目标的实现和效率的提高。管理者在制定程序时，必须充分考虑制定程序的必要性、可否收到预期效果以及是否有助于实现计划等问题，否则，程序就会成为影响组织生存与发展的消极因素。

4. 评价程序运行所需的费用。对程序进行分析，应考虑到其运行费用这一因素。尽管程序运行中的一些费用是无法准确估算的，但评估程序运行所需的费用，对促进程序的合理化，减少程序运行成本都是十分有益的。

5. 控制程序的运行。这需要做三方面的工作：(1) 将有关程序的规定汇编，发放给组织中的管理者及员工；(2) 培训、指导员工进行正确的程序操作，使员工明确制定程序的必要性及目的；(3) 采取有效措施，确保员工可以及时、正确地接受新的程序，保证员工按照预期的要求工作。

6. 使程序具有权威性。确保程序控制的有效性，应满足两方面的要求：既要保证程序设计的合理性、科学性，又要严格执行既定程序，保证程序的权威性。那么，怎样才能保证程序的权威性呢？具体而言，应做到程序的制定与颁布应具有权威性；管理者应成为遵守程序的典范；实现程序监督的规范化、长期化；等等。要做到这些，就必须通过内部审计等职能性活动，定期检查程序的执行、实施情况，对因违反程序而造成的事故和损失应认真追究、严肃处理。

3.4　预算控制方法

预算是指组织或部门在一定时期内有计划的财务活动的表现形式。预算作为一种主要的控制手段，属于计划的范畴，是对未来一段时期内组织收支情况的预计。组织的管理人员可以根据预算指标提供的标准，来衡量计划的执行情况，并据以采取有针对性的控制行动。

3.4.1　预算编制的程序

在现代管理系统中，预算一般由组织的高层管理人员与控制人员制定，然后传达给下级管理人员和员工。具体而言，预算编制应遵循以下几个基本步骤：

（1）下属各职能部门制定本部门的预算方案，由上级部门的管理者审批；

（2）上级管理者对下属各部门的预算草案进行综合平衡，并制定出本部门的总预算草案；

（3）预算委员会（一般由高层管理人员与部门权威人士组成）审核各部门的预算草案，进行综合平衡；

（4）预算委员会与高层管理者进行协调，拟订出本组织的预算方案；

（5）预算委员会将整个组织的预算方案呈报组织高层管理者审批；审批后将预算方案在组织内逐级传达。

以上只是预算过程的基本步骤。在管理实践中，不同的组织或部门，其预算过程与方式可能是千差万别、形式各异的。

3.4.2 预算的种类

按照不同的标准，可将预算划分为许多种类。如果按照内容划分，则可将预算划分为经营预算、投资预算和财务预算三类。

1. 经营预算。是指组织或部门在日常活动中所发生的各种基本活动的预算。例如，组织的经营预算主要包括销售预算、生产预算、直接材料采购预算、单位生产成本预算等。其中，销售预算是预算控制的基础。

2. 投资预算。是指针对组织或部门的固定资产的购置、改造、更新等投资活动，在可行性分析的基础上编制的预算，它具体反映了投资时间、数量、来源、收益等情况。一般而言，投资预算应与组织的发展战略紧密联系起来。

3. 财务预算。是指组织或部门在计划期间内，反映有关预计现金收支、经营绩效及财务状况的预算，主要包括现金预算、预计收益表与预计资产负债表等内容。财务预算可以成为各项经营业务和投资的整体计划，故亦称“总预算”。

3.4.3 两种有效的预算控制法

预算作为一种重要的控制工具，具有有利于管理者制定控制标准、协调组织资源、评价组织对资源的运用情况以及有利于对管理者、员工的工作进行评价等方面的作用。但是，在实际的预算编制和执行过程中，由于过于推崇预算方法的作用，或预算编制本身的失误，会出现一些副作用，比如缺乏灵活性、过于烦琐而难以执行、预算目标实际上取代了组织目标等。所以，必须慎重地选择预算控

制的具体方法。实践表明，以下两种方法可以比较有效地避免传统预算方法所可能产生的负面作用：

1. 零基预算法。零基预算法与传统的预算法截然不同。传统的预算编制，一般均以基期的各种项目费用的实际开支为基础，根据计划期间各种变动因素的情况来确定各项费用。零基预算法则不然，其基本的指导思想是在编制预算时，要以组织目前的需求和发展趋势作为审核基准，通过对每项费用开支的合理性进行重新审核，在成本—效益分析的基础上确定预算。

（1）与传统的预算方法相比，零基预算具有以下较为明显的优势：

1）有利于控制组织内部的各种随意性开支，对组织的预算膨胀趋势可起到制约作用。

2）有利于组织的高层管理者将精力集中于战略性的重大项目，并有利于将组织的当前目标、实现的效益与长远目标有机地结合起来。

3）有利于对整个组织作全面的审核。

4）有利于提高管理者在计划、预算、控制等方面的水平。

（2）零基预算的编制，可分为以下几个步骤：

1）有关管理者在审核预算之前，明确长远目标与近期目标之间的关系，建立起可以量化考核的目标体系。

2）审核预算时，以零为起点评价组织的一切活动。所有申请预算的项目或部门均须提交下一年度的计划；凡新增项目，必须提交可行性分析报告；所有继续进行的活动或项目，均须提交计划完成情况的报告；等等。

3）确定真正必要的项目或活动之后，根据新的目标体制，重新确定各项管理活动的先后次序。

4）进行预算编制，使资金按照重新核定的优先次序分配。

实践证明，零基预算法较适合于政府机关以及事业单位内的行政部门与辅助部门。但是，组织或部门在编制预算的操作过程中，应注意避免可能出现的问题，如投入的人力、物力及时间可能很多，在安排项目的优先次序时难免存在着主观片面性，等等。

（3）零基预算的编制，应遵循以下原则：

1）预算主持者应对组织目标认识明确。主持者认识明确，才能敏锐地区分哪些活动是必要的，哪些是不必要的。

2）负责对预算进行最后审批的管理者应亲自参与活动和项目的评价过程，并担负起属于自己的责任。

3）应发扬创新精神。管理者应鼓励创新，培养创新意识，这有助于制定出既能提高效益，又可降低成本的行动方案。实际上，零基预算法的本质就在于突破传统观念，提倡从零开始，从事创造活动。

2. 项目预算法。项目预算法为组织或部门分析其资源状况提供了一种系统的方法。它是一种以最有效地实现组织目标的方式为合理配置资源提供系统方法的控制手段。这种预算编制法根据组织可用资源状况，着眼于目标及规划的实现，强调评估成本的最小化。这一优点使得项目预算法不仅适用于各类企业，而且还被广泛应用于政府的管理工作之中。

(1) 项目预算法的主要特点。

1) 强调选取实现组织目标的最佳途径，着眼于对各种方案的费用效果分析。费用效果分析是指对不同方案实现目标的效果及所需费用进行综合评价，在此基础上择取最佳方案。通常情况下，我们可以运用数学模型对费用与效果的关系、变化模式进行定量化描述（如图 3—1 所示）。

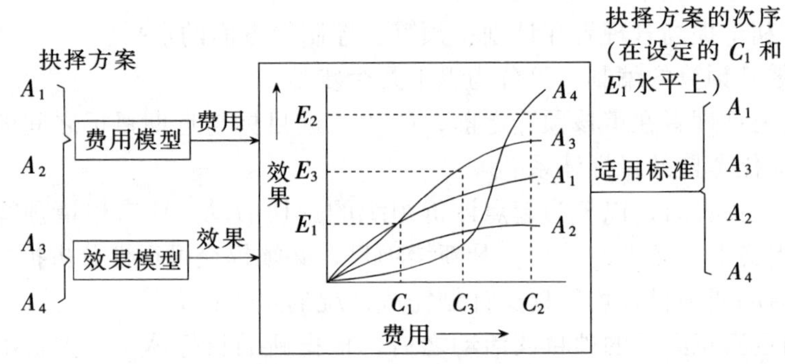

图 3—1　费用效果分析结构

2) 按规划的项目进行分阶段拨款，而不是简单地按会计科目在过去的基础上分配资金。例如，美国国防部运用项目预算法，将款项分为研究、制造、试验与评定工作四类，分别拨付海、陆、空三军及国防部的独立单位。同时，将上述四类拨款分为 340 个分项。为了对项目拨款进行审核，还需要确定 340 个分项中每一分项的费用水平，以此作为拨款的标准。如果某项目的某一分项预算超过了标准，则必须履行特别的审批程序。

(2) 推行项目预算法所面临的困难。当然，由于一些因素的普遍存在，在公共部门内部推行项目预算法也面临着一些困难。这些困难主要是：

1) 公共部门现行的会计制度与实行项目预算的要求还不相适应。

2) 公共部门往往缺乏明确、具体的目标，这无疑会阻碍项目预算的实施。

3）公共部门中的财务人员习惯于传统的预算方法，可能会对新的预算法产生抵触情绪。

4）目前尚缺乏一整套的进行费用效果分析的目标与方法体系，等等。

尽管项目预算法的推行面临着诸多困难，但作为改革公共部门、实现有效管理的有益尝试，项目预算法毕竟是一种潜在意义巨大的控制方法，应在实践中予以推进和完善。

3.4.4 如何实现有效的预算控制

人们通常认为，预算是组织实现有效管理的重要手段之一。但是，在管理实践中总会存在一些影响预算控制有效性的障碍。那么，怎样才能实现有效的预算控制呢?

1. 高层管理部门的支持。在预算通过组织的审核、批准后，高层管理部门应采取行动维护预算的权威性。比如，制订计划以执行预算，要求下属部门制定本部门预算，进行预算审查，等等。这样，预算就会使整个组织的管理工作完善起来。

2. 所有管理者的参与。在进行预算编制时，最高层管理者应动员组织中所有管理者参与到这项工作中来。因为无数的管理实践表明，包括基层、中层管理者在内的所有管理者真正地参与编制工作，是保证预算成功的必要条件。同时，为了避免预算方案过细、无弹性而导致无法实现真正的授权，高层管理部门应允许下属部门拥有一定程度的修改、调整预算的权力。

3. 制定相应的标准。为保证预算得到有效执行，管理者应制定出相应的、可操作的标准，并按标准进行衡量、分析，将各项计划与任务转化为对人员、经营费用、资金支出及其他资源的具体需要量，这是预算工作的关键步骤之一。事实上，许多预算就是因为缺乏诸如此类的标准而失效。

4. 重视信息反馈。在预算执行过程中，管理者需要及时收集、分析相关的各种信息，明确工作当前的进展情况，并据此采取适当的行动。为了避免信息反馈过程中的堵塞、失真现象，管理者应付出努力，建立起一个灵敏、高效的管理信息系统。

3.5 全面控制与面向未来的控制技术

在公共管理领域，大多数控制方法都是针对组织或部门中的某项具体工作、任务而设计的，这些方法在组织或部门的整体控制方面具有一定的局限性。另外，许多控制方法是以对背离计划的偏差进行评价、分析所获得的信息为依据的。那么，有没有一种控制方法，使得工作、任务开展伊始就能够预防偏差的产生呢？本节介绍的全面控制与面向未来的控制技术便可有效地达到这一点。

3.5.1 全面控制技术

全面控制技术是相对局部控制技术的局限性而发展起来的，它包含一些重要的控制方法。通过运用这些方法，管理人员能够根据组织（或者组织的部门、某一工程项目）的战略目标来衡量、评价其整体工作成效。管理的实践表明，全面控制方法在很大程度上指的就是财务控制的方法，组织可以通过对经济指标和财务方面的测量来达到控制目的。因为对于经营性组织而言，资金是其获得生存与发展的最为重要的基础，利润是衡量组织效率的最直观的标准。即使对于非经营性的组织而言，开展全面控制的方法一般也是财务方面的。

全面控制的方法主要有以下两种：

1. 损益控制法。损益控制法是指根据组织或部门的损益分析表，对其经营状况、管理绩效进行综合控制的一种方法。因为损益分析表能够显示该组织在一定时期内损益的具体情况，进而有助于说明直接造成损益的各种收支因素，管理层可以根据分析结果对组织的利润或直接影响利润的因素进行控制。损益分析有助于发现组织中全局性的问题，并使控制工作针对关键问题而有的放矢。

当然，损益控制法也存在一些局限性，比如：

（1）核算工作和公司内部的票据传递的工作量很大；

（2）在全面衡量组织的总体工作绩效方面存在一些不足之处；

（3）由于运用这一方法要求部门的负责人拥有相当大的自主权，所以可能不利于组织内部的协调和统一；

（4）有些公共部门缺乏收入、利润及支出的统计，因此，使用损益控制法面临一定的困难。

因此，在运用损益控制法时，要注意采取措施尽量避免它的负面影响。

2. 投资报酬率分析法。投资报酬率分析法的基本做法是，以投资额与利润之比，从绝对数和相对数两方面衡量整个组织或组织内部某一部门的绩效并依此进行控制。许多组织都把这一方法作为评价组织整体工作绩效的主要手段。这一控制方法与损益控制法具有相似之处，但也存在区别。二者的区别在于：投资报酬分析法不是将利润视为一个绝对的数字，而是将其视为组织运用投资的回报。

投资报酬率的计算方法如下：

投资报酬率＝利润总额/投资总额×100％

在实行分权制或事业部制管理体制的组织或部门中，投资报酬率分析法有助于促使事业部的管理者从组织最高层主管的角度来分析本部门的经营状况，实现各分权单位的目标与组织整体目标之间最大限度的一致化。但是，这一分析方法的局限性也是显而易见的，因为建立起一个有效的投资报酬率控制系统并非易事；而且，它不利于管理者创新意识与风险意识的培养，会使管理者在新产品、新技术的投资方面受到限制。

3. 管理审计。管理审计是指组织或部门全面、系统地评价、分析全部管理工作绩效的一种控制方法，其实质就是针对整个组织开展的审计。它是一种侧重于管理职能方面的审计，力图从宏观上发现并纠正管理工作中出现的问题，因此被认为是一种发现问题的最全面、最有力的控制技术。管理审计与内部审计的区别在于，后者涉及的范围较广，是对组织经营状况的审计，而管理审计的目的则仅仅是评价管理工作或者管理系统的质量。

通常情况下，管理审计指的就是外部审计，是指由组织或部门以外的专业审计机构对某一组织或部门的财务程序、财务经济往来情况进行有目的的综合检查。要保证管理审计的质量，必须做到以下几点：

（1）开展管理审计的公司应该是专业的和为社会所公认的，它应该能胜任评价组织管理系统及其管理人员素质的任务；

（2）开展管理审计的公司应该是独立的，以保证得出结论的客观性；

（3）开展管理审计的公司应熟悉审计工作和管理服务工作，并开展充分的内部研究，制定科学的评价标准；

（4）取得审计对象的管理层和顾问小组的帮助和支持。

3.5.2　面向未来的预防性控制

面向未来的预防性控制，其基本原理或者重要的理论假设就是，管理人员及其下属的素质越高，就越不需要进行直接控制，就越能够凭借其责任心、能力、知识和经验等正确地开展工作，从而最大限度地避免因应对失误而出现的各种问题。所以，其基本做法就是：组织或部门通过培训、考核、指导等途径，培养出责任心强、素质全面、能力出色的管理者，使他们能够熟练地运用管理思想、技术和原理，并能用系统的观点分析、解决经营与管理中的各种问题。

1. 实施预防性控制方法的原因。

（1）直接控制在“不确定性因素”面前无能为力。现代的种种管理活动，往往面临着复杂的内部及外部环境条件，会经常遇到一些组织无法预测的不确定性因素，这些因素往往会给组织的正常运转、目标的实现造成很大的困难，有时甚至会危及组织的生存。建立在反馈原理基础上的直接控制方法在不确定性因素面前是无能为力的。

（2）管理者缺乏知识、经验或判断力。为了保证组织的良性运转并有条不紊地实现既定目标，组织需要管理知识、能力、水平、敬业精神与管理活动的复杂程度相适应的主管人员。如果担任主管职务的人员缺乏必要的知识背景，那么就有可能导致计划的执行出现偏差。如果这些偏差是由于管理者经验、知识不足，或决策时依据了错误信息所致，那么组织就可以通过培训、教育，从而提高各级管理人员的素质水平来加以解决。

2. 实施预防性控制方法的优点。尽管对于组织或部门而言，有效地运用预防性控制方法是一件相对困难的事，但这一方法的优点仍是不容否定的。

（1）可以促使管理者更多地进行自我控制，从而主动地对潜在的问题采取纠正措施。

（2）在向管理者个体委派任务时，有着较大的准确性；同时，对管理者定期、经常的评价，为组织的培训工作提供了依据。

（3）主管人员的综合素质的提高，会提升自己在下属中的威信，获得更多的信任与支持，这一切都有利于营造良好的组织氛围。

（4）管理者综合素质的改善与提高，会有效地减少组织运行中的种种偏差，这有利于减少间接控制所造成的负担，节约经费开支。

3. 实施预防性控制法的前提和途径。组织或部门有效地运用预防性控制方法，是以高素质的管理队伍的存在为前提的。一般而言，可以通过以下途径培养高素质的管理者：

（1）高等院校培训。通过在高校接受系统的管理理论培训，可以有效提高管理者的知识及认识水平。

（2）工作岗位的实践锻炼。这对于增强管理者的能力、丰富管理者的经验而言，其作用或许是关键性的。

（3）上级的指导。高层主管的综合素质往往是非常出色的，他们的指导，会使下属在工作的诸多方面获得裨益。

（4）自学提高。一名富有责任心、上进心的管理者，往往会自觉地、持之以恒地为提高自己的素质水平，为完善自己的素质结构付出最大的努力。

3.6　信息管理系统与信息控制法

当前，我们生活在一个互联网时代。互联网使得组织中的每一个人，从高层管理人员到员工，都能随时随地获得大量的信息。鉴于信息对于组织生存与发展的极端重要性，建立一个能够及时处理大量信息的信息管理系统，已经被诸多的现代组织提到了一个前所未有的高度，而信息控制法就是以组织的信息控制系统为基础的。

3.6.1　信息与信息管理系统

信息对于组织的重要性是不言而喻的，因为信息是组织实施管理与有效控制的基础。信息管理系统就是组织内部负责信息处理的系统。一个完善、高效的信息管理系统应该能够及时向各级主管部门（人员）以及相关部门（人员）提供四种主要的信息服务：确定信息需要，收集信息，加工信息，使用信息。事实上，组织的信息管理系统的有效性，是衡量该组织的管理控制系统水平高低的重要标志之一。

3.6.2　信息技术发展对现代管理的影响

在公共管理领域，现代管理信息系统所带来的深刻影响是全面的，它使得组织的面貌发生着前所未有的巨大变化，主要表现在：

1. 管理者直接参与管理信息系统。近些年来，由于个人计算机在公共教育过程中的迅速普及，组织中的管理者一般都已经能熟练地进行计算机操作。如果不会操作计算机的话，那么管理者不仅会发现他们难以正常开展工作，甚至还面临着被社会迅速淘汰的危险。

当前，管理者正通过利用网络收发电子邮件、召开异地多媒体会议等方式，直接地参与管理。传统的管理模式，如打电话、旅行参加会议、等待下属汇报等，正被一种崭新的管理方式所取代。

2. 提高决策能力。当前，管理者对复杂、高效的管理信息系统的依赖性是显而易见的。数据处理程序使管理者可以及时、直接地获得大量可用信息，这不仅节约了资源，大大提高了分析问题的效率，还有效地避免了信息传递过程中的严重脱节现象。在此基础上，管理者可以对备选的可行性方案进行充分的比较，并迅速地择取最优方案。

3. 改变着组织的结构。现代化的管理信息系统正在深刻地改变着组织的结构面貌。比如，当前组织的层次进一步减少。其原因是计算机的控制取代了人的监督，使得控制的范围更广，对辅助人员的需求更少。再如，组织的科层制特征进一步削弱，而有机化趋势则进一步增强。因为现代化的管理信息系统可以使组织在降低集权程度、增加分权倾向的前提下实现有效的控制，这必然会增加组织的活力。

4. 改变着组织内部的权力关系。第一，管理信息系统改变了组织的管理层次结构。中层管理者由于其影响力的下降，在组织中的地位也相对下降；同时，普通员工的作用也有某种程度的削弱，因为他们提建议、反馈信息的活动已部分地为管理信息系统所取代。第二，组织中出现了新的权力集中化趋势。因为高层管理者及时、全面地获取信息已变为现实，并且能够对变化了的环境、随机出现的问题作出迅速的反应。

5. 引起组织交流方式的变革。管理信息系统的巨大进步，极大地增强了组织收集、整理、分析、监督和传递信息的能力，在很大程度上减少了信息超载、堵塞等现象的发生。而且，现代化的管理信息系统允许更多的正式信息以横向或超级的方式进行传递，这就极大地改变了传统的上下垂直交流的方式，不仅可以减少对信息的篡改与过滤现象，使员工更有效地开展工作，还极大地增强了管理者对环境的反应能力。

这些变化最重要的是对传统管理控制的挑战，增加了对组织控制的难度，提高了控制的复杂程度。

3.6.3 管理信息系统的建立与实施

1. 管理信息系统的建立。建立管理信息系统是一项比较复杂的工作。因此，需要运用系统工程的基本原理、方法和科学的程序来创建。管理信息系统的设计应包括以下关键步骤：

（1）决策系统分析。组织中管理者的决策能够用于指导管理信息系统的设计工作。因此，第一步是鉴别、确定所有的管理决策所要用到的信息，包括组织中从基层管理者到高层主管的全部工作职能。此外，这一阶段还应考虑决策是不是由合适的部门、级别及个体所作出的，这对确保整个信息系统的正确设计是十分必要的。

（2）信息需求分析。在部门或组织中，不同的管理职能部门对信息的需求也是不同的。例如，一个公关部经理所需要的信息，与人事部经理所需要的信息肯定是不同的。因此，管理信息系统应适应不同职能部门的需要。另外，管理者所需要的信息，还会因其在组织中地位的不同而有所区别（如表 3—1 所示）。

表 3—1　　　　　　不同层次管理者对信息的需求

内容 信息 / 管理者	信息来源	信息范围	信息的综合水平	信息的时间范围
高层管理者	多为外部	非常广泛	综合程度高而精练	面向未来
中层管理者	内外都有	较广泛	综合程度较高	立足现在
基层管理者	大部分来自内部	范围较窄	综合程度低且较为零散	历史信息

（3）信息“过滤”。在对管理者的职能范围、信息需求重点予以确定后，信息“过滤”工作便显得十分重要了。因为尽管组织或部门对信息需求的变化很大，但信息的重复现象毕竟是无法避免的。通过“过滤”，管理层在设计时可以让系统包含尽可能少的重复信息，并且可以将相似的决策问题交由一个人处理。

（4）信息处理设计。在这一阶段，组织的技术专家和智囊、顾问可以共同开发出一个用于信息收集、存储、分析与传送的可操作的管理信息系统，这一管理信息系统可以用一个简明的系统流程图表示出来，其中应包括数据的类型、来源、存储方式等环节。同时，还应确定相应的软件及硬件系统。最后，在管理信息系统正式投入使用以前，还应对系统的可靠性进行必要的测试与改进。

2. 管理信息系统的实施。管理信息系统的实施应包括以下几个重要方面：

（1）预调试。在管理信息系统正式安装、投入使用之前，应对其进行严格测试，以找出系统存在的缺陷，这样可使组织避免许多不必要的损失。

（2）培训。一个新的管理信息系统正式使用之前，应对其用户进行必要的培训，尽管这需要一定的时间与经费。因为即使是一个十全十美的管理信息系统，如果用户不具备必要的操作能力，其功能也不会得到充分发挥。

（3）用户参与。管理者应充分意识到让管理信息系统的相关者参与系统设计与实施过程的重要意义。通过动员用户参与，不仅可以消除人们对新系统的抵触情绪，还能够增强他们在参与的过程中的责任感。

（4）安全性检查。开放式管理信息系统的出现，给管理者提出了一个新课题，即如何防止未经授权者非法接触需要保密的信息。在以计算机技术为核心的管理信息系统获得充分发展之前，组织的信息保密工作相对容易开展；但在今天，组织的信息系统很容易受到未经授权者的恶意入侵而遭到伤害。这就需要管理者为管理信息系统设计出必要而充分的防范措施，并进行定期安全检查。

（5）定期评审。组织的管理者所需要的信息是不断变化的。同时，为了保证系统适应科技进步的步伐以及不断变化着的内外部环境，须对系统进行定期的检查、分析与改进。当前，管理信息系统已成为组织或部门获得竞争优势的重要工具之一。例如，美国航空公司在 1960 年开发出萨伯里（Sabre）订票系统，这使得它在世界范围内的旅行社中建立了早期的立足点。今天，全球14 000家旅行社通过萨伯里系统，保持着在美国航空公司的 281 条航线预订约4 500万种机票的记录。萨伯里系统不仅为美国航空公司带来近 5 亿美元的年收入，还使得该公司在航空业中确立了不可动摇的优势地位。但是，诚如前面所指出的，管理信息系统作为一种竞争优势并非永恒不变，因此必须适时地对其进行改进与更新。

本章小结

控制是公共管理部门的重要职能之一。通过有效的控制，可以有效地解决组织面临的问题，实现组织的预期目标。开展控制工作，必须遵循一些必要的原则，从而保证控制工作的有效开展。

在长期的管理实践中，形成了一些传统、古老但行之有效的控制手段，如现场观察、统计数据资料分析、专题报告分析、人事管理、内部审计等。这些方法至今仍在公共管理领域发挥着重要作用。

预算控制方法在组织中的应用比较常见。为了避免传统的预算所可能产生的弊端，现代组织普遍采用了零基预算和项目预算的控制方法。尽管如此，在实施预算控制法时，仍需争取其他一些因素的支持和帮助。

全面控制方法是相对于局部控制技术的局限性而发展起来的，它主要包括损益控制和投资报酬率分析两种控制技术。面向未来的预防性控制属于前馈控制的范畴，它可以有效地避免因问题出现而给组织带来的损失。尽管预防性控制的确不容易做到，但仍受到一些现代大型组织的推崇。

与资金一样，信息是现代组织赖以生存与发展的重要因素之一。随着互联网时代的到来，建立以计算机应用为核心的现代信息管理系统，及时处理、使用与组织相关的海量信息，已成为现代组织开展管理和控制活动的必要前提。事实上，信息管理系统就是现代组织的中枢神经系统，组织必须对管理信息系统的建立与实施给予高度的重视。

关键术语

反馈控制　　现场控制　　前馈控制　　人员管理控制法　　程序控制法　　预算控制　　项目预算　　全面控制　　损益控制　　面向未来的预防性控制　　信息控制

复习思考题

1. 简述控制工作的重要意义及基本原则。
2. 试比较零基预算法与项目预算法的异同。
3. 如何避免“程序失效”的现象？试举出一些你认为可行的方法。
4. 全面控制技术的实质是什么？
5. 管理审计与内部审计的区别是什么？
6. 预防性控制方法产生的背景是什么？如何实现有效的预防性控制？
7. 管理信息系统的实施可分为哪五个阶段？

阅读材料

控制迷局——××医院的个案研究

××医院地处中小城市 F，成立于 20 世纪 80 年代中期，系当年为扩大规模，提高医疗水平，在市政府的主持下由市内几家小型专业医院合并而成，是当时市内唯一的综合性医院。成立后不久，××医院在张院长的带领下，通过引进人才，购买新的医疗设备等手段，在 90 年代初期获得了极大的发展。经过十年的发展，到 1993 年，医院拥有 10 层和 5 层的两幢大楼连同 4 层裙楼，建筑面 10 000平方米，固定资产接近 8 000 万元；下设内科、外科、骨科、妇产科、五官科、外科等 8 个病区共 150 余张床位；技术力量也较为雄厚，人才济济，医、药、护、技人才齐全，由于××医院医疗水平不错，价格也不是很高（相对于其他城市），加上 F 市在省会城市附近，交通极为方便，因此，除本地人之外，还吸引了很多邻近城市（甚至在省城）的病人前来治疗，可以说也风光一时。为此张院长还被多次评为地方的劳动模范和先进工作者，院长本人也颇为满意自己的工作。尽管当时医院内部管理也存在不少的问题，比如成本核算不合理导致药价和医疗费较高，医护人员考核不科学出现“吃大锅饭”现象，但是这一切都被医院的快速发展以及人来人往的人气所掩盖了。

1995 年以后，情况发生了变化。一方面，由于国家医疗体制的变化，国有企业职工的关系逐渐明晰，原来的医疗费用实报实销的模式被逐渐打破，职工生病治疗不再是享受“免费的午餐”，而是或多或少地需要自己掏一部分钱，这就使得职工进行理性地计算：是去医院还是自己去市场买药呢？不同医院之间是否也有价格、服务差异呢？另一方面，也是更为重要的，F 市内出现了一些私人的诊所和民营的小医院，这些诊所或医院虽然有的并不完全合法，医疗条件也较差，但是凭借机制灵活、服务好、价格低等优势，成为了××医院有力的竞争对手，尤其是在中小疾病的治疗方面直接分流了××医院的病人。1995 年至 1997 年××医院连续三年各项医疗综合收入大幅下跌，很多科室中的治疗任务不足及医院管理中的各种问题也随之暴露出来。具体表现在：

(1) 由于医院收入下降，医生的收入直接受到影响，为了弥补与过去的差别，很多医生开始变相地向病人索取、收受红包或其他补偿，病人及其家属对此意见很大，甚至有人向报社和市长反映过，这直接影响了××医院的声誉，造成了相当大的社会负面影响，从而进一步减少了来××医院治疗的人数。

(2) 同样是为了提高个人收入，很多医生和医药器材的采购人员不顾医德，与医药器材厂家的销售代表相勾结，有意无意地为病人开一些价格高却并不一定适用的药品，以从中赚取医药器材厂家的回扣。由于医生的收入与医药器材的销售直接挂钩，使得医生有很强的动机为病人开贵药、多开药，对同种疾病的治疗费用大幅上升，进而又造成了上门求医人数的减少。

(3) 由于缺乏合理的绩效考核、工资分配机制，干多干少并没有太大的收入差距，直接影响了医护人员的积极性，大家都在想办法偷懒。医疗过程中，医生、护士互相推诿，医护人员的服务态度变得越来越差，出现了多次医护人员与病人及其家属之间的冲突，破坏了医院的形象。

(4) 由于医院内部激励不足，而外界很多民营医院又开出高薪聘请有能力、有经验的医师，医院的人才正在加速流失。××医院的医疗水平大幅下降，甚至出现了手术无人敢做、仪器无人会用的怪事。

(5) 高浪费、高损耗导致了高成本，使得医院的各项治疗费和医药费居高不下，没有实现组织规模大所应有的规模经济，反而是规模不经济。而且由于采取的是老的计划经济下的财务体系，医院没有一个有效的成本控制系统，这使得包

括张院长在内的管理层无法分析出究竟是什么环节导致了成本的提高。

上述这些问题相互交织，相互促进，使得××医院走进了一个怪圈：问题导致医院低效，低效又促使更多的问题产生，从而进一步引起医院组织效率下降。

针对这种情况张院长也曾试图通过一些改革方法来打破这个怪圈，使医院走向健康发展的良性循环，比如为避免医生、药材采购人员与药材厂家相互勾结，他特别规定了所有药材采购必须经过他本人签名；还规定了不准接受病人家属红包、不准与病人及其家属争吵等工作守则；等等。但是这些规定不仅没有收到预期的效果，甚至还带来了很多负面效果。如医院内开始有人传言，张院长将采购权集中在自己手里，无非是想自己大捞一把；不准收红包使得医生收入降低得更明显，加速了人才流失。张院长为此相当苦恼，不知道自己的做法究竟错在何处？要解决这些混搅在一起的问题应从何处入手？

资料来源：东北师范大学商学院《管理学》精品课程，见 http：//business. nenu. edu. cn/benke/jingpin/13. htm。

思考题

1. ××医院的内部控制系统完善吗？其中的根本问题何在？

2. 解决上述控制系统中的问题的基本思路是什么？谈谈你个人的看法。

第4章 目标管理

开章案例

我们学院是全美历史最悠久和规模最大的管理学院之一，在许多关键领域都曾取得良好进展。可是，在我们的管理工作中还存在一些缺陷，如没有制定出有效的教员职责条例，质量计划各不相同，选择报告人和资源负责人没有一定的标准，计划经常延期，做事没有最后限期，管理很松散，教员和计划的评价极其困难等。显然，需要采用新的管理办法来改善学院的管理。20 世纪 60 年代初，学院采用目标管理概念，强调以提高教员的工作质量和管理计划的科学性为目标，并强调以质量作为衡量的主要标准，以鼓励把个人努力与整体努力结合起来。

目标管理帮助我们明显提高了工作质量。现在，我们学院学生入学人数增加了 30 多倍，教学质量和管理效率有了明显的提高。目标管理帮助我们取得并保持了最高的信誉，使学院经受住了几次“衰退”的考验，在某些竞争对手受到严重挫折的情况下，继续得到发展。

——美国威斯康星大学分校麦迪逊管理学院院长　诺曙·C·阿尔希博士

20 世纪后半叶，管理学界出现的最引人注目的事件，莫过于目标管理（management by objectives，MBO）的应用与推广了。1954 年，管理学大师彼得・F・德鲁克（Peter F. Drucker）在其名著《管理的实践》中提出，目标应当作为指导和执行企业管理的手段。短短的几十年间，这个见解由理念变成了现实，目标管理更由一种具有特殊目的的管理工具或方法，发展成一种成熟的管理制度。如今，目标管理已经被许多国家的政府、社会组织、企业采纳和使用，在整个管理领域产生了深远的影响。

在中国，目标管理作为一种管理实践的方法由来已久，但真正作为一种系统的管理模式而得以应用，却是在改革开放以后。从 20 世纪 80 年代后期至今，中国的各级政府都建立了目标管理的中国模式——目标责任制。

4.1　目标管理的含义

初学管理学的在校学生，通常都抱着好奇的态度来研究目标管理这样一种"新"的管理方法。实际上，目标管理只不过是使各级管理取得更好效果的一种普遍性做法。任何一个优秀的管理人员，不管他是否意识到这一点，在实践中必然采用属于目标管理的某些主张或措施。现在，目标管理的定义很多，学术界和实践部门对目标管理的认识也各有差异。总的看来，目标管理的含义主要包括以下内容。

4.1.1　目标

所谓目标，就是一定时期内需要依靠每个部门、需要每个人的努力才能完成的工作结果。所谓目标管理，实质上是一种面向成果的管理。它对人们提出的要求并不在于工作本身，而是工作成果。"一切为了成果"是目标管理最响亮的口号。

目标是管理的基础，它构成了整个管理活动的方向和评价标准。在操作的层面上，我们可以将组织目标看作是组织内的人们在一定时期内要努力达到的预期结果。从这句话看，目标至少包括两个方面：一是工作内容；一是达到程度。因而，人们在表述组织目标时，常采用双向细目表的形式。

1. 层级目标。在一个以层级结构为典型特征的组织里，目标自然而然地分成不同的层级。通常，居于上一层级的目标是下一层级目标的综合与抽象，下一层级目标则被看作是上一层级目标的细化与具体化。这样，通过自上而下的层层分解，或是自下而上的层层综合，整个组织就形成了一个由不同层次、不同内容的目标所构成的金字塔体系（见图 4—1）。

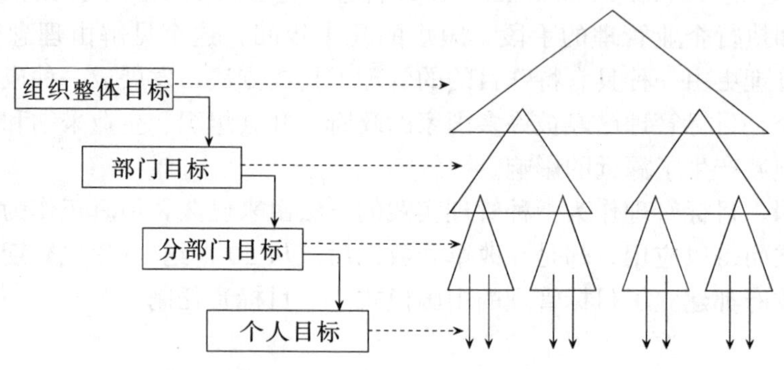

图 4—1　组织目标层级结构图

借助这个体系，各个工作人员、各个部门就被整合为一个和谐、有序的整体，整个组织的活动就被引导到积极、有效的轨道上来。

2. 具体目标。目标的作用在于为组织中的各级管理人员提供适当的标准、方向和指导。因而，空泛的、含糊不清的目标意义不大，目标必须具体化。也就是说，制定的目标必须明白无误地告诉组织中的人员必须完成什么，完成多少，谁来完成和什么时间完成。唯有如此，才能达到预期的效果。

4.1.2　目标管理

目标管理是通过参与式的目标设置、实施和评价等活动来管理组织的一种方法。“目标管理”的关键词在于“管理”，而不是“目标”。“目标”在此的作用仅仅是一种手段，一种达到有效管理的手段。那些过分强调（甚至是崇拜）目标的人，将精力放在要求各级管理人员编写自己的工作目标上，其结果只不过是得到一纸未经平衡和协调的目标清单，而大家对这些目标的意义并不了解。这种做法，实际上只能妨碍而不是有助于管理。

成功地实行目标管理的人员，只把目标视为管理制度的一部分，尽管是很重要的一部分。“目标管理”中的管理制度和一般管理制度一样，是一个由多种要素组合起来的综合体。从过程的角度看，目标管理由制定目标、实施目标、评价成果和支付报酬等步骤组成，中间穿插着各种计划、组织、指挥、协调、激励、监督、控制等活动。只有将这些步骤、活动综合起来，形成一整套系统的制度，才能实现组织的目标。

4.1.3　目标管理的特点

与一般管理方法相比，目标管理主要有三个特点：

1. 面向成果的管理。德鲁克曾经指出，传统组织管理经常会出现三种错误倾向：（1）过分强调个人技术，只考虑个人的专业所长，忽略总体目标；（2）过分重视上司个人所好，忽略工作的真正目的；（3）不同层次间目标不一致，沟通不畅，赏罚不一。他认为，要纠正这些错误，必须用目标来统一员工的意志和工作，让每个部门、每个员工都将注意力转向组织的长期目标，并为此作出自己的贡献。

2. 分权与自我控制的管理。目标管理基本上以麦格雷戈的“Y 理论”作为人性论基础。目标管理认为，人们应该也能够为组织作出自己的贡献，因此它赋予每个部门、每个管理人员独特的任务和职责。为完成任务、履行职责，它将传统组织中集中于上级的权力尽量分配给下级，让下级自己作出决定，自己采取行动，自己纠正偏差。与那些集权的、强调上级监督和控制的管理相比，它是一种分权与自我控制式的管理。

3. 参与式管理。有人认为目标管理就是由上级制定目标并指挥、监督下级去执行目标，这实质上是一种误解。目标管理不仅像传统管理理论那样重视组织目标和管理目的，而且还将其视为一种激励下级，开发和培养下级能力的手段。在诸如目标的制定、计划的实施、成果的评价、经验和教训的总结等方面，都不是由上级单方面决定，而是下级在充分自主的情况下，与上级沟通、协商，由双方来共同决定。因此，目标管理是一种民主参与式管理，它要求上级部门充分发挥下级的能动作用，积极参与到各项管理决策中来。

4.2　目标管理在公共部门中的应用

目标管理是在以利润为中心的工商企业中发展起来的。经验表明，这是一种有效的管理方法，但是也有其局限性。对于公共部门来说，这些局限性同样存在。因此，在决定采用目标管理方法之前，公共部门必须首先了解这些局限，要对目标管理对于本部门的适用性和价值进行审查；同时，还必须让管理者，尤其是高层管理者充分了解这些局限性、适用性和价值，加深他们的认识，激发他们的热情。这是成功地开展目标管理的前提和保证。

4.2.1 目标管理在公共部门应用的局限性

从目前的情况来看，目标管理在公共部门应用的局限性主要体现在以下几个方面：

1. 目标管理不适用于变化太快的公共部门。目标管理的前提是有明确的目标。但是，有些公共部门的变化太快，以至于目标难以确定。对这些部门来说，实施目标管理就很困难。

2. 公共部门的目标比较模糊，不易量化，产出也很难衡量。因而，在实施目标管理时，很难确定真正的目标。这样，就容易出现以偏赅全、以易代难的情况，即公共部门常常用那些个别的、容易衡量的目标来取代全面的、真正的但是不易衡量的目标。这将会对整个公共部门的活动产生误导。

3. 目标管理的周期与公共部门活动周期可能不一致。公共部门的活动具有连续性、长期性等特点，其活动结果或效益可能需要很长的时间才能实现。但是，目标管理的周期通常要短一些（一般为一年），这有可能会使实施目标管理的公共部门将主要精力集中于短期目标，而忽视了长远的目标和利益。这种短视的做法可能会对国家、社会和公民的利益造成巨大的伤害。

4. 目标管理很难适应政治的要求。目标管理的逻辑基本上是经济理性的。实施目标管理的目的常常是为了产出或效率的最大化。但是，公共部门充满了政治性，其目标的制定，通常不是一个理性选择的过程，而是政治冲突与妥协的过程。因而，即使公共部门的目标制定了，这个目标也可能并不是管理目标，而是一个政治目标。这将给目标管理带来极大的困难。

5. 目标管理缺乏弹性。目标管理的适度应用可能会促进公共部门的工作。但是，在目标管理周期内，由于受到事前确定的目标的限制，公共部门可能会无视外界环境的变化而埋头执行可能已经失去价值的目标。僵化和缺乏弹性可能是目标管理的最大缺陷。它要求公共部门在实践中注意对目标进行再审视、再评估和修正。

6. 目标管理可能会忽视公共部门对于程序的需求。公共部门的活动与私营部门的活动有着重要的区别。一般来说，为了保证公共部门活动的公益性，需要对其程序进行严格的限定。而目标管理将注意力集中于目标，集中于公共部门活动的实体内容，容易忽视其程序方面的要求。这可能会削弱公共部门的合法性基础。

7. 目标管理与公共部门的组织结构和文化有冲突。公共部门一般实行科层制机构模式，其文化也以等级服从和保守主义为核心。因而，目标管理所要求的参与与创新，可能很难在公共部门实现。这样，目标管理可能会在实施过程中变形，成为命令式管理的一种时髦外衣。

4.2.2 适用性的考虑

正是由于目标管理在公共部门应用中有上述局限性，因而，在决定是否采用目标管理之前，公共部门的领导者要慎重考察目标管理在本部门的适用性。为此，需要对该部门作全面的审视，检查自身有哪些特征限制着目标管理的应用。例如，与私营组织相比，公共部门的目标通常是多元和模糊的，其管理手段、程序也受到较严格的法规限制。另外，政府公务员的工资、福利、奖金等报酬制度是由国家法律规定的，任何人都无权改变这种报酬制度，即使这样做可以激发下级的积极性。

一般而言，公共部门在采用目标管理方法之前应当考虑以下问题，以明确这种方法在具体部门应用的适用性与特殊性。

（1）该部门有没有明确的任务？是否有充分的理由支持该任务的实现？

（2）上级部门是否将资源（资金、人员、设备等）委托给该部门？

（3）该部门是否对上级部门负有使这些资源保值或增值的责任？上级部门是否赋予该部门一定的利润任务？

（4）是否具备履行和完成上述责任、任务的工作重点？

（5）能否实行计划管理？

（6）大家是否意识到必须对该部门实行更加有效的管理？

（7）能否确定关键人员的职责？

（8）能否将关键人员的努力协调成一个整体？

（9）能否建立必要的控制与反馈系统？

（10）关键人员的工作绩效能否测量？

（11）该部门有无制定奖惩制度的权力？

（12）该部门的管理人员之间的职责（计划、组织、指导等）是否相同或相似？

（13）工作人员能否立刻接受经过提高的管理方法？

通常，如果对上述问题的回答以“是”居多，则该部门就比较适合采用目标管理；反之，则采用目标管理的可能性或意义不大。

4.2.3 高层管理者的认识与热情

开展目标管理，获取最高管理层的支持无疑是很重要的。正如本章 4.1.1 中所述，目标管理以目标为基础，而这个目标的展开又以最高管理层确定的整个部门的目标为基础。同时，目标管理意味着必须实行以成果为中心的人事考核制度。人事制度是公共部门内部管理制度的核心，要想从根本上改变它，没有最高管理者的深刻认识和推行决心是办不到的。因此，必须使高层管理者认识目标管理的意义和实行目标管理的必要性。

1. 强调目标管理是提高公共部门绩效的有效方式。虽然公共部门中很多人都关心组织绩效，但是在此方面受到压力最大、同时也最关心工作绩效的应该是最高管理层。因此，让他们了解和认识目标管理是提高公共部门绩效的有效方法之一，将会激发他们采用目标管理的热情。

2. 强调目标管理能改进本单位管理中的弱点。无论哪个单位，都不可避免地存在着一些为高层管理者所头疼的问题。目标管理在解决这些问题方面有它的优势。突出目标管理在解决特定问题方面的优势，如有的管理者很关心如何在提高工作人员积极性的同时，加强对他们的监督。在这种情况下，目标管理就应当被视为一种新型的管理控制方法。有的管理者关心组织内信息沟通问题，则此时的目标管理应被理解为改善组织内信息沟通的最好方式之一。

3. 强调目标管理是改善上下级关系的有效方式。对于管理活动中人的重要性，高层管理者是很清楚的。在管理活动中他们之所以采用某种管理方式和风范，在很大程度上是因为他相信这是“管”人的最好方法。对管理者来说，如果他能向高层管理者证明，目标管理是形成上下级良好关系的有效途径之一，就会产生一定的说服效果。

同时，还可以聘请专家，经常向高层管理者介绍新的管理思想以及目标管理的知识，并通过目标管理的成功案例，来提高高层管理者对目标管理的认识和加强他们推行目标管理的动力。

4.2.4 基层管理者的认识与动力

在引进目标管理时，最大的阻力既不是来自最高管理层，也不是来自一般工作人员，而是来自基层管理者。由于现有的公共组织大都是按照科层制设计的，各个部门都只考虑自己的工作，很少考虑整个组织目标，以至于产生一种误导，将自己部门的目标当成了整个工作的最终目的。这种目标上的错位，使得部门很难从整个组织的目标出发来制定自己的目标。另外，引进目标管理后，管理层需要研究上级的目标，并予以具体化，提出自己的目标，然后要对下级公布这项目标，并以此为根据调整并确定下级的目标和进度，下放管理权限，检查下级目标完成进度。这时，管理层与下级的接触无疑比以前更加频繁了，工作量也加大了。对于习惯了旧有工作方式的管理者来说，这确实是一种挑战。当他们不理解目标管理的本质时，这种挑战就变成了实行目标管理的阻力。

因此，必须采取一系列教育和培训手段，激发基层管理者的动机与热情，深

化他们对目标管理的认识，培养其制定目标、推进目标实现的能力。培训要点有：

1. 强调采用目标管理的目的。要使管理人员认识到，目标管理的直接目的是提高公共部门的工作绩效。同时，它还是充分发挥各层级人员（尤其是中下层人员）的主动性和创造性、建立良好的人际关系的主要手段。

2. 目标管理程序上的要点。实施目标管理的具体程序多种多样，不能一概而论。因而，在培训时，要让管理人员抓住要点，例如“目标不仅仅是定额标准”、“制定目标必须与下级协商”、“目标要与下级人员的能力相适应”、“尽可能放权”等。

3. 强调信息交流的重要性。目标管理从本质上讲是一种全员管理，在管理过程中整个公共部门内的信息交流是十分必要的。在培训中要特别提醒管理人员注意到这一点，并传授一些信息交流、信息沟通方面的方法与技巧。

4. 管理和管理行为的转变。目标管理意味着管理和管理行为方式的重大转变。引进目标管理之前，要运用现代管理理论和现代培训方法，对管理者和管理对象进行培训，促使其行为方式与目标管理的要求相一致。

4.3　目标的制定

一项完整的目标管理活动，大致可分为目标的制定、目标的实现和依工作成果进行奖惩等阶段。其中，制定适宜的目标是首要环节，也是公共部门实施目标管理时最感困难的环节。公共部门的目标通常是多元的、模糊的，且受到法律法规较严格的限制。在本节，我们将探讨这些困难，并探索克服这些困难的可行措施。

4.3.1　制定目标的依据

公共部门目标的确定，依赖于环境对它的要求，以及组织为应付环境的挑战而对自身提出的要求（见图 4—2）。一般来说，这些要求大致可分为五个要素，具体如下：

1. 法律政策要求。公共部门活动的最大特征在于其公共性，后者又常以法律和政策的形式出现。法律通常规定了公共部门活动的最一般的规则，政策则限定了公共部门在特定阶段的活动内容和方向。法律政策中关于公共部门的职能职责、工作任务、权力范围的有关规定，是公共部门制定活动目标的最基本的依据。同时，法律和政策也具有较强的权威性，公共部门的目标必须遵从它，至少

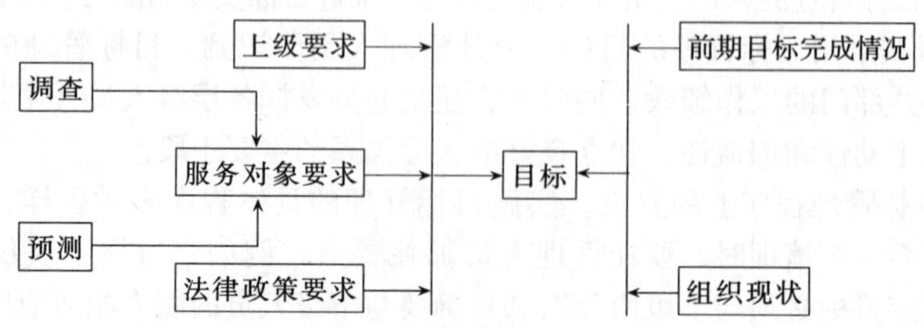

图 4—2　制定目标依据因素分析示意图

不得与其相抵触。

2. 上级要求。上级要求是公共部门活动目标的又一权威性依据。它既反映了某一公共部门所属系统的总体目标，又是该部门具体目标的合法性基础。一般而言，上级的要求具有动态性，比较具体，能为公共部门制定目标提供基本方向和目标、任务的大概范围。

3. 服务对象要求。在传统的科层制体制下，公共部门通常被要求只向上级负责。现在，这种观念已经开始转变，"质量"、"服务"、"顾客"等口号越来越响亮，人们的注意力也越来越集中于如何才能提供更便捷、有效的服务，如政府的社会保障与社会救济部门要建立社会保障与救济的目标，必须建立在对被救济对象的困难程度和其需求的了解之上。毕竟，服务是公共部门的天职，也是其赖以生存和发展的基础。要做好服务，公共部门就必须了解其服务对象的意愿，并通过各种科学的方法和技术，预测顾客需求的发展趋势，以此作为制定自己行动目标的依据。

4. 前期目标完成情况。这包括本部门上年度的目标任务完成情况，原有基础以及没有完成的目标和仍然存在的问题。因为公共部门的管理工作具有一定的联系性和延续性，新的目标是原有目标的继承或延续。因此，弄清这些因素就是为了体现这种联系性和延续性，同时，也是为了总结经验和教训，为新的目标制定提供借鉴和启示。

5. 组织现状。主要包括组织的人、财、物状况，组织的制度建设、组织氛围、组织发展等因素。它们有的对实行目标管理有利，有的则不利。公共部门要对此有清醒的认识，并在此基础上制定出切实可行的目标。

上述五个方面的因素，都是公共部门目标制定的直接影响因素。除此之外，特定时期的社会、政治、经济、文化、历史、人口等环境因素，也会对公共部门目标的制定产生各种影响，亦需充分考虑。

4.3.2　目标的制定程序

目标管理的制定由准备工作、初步拟定目标、初拟目标的讨论与修订、制订目标实施计划、填写目标卡片等几个步骤组成。

1. 准备工作。准备阶段的任务是建立一个情报或信息基础，管理人员在此基础上制定目标。在准备阶段，上级宣布自己的方针和目标，明确对下级的要求，这是下级制定目标的前提。因而，上级应明确意识到这一点，并主动做好此项工作。需要指出的是，上级要提出一定的方针、目标和要求，应当和下级讨论、协商，并取得下级的认同。这样做，不仅是为了提高下级参与计划的责任感，使下级感到上级的方针和目标不是强加于己的，而且要使下级能够了解自己组织的整体目标，进而在组织内建立一个稳定的协作机制。

2. 初步拟定目标。在进行了充分的准备工作之后，公共部门应该开始目标的拟定工作。通常，有些人员是根据本部门的工作说明（行政部门根据“三定”方案）来进行的。但是，这种做法是不恰当的，工作说明并不能用来代替目标，这是因为：第一，工作说明的重点是将要采取的行动，而不是要达到的目的；第二，工作说明很少变动，不能反映组织工作重点的不断变化，也没有规定组织业绩必须不断提高；第三，工作说明强调的是工作，而不是人，它不能充分体现目标管理的人本主义和激励特色。从总体上看，工作说明属于一种静态的制度，而目标管理则是动态的。实践也表明，工作说明对于非管理人员（生产人员和办公室人员）可能还有某些价值，对管理人员则不太适用，甚至会产生消极作用。那么，应该如何拟定目标呢？实践中最有效的方式就是寻找并确定关键目标因素，在此基础上再确定初步目标。

所谓关键目标因素，是指在目标管理中制约和决定着工作成绩的大小和管理成败的关键工作环节和内容。主要表现在以下几个方面：

（1）工作的主要领域，即为了尽可能取得良好的结果，必须在这些领域取得良好的成绩；

（2）工作成功的关键环节；

（3）目标阶段的主要课题；

（4）管理人员必须取得最终结果的那些领域；

（5）制约和影响整体工作成功或失败的关键领域；

（6）目标阶段要取得成功，应该优先考虑的课题。

关键目标因素的意义在于帮助管理人员将有限的资源用于最重要的事务，并努力从这些事务中取得最大收益。有了关键目标因素，管理人员就可以避免陷入碌碌无为的境地，工作就会更有成效。

确定关键目标因素，其重点在于将工作重点从投入和活动转移到目标和结果上来。譬如，公安局可能会制定出如下两种方案：

第一方案：(1) 加强宣传教育活动。要抽调人员若干、划拨专款若干进行社会治安的宣传活动。(2) 加强治安巡逻。要增添巡警编制若干，购买和更新设备若干，重要治安区每天保证投入巡逻人次若干。(3) 加大对犯罪分子的打击力度。要组织警力若干对某类场所突击搜查若干次。(4) 提高应付突发事件的能力。要增添设备若干，提高各分支和下属机构、人员的通讯能力和行动能力。(5) 加强培训，提高警员素质。要对现有警员进行若干时间、若干人次的业务和纪律培训。

第二方案：(1) 增强治安宣传教育活动的效果，包括加大接受宣传的人次，增加报纸、广播、电视等主要媒介宣传物的数量；(2) 加大治安巡逻的密度，缩短巡警赶到案发现场的第一时间；(3) 降低案件发生率（包括重大刑事案件的发生率），提高破案率；(4) 增加参与培训的人次并对培训前后的工作绩效进行对比。

这两个方案中，第一方案以投入和活动为主，第二方案以结果为主。显然，公安局要取得好的业绩，仅仅满足于各项活动是不行的。它必须为第二方案中的各项关键目标而努力。这时，数量、质量、时间与成本就成为关键目标因素。

确定了关键目标因素，只是实现了拟定目标的第一步。接下来，我们要将关键目标因素由主题转变成一项项具体可衡量的目标，例如，将“成本水平”转变为“在工作质量不变的情况下，降低成本5%”，将“顾客满意”定为“顾客投诉率不超过5%”等。

3. 初拟目标的讨论与修订。目标草案拟定之后，管理人员要征求上级的意见并与下级、同事进行讨论，在此基础上再进行科学修订。讨论的重点除了目标本身之外，还要考虑与上级、同级其他部门目标的契合问题。具体地讲，讨论应涉及以下问题：

(1) 目标是否遗漏了重要任务？该目标是否反映了职能的基本特点？

(2) 目标的数量是否合适？有些目标是否还可进一步细化？有些目标是否可合并在一起？

(3) 目标是否明确、具体？是否具有可衡量性（可以从目标标明的数量、质量、时间、费用或性质标志几方面考察）？

(4) 目标是否现实可行？执行目标的人力、物力、时间条件是否具备？

(5) 是否包括了改进工作的目标和个人发展的目标？

(6) 是否与上级目标相一致？是否与其他部门的目标相协调？

(7) 短期目标是否与长期目标相一致?

(8) 目标的文字表述是否明晰?

(9) 目标中是否包含了激励因素，从而能激励人们去努力实现目标?

4. 制订目标实施计划。经过讨论、修订后的目标，如果没有一套具体的实施计划，就只是一纸空文。目标实施计划就是如何达到目标的详细办法，它提供了实现目标的行动时间表，同时也为目标的实施提供了监督和控制的基础。

制订目标计划的步骤通常有四个：一是清楚地说明目标；二是确定完成目标的手段，以供选择；三是权衡并选出较好的手段；四是为选出的手段制订计划。其中第四步是关键。为保证制订出的计划具有合理性，通常应对其进行下述内容的检查：

(1) 所制订的计划是否有把握达到目标?

(2) 对所有可行的方案是否都作了鉴定和评价?

(3) 是否已得出明确的时间进度表，并作过评价?

(4) 计划的表述形式是否可以按时间表作进度检查?

(5) 所有与完成计划有关的人员是否都能很清楚地看懂计划?

(6) 按照计划使用资源是否能获得最佳利益?

在实践中，人们经常遇到的问题还有"计划篇幅应该多长?""计划的细节应达到什么程度?"等。这些问题涉及计划的现实性。其实，计划可长可短，并没有统一的要求，主要视具体情况而定。为了取得最好效果，各级部门的计划应做到：

(1) 以结果为中心。内容应尽可能用量来表述，并与结果相联系。

(2) 具体、扼要。具体是：第一，经过精细选择；第二，叙述尽可能简练；第三，限于真正有意义的事实、问题和行动步骤。

(3) 简明，少用文字。要尽量用数字代替文字。文字仅限用于：第一，叙述，如计划、环境、前提、机会、问题和行动步骤等；第二，说明，如变化和异常；第三，评价。

(4) 避免重复。计划应避免不必要的重复。

5. 填写目标卡片。目标卡片是关于目标及其实施计划的书面说明，它以表格的形式将目标计划记录下来，作为管理、监督和评价工作成果的依据。关于目标卡片的制作与填写将在本章 4.6 中专门介绍。

4.3.3　有效目标的标准

按照上述步骤进行操作，我们最终得到的是一套有效的目标体系。显然，这里的“有效”，既是对各个目标的要求，也是对整个目标体系（即各个目标之间的协调性）的一种限定。在实践中，人们很难就“什么是有效的目标”达成一致性意见，这是因为人们各自的工作性质不同。这里提供的是有效目标的基本准则：

1. 具体。目标是对要达到的最终结果的具体描述，它规定必须完成什么、何时完成。在最大可能的限度内，目标应规定数量，即对金钱数量、出勤率、产量单位、培训时间等都应明确说明。例如：

(1) 某部门的目标是：增加某年度服务的顾客满意度。

(2) 某部门的目标是：某年度人民群众投诉或上访数量应比上年度减少8%。

显然第一个部门的目标太笼统，不具体，而第二个就好多了，目标也明确了。对某些不能定量的地方，也应尽可能用一些具体的特征来说明最终的结果，避免使用含糊笼统之词。再例如：

(1) 某街道环境卫生部门制定的年度目标是：使街道辖区的卫生质量再上新台阶。

(2) 某街道环境卫生部门制定的年度目标是：保证辖区内无卫生死角，街道上基本无固体垃圾。

显然第二个目标就比第一个要明确得多。

2. 切合实际。这是针对目标的可行性而言的。最好的目标，应该是那些经过努力便可达到的目标，就像树上的果实，人们只有（只要）跳一跳才（就）能摘得到。现实中常见的错误是，人们要么从主观热情出发将目标定得太高，要么存有畏难情绪而将目标定得太低。这两种现象，无论对管理者个人还是对整个组织都是有害无益的。

3. 与权限相一致。管理人员的目标必须与其权限相一致。批准了他的目标而又不授予他相应的执行权限，等于让他自找失败；倘若他努力去完成目标，则会引起与其他管理人员之间的权限纠纷。

4. 表述明确。目标应该用下属和上级都能清楚理解的语言来表述。如果上下级对目标的解释不一致，目标管理的效果就会受到损害。例如，有一份目标草案包括这样一条目标：尽可能提高会议质量。这种意思含糊的泛泛说明不可能用来有效地指导管理人员和下级。因而，必须对“会议质量”和“尽可能提高”进行明确定义。通过重新措辞，上述目标便可改为：每次会议议题不得超过三个，议决率应达到85%。同时，为使目标表述明确，应尽量采用书面形式。

5. 具有弹性。管理人员总是希望通过目标管理取得不断进步，因此，制定

的目标总是从难从严，这种做法非常危险。因为，目标是针对未来的行动方向，其制定依赖于对未来情况的预测，而预测通常会与客观实际有一定的距离，因此，制定目标时应充分意识到这一点，让目标保持一定的弹性。

6. 数量适当。对所有的管理人员来说，目标的数量没有固定的要求。由于目标所包括的只是最重要的内容，根据经验，大多数管理人员的目标一般应为五至七条。有些管理人员的目标定得很多，很琐碎，把日常事务也纳入目标之中，这是不妥的。

7. 一致性。是指制定出的目标：一要纵向一致，即本级部门的目标应是上级目标的一部分，本级目标的制定要协助上级目标的实现；二要横向一致，即本级部门的目标应与其他部门和单位的目标协调一致。

4.4　目标的实施

好的目标只是成功的开始。对管理人员来说，真正的挑战存在于目标的实施过程中。目标实施过程中的管理是否成功，决定了所制定的目标是否能全面实现。目标的实施应做好以下主要工作：

4.4.1　授予权限

权限是为了实现预定目标而必须具备的支配能力。它是责任的基础，也是执行目标的条件。要使下级担负起责任，实现既定目标，必须授予他们有效的权限。这里的“有效”，我们可以这样理解：

1. 权限必须是行动的权力。对下级而言，纸面上的权力并不等于他实际上的权力。下级必须拥有对一定范围的人、财、物的支配权，拥有决定行动与否的权力。而且，在既定的范围内，这种权力不受上级随意干预。

2. 权限必须与下级人员职责的广度和深度相等，必须与管理人员的目标及其执行计划相一致。

3. 权限必须是一种事先的权力。它应在确定目标阶段就授予，而不是管理人员在行动之后才由上级加以追认。否则，下级就不能制定出有效的目标和计划，也就不能承担起实现目标的任务。

4. 权限必须明确。上、下级对权限的理解应一致，相关人员也应对主要管理人员的权限有正确的理解。为此，授权应采用书面形式，并在一定范围内公开。

5. 权限必须具体。否则，管理人员就会因担心越权而不敢采取积极行动。

6. 权限应尽可能授予低级的管理人员，因为只有他们才是目标管理的主体。上级要给予他们充分的信任，尽量不干预其行为，哪怕是出自关心的干预也不行。

7. 处理例外事件的权限应为上级保留，上级还应保留一定的监控权。

在实践中，要想真正达到上述要求不太容易。尤其在那些实行严格科层制的公共部门，权力大都集中在上级手中。上级对于将自己的权限转移到下级手中不无疑虑，经常会自觉不自觉地干预下级的事情，而下级也不知道自己应有的权限范围。在现实管理活动中还经常出现权限调整的情况。环境变化了，既定的目标和计划也随之变化，管理人员可能会发现自己的权限与变化的目标不一致。当权限不足以完成目标时，他们通常会向上级建议增加自己的权限；但是，当权限超过其担负的目标任务时，他们又不会主动提出削减自己的权限。这就需要上级根据自己的观察，提出调整意见。

4.4.2 分配资财

既定目标的实现，除了必须拥有相当的权限外，还需要拥有一定的财物资源。在传统的管理过程中，分配资源的工作称为编制预算。在目标管理中，我们将其称为“分配资财”。大家将会看到，这不仅仅是一个名称的改变，它意味着该项工作目的和意义的全部转化。

传统的预算通常被视为对未来收入或支出的计划或结算，它是控制的一种重要手段（见本书第 3 章）。下面这个例子说明了传统预算方法是如何产生作用的。

某年 7 月 20 日，某大学校长召开下一年度计划会议。他宣布所有部门下一年度的总预算为1 000万美元，具体分配方案是：

基建处 200 万美元；

科研开发处 100 万美元；

通信中心 300 万美元；

试验中心 200 万美元；

后勤服务中心 100 万美元；

校办 100 万美元；

总计1 000万美元。

校长为各部门制定了下年度活动计划的基本原则，作为他们制订下年度计划的指导：

(1) 以提高效率为重点。

(2) 不能降低质量标准。

(3) 必须严格遵守规定的预算分配额。

(4) 各活动计划及其预算必须在 9 月 1 日前提交校长。

9 月 1 日，各部门的计划及预算出来了。经汇总，预算分配如下：

基建处 200 万美元；

科研开发处 100 万美元；

通信中心 300 万美元；

试验中心 200 万美元；

后勤服务中心 100 万美元；

校办 100 万美元；

总计1 000万美元。

各部门的预算结果和校长事先分配的丝毫不差。校长非常满意，于是，学校的预算就制定出来了，并得以通过。

这个案例显示了传统预算方法的特征：(1) 在预算过程中，除了被动参与、向校长提供已事先决定了的数字外，管理人员基本上被排除在活动之外；(2) 校长拒绝关于资源的任何竞争，部门的工作效率与资源的分配无关；(3) 校长在指导下属做活动计划时，根本没要求他们考虑自己的工作重点和任务。总体看来，这是一种强调上级对下级的控制方法，没有考虑对下级的激励。

目标管理的资财分配则不同。它是按照管理人员的目标对资源进行有计划的分配。这个过程与传统预算的不同主要表现在：

(1) 资财分配是由目标产生的，而预算中规定的目标则是在计划收入减去计划成本的基础上产生的。

(2) 资财分配意味着管理的作用在于最有效地利用公共部门现有的资源，其重点在于强调使用该资源所带来的效益；而预算则意味着管理的目的在于对现有资源的明确利用，它虽然也包含着一定的效益观念，但重心在于强调资源使用的可控性。

(3) 为使资源得到最有效的利用，资财分配必须允许、鼓励、促进管理人员为获得资源而展开竞争。在目标与资财分配的关系上，目标根据组织工作重点而制定，而资财分配又根据目标来确定。

现在让我们回到前面的案例中来。如果校长采用目标管理方法，那么预算过程就成为资财分配过程。具体变动如下：

（1）下年度活动计划应该在本年度更早些时候开始，以便各部门的负责人能与校长之间进行更充分的对话，确定各部门的活动计划。

（2）校长一开始不是简单地将资金分配给各部门，而是向各位负责人提出一些原则，再由他们根据原则来制订各自的活动计划。这些基本原则可以是：第一，各部门活动的目标要明确、具体。第二，必须最大限度地证明部门的全部目标和计划是必要的、可行的。第三，学校的总目标是在效益和成果尽可能大（或至少不减少）的情况下尽量减少支出，因而每个部门的活动计划应有详尽的“成本—利润”分析。第四，学校将在保证整个学校重点工作的基础上，比较各部门的目标，进行最终的资财分配。

根据重新确定的预算编制要求，新的分配方案是：

基建处 150 万美元；
科研开发处 250 万美元；
通信中心 350 万美元；
试验中心 150 美元；
后勤服务中心 50 万美元；
校办 50 万美元；
总计1 000万美元。

这种变动，将科研开发和通信建设作为年度目标的关键因素，突出了学校工作的重点；同时，允许多部门展开资金的竞争，更有利于资源的合理配置，也会对各部门产生较大的激励作用。

4.4.3 目标控制

控制是纠正偏差的一系列活动的总称。为使制定的目标和计划能顺利实现，管理人员必须使用一系列控制手段，使目标实施活动沿着既定的轨道进行。

在目标管理中，控制主要是管理人员自己的事情。各级管理人员在自己的权限内开展各项活动，实施自我控制，不再依靠上级的严格监控。上级控制的重心主要放在重大例外事件和下级目标最终的实现上。无论是自我控制还是上级控制，都包括三个主要阶段：（1）明确对管理人员的工作有重大影响的因素；（2）建立预警和监测系统，预测和衡量这些因素的变化及其影响；（3）采取纠正行动，以适应这些变化。在实施控制过程中，抓住主要控制点是非常重要的。一般地，管理人员的控制点主要有五个：环境、目标、计划、资财和日常工作。现

分别作简要介绍。

1. 环境控制。环境是制定目标和计划的基础。当环境出现较大变化时，我们就要考虑修订目标和计划。因而，制定目标和计划时，应该对环境情况予以清楚地说明和记录；在目标实施阶段应建立一种警报系统，对环境进行不断监测，以判断当初制定的目标和计划是否仍然有效。

2. 目标控制。有效的目标是实施目标管理的基础，而目标的基础性作用之一便是用以进行控制。为达到这一点，要在目标实施过程中建立反馈机制，以确定管理人员是否能够如期接近目标。在实践中，最常见的反馈措施就是定期检查和报告制度。

3. 计划控制。管理人员为达到既定目标而制订的计划是另一种有效控制手段。但是，只有在计划制订得十分详细时，亦即只有当计划可分为若干个不同的步骤，而且每个步骤都有一个确切的时间表时，计划才能真正起到控制作用。

4. 资财控制。资财分配的激励作用已在前面作过介绍。管理人员通过竞争争取到一定量的资源后，竞争阶段的有关资财使用方面的说明或标准就成了控制的一种手段，管理人员必须按照这些说明或标准来使用资财。传统的管理方法已建立了一套有效的会计和审计制度，目标管理应尽量充分利用其控制功能。

5. 日常工作控制。目标管理针对的是组织的重点任务和目标，但这并不是说实行目标管理的组织就可以放弃对日常工作的管理和控制。由于日常工作是组织目标的保证和重要体现，日常工作控制也就成了目标实现过程中的一种主要控制手段。和传统管理方式一样，目标管理中的日常工作控制也主要是借用标准化的制度来实现的。它们之间的主要区别在于，传统管理方式通常要求上级对日常工作进行严格控制，而目标管理则将其交给基层部门、各位管理人员进行处理。

上述五个方面的控制过程，一般都要求管理人员对与目标实现相违背的活动采取必要的纠正措施。这些纠正措施既包括对以前的管理方式方法、行动步骤进行改进，也包括对目标、计划或资财分配方案进行调整。通常，合格的管理人员是不轻易作出目标调整的，特别是不会降低既定目标的水平。除非迫不得已，他们会考虑在目标水平基本不变的情况下，探索各种可能途径来改进自己的工作。

4.5 成果评价和支付报酬

目标管理的最后阶段就是进行目标实施的成果评价，以确认成果和考核业绩，并将其与管理人员的个人利益和待遇结合起来。

4.5.1 成果评价

成果评价是目标管理的重要组成部分，它不仅是一种重要的激励手段，为管理人员的奖惩、训练、培训提供基本依据，而且是衡量整个目标管理制度的成效，为后续工作提供经验和教训的基本依据。

目标管理中的成果评价主要有以下特征：

（1）将目标是否实现作为主要衡量标准。目标管理中的目标是由上、下级经充分协商后制定，并由上级批准的。目标一经确定，便成为管理人员的行为指令和对管理人员进行评价、奖惩的标准。

（2）它是一种以自我评价为主、上级评价为辅的综合评价方式。目标管理中的控制职能主要由各级管理人员自己履行。为完成这一职责，管理人员需要经常检查自己的工作进度，评价工作成效，使之与目标、计划的规定相一致。上级的评价通常放在最后阶段，其目的是据以对管理人员实施相应的奖惩。

（3）成果评价与奖惩制度紧密联系。对失败原因的探讨以及改进工作的建议当然也包括在成果评价之中，但成果评价的独特性还在于将其与奖惩联系起来，并依靠奖惩制度推动管理人员去行动。

由此可见，成果评价过程实质上就是将管理人员的实际绩效与既定目标相对照的过程。这个过程总体看来是比较简单的，所需要的是一份一页纸的表格（见表4—1）。

表4—1　　成果评价表示例

目 标	措 施	完成的结果				
		季度				全年
		1	2	3	4	
新职位的合格申请人数增加10%	向每个新职位至少提出3名合格候选人	T	O	T	T	97%的工作达到目标
2010年合格的某类人才数增加15%	完成该专业员工培训计划	O	T	O	T	50人修完规定的课程

说明：为便于管理，使用代号：T表示正在实现目标，无须采取行动；O表示偏离目标，需采取纠正措施。

表格垂直分成两半，左边是目标制定阶段制定的目标和计划，这是管理人员“应该做到的”，右边是管理人员在成果评价阶段实际达到的成果，是他“已经做到的”。

在这个表格中，除了对全年度成果的总体评价外，还有季度成果考察项目，这主要是为上级提供一个帮助下级的机会，使下级的差错能够及时得到纠正。

4.5.2　支付报酬

成果评价本身并不能对管理人员产生足够大的激励作用，要做到这一点，还必须将其与报酬制度联系起来。按成果支付报酬，是目标管理的最后环节，也是较能体现其特色的环节。

按成果支付报酬的关键在于将管理人员的工作表现与奖励尽可能地直接联系起来。为此，要将公共部门中传统的固定报酬制改为可变报酬制。通常的做法是，将管理人员的报酬分为工资和奖金两部分。其中，工资应根据各个行业（工作）的国家或地区的平均工资水平、该国家或地区的平均生活水平、管理职位所处的等级等因素来确定，而奖金则完全以工作任务完成的情况为依据；工资保证了管理人员的基本生活，奖金则充分体现了管理人员的成就。

目前，中国的大多数公共部门的奖金是以“平均奖”的形式发放的。这种做法不能充分地发挥奖金对管理人员的激励作用。有些部门已开始进行改革，将平均奖只保留极少一部分，以鼓励管理人员的团体精神，其余的大部分则用来奖励个人。这是一种正确的发展方向，但在实际操作中也遇到一些困难，主要有：

1. 目标权衡问题。每个工作年度，管理人员的目标可能会有多项。权衡各项目标的分量，将其与相应的报酬或奖金相联系，直接决定着管理人员实现目标的积极性。但是，如何来确定各项目标的相对分量（比如增加参加培训人员的数量和降低人事部门培训费用）？有些部门的做法是，规定可以享受奖金的“最低限度”的工作表现，譬如说所有目标都必须完成或80%的目标都应完成。还有的部门强调完成目标的方法和完成情况与目标的比较，以此来确认阶段性目标和最终目标的比重，这些方法都简易可行。

2. 奖金水平问题。公共部门的奖金水平受到较多的法律法规的限制，除此之外，还像其他组织一样受到部门资源总数的限制。这里探讨的是在法律法规和资源总数两个限度内如何规定管理人员的奖金水平。目前，各部门常见的做法是将管理人员的个人奖金分为两大类：正常奖和超额奖。正常奖是当管理人员全部实现其目标时可以得到的奖金；超额奖则指当管理人员超额实现其目标时，超出部分所得的奖金。正常奖金通常用基本工资的百分数表示（见表4—2）。

表 4—2　　不同工资等级的正常奖金

工资等级（元）	正常奖励［占基本工资的百分比（%）］
300	10
400	12
500	15
600	20
800	25
1 000	30
……	……

这个表也可用曲线来表示。表中正常奖的比例随着工资等级的上升而上升，这也符合管理学中“责权一致性”原则。

超额奖金水平的确定通常有两种方式：一是与正常奖的确定相同（见表4—3）。

表 4—3　　超额奖金的确定方式（一）

完成目标的百分比（%）	超额奖	
	占工资的百分比（%）	绝对数（元）
110	20	160
120	20	320
130	20	480
140	20	640
……	……	……

这种方式规定超额奖金与超额成果同步增长，因而管理人员的最高奖金额可以不封顶（open ended），它可以激励管理人员努力去争取更多的成果。

另一种方式则规定随着超额成果的增加，超额奖金的增长率逐步下降（见表4—4）。当管理人员的超额成果达到一定程度时，超额奖就达到了一个最高限额。这就是所谓的奖金封顶的方法。这种方法的激励效果不如前一种方法好，但它有利于抑制部门内管理人员之间收入的极度分化现象，有利于部门内保持和谐的人际关系。

表 4—4　　超额奖金的确定方式（二）

完成目标的百分比（%）	超额奖	
	占工资的百分比（%）	绝对数（元）
110	80	160
120	80＋70	300
130	80＋70＋60	420
140	80＋70＋60＋50	520
……		……

3. 外部因素控制问题。按成果支付报酬中的“成果”，必须是靠管理人员个人努力取得的。如果是外部因素增加或减少了某位管理人员的成果，我们仍旧一律按成果支付报酬，这就既不合理也不公平。为此，要对外部因素进行控制，区分开管理人员的努力和外部因素各自的作用。现实中的对策通常有两种：一种是在制定报酬制度时加入“意外的收获或损失”这一条，并据此将管理人员无法控制的主要因素分离出来加以评价。另一种是根据管理人员的计划来评价其成果，以区分他究竟是通过努力，还是靠运气取得成果的。

4.6　目标卡片的制作与填写

目标管理是一种规范的管理方法，其各个环节、步骤都要求尽可能地以书面形式记录下来。在各种书面形式中，卡片式的表格无疑最具简洁性、便利性。科学地制作和填写目标卡片是做好目标卡片的重要保证。

不同的公共部门、不同的管理环节需要不同的目标卡片。本节介绍最常用的目标卡片及其制作与填写方法。

4.6.1　目标卡片的使用目的

目标卡片主要用于以下目的：

(1) 制定目标、计划和评价结果时，可用作上下级之间进行协商的基本依据。

(2) 对上级来说，可用作日常管理的依据；对下级来说，则可用作自我控制的依据。

(3) 评价结束后，可用作下级学习与自我提高的基本资料。

(4) 当管理人员调动工作时，可用作交接工作的参考资料。

(5) 可作为管理人员的个人资料，纳入其个人档案，作为以后职务升降的依据。

上述目的中，最主要的是 (1)、(2) 两项。

4.6.2　目标卡片的格式

常用的目标卡片格式见表4—5。

目标卡片的格式也可以有所不同，但一般应包括以下内容：

(1) 目标的位次；

(2) 目标的比重；

(3) 重点目标项目、细节目标项目及达到标准；

（4）实施计划（措施、手段、进度）；

（5）对上级的要求；

（6）协作者；

（7）自我评定；

（8）上级评定；

（9）上级指导事项；

（10）自我提高事项。

表 4—5　　　　常见的目标卡片

年度　　期　　目标卡片　　　　上级印　　本人印

位次 比重（%）	重点目标项目、细节目标、达到标准	实施计划									对上级的要求，同上级共同了解的事项	协作者	自我评定	上级评定
		措施、手段	总进度											
			1	2	3	4	5	6	7	8				
1														
2														
3														
上级指导事项											自我提高事项			

4.6.3 目标卡片的填写方法

1. 目标制定时目标卡片的填写。

（1）下级的填写方法。下级负责填写的主要有："目标位次、比重"、"重点目标项目、细节目标、达到标准"、"实施计划"、"对上级的要求"、"共同目标协作者"与"自我提高要点"等栏目。在初次填写时，应使用铅笔，以便以后修改。有关注意事项如下：

1）目标位次。应按照目标制定时确定的各目标的重要程度排序，一般将最重要的排在最前面。

2）目标的比重。可用其在管理业务活动中所占的比例（%）来表示。各项目标比重之和一般应小于100%，因为有许多日常管理业务活动没有在表中显示出来。

3）目标应以"目标项目＋达到标准"来表示，以便日后测量。标准可以有多条。

4）"实施计划"栏中填入重要的手段和措施。"总进度"部分尽可能标明时间。各项措施的进度间应连续不断，有些需作中期检查的，应加注相应的符号（如表 4—6 所示）。

表 4—6　　“实施计划”填写示范

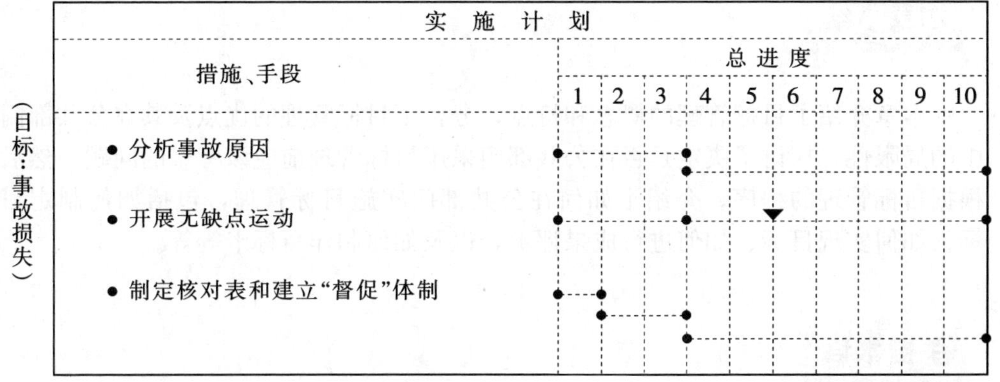

（目标：事故损失）	实施计划										
	措施、手段	总进度									
		1	2	3	4	5	6	7	8	9	10
	● 分析事故原因										
	● 开展无缺点运动						▼				
	● 制定核对表和建立“督促”体制										

说明：“▼”号表示在该处实施中期考核。

5）“对上级的要求”栏中要填入与上级商定的上级责任或义务，这是为保证下级的责任和权限而设定的。

6）“共同目标”栏需与上级和协作者共同商定，“协作者”一栏必须明确到职位或个人。必要时，在每位“协作者”后面注明其职责、任务。

7）“自我提高要点”栏主要填写自己达到目标所需要提高的能力、知识、技术等。

（2）上级的填写方法。主要填写“上级指导事项”栏，要填入具体的希望和要求，切忌空泛。

2. 成果评定时目标卡片的填写方法。

（1）下级的填写方法。下级人员主要填写“自我评定”栏和“自我提高要点”栏。有关注意事项如下：

1）在“自我评定”栏中左上方的小角填入“目标达成度”，可用百分比表示，也可用“A、B、C”或“一级、二级、三级”等表示等级；能用绝对数表示的成果，也可直接记入其数值。除此之外，本栏其余部分应填入原因、经验、教训等要点。

2）“自我提高要点”部分是针对以前的填写要点，总结经验、教训，并提出新的希望。

（2）上级的填写方法。主要填写“上级评定”栏，填写方法同“自我评定”栏。

本章小结

本章介绍了目标管理的概念和特点，分析了目标管理的优点及其在公共部门中的局限性，探讨了决定是否在公共部门采用目标管理前应该考察的问题。然后根据目标管理的程序，介绍了如何在公共部门实施目标管理，包括如何制定目标、如何实现目标、如何进行成果评价，以及如何制作目标卡等等。

关键术语

目标管理　目标控制　目标制定　成果评价　支付报酬　目标卡片

复习思考题

1. 目标管理有哪些特点？
2. 怎样考察目标管理在特定公共部门的适用性？
3. 比较职位说明与工作目标的异同。
4. 阅读本书第 3 章有关“预算控制”的内容，比较“预算控制”与本章中的“分配资财”的异同。

阅读材料

A 县各乡（镇）政府目标考核工作方案

为推进政府管理创新，根据上级和县委、县政府的工作要求，在总结上年工作经验的基础上，结合实际，特制定本方案。

一、指导思想

以邓小平理论和“三个代表”重要思想为指导，全面落实科学发展观，认真落实 A 县经济社会发展战略，提升工作实效，促进乡（镇）政府改进管理方式。

二、考核范围

各乡（镇）政府。

三、考核内容

总体上按照省委办公厅、省政府办公厅《关于开展政府及其部门目标管理工作的意见》（×委办［0000］××号）中确定的四个方面内容来把握，即贯彻落实省委省政府、市委市政府和县委县政府重大决策部署的情况、本年度工作任务完成的情况、维护群众切身利益的情况、政府及其部门自身建设情况。

四、考核方法

（一）考核指标

继续采用指标考核的方法。设可持续发展、现代化进程、和谐社会构建、勤政廉政四大项目 28 个指标（见表 4—7）

表 4—7　　乡（镇）政府目标考核指标

考核内容	序号	考核指标	方向	标准值	权数
可持续发展（31）	1	GDP 增长率	＋	前三年平均值	7
	2	财政发展指数	＋	前三年平均值	4
	3	全社会固定资产投资增长率	＋	前三年平均值	4
	4	非国有经济比重	＋	前三年平均值	3
	5	人口发展指数	＋	上年值	3
	6	环境质量指数	＋	上年值	6
	7	能源消耗指数	－	上年值	4
现代化进程（24）	8	城镇化水平	＋	2000 年值	2
	9	第三产业发展指数	＋	前三年平均值	4
	10	工业增加值增长率	＋	前三年平均值	4
	11	工业经济效益指数	＋	上年值	4
	12	科技进步指数	＋	上年值	4
	13	外贸发展指数	＋	前三年平均值	3
	14	验资口径实际利用外资增长率	＋	前三年平均值	3
和谐社会构建（29）	15	新农村建设指数	＋	上年值	3
	16	城镇居民人均可支配收入增长率	＋	前三年平均值	3
	17	农民人均纯收入增长率	＋	前三年平均值	3
	18	教育发展指数	＋	上年值	4
	19	公共卫生发展指数	＋	前三年平均值	4
	20	社会保险综合完成参保率	＋	上年值	3
	21	城镇登记失业率	－	上年值	2
	22	社会安全指数	＋	上年值	4
	23	社会治安满意率	＋	前三年平均值	3

续前表

考核内容	序号	考核指标	方向	标准值	权数
勤政廉政（16）	24	依法行政	＋	上年值	4
	25	行政办事效率	＋	当年值	3
	26	行政成本增长率	－	上年值	3
	27	信访工作效率	＋	上年值	3
	28	行政违纪违法人员比重	－	上年值	3

（二）考核结果

考核结果以优、良、一般、差四个等次表示。考核结果85分（含85分）以上的为优，76分～84分为良，60分～75分为一般，59分以下的为差。

（三）结果运用

对乡（镇）政府目标考核的结果，将以一定形式进行通报，对于优秀的给予表彰。目标考核结果抄送组织部门，作为评价领导班子工作实绩的重要依据。

五、工作步骤

（一）制定方案。各乡（镇）制定本年度本地区本部门的目标考核方案。9月15日前报县目标办备案。

（二）目标总结。年底各乡镇要根据工作方案，按照工作程序和基本要求对本乡镇各项工作任务完成的实际成效进行分析和总结。总结材料于12月底前报目标办。

（三）综合汇总。县统计局负责牵头汇总各乡（镇）政府指标考核完成情况，报县目标办。县目标办在此基础上综合指标考核、报县目标工作小组审定。

六、组织领导

目标考核工作在县委、县政府的领导下，由县目标考核工作小组负责，县目标办牵头，会同县直有关部门具体实施。

各乡（镇）政府要切实加强对目标考核工作的组织领导，行政主要领导负总责，办公室牵头。建立健全工作机构，明确专人具体负责，确保目标考核工作顺利开展，取得实效。

思考题

1. 本目标责任书中的目标制定得合理吗？有哪些值得改进的地方？

2. 按照本目标责任书进行的管理是否完全遵循了本章所讲的目标管理的精神？依据何在？

第 5 章

全面质量管理

开章案例

宾夕法尼亚州交通部是一个拥有12 000名员工的大型州级交通部门。在交通行政领域，它以创新、重视结果和良好管理而著称。但以前它并不总是如此的。20 世纪 50 年代中期至 60 年代中期，该部在建设州际公路和其他交通干道方面有过辉煌的纪录。但是自那以后，由于财政的失误、政治混乱和管理上的疏漏，其绩效降低了。到了 70 年代中期，因缺乏有效的维护，宾夕法尼亚州的高速公路变得破败不堪。公路建设融资困难，新的项目不得不搁浅。州交通部自己也因为腐败问题而陷入瘫痪的境地，无论是服务还是人员的士气，都前所未有的低下。到了 1978 年，如何解决州交通部的问题，居然成为州长竞选的首要议题。

1978 年，新州长宋波走马上任了。他竞选成功是有条件的，这就是必须整顿好州交通部。宋波从宾夕法尼亚州立大学里请来一位教授——拉森博士作为州长交通秘书，并由后者负责使交通部恢复活力。

如何实现交通部的转型，这本身就是一个故事。在最初的四年里，拉森领导的交通部管理团队将工作重点放在高速公路维护上。公路维护工作的关键是生产和生产率。为了保证工作任务的完成，拉森采取了高度专权、明确部门内部的权力链条、重新审视控制乃至整个宏观管理制度等措施。也就是说，拉森采用了一条强硬的管理路线。当时，这条路线确实奏效了。到了1982年，州交通部已经达到了一般部门的管理水平。在1982年的州长竞选中，它已不再是竞选的议题了。

但是，拉森领导的州交通部管理高层并没有满足。他们意识到，强硬管理方式仅仅在提高生产量方面起作用。事实上，州交通部已经达到了强硬管理路线所能实现的一切目标。而在提高生产效率上，以“X理论”为基础的强硬管理就无能为力了。州交通系统在生产量上取得的成绩确实鼓舞了管理高层，但是并未改变员工的心理。他们士气仍然低下，整个州交通系统的生产效率和能力并没有什么提高。如何提高员工的积极性，使他们能和管理高层“心往一处想，劲往一处使”，以真正提高州交通系统的生产效率？这是摆在拉森面前的一个新课题。

对此难题，拉森的应对策略是采用全面质量管理。在原有管理的基础上，宾夕法尼亚州交通部开始采用全面质量管理的参与式管理、全员参与、流程改进等管理原则。1982年，在经过调查研究、向地方政府和私营部门取经、内部培训、典型示范之后，拉森在整个交通系统建立了60个质量环，使大部门的工作都按照质量管理的模式运行。随后，为了使质量环管理得到推广，拉森又开创了“点子活动”和“创新基金”，以对员工的创新思想和行为进行奖励，并对创新研究提供资助。随着这些举措以及后来相关活动的开展，拉森主导的质量管理取得了明显的效益。到1986年，宾夕法尼亚州再次进行州长竞选的时候，州交通部已被视为州级部门管理的典范，并跻身美国管理最佳之州交通部的行列。

资料来源：Theodore H. Poister and Richard H. Harris，Jr.：“Building Quality Improvement over the Long Run：Approaches，Results，and Lessons Learned From the PennDOT Experience”，*Public Performance & Management Review*，Vol. 24 No. 2，December 2000，161－176。

自20世纪50年代以来，办公自动化（OA）开始提上了管理的议程。到80年代，OA设备在西方各资本主义国家基本得到了普及。但OA设备的普及并未使公共部门和管理部门的生产率得到相应提高。仅以美国为例，据美国斯坦福研究所提供的数据表明，从70年代中期到80年代中期的10年间，美国的制造和营运部门的生产率提高了90%，而同期的管理部门（包括公共部门）和各种办公室的工作效率仅提高了4%。

为改变这种状况，世界各国的公共部门开始使用全面质量管理。在美国，洛杉矶联校区的高中毕业生从94届开始，每人将获得一个证书，使公司确信他具备工作所需要的基本技能；如果雇主不满意，校区将用自己的钱对该生进行补救性培训。俄亥俄州还成立了一个州质量委员会，将全面质量管理推广到全州各机关中去。一份美国会计总署的研究报告显示，2 800个政府机构中的68%现已开始使用全面质量管理。

然而，并非所有实施全面质量管理的努力都会成功。研究表明，公共部门对全面质量管理有着不同的态度。有些公共部门认为自己的主要活动无法定性，因而只在部门内的某些具有明确结果的部门（如打印室、接话室）开展全面质量管理；有些部门则认为全面质量管理只能在消除浪费方面起到一些作用；有些部门仅将全面质量管理的实施视为管理者或领导者的需要。凡此种种，都最终在本部门内葬送了全面质量管理，使本部门丧失了一次创新、发展的大好机会。据此，有人甚至认为，全面质量管理根本就不适用于公共部门。

假如你在公共部门从事管理工作，你赞成上述观点吗？如果不是，你将如何开展全面质量管理工作？

在本章中，我们将介绍如何在公共部门成功地开展全面质量管理。我们将从什么是全面质量管理谈起，再陆续介绍全面质量管理的各种方法、技术。贯穿本章的一个核心问题是：公共部门中的全面质量管理与一般企业有何不同？

5.1　全面质量与全面质量管理

人们通常所说的“质量”，指的是产品或服务的优劣。而优劣的标准，又通常以产品或服务满足顾客需要的程度或符合一定标准的程度而定。这种对“质量”的认识只是一种比较狭义的观点。在现代管理理论和实践中，狭义的质量观已为较广义的“全面质量”所代替，以前的质量管理也已转化为全面质量管理。

5.1.1　全面质量

全面质量的概念最早由英国的朱兰、弗根堡等于1961年提出。针对以前的质量管理中大家将注意力集中于产品或劳务质量的状况，朱兰和弗根堡等认为，只有重视形成和生产产品和劳务的市场调查、设计、试制、生产（提供）销售、使用等项工作的质量，最终产品和劳务的质量才能得到保证和提高。因而，质量管理中的“质量”不仅要包括产品和劳务的质量，而且要包括工作质量，这就是全面质量的内涵。全面质量包括以下内容：

1. 产品质量。产品质量是指产品或服务在满足顾客需要方面所具备的特性的总和。这是顾客对产品或服务要求的集中体现，它标志着产品或服务的使用价值的大小。

由于产品质量是相对于用户的需要而言的，因而并不存在一种绝对的衡量标准。那么，怎样才能评价产品或服务质量的优劣呢？通常，人们将用户对产品或服务的要求归为六个方面，以此作为质量标准。这六个方面是：

（1）性能。性能是指在产品或服务设计时综合用户要求而设定的，在产品制造或服务提供过程中加以保证的产品或服务的规定的性能任务，亦即某种产品或某项服务所应发挥的效能和作用。性能一般可分为使用性能和外观性能，前者是指产品的用途，后者则指产品在满足顾客的审美、情感需求方面的价值。如一件衣服不仅要保暖，而且还要美观，等等。随着社会的发展与人们生活水平的提高，顾客对产品外观性能的要求也越来越高。

（2）可靠性。指在规定时限内和条件下产品或劳务性能的实现能力。可靠性关系到顾客对产品或服务的实际享受程度，因而是关系产品或服务成败的大事。在现代，产品的可靠性还包括产品的可维修性。

（3）安全性。指产品或服务在流通、传输和使用过程中，对顾客、环境及社会的危害程度。这也是至关重要的一种质量特性。

（4）适应性。指产品或服务适应环境变化的能力。质量好的产品或服务能广泛适用于不同的环境和不同的顾客偏好。产品或服务的规格、品种、样式的多少也与适应性密切相关。

（5）经济性。指产品或服务必须价格低廉，使顾客能消费得起。

（6）时间性。指厂商在规定时间内满足顾客对产品或服务的提供期限和数量要求。有些产品在超过一定的时间期限后可能会失效，而有些服务在过期后则会毫无意义。

由于公共部门从事的主要是服务，这里再专门介绍一下服务质量的概念。

按照ISO9000系列的规定，所谓服务，是指为满足顾客的需要，供方与顾客接触的活动和供方内部活动所产生的结果。一般而言，顾客对服务的需要主要表现为八个方面，这也是服务质量的目标所在。这八个方面是：（1）物美价廉；（2）及时周到；（3）安全卫生；（4）舒适方便；（5）热情诚恳；（6）礼貌尊重；（7）亲切友好；（8）谅解安慰。

这八个方面也可概括为服务的特性。第一，舒适性。指服务过程的舒适程度，包括服务设施的完备和适用，方便和舒服，环境的整洁、美观和有序。第二，文明性。指顾客在接受服务过程中精神需要满足的程度，包括自由、亲切、尊重、友好、自然与谅解的气氛、和谐的人际关系等，这也是服务特色之所在。

服务质量也可以用八项指标来表示（见图 5—1）。

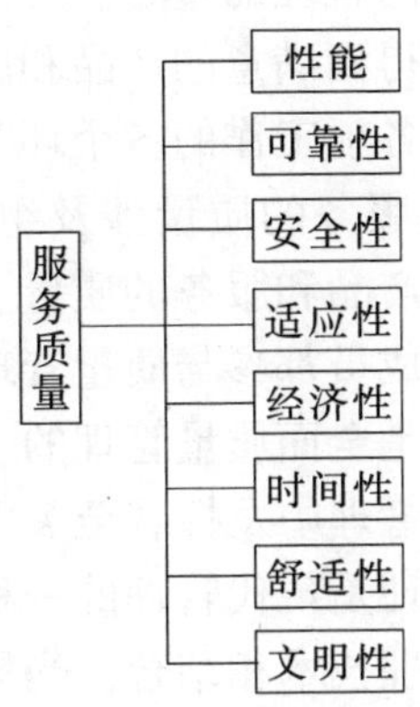

图 5—1　服务质量指标体系

上述八个指标，又可细化为一系列具体的指标。如时间性，可用顾客等待时间、正点率、服务延续时间等来表示，等等。

由于各个公共部门从事的服务性质不同，上述八项指标在各项服务中的重要性也就不同。在财务部门，可靠性很重要；而在交通运输业，安全就是第一位的要求。

2. 工作质量。工作质量是为了保证和提高产品或服务质量所做工作的质量，如市场开发、设计、提供服务、服务业绩的改进与分析等工作的质量。

任何产品或服务的质量，都取决于人（man）、材料（material）、机器设备（machine）、方法（method）和环境（environment）五个方面的因素，即“4M1E”因素。每个因素又受到其他因素的影响。要想获得较高的产品和服务质量水平，只能在管理过程中很好地控制这些因素，使之处于较稳定的状态，也就是说要维持较高的工作质量水平，这是管理学中“过程管理”思想在质量管理中的体现，也是“全面质量”的基本内涵。

5.1.2　全面质量管理

全面质量管理是以质量为中心，建立在组织全体员工参与基础上的一种管理，其目的是通过顾客、本组织成员和社会收益来达到长期成功。

1. 全面质量管理的概念

(1) 对全面质量的管理。全面质量管理针对的是全面质量。它不仅要对产品质量进行管理，也要对工作质量进行管理；不仅要对产品或服务性能进行管理，也要对经济性、时间性、舒适性等进行管理；不仅要对人进行管理，也要对物进行管理。全面质量是整个组织和部门管理的重心。

（2）全过程的管理。为使顾客得到满意的产品和服务，不仅要对产品和服务的形成进行质量管理，还要对其他各项工作的各个环节进行质量管理。

（3）全员参与的管理。产品和服务的质量涉及组织内的各个部门和各个成员，其工作都直接或间接地影响着产品和服务的质量。因而，为了获得所期望的质量，必须要求组织内所有部门、成员都参与质量管理活动，不断改进和提高质量水平。全体员工的参与和创造性是全面质量管理的一大特色。在实践中，由员工组成的质量控制小组在全面质量管理中发挥着至关重要的作用。

（4）科学的管理。全面质量管理是现代管理的一种模式，它使用以统计方法为主的科学方法，并与新型经营管理技术相结合。当然，全面质量管理并不排斥其他管理模式。在实践中，要将其与其他管理模式结合起来。

2. 全面质量管理的思想

（1）质量第一。质量是组织管理工作的重要组成部分。虽然它不能替代其他的管理，如采购管理、财务管理、人事管理等，但是，随着竞争的加剧与人们需求水平的提高，质量已成为关系到组织前途和命运的头等大事。质量管理也就成为组织各项管理工作的重点和中心环节。

（2）为顾客服务。质量就是满足顾客需求的能力和程度。全面质量管理就是在产品或服务的形成、传输和使用时，以顾客的需求为考虑问题的出发点和检查效果的归宿。与其他管理模式不同，全面质量管理中的“顾客”属于广义的顾客，它不仅包括组织系统以外的服务对象，而且包括组织内部得到某单位服务的其他单位。如公共部门内的人事、财政、办公室、研究等机构的顾客不仅包括部门外的其他人员和机构，而且包括本部门内的其他业务机构。

（3）预防式管理。全面质量管理理论认为，仅靠产品或服务的质量检验不可能真正提高质量水平。只有在质量管理过程中，采取先进、规范的管理方式，将质量问题消灭在萌芽之中才能达到目的。因而，全面质量管理特别注意预防式管理，通过建立一整套质量保证体系来达到防患于未然的目的。

（4）大家受益。全面质量管理将质量理解为“大 Q”，意即质量的受益者包括五个方面——顾客、业主、员工、供应者和社会。全面质量管理的目的在于使这些受益者达到长期成功。作为一种现代管理方法体系和现代企业文化，全面质量管理着眼于通过系统优化来实现组织的长远宗旨和方向，因而它摒弃就事论事，摒弃短期行为和眼前利益。

5.2　工作程序

全面质量管理是一种规范的管理模式。推行全面质量管理，必须遵循科学的工作程序。

5.2.1　质量环

质量环又叫“PDCA 环”或者“戴明环”，是美国管理学家戴明在研究、指导日本的企业进行质量管理时创造的一种工作程序。这种工作程序主要有以下特点：

1. PDCA 循环的四个步骤。PDCA 循环将任何一项质量管理工作分为四个步骤。分别是：

(1) 计划 (plan)。主要任务是寻找质量管理问题，拟定质量方针、目标，建立质量标准和工作制度等。

(2) 实施 (do)。即根据计划阶段的方案，采取具体行动和措施，贯彻执行计划。

(3) 检查 (check)。即检查实施阶段的各种活动是否遵循计划阶段制定的标准，结果是否达到预期要求。如果没有，存在的问题及其原因又是什么。

(4) 处理 (action)。即根据检查结果采取相应的措施。如果导致问题产生的因素是有利的，则可在认真实验后固定下来；如果这些因素是不利的，则应防止其再次发生。

这四个步骤构成每项质量管理工作的完整周期。整个企业或公共部门的质量管理活动按 PDCA 的顺序逐步进行，首尾相连形成了循环的工作圈（如图 5—2 所示）。

2. 环环相扣，逐步提高。在每一次 PDCA 循环的处理阶段，都将质量管理的成功经验加以肯定，形成工作标准；吸取失败的教训，杜绝类似情况再次出现；对未解决的问题分析原因，为进一步工作提供参考和借鉴。这样，质量管理工作每经过一次循环，就能提高一步，形成环环相承，逐步提高的局面（如图 5—3 所示）。

3. 大环套小环，环环相扣。全面质量管理是全员参与、全过程管理的现代管理模式。无论在哪个工作部门，也无论在哪个工作阶段，都存在着 PDCA 循环。这样，整个部门的质量管理程序就呈现出大环套小环、环环相扣的态势（如图 5—4 所示）。

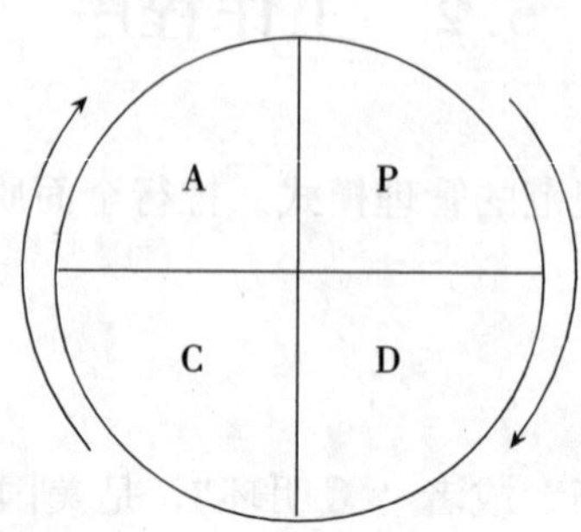

图 5—2 PDCA 循环的四个步骤

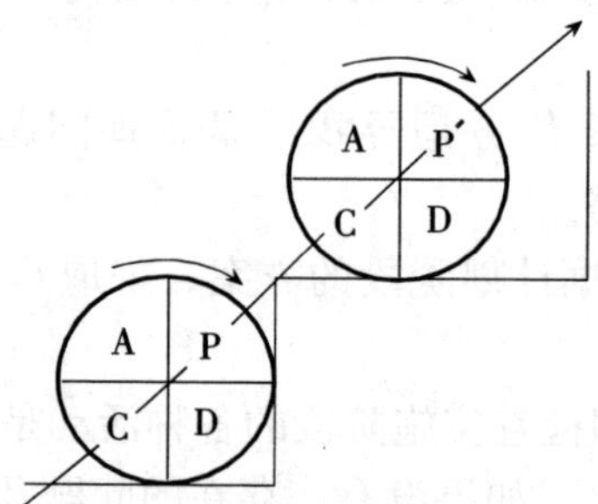

图 5—3 PDCA 循环的过程

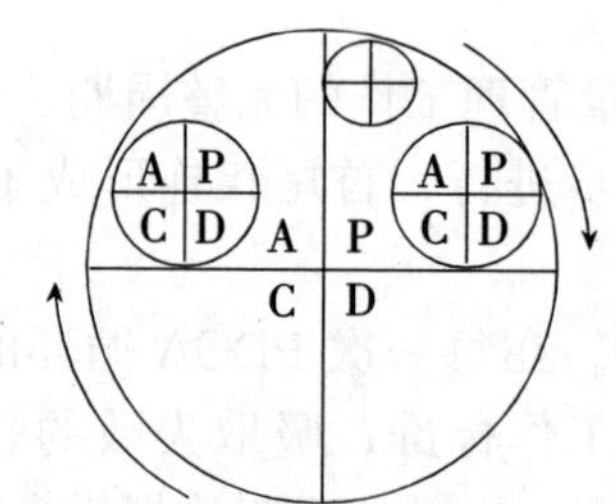

图 5—4 PDCA 循环的发展态势

5.2.2 质量环的推动

质量环是公共部门开展全面质量管理工作的典型程序类型。它又可细化为八个小步骤，每个步骤都有一些独特的方法（如表 5—1 所示）。

表 5—1　　　　**解决质量问题的步骤**

阶段	步骤		方法
P	1	找出存在的问题	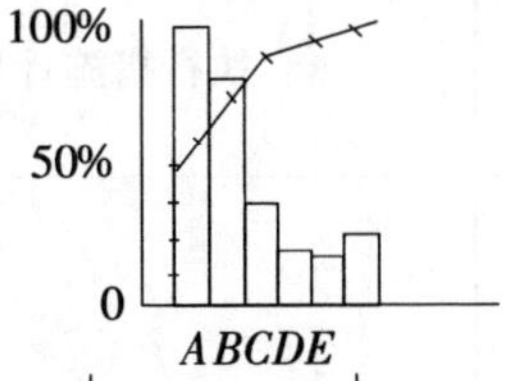 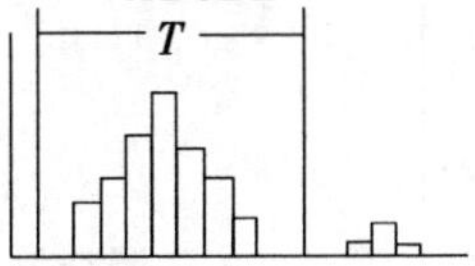 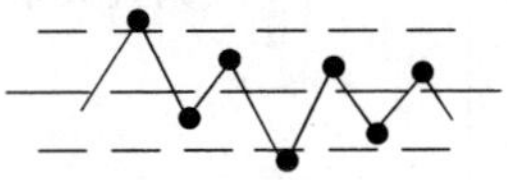 100% 50% 0 ABCDE T
	2	分析产生问题的原因	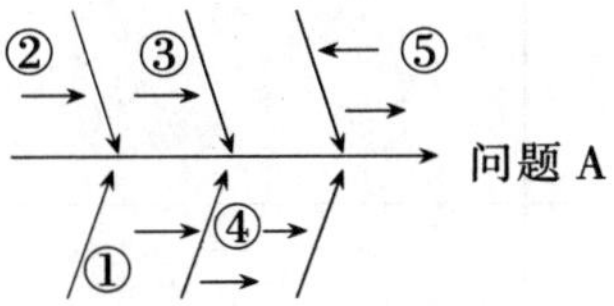 ②　③　⑤ 问题 A ④ ①
	3	找出影响大的原因	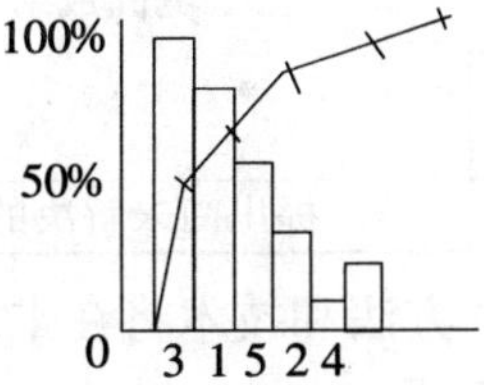 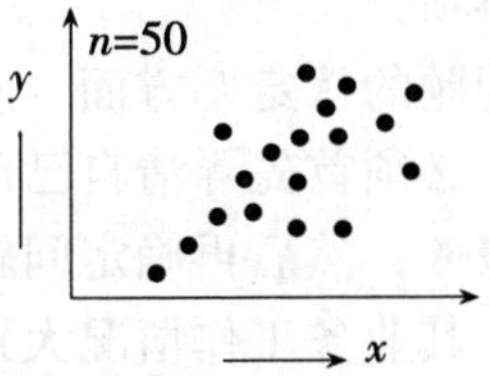 100% 50% 0　3 1 5 2 4 n=50 y x
	4	制定措施计划	要回答"5W 1H" Why　必要性 What　目　的 Where　地　点 When　时　间 Who　执行人 How　方　法

续前表

阶段	步骤		方法
D	5	执行措施计划	1. 按计划执行 2. 严格落实措施
C	6	调查效果	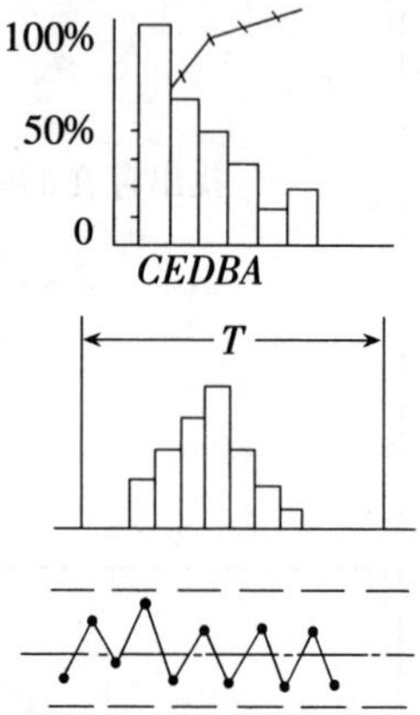 100% 50% 0 CEDBA T
A	7	巩固成绩	把工作结果标准化， 要特别注意审查： 1. 操作规程（标准）； 2. 检查规程（标准）； 3. 各种规章制度等的制定和修订。
	8	提出尚未解决的问题	反映到下一计划（从步骤 1 开始）

有关的方法和技术将在本章 5.4 中介绍。这里仅谈谈实施这八个步骤应当注意的一些事项。

1. “问题的认定”方面。质量问题的认定就是考虑如何提供最佳服务。要做到这一点，必须首先弄清自己部门的业务工作性质，即对谁、怎样提供、提供什么内容的服务；然后再确定问题存在的可能根源及改进的主要方向。如某机关的总务部门，其业务工作情况大致如表 5—2 所示。

表 5—2　　某机关总务部门的业务工作

服务对象 服务内容	内部管理部门	窗口部门	顾客	其他
物资调配与管理	资材调配	资材调配	采购	
资金调配与管理	资金提供与管理，银行交涉	收入管理、回收事务、支付事务	支付手段	

续前表

服务对象 服务内容	内部管理部门	窗口部门	顾客	其他
劳动力调配与管理	人才招收、卫生福利方面的管理	一线员工的福利补助、劳动安全管理、临时工的雇用	—	卫生、福利服务、保险监督管理
信息服务与管理	会计信息的编写与提供，劳务信息的提供	资金流动信息的提供，预算管理信息	宣传报道管理	—

表5—2中的纵栏给出了服务内容，横栏给出了所要提供服务的对象。对总务部门来说，表中的每项活动都可能存在着一个提高服务质量的问题。管理者要善于从中发现问题，确定重点，从而确立未来一段时期内的质量工作目标。

2. "制定措施计划"方面。完整的计划应能明确回答"5W1H"的问题，在确定某些"顽症问题"的解决目的时，应尽量将其定位于实际可能达到的高度，以期通过PDCA循环的不断进行来逐步解决问题。否则，整个质量改进工作就很难进行。

3. "调查效果"方面。由于公共部门的工作性质和活动成果很难确定，其质量改进效果一般不太显著，因而在"调查效果"时，应将注意力集中于"是否真正出色地开展了质量改进工作"，否则，可能会挫伤管理人员的积极性。调查对象可以是顾客、上级部门，也可以是兄弟部门和本部门的工作人员。调查方法也可以多种多样。不论哪种，一般都应涉及下述内容（如表5—3所示）。

表5—3　调查的主要内容

接受评价的名称＿＿＿＿＿＿

1. 选择的课题是否适当？

5　4　3　2　1　　　　OPA ☐

2. 是否全员参加活动？

5　4　3　2　1　　　　OPA ☐

3. 开展活动的方法是否合乎逻辑？

5　4　3　2　1　　　　OPA ☐

4. 改进目标是否明确？

5　4　3　2　1　　　　OPA ☐

5. 制定的改进对策方案的数据是否充分？

5　4　3　2　1　　　　OPA ☐

6. 数据分析和因果分析是否恰当？

5　4　3　2　1　　　　OPA ☐

7. 采取的对策是否合适？

5　4　3　2　1　　OPA □

8. 是否彻底贯彻了所采取的对策？

5　4　3　2　1　　OPA □

9. 与制定的目标相比较结果是否显著？

5　4　3　2　1　　OPA □

10. 是否制定了标准化对策？

5　4　3　2　1　　OPA □

11. 今后的课题是否明确？

5　4　3　2　1　　OPA □

12. 公布的内容是否浅显易懂？

5　4　3　2　1　　OPA □

13. 参加评审会的态度如何？

5　4　3　2　1　　OPA □

14. 评审会用的资料和小工具是否齐全？

5　4　3　2　1　　OPA □

15. 收集的证据是否充分？

5　4　3　2　1　　OPA □

16. 是否比上一次评审会时的小组活动有明显进步？

5　4　3　2　1　　OPA □

总分数	/100

建议

评价人姓名	

4. “巩固成绩”方面。“巩固成绩”的主要途径在于标准化。根据1983年我国颁布的国家标准（GB3935・1—83）中的规定，所谓标准化，就是“在经济、技术、科学及管理等社会实践中，对重复性事件和概念，通过制定、发布和实施标准，达到统一，以获得最佳秩序和社会效益”。通过标准化，我们可以将质量工作中的一些成功经验固定下来，以提高整个部门的服务质量。

标准化的关键在于发现那些定型化和重复性的工作。一般而言，计划和开发性的公共部门内的非重复性工作较多。在这些部门内实施标准化，最好从工作分解开始，将一项活动分解成一个个相对独立的步骤，然后逐次研究，能够形成合理标准的应尽量形成标准，并最终形成标准手册，实行手册化管理。

5.3　质量保证体系

质量保证体系是指为了保证和提高产品和服务质量而在各组织内建立的一种质量管理系统。它运用系统工程的原理和方法，通过规定组织内各部门、各环节在质量管理方面的职责、任务和权限，并建立统一协调机构将它们严密组织起来，以保证产品和服务满足用户的需要。质量保证体系既是组织对顾客的一种质量保证，也是取得优质产品和服务的一种管理手段。这是全面质量管理深入发展的结果。

5.3.1　质量保证体系要素

作为一个管理系统，质量保证体系从静态上看可以分为组织机构、职责、程序和资源四部分；从动态上看，它又可划分为开发、设计、提供和改进四个环节。在此，我们将组织机构等称为“质量保证体系结构要素”（简称“结构要素”），将开发等环节称为“质量保证体系运作要素”（简称“运作要素”），下面分别予以介绍。

1. 结构要素。

（1）组织结构。公共部门的全面质量管理工作应在统一机构的领导下进行。这种统一机构的结构如图 5—5 所示。

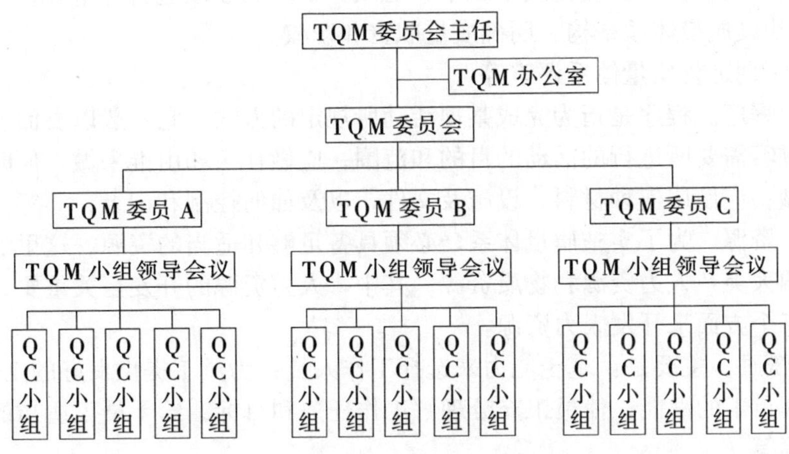

图 5—5　TQM 组织的组织结构

图5—5中的TQM办公室由专职人员组成，负责整个质量管理的事务工作。除此之外，各质量管理组织都是由兼职人员组成的委员会，上一级委员会成员由下一级委员会代表担任。主要的质量管理及改进工作由设在基层的各QC小组进行。上级组织负责对下级组织工作进行指导、教育、检查和评比，下级组织结合实际贯彻执行上级组织拟定的质量方针和工作策略。除最高层组织的主要负责人（图5—5中的委员会主任）应由整个部门的领导成员担任外，其他各级组织的成员不必强调其领导资格，只看其工作热情与能力。

（2）职责。公共部门内各位员工从事的各项活动都在直接或间接地影响着整个部门的最终服务质量，因而，所有人员都应承担起维护和提高工作质量的职责。这是全面质量管理的全员参与原则的根本要求。除此之外，有些机构和人员还承担着专门的质量管理职责。如高层管理者，他们在质量管理中的特殊职责有：

1）制定质量方针，主要包括所提供服务的等级，整个组织的质量形象和信誉，服务质量的各项目标，在追求质量目标中所采用的措施，负责实施质量方针的全体人员的作用等。方针制定后，高层管理者应确保它能得到各层次管理者的理解和支持。

2）将质量方针转化为质量目标。质量目标是质量活动所要达到的最终结果。它应满足四项要求：使满足顾客需要与公共道德、职业标准相一致；不断改进服务；充分考虑社会和环境方面的要求；着眼于服务效率的提高。明确上述要求后，高层管理者要将质量方针转化为一系列能够明确实施的质量目标和活动。例如：用适当的质量测评来明确规定顾客需要；为避免顾客不满，采取适当的预防措施并进行过程控制；优化质量成本；对服务要求和成绩进行评审等。

3）建设质量体系结构，明确质量职责和职权。

4）定期进行质量体系评审等。

（3）程序。程序是指为完成某项活动所规定的方法。它一般以书面形式规定为满足顾客需要所进行的活动的目的和范围；应做什么和由谁来做；何时何地以及如何做；应使用何种材料、设施及文件，以及如何控制和记录；等等。

（4）资源。为了实施质量体系，必须具备足够和适当的资源。这里的资源又可分为两大类：人力资源和物质资源。其中，人力资源的开发至关重要。公共部门应从三个方面来开发人力资源：

1）激励。主要是：基于能力来选择工作人员；为员工提供良好的工作环境；注意发挥员工的潜能；使员工充分理解工作任务和目标；给予员工适当的表扬和奖励；等等。

2）培训与开发。注意事项有：要分类别培训；要注重对各类人员质量意识和质量管理方法、技能的培训；要加强对人员沟通能力、合作意识和技能的培养；等等。

3）沟通联络。分为内部沟通联络和外部沟通联络两种类型。通过培养人员的沟通技能技巧，建立正式的沟通渠道来协调组织与顾客、组织内部人员之间的关系，以保证服务的及时性和运转流畅。

物质资源主要包括提供服务所使用的设备和储存品，运作过程所必需的条件，质量评定用的设施和运作文件、技术文件等。

2. 运作要素。

（1）开发。是指从顾客和社会出发，识别和确定服务对象的需要，结合本组织实际情况，提出一个完整的服务提要，说明服务的类型、规模、档次、质量要求等内容。

（2）设计。这个过程主要是依据服务提要来解决如何进行服务的问题，任务是制定出三个规范：

1）服务规范。服务应达到的水准和要求，也就是我们经常讲的服务质量标准。

2）服务提供规范。规定在服务提供过程中应达到的水准和要求，也就是怎样达到服务设计过程中制定的服务规范的水准和要求，依据服务规范来制定服务提供规范。服务提供规范应明确每一项服务活动怎样做才能保证服务规范的实现。这也就是我们经常说的服务过程要程序化，服务方法要规范化。

3）服务质量控制规范。规定怎样控制服务的全过程，即怎样控制服务质量过程的各个阶段的质量，特别是服务提供过程的质量。为此，要根据本服务组织的实际情况和经验来制定服务质量控制规范。

（3）提供。这个过程是按上述三个规范要求进行服务的实施，当服务提供结束并出现了服务的结果后，再对服务结果进行供方评价和顾客评价，即组织自身和顾客的两个评定。服务提供过程是涉及服务组织各个部门和全体员工的过程，是与顾客直接接触的过程，也是考察和评定服务提要、三个规范及其实践的过程。

（4）业绩分析和改进。在服务提供过程所作出的供方评定和顾客评定的基础上，进行服务业绩的分析和改进，并把分析和改进的结果反馈到市场开发过程和设计过程，形成服务质量信息的闭环系统，这就是服务业绩分析和改进所应包括的内容。

5.3.2　质量保证体系的建设

质量保证体系的建设直接关系到公共部门最终服务的优劣，具有一定的复杂性、相当大的难度和较大的工作量。这是一项系统工程，其主要步骤和方法如下：

1. 统一认识和组织落实。

（1）高层管理者统一认识和决策。质量保证体系不仅会提高公共部门的服务质量，树立良好的组织形象，而且在建设质量保证体系的过程中，还可以帮助公共部门改善管理水平，提高人员素质，为今后的发展打下良好的基础。作为高层管理者，应对质量保证体系的重要性有着深刻认识，并在此基础上作出相应的决策。

（2）建立精干的工作班子。精干的工作班子是建设质量保证体系的组织基础。它由最高管理层直接领导，代表最高管理者发动、组织、协调、控制和管理质量保证体系的建设工作。工作班子的规模依公共部门的具体情况而定，其成员要精干，具有较高的工作热情和工作能力。

（3）制订工作计划。这是 PDCA 循环的 P 阶段。制订的计划要全面、明确，有一定的弹性。

（4）教育培训。教育培训贯穿于质量保证体系建设的全过程。在本阶段，教育培训的任务主要是加深员工对质量保证体系的认识，了解其目标和要求，掌握其步骤和方法。

（5）制定质量方针和目标。

2. 选择要素和展开活动。

（1）现状调查。遵循已制定的质量方针和目标，对本部门服务的全过程、各个方面进行详尽调查，了解现状，发现问题，分析原因，并提出努力和改进的方向。

（2）选择运作要素。质量保证体系是由若干运作要素支撑的。公共部门应在调查的基础上，根据自己所要解决的问题，来确定运作要素。

（3）将要素展开为活动。质量保证体系运作要素只有具体化为各项活动才有实际价值。因而，要根据本部门质量工作规律和选择的运作要素，确定每一项具体活动，并充分发动有关人员参与、支持这些活动，以使质量工作能切实地向前推进。

3. 分解职责和配置资源。

（1）建立健全组织机构。是指根据公共部门现有组织机构的状况，遵循质量活动的要求，对现有组织机构进行适当调整和重新设计。

（2）明确和正确地分解职责。

（3）争取资源和合理配置资源。

4. 编制质量保证体系文件。全面质量管理必须在规范的基础上进行，而规范的表现形式就是文件体系。因而，建设质量保证体系，必须建立起一整套相应的文件体系。这套文件体系主要由四个部分组成：

（1）质量手册。这是质量保证体系文件中的总体性和纲领性的文件，其目的

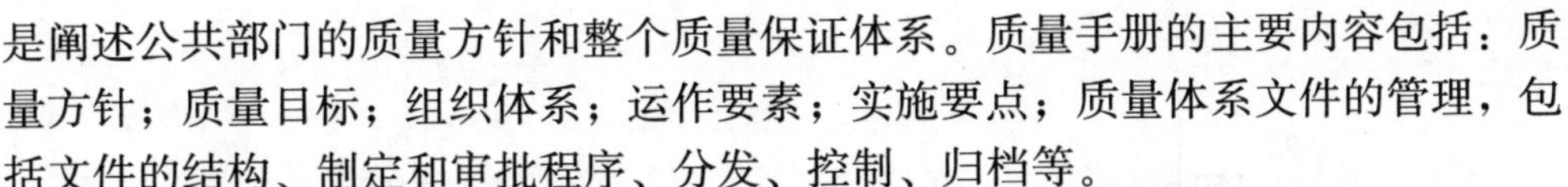

是阐述公共部门的质量方针和整个质量保证体系。质量手册的主要内容包括：质量方针；质量目标；组织体系；运作要素；实施要点；质量体系文件的管理，包括文件的结构、制定和审批程序、分发、控制、归档等。

（2）质量计划。这是针对特定的产品、服务、合同或项目，规定专门的质量实施、资源和活动顺序的文件。

（3）程序。这是有关质量活动的目的、步骤、方式、时间、资源等程序内容的文件。

（4）质量记录。这是为已完成的活动和达到的结果提供客观证据的文件。包括实际服务过程的全部信息，如质量目标达到的程度，顾客的满意程度，质量改进状况，人员的技能和培训，与竞争对手的比较等。

5. 实施质量保证体系。这是质量保证体系建设的关键一步，要注意以下工作要点：

（1）不断组织教育培训，使各级员工掌握质量保证体系文件。

（2）注意随时掌握质量保证体系实施过程中的情况，加强组织协调。

（3）严格对有关程序、方法、条件、过程、产品和服务、记录进行连续监视和验证，以纠正偏离规范的情况。

（4）建立信息闭环管理系统，及时发现并纠正不符合质量保证体系文件要求的情况，并对质量体系文件本身存在的问题进行处理。

（5）组织对质量保证体系的审核与评审。

5.4 相关的技术手段

本节介绍在全面质量管理过程中经常采用的几种技术手段。

5.4.1 巴雷特图

巴雷特图（也叫排列图）是找出影响产品质量问题主要原因的一种方法，其形式如图 5—6 所示。

巴雷特图中有两个纵坐标，一个横坐标，几个直方形和一条曲线。左边纵坐标表示频数（件数、金额等），右边的纵坐标表示频率（以百分比表示）。有时为了方便，也可把两个坐标都画在左边。横坐标表示影响质量的各因素，按影响程度的大小从左至右排列，直方形的高度表示因素影响程度的大小；曲线表示各影响大小的累计百分数，这条曲线称巴雷特曲线。通常把累计百分数分为三类：0～80%为 A 类，是

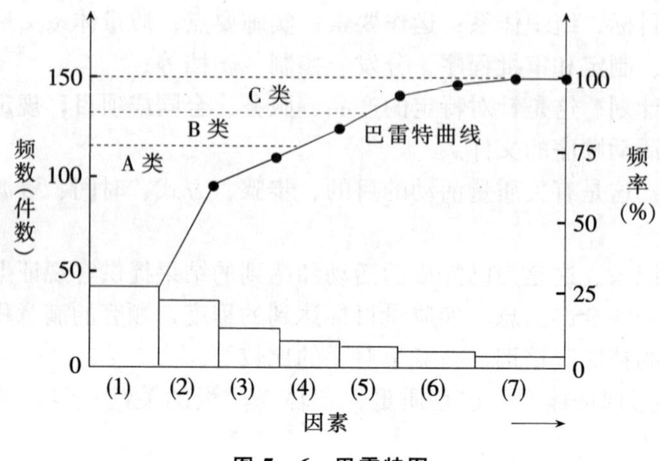

图 5—6 巴雷特图

累计百分数在 80%以内的因素，显然是主要因素；累计百分数在80%～90%之间的因素为 B类，是次要因素；累计百分数在 90%～100%之间的为 C 类，在这一区间的因素是一般因素。例如，某部门发放救济金失误情况如图 5—7 所示。

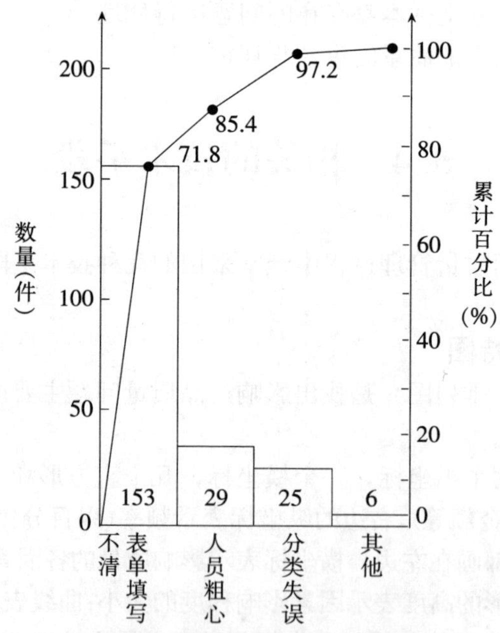

图 5—7 某部门救济金发放失误原因

从图 5—7 中可以看出，“表单填写不清”是救济金发放失误的主要原因，如果解决了这个质量问题，就可以降低失误率 71.8%。

绘制巴雷特图应注意以下事项：

（1）一般来说，主要原因应该列出一至两个，至多不超过三个，否则就失去寻找主要原因的意义了，就要考虑重新进行原因分类。

（2）纵坐标可以用件数、金额或时间来表示，原则是以更好地找到主要原因为目的。

（3）不太重要的项目很多时，横轴会变得很长，通常把这些项目列入其他栏内，因此其他栏总处于最后。

（4）确定了主要因素，采取了相应措施后，为检查效果，还要重新画出巴雷特图。

5.4.2　直方图

这种图形由一系列等宽不等高的表示数据的长方形组成。宽度表示数据间隔的范围，高度表示在给定间隔内数据的数目。各个长方形排在一起，就能显示过程的信息，帮助我们进行过程控制和管理。几种常见的直方图形状如图 5—8 所示。

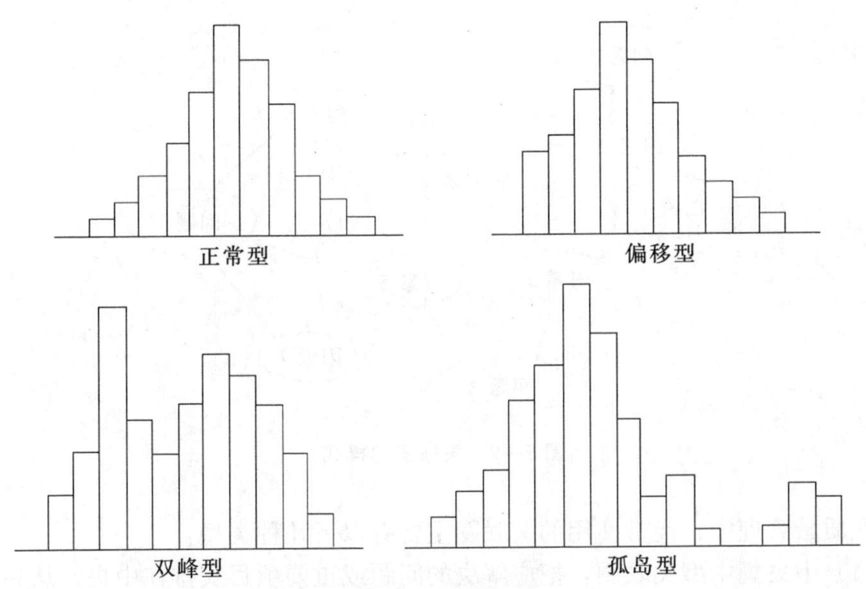

图 5—8　四种常见的直方图

直方图的制作程序如下：（1）收集数据；（2）用最大值减去最小值，确定数据的极差；（3）确定所画直方图组的数目，并以此组数去除极差（第 2 步），得出每组的宽度；（4）按数据值比例画横坐标；（5）按频数值比例画纵坐标（观测值的数目或百分数）；（6）按纵坐标画出每个矩形的高度，这些矩形的高度就代表了落在矩形中的点数，要注意每一个矩形的宽度都是一样的。

5.4.3 关联图

关联图是一种试图解决有着原因—结果、目的—手段等复杂问题的方法。它将若干存在的问题及其因素间的因果关系用箭头连接起来，用以作为解决问题的手段。

关联图的基本结构是，用“○”或“□”标记把问题和有关因素用词汇和语句表示出来，并用箭头表示它们的因果关系。应完成的目标或需解决的问题用“○”或“□”圈起，重点项目和重要因素可用剖面线标出，箭头的方向对于原因—结果型是从原因指向结果，对目的—手段型是从手段指向目的。但为了完成 A 而需要 B 手段或方法时，有时可规定 A 指向 B 更易理解。因此，在绘制关联图时就需要预先在小组内决定箭头的方向和意义。语言的表达原则可由绘图者自由决定，但要简洁准确，至少要使用动词和名词。关联图的样式如图 5—9 所示。

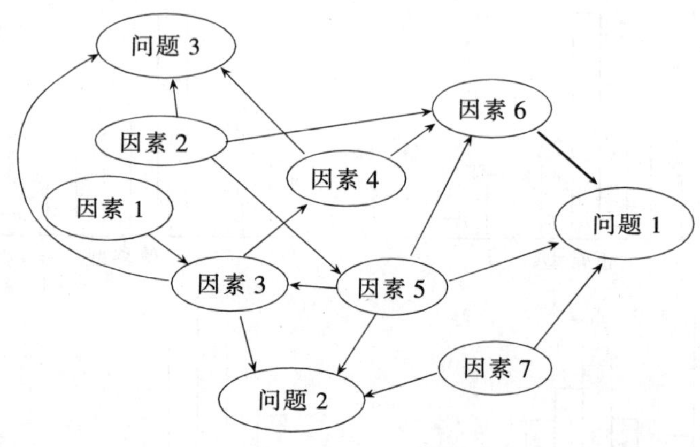

图 5—9 关联图的样式

在质量管理中，经常使用的关联图主要有以下几种类型：

（1）中央集中型关联图：把应解决的问题或重要项目安排在中央，从和它们最近的因素开始，把有关的各因素排列在它的周围（见图 5—10）。

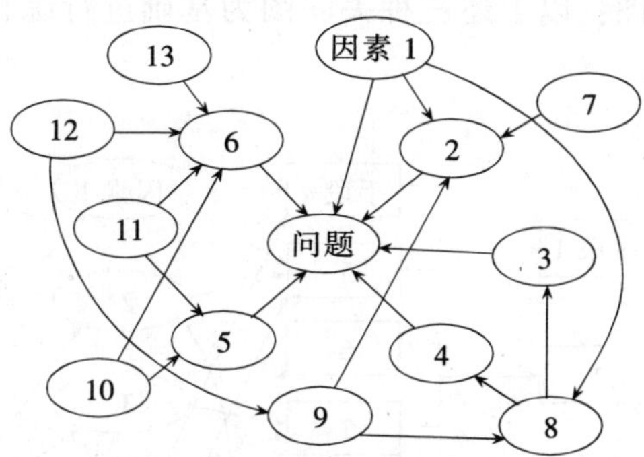

图5—10　中央集中型关联图

（2）单向汇集型关联图：把应解决的问题或重要项目安排在右（或左）侧，按各因素的因果关系尽量从左（或右）向右（或左）侧排列（见图5—11）。

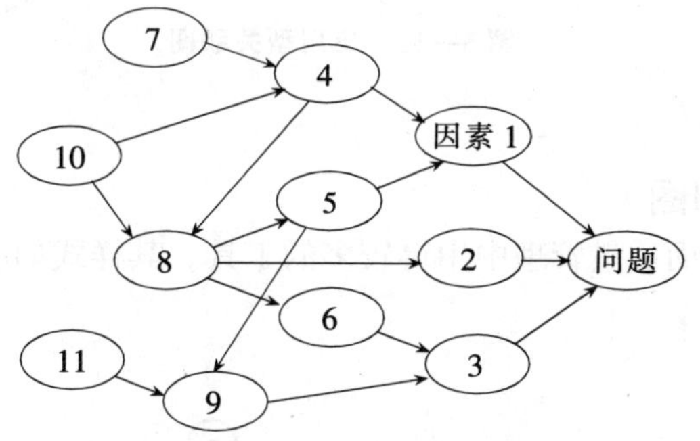

图5—11　单向汇集型关联图

（3）关系表示型关联图：用以表示项目之间或因素之间的因果关系，因此，在排列上比较自由灵活（见图5—12）。

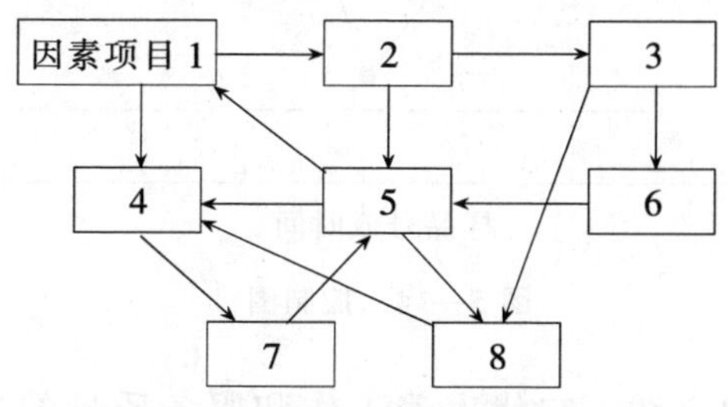

图5—12　关系表示型关联图

(4) 应用型关联图：以上述三种关联图为基础进行综合利用的图形（见图5—13）。

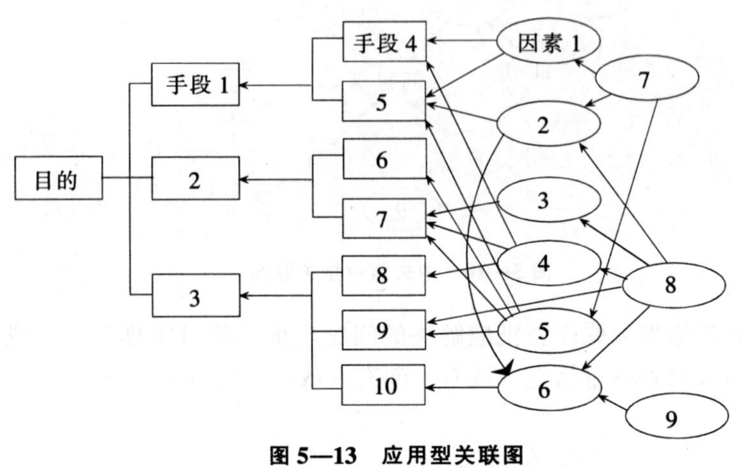

图 5—13　应用型关联图

5.4.4　控制图

控制图是在全面质量管理中用得较多的工具。其样式如图 5—14 所示。

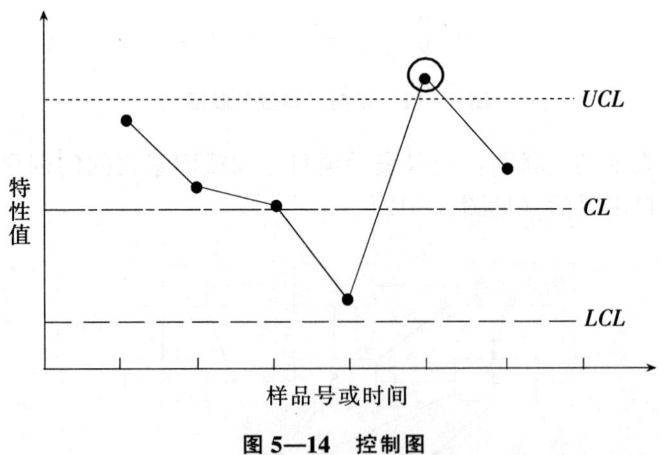

图 5—14　控制图

图中的 *CL* 线为中心线，它代表着工作和服务质量的规范值或理想状态。*UCL* 为上限，*LCL* 为下限。通过调查，将所得数据填入图中。若图中的点超过

了控制界限（*UCL* 或 *LCL*），就有理由认为工作过程出现了偏差，需要采取纠正措施。

绘制控制图的关键在于计算控制界限，而控制界限又和控制类型有关。控制图的绘制程序如下：

（1）选取控制图使用的特性；

（2）选用合适的控制图的种类；

（3）确定分组（项目的小集合，在此内假定波动是仅由偶然原因引起的）、样本大小和抽样间隔；

（4）收集、记录至少 20 组～50 组数据，或使用以前所记录的数据；

（5）计算各组样本的统计量；

（6）根据每组的统计量计算控制界限；

（7）绘制控制图并标出各组的统计量；

（8）研究控制界限之外的点和标明异常（特殊）原因的状态；

（9）决定下一步的行动。

5.4.5　树形图

树形图又称因果分析图、鱼刺图，是指为了寻找产生某种质量问题的原因，采用集思广益的方法，从大到小，由粗到细，寻根究底，并将找到的原因和结果相连而形成的一种图形。

树形图的内容包括：

1. 结果（问题和特性）。它指工作或生产过程中出现的结果或问题，如尺寸超标、纯度不足、不合格品率过高、噪声超过标准等，这些结果和特性有待于改善并得到控制。

2. 原因。它指对结果可能产生影响的因素。

3. 枝干。它表示结果与原因之间的关系，也包括原因与原因之间的关系。最中央为主干，用粗线（或双箭头）表示，从主干两边依次展开的称为大枝、中枝和细枝，用单箭头表示。树形图形状如图 5—15 所示。

绘制树形图应注意：

1. 结果要提得具体；

2. 一个结果作一个因果图；

3. 充分发表意见；

4. 分析出的主要原因应作记号，到现场实地调查后，再确定改进措施。

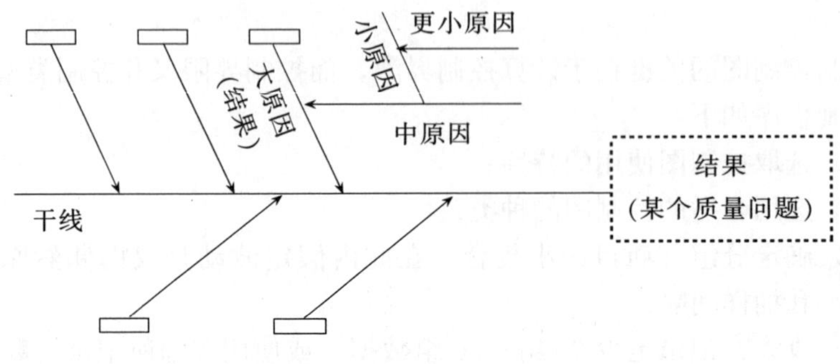

图 5—15　树形图形状

5.4.6　过程决策程序图

过程决策程序图又称 PDPC 图（process decision program chart），是为实现研究开发的目标，在制订计划或进行系统设计时，预测事先可以考虑到的不理想状态或结果，将过程的特性尽可能引向理想状态的一种工具。其样式如图 5—16 所示。

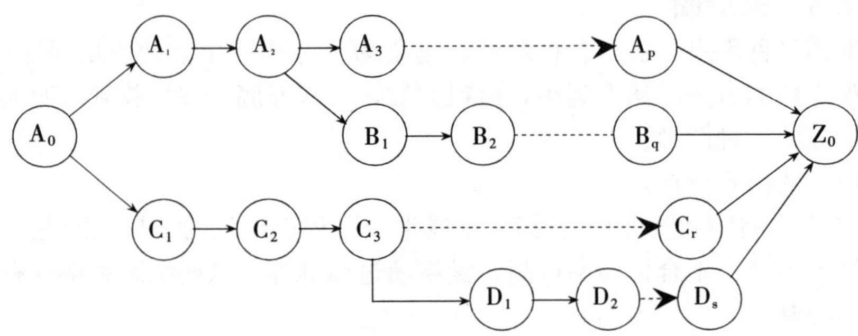

图 5—16　过程决策程序

图 5—16 表示要从目前不合格品率很高的状态 A_0，转变到不合格品率很低的理想状态 Z_0。在第一阶段中，作为从 A_0 达到 Z_0 的手段，可以考虑 A_1，A_2，…，A_p 这样一个序列。如果能这样顺利进行当然最为理想，然而，潜在的质量问题不会那么简单。若召集有关人员讨论，认为在技术上要实现 A_3 是困难的，这时则要考虑在 A_3 行不通的情况下，从 A_2 经 B_1，B_2，…，B_q 这样的序列。如果上述两个序列均无法达到目的，则可考虑将 C_1，C_2，…，C_r 或 C_1，C_2，C_3，…，D_1，D_2，…，D_s 等序列作为达到目的的手段。不能只考虑达到目的的一个手段序列，而要预先考虑能提高目标达成可能性的其他许多手段序列，

以达到良好的目的状态 Z_0。在实施过程中，各序列可以分别按时间进行。另外，在时间紧迫时，也可以考虑几种序列同时并进。在第二阶段，经过一定时间，也许会更加明确经 A_p、B_q、C_r、D_s 达到 Z_0 的各序列的成功可能性存在的问题。根据事态的发展，可能上述所有序列都不能达到目的，这时需考虑增加其他序列，以达到预期目标。

本章小结

本章介绍了服务质量、全面质量管理的概念和特点，介绍了开展全面质量管理的全过程，以及在公共部门开展全面质量管理的方式，探讨了在公共部门建立质量保证体系的方法，以及在公共部门开展全面质量管理时经常使用的主要技术手段的使用方法。

关键术语

质量　　服务质量　　全面质量管理　　质量保证体系　　戴明环

复习思考题

1. 什么是服务质量？如何发现和认定公共部门的服务质量问题？
2. PDCA 循环具有哪些特点？
3. 质量保证体系在全面质量管理中的地位如何？如何建立全面质量保证体系？

阅读材料

通过质量管理，树立部门形象

背景介绍

在树立组织形象、提高服务质量的活动中，公共部门与外界，以及内部工作人员之间的沟通和交流无疑是非常重要的影响因素。为了在部门内形成一种密切合作的风气，培养工作人员的服务积极性，真正让每位工作人员都能心情愉快、努力地去完成自己承担的业务工作，以最终提高服务质量，某单位开展了一场以“树立良好形象”为中心的质量活动。以下是这场活动的报告。

活动课题

为了达到“按群众要求提供服务，使群众更加满意”的服务要求，改变群众的印象。

选定课题的理由

部门内员工沟通不够，不能很好地合作，经常发生小的摩擦和冲突；与群众间也未能很好地相互了解。在一次民意调查中，群众说这个单位“门难进，脸难看，事难办”。工作人员精神不振，缺乏努力进取的精神风貌。

掌握现状

部门的 QC 小组采用了在单位内征询意见的方法，就“印象”、“电话对话”、“打招呼”、“使用语言”四个方面的服务情况采集数据，按“好”、“较好”、“一般”、“较差”、“差”这样五种服务档次进行评价，结果见表 5—4。对现状的评价结果如图 5—17。

表 5—4　　改进前组织内征询意见情况表

		好	较好	一般	较差	差	合计
印象	A	24	14	50	17	5	110
	B	2	9	38	17	6	72
电话对话	A	11	18	27	15	6	77
	B	15	12	35	13	5	80
打招呼	A	20	14	27	15	5	81
	B	16	14	27	17	5	79
使用语言	A	9	7	44	17	4	81
	B	4	7	26	26	19	82
合计		101	95	274	137	55	662

设定目标

要做到起码没有“一般”以下的情况，目标是把所有“一般”以下的都提高到“一般”以上。

分析原因

将“印象差”作为一个问题绘制出因果分析图则如图 5—18 所示。

从这一因果分析图中可清楚地看到，之所以会给群众留下“坏印象”，是因为群众已进到了办公室，工作人员却忙于处理其他事务，没有及时发现来办事的

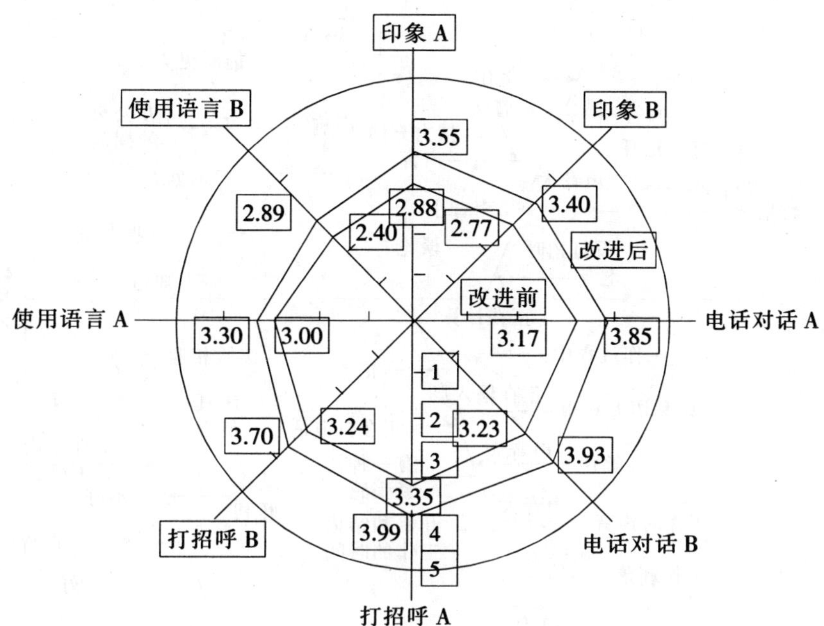

图 5—17 现状评价情况图

群众，因此也就没有理睬（当然，也不排除工作人员以其他工作为借口而故意不理睬前来办事的群众的情况）；与群众打招呼时声音过小，群众根本没听见；心情不太好，导致态度差；缺乏紧张感，所以打电话或工作人员之间窃窃私语，声音和笑声太大；态度随便，以外号或群众外貌特征作为群众的名字来称呼他们，显得不尊重人等等许多原因，也会给群众留下不好的印象。

对 策

为消除上面所列举的各类琐碎问题所造成的漏洞，改进接待群众时的服务质量，采取由大家一起来改变已养成的各种不良习惯的对策。

采取各种对策是理所当然的，这些理所当然的对策也是最重要的：

(1) 安装办公室标志牌和其他有关标志。

(2) 每天上班前 5 分钟（7：55）全体工作人员集合，由单位领导亲自带领大家共同背诵五条礼貌用语。这五条用语是："您好！""请问您有什么事情？""谢谢！""对不起，让您久等了！""再见！"

(3) 决定全员执行以下计划：

第一，称呼上级领导时，称呼组长、副科长、科长、副所长、所长等职务；

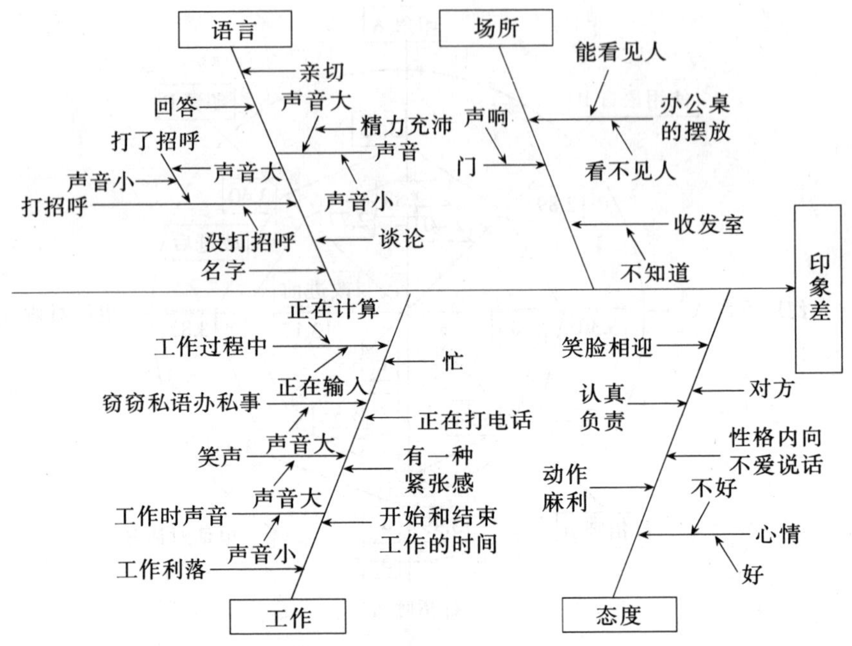

图 5—18　关于印象差问题因果分析图

而称呼同事名字时，一定称呼其姓。如果违反这一规定，每次罚款 10 元。

第二，早晨、中午上班前 5 分钟集合，到开始工作时间就立即开始工作。如果违反这一规定，每次罚款 5 元。

第三，设计并配备传达记录用的笔记本。

第四，收发室的位置要非常醒目，使群众一看就知道（收发室的办公桌要固定，计数器上不要放东西）。

(4) 工作人员要做到以下几点：

第一，禁止窃窃私语、办私事；积极开展工作，不大声嬉笑。

第二，接待群众的态度不因群众的身份而改变，无论对什么人都热情接待，笑脸相迎。

第三，即使忙，也一定要笑脸相迎。

第四，动作麻利。

第五，对待群众提问要耐心、诚恳地回答。即使不是自己职责范围内的问题，也要尽量解答，或负责找到相关的责任人，由其进行解答。

此外，还要在 QC 小组内传阅“办公态度心得”和参加“讲话方法课程”的

学习等。

效 果

正如从表5—5和图5—19所看到的那样，改进后的圆圈要比改进前明显增大，但并未达到理想水平。

表5—5　　改进后组织内征询意见情况表

		好	较好	一般	较差	差	合计
印象	A	14	18	29	3	3	67
	B	11	11	29	4	2	57
电话对话	A	15	27	14	5	0	61
	B	26	10	20	5	0	61
打招呼	A	27	16	17	5	1	66
	B	22	17	16	7	4	66
使用语言	A	12	14	25	8	5	64
	B	7	8	27	15	7	64
合计		134	121	177	52	22	506

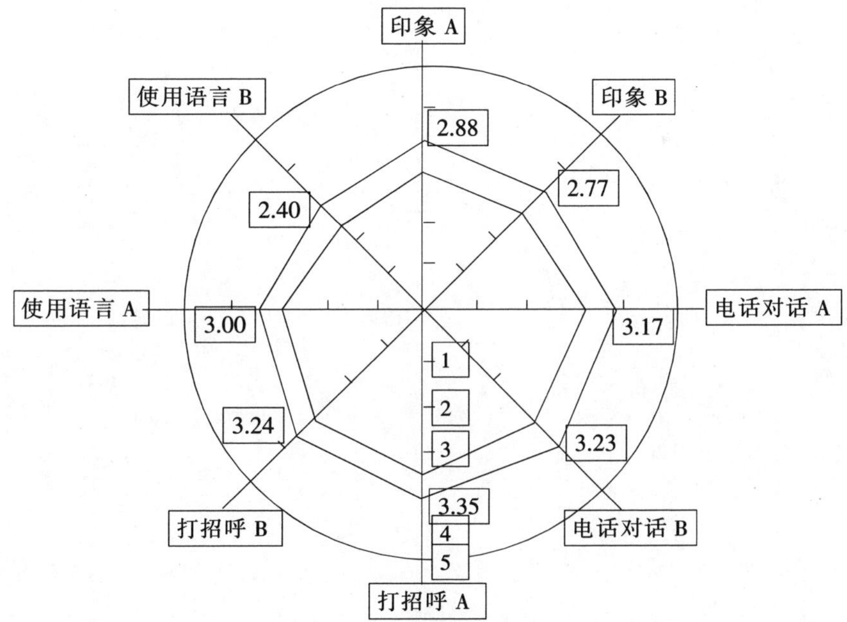

图5—19　改进后的效果

标准化对策

以下几点被列为标准化的重点：

（1）彻底贯彻执行打招呼时的五条用语；

（2）增设意见箱，请群众提出自己的意见并发表自己的看法；

（3）继续执行每月召开一次全体工作人员大会的制度（月末的前一天中午休息时在第一会议室召开）。

思考题

1. 你认为案例中选择的质量改进课题、改进措施和标准化对策合理吗？如何才能使该部门的服务质量达到理想的效果？

2. 你认为改变公共部门内打招呼的习惯可取吗？难度如何？

第 6 章

网络计划方法

开章案例

网络计划方法是计划评审技术（program evaluation and review technique，PERT）和关键路径法（critical path method，CPM）等有关技术的统称。因为这些方法都是建立在网络模型的基础上，所以统称网络计划方法。它来源于国家大型工程项目的计划管理，可用于政府及公共部门的管理之中，如政府在对救灾物资运输的指挥工作中，可以通过运用网络计划方法，使救灾物资迅速运抵救灾地点。政府派出的几组检查团去各地检查工作，也可以用网络计划方法，进行妥善安排，提高工作效率，等等。

运用网络计划方法比较成功的案例有很多。例如，20 世纪 50 年代后期，美国海军武器部门研制北极星导弹潜艇，当时参加承包与转包该项科研攻关任务的厂商达 1 万多家，把这 1 万多家厂商组织起来协调地进行工作，有条不紊地如期完成计划，确实是一项十分复杂、细致的工作，非一般计划方法所能完成。但采用了网络计划方法后，不但有效地进行了计划控制，而且还提前两年完成了任务。

我国于1963年首先推广和应用了网络计划方法，并在科研开发、工程建设、计划管理中取得了很好的效果。网络计划方法的实际应用表明，它是一种十分有效的科学管理方法。现在，网络计划方法不仅广泛应用于时间进度的安排上，而且也应用在资源的分配和费用的优化等方面。这种方法特别适用于大型科研、生产或工程项目，例如新产品的研制、项目开发、建筑施工、人力物力资源配置、长远发展规划制定等。越是复杂、头绪众多、协调频繁、时间紧迫的任务，使用网络计划方法的效果就越显著。

6.1 网络计划方法及其在管理中的作用

6.1.1 网络计划方法的含义

网络计划方法，是指应用网络图全面反映整个工作的流程，以及计划内各项工作之间的相互关系和进度，通过时间参数的计算，找出关键线路与机动时间，以对计划进行优化的一种科学管理方法。它是关键线路法和计划评审法的综合。①

20世纪50年代以前，在计划工作中，广泛地应用横道图（横道图是由美国人H. F. 甘特发明的，故又称甘特图）来反映和制订计划，图6—1就是一个电影放映计划的横道图。由图看出，编制横道图计划的方法，是将生产或工作任务的组成工序，按照完成任务的顺序和时间，画在一张具有时间坐标的表格上，并用带状线条表示完成各个工序的起始时间、结束时间和延续时间。这种横道图，清楚地表明了总工期和各个工序的进度安排，对提高管理工作水平，从而促进生产的发展和行政效能的提高，起到了重要作用。但从实例中也可以看出，这种计划方法有很大的局限性，因为它把计划中的各项工作看成是孤立、静止的工作，而不是把计划看成一个有机的整体。因此，横道图不能表明各项工作（或工序）之间错综复杂、相互联系、相互制约的关系，因而也就分不清关键环节和非关键环节，难以通过图表找出缩短工程和工作周期、合理利用资源、降低成本和提高效能的最优方案。这种局限性在庞大复杂的计划中表现得尤为突出。因此，随着生产技术的迅速发展，工程规模不断扩大，管理工作日益复杂，横道图越来越不适应计划工作的要求。就是在这种情况下，网络计划方法便应运而生。1956年美国杜邦公司在制定协调企业不同业务部门的系统规划时，首次运用网络方法制订了

① 参见许文惠、齐明山、张成福主编：《行政管理学》，326页，北京，人民出版社，1997。

第一套网络计划，1958 年美国海军武器局在制订研制“北极星”导弹计划时，同样应用了网络计划方法。此后，美国和其他国家在许多领域（包括公共管理领域）中都应用了这种方法，并取得了较高的经济效益和社会效益。

1965 年我国开始应用和推广这种方法，并根据其主要特点——统筹安排，把它称为统筹方法（由我国著名数学家华罗庚教授提出），取得了显著的经济效益和社会效益。近年来，网络计划方法受到越来越广泛的重视，它在科研、军事、生产、管理等方面的应用不断扩大。

6.1.2　横道图（甘特图）与网络图

说明：有一部影片，分上、下两集，在 A、B 两个影院交替放映，A、B 两影院分别由甲、乙两个单位包场，中间有一传片人。放映顺序是先 A 影院，后 B 影院。甲、乙两单位到达影院的时间均为 30 分钟，放映上、下集各需 50 分钟，由甲影院至乙影院传片需 40 分钟（见图 6—1）。

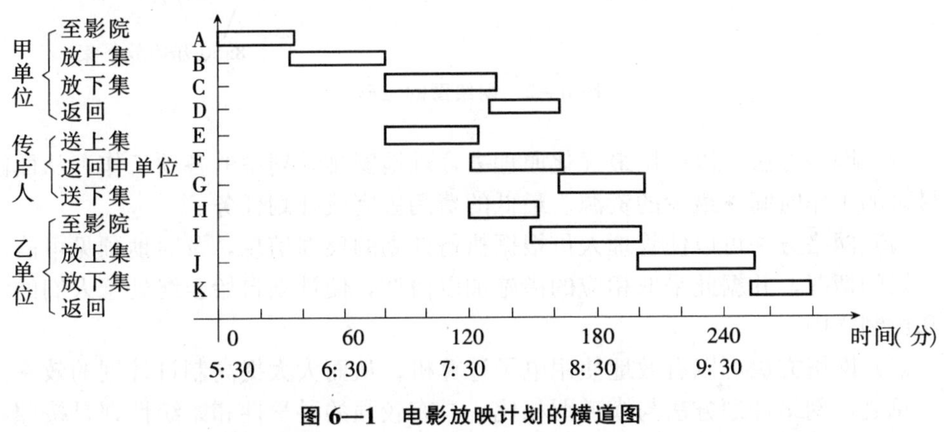

图 6—1　电影放映计划的横道图

6.1.3　网络图的优点

图 6—2 是对应于图 6—1 的网络图的雏形，它和横道图相比，具有如下优点：

(1) 网络图是一种用直观图形表示的，有逻辑和数学根据的计划模型。这种模型能完整地揭示一项计划所包含的全部工作以及工作之间的相互关系，因而有助于区分各个执行者的职责并能有效避免遗漏那些为完成整个计划所必须完成的工作。

（2）网络方法以数量关系科学地揭示出整个计划中的关键线路（如图 6—2 中画实线的部分），从而可使工作人员不把精力浪费在那些对及时完成整个计划影响不突出的非关键工作上，而把主要精力放在关键工作上。

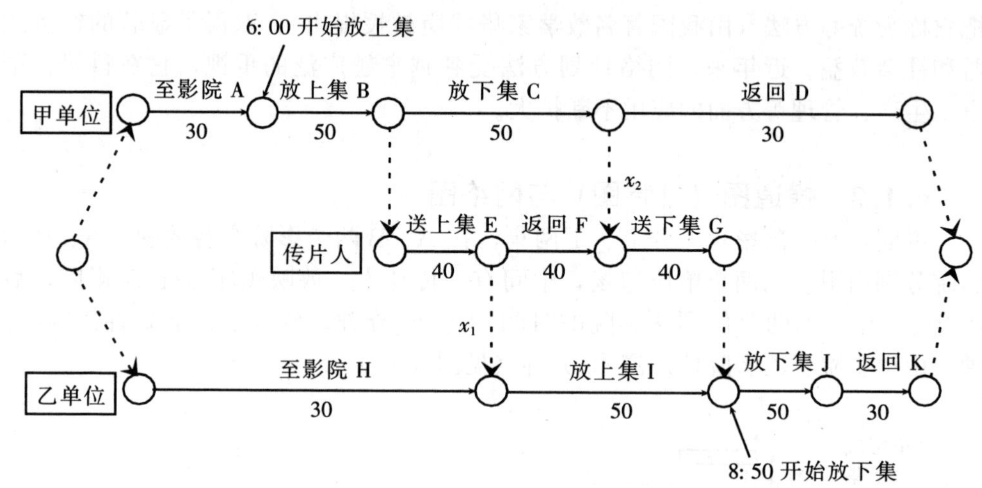

图 6—2　网络图的雏形

（3）网络方法可以应用最优化原理去合理地安排计划中的各项工作，从而能以最短的工作时间、最少的资源、最低的费用去完成计划任务。

（4）网络方法可以使管理人员根据执行计划的反馈信息，及时地预见可能偏离计划的情况，并据此采取相应的措施加以协调，使计划自始至终处于人们的监督和控制之中。

（5）网络方法可以有效地使用电子计算机，从而大大提高制订计划的效率。

总之，网络计划方法与横道图相比，具有较强的科学性和系统性，是按照系统方法的原则来安排计划的，因而能够使计划工作做到统筹兼顾、全面安排，所以是一种科学的计划管理方法。这种方法一经问世，就被迅速而广泛地应用到各个部门，取得了显著的经济效益。

6.1.4　网络计划方法的作用

网络计划方法在公共管理中的应用，可以大大提高管理工作的效能。运用网络计划方法可以使管理的对象和要素处于严格的科学管理之中，有效地提高管理的工作效率。如救灾物资的运输，当各路运输队伍必须通过某座桥梁或道路时，只有运用网络计划方法，才能实现最佳的指挥，使救灾物资以最短的时间运抵救灾地点。在城市交通道路的规划和城市交通管理方面，网络计划方法对提高管理的效率，并减少交通拥堵和交通事故的发生也都有重要的作用。网络方法也可以应用在管理工作评审活动中，可以评审管理工作的方案中哪个是最优方案，可以评审管理工作对情况变化的应变能力，还可以评审管理工作对人力、物力、财力和时间的合理利用情况等，在此基础上可以总结经验教训，改进工作。所以，它是搞好管理工作的有力工具。

大量的应用实践，使人们逐步体会到网络计划技术的如下作用：

(1) 它能够形象地把整个计划用一张网络图的形式表示出来，而图 6—2 中的单元是构成整体任务的分项任务或基本的工序活动。

(2) 从网络图上可以直观地看出工序与工序之间的先后顺序与制约依赖关系。

(3) 经过计算可以找出自始至终对完成期限有关键性影响的工序活动，即关键工序；当某一工序活动提前或推迟完成时，能够预见到它对工程任务完工期的影响程度；通过利用非关键工序的时差，可以更好地调动人力、物力，即“向关键工序要时间，向非关键工序要资源”。

(4) 计划的优劣容易比较，容易沟通计划制订者的意图和思想，经过多个方案的比较分析，便于选出最佳实施方案，使计划处于优化状态。

(5) 在执行过程中,可根据外界条件的变化及各工序活动实际完成情况加以调整,保证自始至终对计划进行有效的控制与监督，使整个工程任务按期或提前完成。

(6) 可与成本、资源一并加以统筹安排，即可把进度控制与成本控制、合理利用资源综合起来考虑。

(7) 可以容纳、结合其他有关现代管理方法和传统有效方法共同为提高工程效益服务。

(8) 这种计划方法由于具有模型性，因此为电子计算机的使用提供了条件，从画图、计算、静态优化到动态调整都可由计算机完成，这样就大大地提高了计划的准确性、及时性。

(9) 网络计划的编制过程是深入调查研究，对工程任务对象进行认真分析综合的过程，因此有利于克服计划编制工作中的主观盲目性。

(10) 编制网络计划需要各种定额资料和统计资料，因此有利于推动使用单位加强基础工作的配套建设。

(11) 计划的层次清晰，要求明确，责任分明，有利于贯彻各级岗位责任制，使工作效率充分发挥。同时还能使全体人员了解任务的全局，领会总的部署要求，这样就便于统一思想、统一步调，为一个共同的目标而奋斗。

6.2 网络图的绘制

6.2.1 网络图及其基本概念

网络图是用一系列箭线和圆圈来表明一项任务或工程中所有工作的先后顺序和相互关系的网状图解模型。

网络图是网络计划的基础。它非常清楚地揭示了一项计划所包含的全部工作及其相互关系。

1. 工程（任务）。它是一个广义的概念，它既可代表一项工业工程或建筑工程，也可以代表一项社会管理工程或公共管理任务，即需要进行计划的一个系统。

2. 工序（工作）。它是组成工程的基本要素之一，这里指的行政任务的工作单元，不仅是一项独立的有具体活动内容的过程，还是一项不能再进一步分解的工作单元，需要一定的人力、财力、物力，经过一定时间才能完成。此外，组成工程的这些工序之间有严格的逻辑关系。

在网络图中，以实箭线（→）表示工序的活动过程，箭尾表示工序活动的开始，用符号 i 表示；箭头表示工序活动的完成，用符号 j 表示，i、j 分别代表不同数字，j 必须大于 i（$j>i$）。

在不带有时间坐标的网络图中，箭线的长短与工序所需时间的长短无关，即箭线的长短可以是任意的。但在带有时间坐标的网络图中，箭线的长短必须按时间坐标的比例绘制。

在网络图中，一般在箭线的上面标上工序活动的名称或代号，在箭线的下面标上工序活动所需要的时间（如图 6—3 所示）。

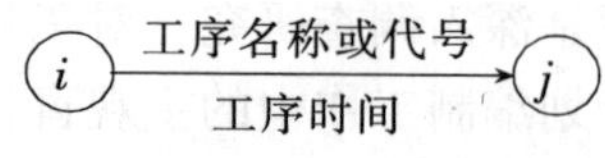

图 6—3 工序表示法

图 6—4（a）箭线上面为名称，图 6—4（b）箭线上面为代号。

任何一项工程都是由若干道工序组成，把表示各道工序的多条箭线，按照工程的时间顺序，从左至右，有逻辑性地排列起来，就可以组成一个网络图，在相邻工序交接处画一圆圈，表示工序的分界点，称为结点（事项、事件）。给每个

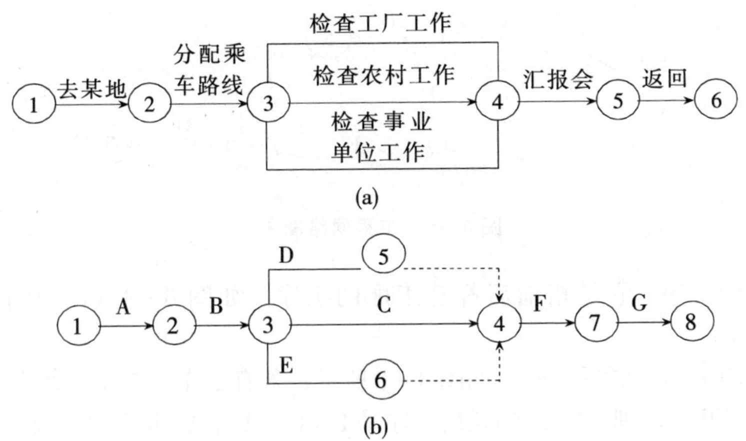

图 6—4　工序名称表示法和代号表示法

结点编上顺序号。连接箭尾的结点表示工序的开始，连接箭头的结点表示工序的完成。

在网络图上除了有实箭线外，还经常出现虚箭线，又叫零箭线，它表示工序时间为零的一种活动。它既不消耗任何资源，也不消耗时间，因此也没有活动名称，它只是说明工序活动之间的逻辑关系，指明工序活动的前进方向。图 6—4 所示的网络图为：一检查团去某市检查工作，分为三个组：一组去工厂、一组去农村、一组去事业单位，检查工作后，集中起来汇报情况，达到了检查要求，返回原地。在这里有两个网络图，图 6—4（a）和图 6—4（b）。这两个网络图中图 6—4（b）是正确的，图 6—4（a）是错误的。因为图 6—4（a）没能把检查工厂工作、检查农村工作、检查事业单位工作三者区分开来，而当成一个工序同时完成（三个工序的始点和终点是一个），这是不可能的。只有如图 6—4（b）中应用了虚箭线，使三个工序与三个结点④⑤⑥相连，而且用虚箭线使 D、E 工序与④结点相连，说明三个工序可以同时进行，但不同时结束，终点不同，将三者区分开来了。在应用虚箭线时，要注意不能随意引入，特别要注意不要弄错虚箭线方向。图 6—5 为某工程的网络图，虚箭线 H 表示 E 工序必须在 C 工序完成后进行，若 H 虚箭线方向画反了，则变成 D 工序必须在 B 工序完成后才能进行，就完全错了。

根据工序在网络图上的位置关系不同，工序可分为中间工序、紧前工序、紧后工序、平行工序（并联工序）、交叉工序、串联工序等。

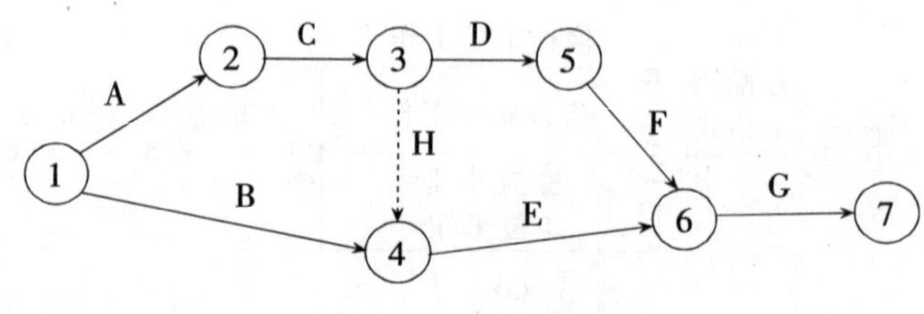

图 6—5　工程网络图

(1) 中间工序。它是指前后都有工序的工序。如图 6—4（b）中的 B、C、D、E、F 工序。

(2) 紧前工序与紧后工序。如图 6—6 所示，若有工序 B 与 C，都需要在工序 A 完工后才能开工，则工序 A 的紧后工序是 B、C，工序 B 和 C 的紧前工序是 A。

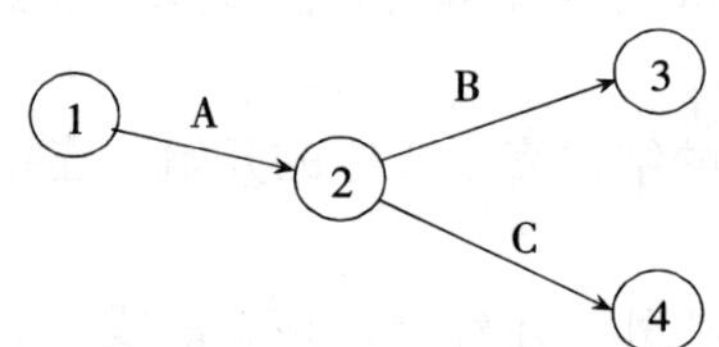

图 6—6　紧前工序与紧后工序

(3) 平行工序（又称并联工序）。它是指同时并行的工序，图 6—4（b）中的 D、C、E 三种工序即为平行工序，它们是为了加快工程进度，可以同时进行的工序，但它们的开始时间、结束时间和工序进行时间都不一定相同。

(4) 交叉工序。它是指紧前工序的后面部分与紧后工序同时进行的工序，例如：某三个人分别办理其各自的一个项目的审批手续，其共同点都需要经过 A、B 两个部门审批，即都需要通过 A、B 两个工序，这有两种可供选择的方法，一种方法是在第一个部门（A 工序）三个人的项目全部审批完，再转入第二个部门（B 工序）审批，其网络图如图 6—7（a）所示。另一种方法是采用交叉工序，即在第一个部门（A 工序）审批完第一个人的项目后，即转入第二个部门进行审批，而不是等待第一个部门（为第二个部门的紧前工序）全部审批完三个项目后再转入第二个部门（为第一个部门的紧后工序），也就是将工序 A 分为 A_1、A_2、A_3，工序 B 分为 B_1、B_2，B_3，其网络图见图 6—7（b），虚箭线表示紧前工序的后面部分与紧后工序的前面部分同时进行。

由此可以看出，这种方法用在需要较长时间才能完成的相邻几道工序上，可

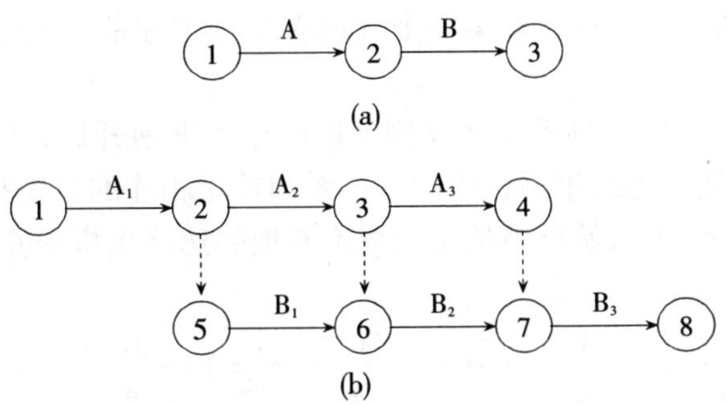

图 6—7　交叉工序

大大缩短工程周期。

(5) 串联工序。它是指首尾相连的工序。

3. 事项（又称结点、事件）。它表示工序的开工或完工，是相邻工序在时间上的分界点，用注有编号的结点表示，也就是两个或两个以上箭线的交结点。

在网络图中，每一道工序箭线的两端有两个事项，如图 6—4（b）中检查工厂工作工序的两个事项为③和⑤，整个网络图又有一个始点事项①和终点事项⑧，等等。

根据事项在网络图中的位置，可以把事项分为：始点事项、终点事项和中间事项。

(1) 始点事项（又称总开工事项）。它是网络图的开始事项。在始点事项发生之前，其他工序不能开始。也称网络始点。一项工程的网络图中只有而且必须有一个始点事项，如图 6—4（b）中的①即为始点事项。

(2) 终点事项（又称结束事项）。它是网络图的最后一个事项。在一切指向它的工序完成以前，终点事项不能发生。也称网络终点。一项工程的网络图，只有而且必须有一个终点事项，如图 6—4（b）中的⑧即为终点事项。

(3) 中间事项。在网络图中，除去始点事项和终点事项以外的其他事项，均称为中间事项。中间事项对它前面的工序来说是结束事项；而对其后接工序来说又是开始事项。如图 6—4（b）中的事项②对于 A 工序来说，它是结束事项，但对于 B 工序来说，它又是开始事项。

所以，中间事项又可以分为开始事项和结束事项，所谓开始事项是指在网络图中，标志着一个（或多个）工序开始的事项，即与某一个（或多个）工序箭尾相连接的事项。其编号用 i 表示。所谓结束事项是指在网络图中，标志着一个（或多个）工序结束的事项，即某一个（或多个）工序箭头所指的事项。其编号用 j 表示。

4. 线路（或路线）。线路是指从网络图的始点事项开始，顺着箭头所指的方向，连续不断地到达终点事项，中间由一系列首尾相连的事项和箭线所组成的通道。如图 6—8 所示，从始点事项①连续不断地到达终点事项⑥的各条线路是：

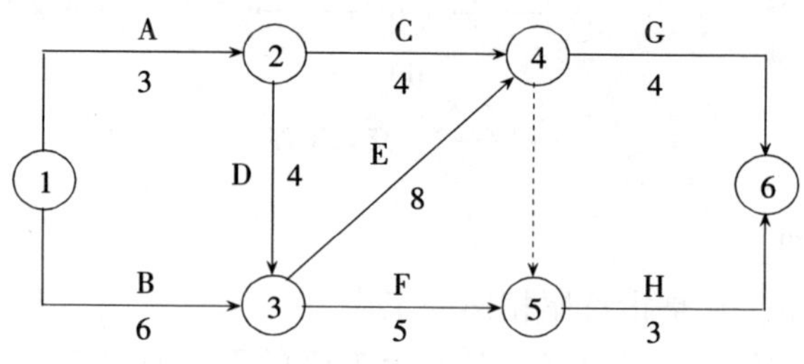

图 6—8　线路图

（1）①→②→④→⑥。

（2）①→②→③→④→⑥。

（3）①→②→③→④→⑤→⑥。

（4）①→③→④→⑥。

（5）①→③→④→⑤→⑥。

（6）①→③→⑤→⑥。

（7）①→②→③→⑤→⑥。

各条线路所需时间就是对应线路上各工序时间之和，称作路长。各线路的路长分别是：

（1）3＋4＋4＝11。

（2）3＋4＋8＋4＝19。

（3）3＋4＋8＋0＋3＝18。

（4）6＋8＋4＝18。

（5）6＋8＋0＋3＝17。

（6）6＋5＋3＝14。

（7）3＋4＋5＋3＝15。

比较上述各条线路的路长，从始点事项到终点事项的线路中，至少可以找到一条所需时间最长的线路，该条线路叫关键线路即主要矛盾线，如第二条线路。

位于关键线路上的工序称为关键工序。这些工序完成的快慢与否，直接影响着整个工程的完成。

6.2.2　工序间基本相互关系的方式及其表示方法

1. 网络图中工序间的相互关系方式及性质。工序间的相互关系是多种多样的，但均可分解为一些基本的相互关系方式。

这里介绍六种基本的相互关系方式及其表示方法。

基本相互关系方式见图 6—9：

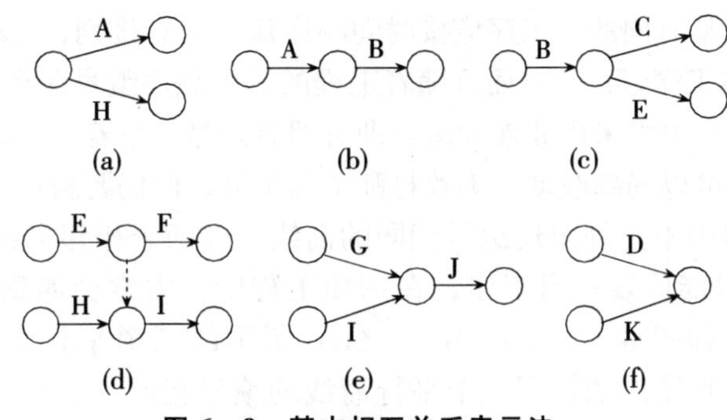

图 6—9　基本相互关系表示法

(1) 工序 A、H 均是工程的第一道工序；

(2) 工序 B 的开始取决于 A 的结束；

(3) 工序 C、E 的开始依赖于 B 的结束；

(4) 工序 F 在 E 结束后开始，工序 I 须待工序 E、H 都结束后方可开始；

(5) 工序 J 要等 G、I 都结束后才可开始；

(6) 工序 D、K 均是同一个工程的最后一道工序。

2. 逻辑关系与组织关系。在网络图中工序间相互关系的性质可分为逻辑关系和组织关系两种：逻辑关系是指工序之间存在的客观的、固有的、不能随意改变的内在关系，而组织关系则是指由人们的主观能动作用决定的可以改变的相互关系。

例如，放映电影只有放映了上集才能放映下集，这是不能随意改变的，这是逻辑关系［如图 6—9 (b)］，但究竟是甲影院先放映还是乙影院先放映是可以改变的，这是组织关系［如图 6—9 (a)］。又如要办培训班，只有有了教师，有了办学地点才能通知学员来报到，这是不能随意改变的，这是逻辑关系。但是，是先请教师还是先找办学地点，或者同时进行，这是可以由人们主观能动作用决定的，是可以改变的，这是组织关系。

由此可以看出，找出工序间的逻辑关系是建立网络图的基本条件，只有在确定逻辑关系后才能处理组织关系，由于逻辑关系是确定的，在逻辑关系确定之后，网络计划的质量如何，相当程度上取决于组织关系处理得如何，也就是主观的决断水平如何；而进行主观决断时，主要应考虑效果、时间、资源、人力等因素。

6.2.3 绘制网络图的规则与方法

1. 绘制网络图应遵循的原则。

（1）网络图是有向的。工序应按时间顺序从左向右排列，一支箭线及其相关事项 $i \sim j$ 代表一道工序，且 $i<j$，而且随着工程的进度顺序编号逐次增大，终点事项的顺序号最大。编号也可采用非连续编号即可留有余号，空着几个跳着排序，这样当事项有增减时，可以局部改动，不致打乱全部编号，但仍要满足 $j>i$ 的要求。

（2）网络图中不允许出现编号相同的箭线。在两个相邻事项之间只能有一条箭线，即 $i \sim j$ 只能代表一道工序，在一项工程中，常常会遇到有相同的开始事项的平行工序，如图 6—4（a）、6—4（b）所示的三道平行工序同时进行，图 6—4（a)的画法是错误的，因三个平行箭线的编号相同。图 6—4（b）引入虚箭线以后是正确的，相同的开始事项，不同的结束事项。

（3）任何一项工程的网络图中只能有一个始点事项和一个终点事项。例如图 6—7（b）中的始点事项和终点事项分别是①和⑧。凡在工程中没有紧前工序的工序应统一由始点事项引出，没有紧后工序的工序应统一进入终点事项。

（4）在网络图中不允许存在无事项的箭线。也就是说，箭线必须从一个事项开始，到另一个事项结束，其首尾都应有事项，既不能出现缺口（如图 6—10 所示），也不允许从一支箭线的中间引出另一条箭线（如图 6—11 所示）。应如图 6—7（a）所示采用交叉工序。

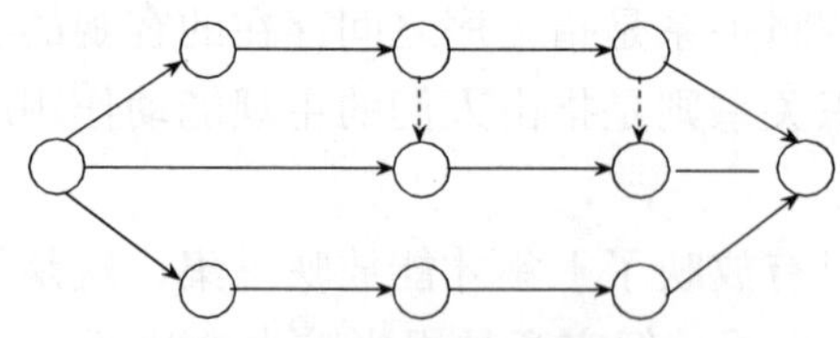

图 6—10 箭线缺口图

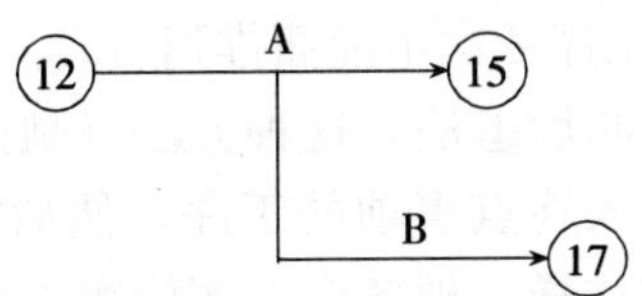

图 6—11　箭线引出图

(5) 网络图中不能有回路。也就是说，不可以有循环现象，否则将造成逻辑上的错误，使这些工序永远达不到终点。如图 6—12 中出现了回路，工序流程出现了循环，如照这样的图施工，工程永远不能完工。

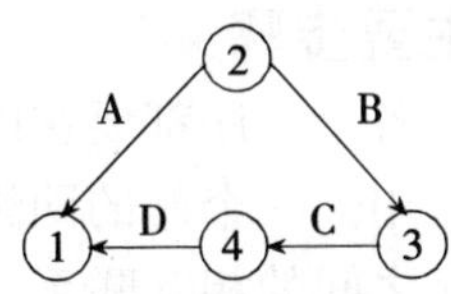

图 6—12　网络回路

(6) 箭线要尽量用水平线或具有一段水平线的折线。为了使网络图绘制清楚并便于在图上填写有关时间参数，箭线应尽量用水平线或具有一段水平线的折线。尽量不画或少画交叉线。在无法避免交叉线时，交叉线也可直接通过，但最好用暗桥表示（如图 6—13 所示）。当一个事项引出的箭线或流入的箭线较多而显得过于密集时，可以用一条“母线”与各箭线相连（如图 6—14 所示）。

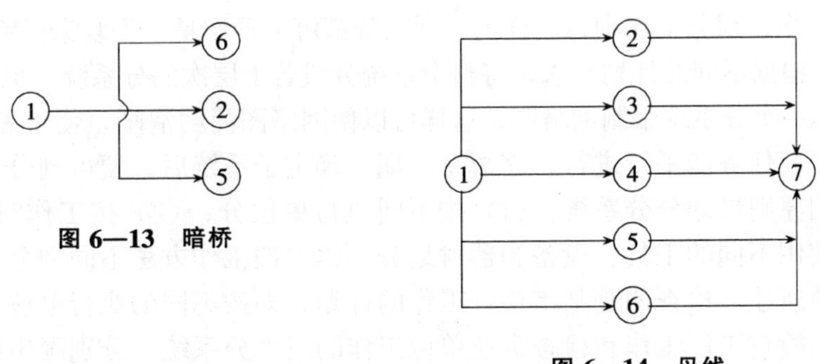

图 6—13　暗桥

图 6—14　母线

2. 绘制网络图的基本方法。绘制网络图的方法，一般有顺推法、逆推法、重点工序法三种。

(1) 顺推法。顺推法又叫前进法。顺推法绘制网络图就是从始点事项开始，首先确定由始点事项开始的工序，然后根据工序之间的衔接关系，确定每个工序的紧后工序。这样，把各个工序依次由前面排到后面，一直排到终点事项为止。

（2）逆推法。逆推法又叫后退法，这种方法与顺推法正好相反。它是从终点事项开始，首先确定直接进入终点事项的工序，然后根据工序之间的衔接关系，确定每个工序的紧前工序，这样，把各个工序依次由后面排到前面，一直排到始点事项为止。

（3）重点工序法。从最重要的工序排起，考虑哪些工序放在它的前面，哪些工序放在它的后面，按各工序的相互关系来安排。

应用上述三种方法绘制网络图的结果是相同的，一般多应用第一种方法。

6.2.4 绘制网络图的主要步骤

网络图是网络计划的基础，各个工序都要在网络图上进行规划和调整，因此只有正确地绘制，才能正确地运用。一个好的网络图能准确地反映出整个计划的各个事项、工序以及事项和工序之间的相互联系、相互制约的关系。为了达到上述要求，绘制网络图大致可按以下步骤进行：

第一步，确定目标。网络图的建立应从确定目标开始，即行政单位决定什么任务要应用网络计划，要达到的预定目标，应采取哪些技术组织措施来保证预定目标的实现等。

第二步，搜集、研究编制网络图所需的资料，一般分两步完成。一是根据计划的来源广泛搜集编制网络图所需的资料，二是对有关资料进行现场调查研究工作。

第三步，划分工序项目。任何一项工程都可以看作是一个复杂的系统，因此，首先可以根据不同的计划要求，将整个系统分成若干层次的分系统（也叫子系统），然后对每一个分系统编制网络图，这样可以使网络图简明清晰，便于编制和控制，同时可以使任务能平行进行，缩短总工期。确定子系统后，便可划分工序。一般可按下列原则来划分分系统：（1）按不同执行单位分；（2）按工作时间先后分；（3）按使用不同的工具、设备和器材划分；（4）按工作方法不同划分。

如前所述，检查团赴某市检查工作的计划，即按不同的执行单位分为检查农村工作、检查工厂工作和检查事业单位工作的三个分系统，分别画出各分系统的网络图，合并起来就是总的网络图。

第四步，确定每一个工序的时间定额或劳动定额。

第五步，确定工序间的相互关系，也就是确定该工序的紧前工序、紧后工序和平行、交叉工序等。

确定工序间的相互关系，应按先逻辑关系后组织关系的顺序进行。

最后要列出全部工序的明细表。表中要说明每一工序的名称、代号，各工序之间的相互关系及所需时间。这里所说的全部工序，既包括主要工序，也包括次要的辅助工序，一个也不能漏掉。漏掉任何一个都会影响工程的完成。表 6—1 是绘制网络图的主要依据。这里以研制新产品的事例作说明。表 6—1 列出了由 14 道工序（A、B、C、D 等）组成的研制新产品的多道工序之间的相互关系和工序进度等。

表 6—1　　研制新产品的多道工序之间的关系和工序进度

工序代号	工序名称	关联工序	工序时间
A	市场调查	—	5
B	产品研制	—	10
C	资产筹备	—	10
D	可行性分析	A	4
E	产品设计	B	7
F	成本计划	D	3
G	生产计划	F	3
H	设备计划	E、G	5
I	器材筹备	C、E、G	10
J	设备筹备	C、H	10
K	人员筹划	C、G	8
L	设备布置	J	7
M	人员安排	K	5
N	生　产	I、L、M	10

第六步，绘制网络图。绘制网络图可按以下几步完成：

(1) 勾画草图。在勾画草图时，不必在图形的美观和清晰上下工夫，应集中全部精力正确地反映工序之间的相互关系，首先画出没有紧前工序的工序，然后依次画出相关工序的紧后工序、平行工序、交叉工序等（如图 6—15 所示）。

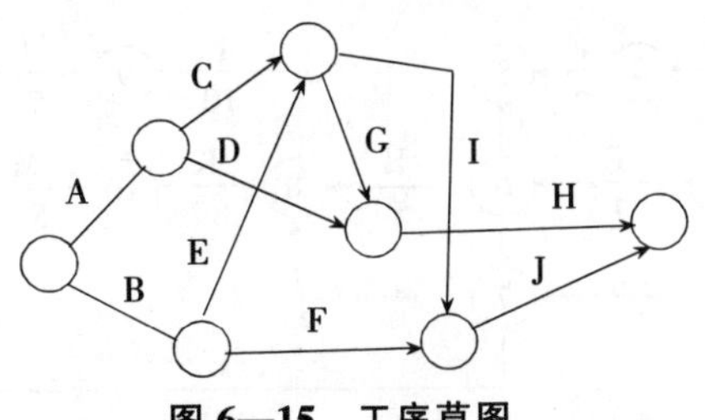

图 6—15　工序草图

（2）检查调整。勾画好草图后，首先应认真检查一下网络图中工序的相互关系体现得是否正确，发现错误并予以纠正。然后，就可以对草图进行调整，调整的主要目的是为了尽可能消除那些不必要的交叉箭线，使网络图一目了然。如经过调整后的图 6—16 就删去了图 6—15 的交叉箭线。调整后的网络图必须与原网络图具有相同的工序及其相互关系（如图 6—16 所示）。

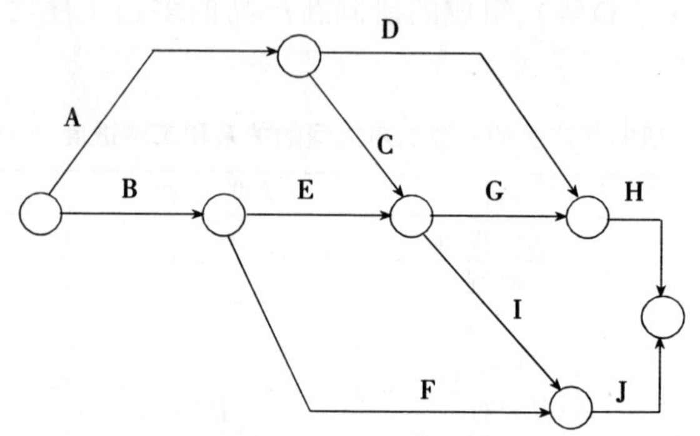

图 6—16　调整后的网络图

（3）给节点编号。按前面叙述的规则进行。

（4）计算各时间参数。

（5）计算时差，确定关键线路和整个工程的生产周期。图 6—16 中 B→E→G→H 线路为关键线路。

（6）进行综合平衡，选择最优方案。

（7）绘制执行网络图。按最优方案绘制执行网络图，在箭线的下方标注工序的延续时间，在箭线上方标注工序的名称或代号。同时需要考虑图面的布局问题，如关键线路，应尽可能将它"拉成"一条直线，标画在图的中央；工序箭线尽可能采用水平线或水平折线；等等（如图 6—16 所示）。根据表 6—1 绘制的网络图，如图 6—17 所示。此图为网络草图的初步调整图，尚未明确关键线路。

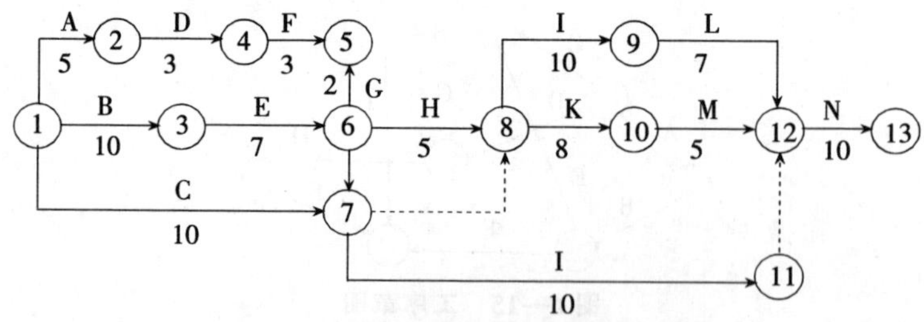

图 6—17　依据表 6—1 绘制的网络图

6.2.5 网络图的简化与合并

一项工程，往往需要由很多的部门和单位共同完成。整个工程的指挥部门，需要绘制的是跨单位的、综合程度较高（即每道工序包括的工作内容较多）的网络图。它是以各单位为完成整个工程的局部网络图为基础的。而各单位绘制的网络图，工序的划分比较细致，每道工序所包含的工作内容较少，即工序的综合程度较低。将工序综合程度较低的网络图，合并为工序综合程度较高的网络图，从而使工序数目减少，称为网络图的简化。而把若干个局部的网络图合并成一个网络图，称为网络图的合并，例如，图 6—18（d）是图 6—18（c）的简化，图 6—18（c）是图 6—18（a）、图 6—18（b）的合并。

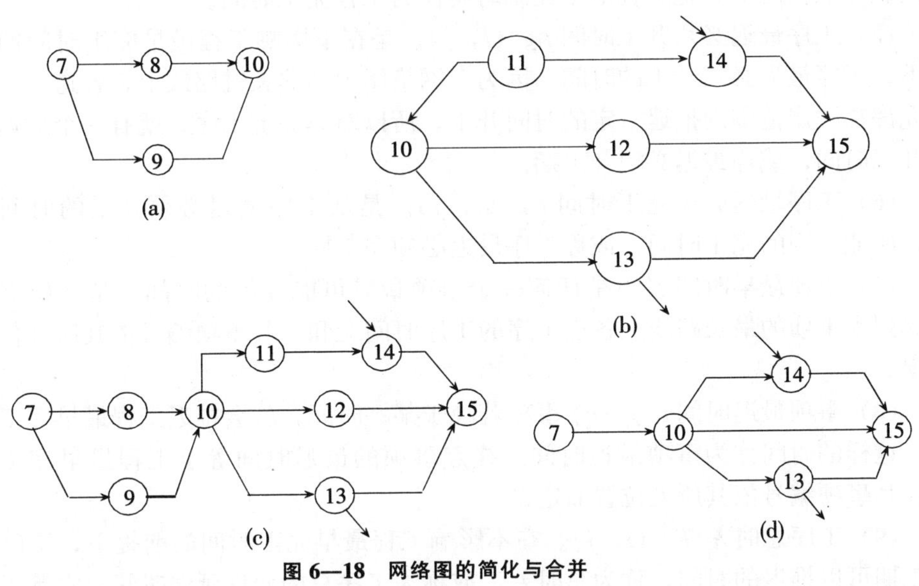

图 6—18　网络图的简化与合并

6.3 网络图时间参数的计算与关键线路的确定

6.3.1 网络图时间参数的计算

1. 时间参数的内容。网络图的时间参数包括工序时间、事项的最早和最迟时间、工序最早可能开工时间及完工时间、工序最迟必须开工和完工时间、工程最早完工时间、工序总时差等。

（1）工序时间 $t\ (i,\ j)$。为完成某一工序所需要的时间称为工序时间。

（2）工序最早可能开工时间 $t_{ES}\ (i,\ j)$。任何一个工序都必须在其紧前工序完工后才能开工。工序最早可能开工时间就等于它的紧前工序的最早可能完工时间，或称工序最早可能开工期。

（3）工序最早可能完工时间 $t_{EF}\ (i,\ j)$。是指从工序最早可能开工时间开工，所能达到的完工时间，也称工序最早可能完工期。

（4）工程最早完工时间 t_E。在网络图中的各道关键工序，都按照最早可能开工时间开工，这时的工程完工时间，称为工程最早完工时间，或称工程最早完工期。一般情况下，把工程最早完工时间作为工程完工时间。

（5）工序最迟必须开工时间 $t_{LS}\ (i,\ j)$。是在不影响工程最早完工时间的前提下，工序最迟必须开工的时间。因为在网络图中的非关键路线上，各道工序可以允许在一定范围内推迟一定的时间开工，所以对非关键工序，就有一个最迟必须开工时间，或称最迟必须开工期。

（6）工序最迟必须完工时间 $t_{LF}\ (i,\ j)$。是从工序最迟必须开工的时间开工，所能达到的完工时间，或称工序最迟必须完工期。

（7）事项最早时间 t_E。是任何一个事项最早可能开始的时间，是从始点事项起到本事项的最长路线上各道工序的工序时间之和。其事项编号依其所处位置而定。

（8）事项最迟时间 t_L。一个事项若晚于某一时间，就会推迟工程最早完工时间，这样的时间称为事项最迟时间。终点事项的最迟时间等于工程最早完工时间，其事项编号依其所处位置而定。

（9）工序总时差 $T_R\ (i,\ j)$。在不影响工程最早完工时间的前提下，工序的完工期可以推迟的时间，称为总时差，或称为工序总的允许延误时间。它等于工序结束事项（箭头事项）的最迟时间减去工序开始事项（箭尾事项）的最早时间，再减去工序时间，即：

$$T_R\ (i,\ j)\ =t_L\ (j)\ -t_E\ (i)\ -t\ (i,\ j)$$

总时差反映了网络计划中各道工序及各条线路上工序时间的不平衡。它在确保不影响工程完工的条件下，可起到调配的作用。关键路线上各工序的总时差均为零。

在上述参数中，$t\ (i,\ j)$、$T_R\ (i,\ j)$ 是某一延续时间（即某一段时间），$t_{ES}\ (i,\ j)$、$t_{EF}\ (i,\ j)$、T_E、$t_{LS}\ (i,\ j)$、$t_{LF}\ (i,\ j)$、t_E 及 t_L 是某一时间（或称某工期）。我们把这些延续时间及某一时间统称为时间参数。在编制网络计划

时，必须要计算这些时间参数，才能确定整个计划中各道工序所组成的线路和关键线路。

2. 时间参数的计算。计算时间参数的方法有图上计算法、表格法以及矩阵计算法等。其中，被广泛应用的是图上计算法。下面以编制某新产品研制项目为例，应用图上计算法计算各项时间参数。其网络图见图 6—19。表 6—2 为该项目的明细表。

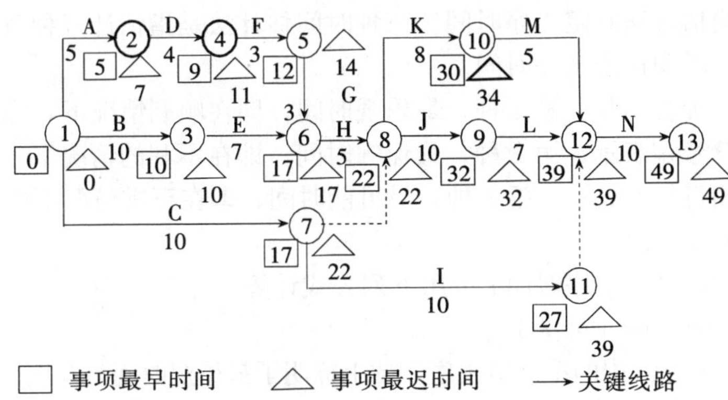

□ 事项最早时间　△ 事项最迟时间　→ 关键线路

图 6—19　时间参数图

表 6—2　　　　　　新产品工序明细表

序号	工序名称	工序代号	关键线路	工序时间
1	市场调查	A	①──→②	5
2	产品研制	B	①──→③	10
3	资产筹备	C	①──→⑦	10
4	可行性分析	D	②──→④	4
5	产品设计	E	③──→⑥	7
6	成本计划	F	④──→⑤	3
7	生产计划	G	⑤──→⑥	3
8	设备计划	H	⑥──→⑧	5
9	器材筹备	I	⑦──→⑪	10
10	设备筹备	J	⑧──→⑨	10
11	人员筹划	K	⑧──→⑩	8
12	设备布置	L	⑨──→⑫	7
13	人员安排	M	⑩──→⑫	5
14	生　　产	N	⑫──→⑬	10

为便于计算时间参数，在工序明细表中填写了相关事项及顺序号两项。

（1）确定工序时间。确定工序时间有两种方法：1）在有较确定的资料的情况下（如有工时定额或劳动定额资料），则根据这些定额资料确定工序时间。若不具备这些定额资料，但具有该工序或同类工序的时间消耗的统计资料，也可以根据这些统计资料，用分析对比的方法确定工序时间。2）在无确定资料的情况下，如既无工时定额，也无时间消耗的统计资料，且工序时间较长，未知的和难以估计的因素较多的情况（例如新开发的大型工程、行政管理体制改革等等）可以用三种时间估计法确定工序时间。三种时间估计法是指估计三种时间，然后计算它们的平均时间作为工序时间。

估计的三种时间是：第1种，最乐观时间，即在顺利情况下，完成工序的最短时间，用符号a表示；第2种，最保守时间，即在不利的情况下，完成工序的最长时间，用符号b表示；第3种，最可能时间，即在正常情况下，完成工序的时间，用符号m表示。

根据经验，平均工序时间t可用下列公式计算：

$$t=(a+4m+b)/6$$

例如，图6—19中的第二道工序，图上标明了最乐观时间是5周，最保守时间是7周，假定最可能时间是6周，则平均工序时间$t=(5+4\times6+7)/6=6$周。

不论用哪种方法，在对工序作出时间估计时，必须注意以下几点：

1）确定工序时间，不能受工作重要性的影响，千万不能认为这项工作很重要，就多考虑几天。这项工作不太重要，就少考虑几天。如该计划中的可行性分析比较重要，4周已经够了，不必安排更多的时间。

2）确定工序时间，不能受上级规定的完成期限的影响。虽然明明知道工期紧张，需要突击才能完成，但是在确定工序时间时，一定不要按照突击速度来估计，始终要按正常速度来估计。工期紧张，可通过时间优化的方法来解决，这正是网络计划所要解决的问题。

3）确定工序时间时，必须把工序置于独立的正常状态条件下进行估计，无须考虑对其他工作的影响。当然对本身工作和影响因素要考虑全面，保证确定的工序时间比较准确。

工序时间是计算各项时间参数的基础资料。为便于在图上进行计算，应把它们都标注在网络图的工序线上。若按第一种方法确定工序时间，就把工序时间填写在图上代表对应工序的箭线的下面。若采用第二种方法确定工序时间，就将三种时间填写在代表该道工序的箭线的上面。工序的平均时间填写在箭线下面。此实例是按第一种方法确定工序时间的。

(2) 计算事项的最早时间。事项的最早时间等于以该事项表示“开工”的那些工序的最早可能开工的时间。它的计算是从始点开始，自左至右逐个事项向前计算，直到计算到终点为止。通常指定，始点事项的最早时间等于零。一个箭头事项的最早时间等于相关的箭尾事项的最早时间加上箭线时间（即工序时间）。若同时有几个箭头事项相重合，则选择其中箭尾事项最早时间加上箭线时间之和的最大值。即在用一个箭头事项表示几道工序完工时，选择其中完工时间最迟的工序，以它的最早可能完工时间，作为其紧后工序的最早可能开工时间。

用公式表示为：

$$t_E(1)=0$$

$$t_E(j)=\mathrm{Max}\left[t_E(i)+t(i,j)\right] \qquad (j=2,3,\cdots,n)$$

式中，1 为始点事项，n 为终点事项的编号。

图 6—19 中的各个事项的最早时间为：

$$t_E(1)=0$$

$$t_E(2)=0+5=5$$

$$t_E(3)=0+10=10$$

$$t_E(4)=5+4=9$$

$$t_E(5)=9+3=12$$

$$t_E(6)=\mathrm{Max}\left[12+3,10+7\right]=17$$

$$t_E(7)=\mathrm{Max}\left[0+10,17+0\right]=17$$

$$t_E(8)=\mathrm{Max}\left[17+0,17+5\right]=22$$

$$t_E(9)=22+10=32$$

$$t_E(10)=22+8=30$$

$$t_E(11)=17+10=27$$

$$t_E(12)=\mathrm{Max}\left[27+0,30+5,32+7\right]=39$$

$$t_E(13)=39+10=49$$

将计算得出的各个事项的最早时间，写在各个事项的左下方（或规定的其他位置上），并用方括号括起来。

(3) 计算事项的最迟时间。同计算事项的最早时间的顺序相反，计算事项的最迟时间是从终点事项开始，自右至左逐个事项逆推计算，直至算到始点为止。因为为了缩短工程周期，应使终点事项的最迟时间等于工程的最早完工时间（即终点事项的最早时间），用公式表示为：

$$t_L(n)=t_L(n)=T_E$$

工序箭尾事项的最迟时间等于箭头事项的最迟时间减去箭线时间（工序时

间）。在箭尾事项同时表示几道工序开工时，选择这几道工序中箭头事项最迟时间与箭线时间之差的最小值。用公式表示为：

$t_L(i)=\min[t_L(j)-t(i,j)]$　$(i=n-1, n-2, \cdots, 1)$

图 6—19 中的各个事项的最迟时间为：

$t_L(13)=t_E(13)=49$

$t_L(12)=49-10=39$

$t_L(11)=39-0=39$

$t_L(10)=39-5=34$

$t_L(9)=39-7=32$

$t_L(8)=\min[32-10, 34-8]=22$

$t_L(7)=\min[39-10, 22-0]=22$

$t_L(6)=\min[22-0, 22-5]=17$

$t_L(5)=17-3=14$

$t_L(4)=14-3=11$

$t_L(3)=17-7=10$

$t_L(2)=11-4=7$

$t_L(1)=\min[10-10, 7-5, 22-10]=0$

将计算得出的各个事项的最迟时间，写在各个事项的右下方，并用括号括起来。

(4) 工序的最早可能开工时间。这一时间根据箭尾事项的最早时间计算，由图 6—19 可以看出，箭尾事项的最早时间就是工序最早可能开工时间。

$t_E(1)$就是工序 A 的最早可能开工时间，$t_E(2)$就是工序 D 的最早可能开工时间，即 $t_{ES}(i, j)=t_E(i)$。

图 6—19 中的各个工序和最早可能开工时间为：

工序 A　$t_{ES}(1, 2)=t_E(1)=0$

工序 B　$t_{ES}(1, 3)=t_E(1)=0$

工序 C　$t_{ES}(1, 7)=t_E(1)=0$

工序 D　$t_{ES}(2, 4)=t_E(2)=5$

工序 E　$t_{ES}(3, 6)=t_E(3)=10$

用同样方法可以算出工序 F 至工序 N 各道工序的最早可能开工时间。把这些计算结果写在箭尾事项的左下方，并用方括号括起来，就是箭尾事项的最早时间。

(5) 工序的最迟必须开工时间。这一时间根据箭头事项的最迟时间计算。某工序的最迟必须开工时间等于箭头事项的最迟时间减去本工序的工序时间。用公式表示为：

t_{LS} $(i, j) = t_L$ $(j) - t$ (i, j)

工序 B　t_{LS} $(1, 3) = t_L$ $(3) - t$ $(1, 3) = 11 - 10 = 1$

工序 D　t_{LS} $(2, 4) = t_L$ $(4) - t$ $(2, 4) = 11 - 4 = 7$

工序 F　t_{LS} $(4, 5) = t_L$ $(5) - t$ $(4, 5) = 14 - 3 = 11$

用同样的方法可以计算出图 6—19 中所有工序的最迟必须开工时间，也可计算出工序最早和最迟必须完工的时间。

归纳起来，在已求出事项的最早、最迟时间的情况下，工序的最早可能开工时间，等于箭尾事项的最早时间，其计算公式为：

t_{ES} $(i, j) = t_E$ (i)

工序的最迟必须完工时间，等于箭头事项的最迟时间，其计算公式为：

t_{LS} $(i, j) = t_L$ (j)

工序最早可能完工时间，等于箭尾事项的最早时间加上工序时间，其计算公式为：

t_{LS} $(i, j) = t_E$ $(j) + t$ (i, j)

工序最迟必须开工时间等于箭头事项最迟时间减去工序时间，其计算公式为：

t_{LS} $(i, j) = t_L$ $(j) - t$ (i, j)

（6）计算工序的总时差。根据公式：

TR $(i, j) = t_L$ $(j) - t_E$ $(i) - t$ (i, j)

计算图 6—19 中的各道工序的总时差：

TR $(1, 2) = 7 - 0 - 5 = 2$

TR $(2, 4) = 11 - 5 - 4 = 2$

TR $(1, 3) = 10 - 0 - 10 = 0$

计算得出的总时差如表 6—3 所示。

表 6—3　　工序开工总时差表

工序代号	相关事项	总时差	关键工序	工序代号	相关事项	总时差	关键工序
A	①→②	2		H	⑥→⑧	0	√
B	①→③	0	√	I	⑦→⑪	12	
C	①→⑦	12		J	⑧→⑨	0	√
D	②→④	2		K	⑧→⑩	4	
E	③→⑥	0	√	L	⑨→⑫	0	√
F	④→⑤	2		M	⑩→⑫	4	
G	⑤→⑥	2		N	⑫→⑬	0	√

计算时间参数的图上计算法，简单迅速，但在工序很多和网络图复杂的情况下，图上计算法容易出现错误和遗漏。计算时间参数还可以采用表格法和矩阵法。

6.3.2 关键线路的确定

通过时间参数计算，由图 6—19 和表 6—3 中可以看出总时差为零的各道工序 B、E、H、J、L、N 即为关键工序，由这些关键工序组成的线路即为关键线路（用黑粗线表示的线路），所以，也可用找总时差为零的工序的方法找关键线路。

从图 6—19 和表 6—3 中还可以看出，总时差不为零的各道工序为非关键工序，如果为了集中力量缩短关键工序的时间，可以在非关键工序上适当地调配人力、物力，推迟非关键工序的工序完工时间。但所推迟的时间不得大于该工序的总时差。

6.4 制定最优的计划方案

通过绘制网络图、计算时间参数和确定关键路线，可以得到一个初始的计划方案。而网络计划的目的，在于对初始计划方案进行调整和改善，直至得到最优的计划方案。

具体地说，制定最优的计划方案（或称作网络计划的优化），就是根据编制计划的要求，在一定约束条件下，通过利用时差，不断改善计划方案，寻求周期最短、费用最小、资源利用最有效的切实可行的最优计划方案。然后根据优化的结果，最后作出决策。

最优计划方案的目标不同，可以有不同的优化方法。如在行政管理工作中，可以利用改进工作方法，缩短完成任务（工程）的时间（就是减少关键线路的时间），以达到用最短的时间完成所要完成的工作任务。但应用此种方法时要注意，关键线路的时间缩短了，可能会出现新的平行的几条关键线路，应同时予以考虑，而不是越短越好。同时，还可以从降低费用的角度，或从合理地利用人力、物力的角度达到选择最优方案的目的。

另外，还可以通过合理地调整任务（工程）中的各个工序（工作）之间的相互关系（组织关系）来获得最优的计划方案，如某市有五个车队奉命向某地运送抗震救灾物资，同时从甲地出发，沿不同的线路到达受灾地区。中途要经过一座桥梁，每次只能过一个车队，那么，怎样安排过桥的顺序，才能使整个车队由甲地最快地到达受灾地区，这也是一种选优问题。

总之，利用网络图，可以从不同角度，达到选择最优的要求，这才是我们安排计划的最终目的。

本章小结

网络计划方法是指应用网络图全面反映整个工作的流程。它是关键线路法和计划评审法的综合。20 世纪 50 年代以前，在计划工作中，广泛地应用横道图来反映和制订计划。网络方法与横道图相比，具有较强的科学性和系统性。网络计划方法在公共管理中的应用，可以大大提高管理工作的效能。

网络图是用一系列箭线和圆圈来表明一项任务或工程的所有工作的先后顺序和相互关系的网状图解模型。工程（任务）既可代表一项工业工程或建筑工程，也可以代表一项社会管理工程或公共管理任务，即为需要进行计划的一个系统。任何一项工程都是由若干道工序组成的，把表示各道工序的多支箭线，按照工程的时间顺序，从左至右，逻辑地排列起来，就可以组成一个网络图，在相邻工序交接处画一圆圈，表示工序的分界点，称为结点（事项、事件）。给每个结点编上顺序号，连接箭尾的结点表示工序的开始，连接箭头的结点表示工序的完成。

绘制网络图应遵循的原则：网络图是有向的；网络图中不允许出现编号相同的箭线；任何一项工程的网络图中只能有一个始点事项和一个终点事项；在网络图中不允许存在无事项的箭线；网络图中不能有回路；箭线要尽量用水平线或具有一段水平线的折线。绘制网络图的方法，一般有顺推法、逆推法、重点工序法三种。

网络图的时间参数包括工序时间、事项的最早和最迟时间、工序最早可能开工时间及完工时间、工序最迟必须开工和完工时间、工程最早完工时间、工序总时差等。

计算时间参数的方法有图上计算法、表格法以及矩阵计算法等。通过绘制网络图、计算时间参数和确定关键路线，可以得到一个初始的计划方案。而网络计划的目的，在于对初始计划方案进行调整和改善，直至得到最优的计划方案。

关键术语

网络规划　网络图　甘特图　关键线路　关键线路法　计划评审法　横道图　工程　工序　结点　顺推法　逆推法　重点工序法　时间参数

复习思考题

1. 网络规划在管理中有什么作用？
2. 网络图与甘特图有什么不同？
3. 如何简化、合并网络图？
4. 如何确定关键线路？

阅读材料

网络计划技术在体育管理中的应用

某市拟举行全市中小学田径运动会。本次运动会较以往情况有变化，小学分3个年龄组，中学也分3个年龄组，因此较以往运动会复杂，相当于以前的2至3个运动会规模，限于经费和时间，要求于3至4天结束。这样的约束条件给竞赛的组织编排和管理都带来了相当大的困难。为此，有关方面采用了网络计划技术。结果在保证体育专业特点的要求下运动会提前半天结束，节省直接经费2 000元，估计节省间接经费万余元。

网络计划的编制按以下几个步骤进行：

1. 列出该计划所包括的各个工作项目及它们之间的相互关系，确定完成各项目所需时间。其形式如表6—4所示，该表不是一次完成，要反复核对调整，附表是调整后形式。此表中各项目为以后引用方便均赋以编号。可见a为开幕式，b为闭幕式，Ai为径赛项目，Bi为跳高，Ci为跳远类项目，Di为标枪、垒球，Ei为短投项目，Fi为铁饼等。

2. 将所有比赛项目编制成网络图。网络图由节点和矢线有序地连接而成。其中节点表示项目的衔接处，以圆圈表示，圈中依次填入不得重复使用的数字。矢线表示项目，线上注明项目名（或代号）及历时。如①$\xrightarrow[60']{a}$②表示开幕式，历时60分钟。然后根据附表中所示各项目间前邻与后继的关系自左至右有机地连接起来便制成了最初的网络图（见图6—20）。

3. 计算计划进度的时间参数，找出对整个工程具有制约作用或者说直接影

响整个工程进度的关键路线，确定非关键工作允许延迟的机动时间。

从图 6—20 中可以看出，从开始项（开幕式）至结束项（闭幕式）基本有六条线，每条线由不同的项目组成。每条线上完成各项目所需时间 t_{i-j}（其中 i 为项目所在矢线开始节点，j 为项目所在矢线结束节点，如开幕式①→②，其中 $i=1, j=2$）其总和就是该条线路的总时间或称线路长度。第 K 条线总时间为：$T_K = \sum\limits_{(K)} (t_{i-j})_K$，则关键路线长度 $KT=\max(T_k)$。

本例六条线路总时间分别为：

$$T_1=t_{1-2}+t_{2-72}+\cdots+t_{82-83}+t_{83-84}=60+30+\cdots+60+30=870$$
$$T_2=t_{1-2}+t_{2-61}+\cdots+t_{71-83}+t_{83-84}=60+70+\cdots+45+30=925$$
$$T_3=t_{1-2}+t_{2-3}+\cdots+t_{17-83}+t_{83-84}=60+66+\cdots+25+30=946$$
$$T_4=t_{1-2}+t_{2-20}+\cdots+t_{34-83}+t_{83-84}=60+30+\cdots+70+30=1\,055$$
$$T_5=t_{1-2}+t_{2-35}+\cdots+t_{45-83}+t_{83-84}=60+85+\cdots+50+30=1\,015$$
$$T_6=t_{1-2}+t_{2-46}+\cdots+t_{60-83}+t_{83-84}=60+40+\cdots+40+30=1\,050$$

T_3 线实为 4 条，简化为其中最长一条。其中 $T_4=1\,055$，线最长，为关键路线。该线对应项目是三级跳远。其余按费时多少排列依次是：标枪、铅球、径赛、铁饼、跳高，与关键线时差 $TF_1=185$，$TF_2=130$，$TF_3=109$，$TF_4=0$，$TF_5=40$，$TF_6=5$。

4. 分析、改善与调整计划

网络计划制订出来后不能马上交付使用，需反复检查，有时需进行必要的调整与修正，主要内容有两个，其一先做时间的调整与修正：

（1）若关键线长度超过总的时间期限，一种方法是压缩各项目，特别是关键线上项目历时，另一种方法是改变网络逻辑。本例中，如场地、器材、人力（工作人员）条件满足可将原顺序比赛项目改为同时进行。

（2）若关键线长度小于规定工期，计划中时差过大，有可能对资源（人、财、物等）的需求增加，可考虑延长关键工作历时，适当减小资源需要量，增加使用频率（如器械、场地）。

其二，时间—资源的优化。其原则是：（1）资源有限，寻求最短工期；（2）工期固定，寻求最低成本。

5. 按照最优方案分配资源

（1）在规定时间内，对每项作业所需资源计算出合理用量，并作出日程上的进度安排。如有必要可要求各线再制出较细的网络计划。

（2）当资源有限时，全面统筹规划各项作业，特别要优先保证关键线上各项作业的需求以保证总工期的完成。

（3）及时适当调整作业历时及资源分配。

××市中小学田径运动会竞赛任务分配情况见表6—4，其田径运动会网络图见图6—20。

表6—4　　××市中小学田径运动会竞赛任务分配表

比赛项目	编号	前邻	时间	比赛项目	编号	前邻	时间
开幕式	a		60′	男四跳远	C12	C11	60′
3 000m预决赛	A1	a	40′	男六跳远	C13	C12	60′
100m栏预决赛	A2	a	66′	男二跳远	C14	C13	70′
60m预赛	A3	A2	28′	女三跳远	C15	C14	50′
800m预赛	A4	A3	60′	女一跳远	C16	C15	70′
110m栏预决赛	A5	A1A3	24′	女一标枪	D1	a	40′
60m决赛	A6	A5	11′	女三标枪	D2	D1	60′
400m预赛	A7	A6	128′	女二标枪	D3	D2	50′
100m预赛	A8	A7A4	110′	女四标枪	D4	D3	70′
1 500m预决赛	A9	A8	64′	男六标枪	D5	D4	60′
100m决赛	A10	A9	40′	男二标枪	D6	D5	100′
400m决赛	A11	A10	110′	男四标枪	D7	D6	80′
4×100m预决赛	A12	A11	40′	男五垒球	D8	D7	35′
200m预赛	A13	A12	60′	男六垒球	D9	D8	75′
800m决赛	A14	A13	70′	女五垒球	D10	D9	20′
4×100m预赛	A15	A14	20′	女六垒球	D11	D10	60′
200m决赛	A16	A15	30′	男三标枪	D12	D11	70′
5 000m预决赛	A17	A14	30′	女五标枪	D13	D12	50′
4×100m决赛	A18	A17	25′	女一标枪	D14	D13	80′
女五跳高	B1	a	30′	男五标枪	D15	D14	70′
女六跳高	B2	B1	30′	男一标枪	D16	D15	40′
男五跳高	B3	B2	30′	男三铅球	E1	a	85
男一跳高	B4	B3	80′	女三铅球	E2	E1	60′
女四跳高	B5	B4	60′	女一铅球	E3	E2	60′
女二跳高	B6	B5	70′	女六铅球	E4	E3	70′
男二跳高	B7	B6	60′	女五铅球	E5	E4	80′
男四跳高	B8	B7	120′	男一铅球	E6	E5	50′
女三跳高	B9	B8	90′	男五铅球	E7	E6	70′
女一跳高	B10	B9	90′	男六铅球	E8	E7	65′
男三跳高	B11	B10	60′	女二铅球	E9	E8	90′
男六跳高	B12	B11	60′	女四铅球	E10	E9	85′
男四三级跳远	C1	a	30′	男二铅球	E11	E10	70′
男三三级跳远	C2	C1	24′	男四铅球	E12	E11	50′
男二三级跳远	C3	C2	36′	男六铁饼	F1	a	70′
男一三级跳远	C4	C3	30′	男四铁饼	F2	F1	60′

续前表

比赛项目	编号	前邻	时间	比赛项目	编号	前邻	时间
女五跳远	C5	C4	60′	男二铁饼	F3	F2	60′
女六跳远	C6	C5	60′	女一铁饼	F4	F3	90′
男三跳远	C7	C6	60′	女三铁饼	F5	F4	100′
男一跳远	C8	C7	90′	女五铁饼	F6	F5	70′
男五跳远	C9	C8	85′	女六铁饼	F7	F6	60′
女四跳远	C10	C9	100′	男二铁饼	F8	F7	50′
女二跳远	C11	C10	80′	男五铁饼	F9	F8	95′
女四铁饼	F10	F9	85′	女四铁饼	F12	F11	45′
女二铁饼	F11	F10	50′	闭幕式	b	A18B12 F12C16 E13D16	30′

资料来源：姜达维、潘开源：《网络计划技术在体育管理中的应用》，载《天津体育学院学报》，1995(4)。

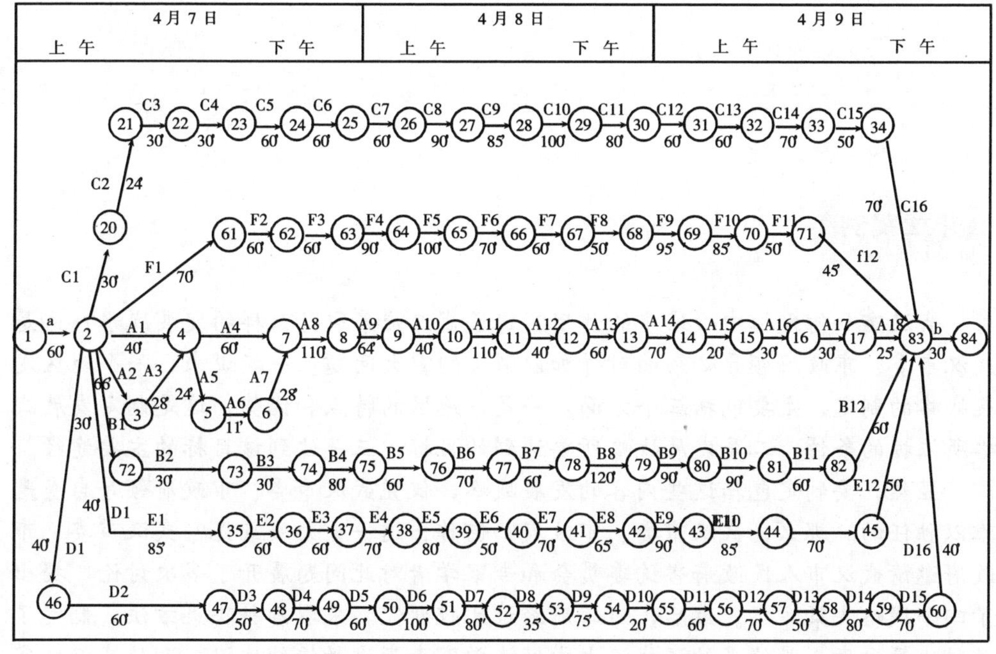

图 6—20　××市中小学田径运动会网络图

思考题

1. 网络计划技术在大型运动会的组织方面有哪些应用价值？
2. 如何运用网络计划技术调整和改善运动会的计划？

第7章

决策方法与技术

开章案例

武汉市如何发挥中心城市的作用？建设武汉应采取什么样的发展战略？这是武汉市委、市政府领导必须面对并加以解决的重大问题。一般说来，一个地区发展战略的制定，主要包括三个方面：一是该地区的特点和优势，这是制定发展战略所依据的条件；二是发展战略所要达到的目标；三是达到该目标的主要途径。

显然，要制定包括这些内容的发展战略，仅凭武汉市委、市政府领导自身是难以胜任的。那么，武汉市委、市政府如何作出这一重大决策呢？武汉市委、市政府邀请武汉市人民政府咨询委员会和专家学者对此问题展开了多次讨论，提出了四个战略决策方案。最后，市政府经过比较研究，采取各种决策方法，制定了多种决策方案，最终采纳了武汉大学经济学家李崇淮教授的建议，即从武汉的实际出发，以“两通”（交通和流通）为两翼，以工业为主体，把武汉建成“内联九省，外通海洋”的多功能经济中心，以带动广大地区经济发展的战略设想。实践证明，李崇淮教授的建议是正确的。从这一事例我们可以看出专家学者在科学决策中的重要性，以及科学的决策方法与技术在管理决策中的重要地位。

7.1　决策方法与技术概述

科学的决策既是现代公共管理的首要的和基本的职能，也是现代管理者的一项重要职责，它直接关系着公共管理工作的成败。我国社会主义现代化建设事业的发展迫切需要公共决策的民主化、科学化，而民主化、科学化的公共决策必须采用科学的决策方法与技术。

7.1.1　决策方法与技术的含义

所谓决策方法与技术，是指在决策过程中为实现决策方案优化而运用的各种智能方法与科学技术的总称，它是决策活动必须借助的手段，也是决策任务得以完成的桥梁。决策程序的每一个步骤及其所要完成的任务，都需要借助于一定的手段，才能有效地实现。没有科学的决策技术和方法的辅助，我们就无法作出任何科学的决策。

7.1.2　决策方法与技术的分类

现代社会和科学的发展为我们提供了许多行之有效的决策方法与技术。可以根据不同的标准，将它们进行不同的分类。

根据理性因素在决策中的地位，可以把决策方法与技术分为理性决策方法、非理性决策方法和综合决策方法。所谓理性决策方法，又称合理决策方法，是根据数据和事实，通过精确的计算与其他合理而科学的方法，分析解决问题的各种可行性方案的优劣，从而求得最佳的政策或最佳的解决方法。它又分为完全理性决策方法和有限理性决策方法。非理性决策方法，是指除理性决策方法以外的其他决策方法，主要包括渐进决策方法、政治协调决策方法、集体决策方法以及博弈方法、预测方法等。综合性决策方法是指综合运用理性决策方法和非理性决策方法的一种新方法。

根据决策方法与技术的性质，可以分为定性决策方法与技术和定量决策方法与技术。其中定性分析方法又包括价值分析、可行性分析、德尔菲法、主观概率预测法、超理性分析法等；定量分析方法包括预测分析、经济效益分析、回归分析、投入产出分析、模糊分析等。

根据学科基础的不同，可以把决策方法与技术分为三类：一是解析方法，主要有运筹学方法，如数学规划（线性规划与非线性规划、动态规划、目标规划、随机规划等）；排队论；库存论；网络分析技术；决策论与对策论；层次分析法；模糊数学方法；预测方法，如时间序列分析、回归分析；经济分析方法，如盈亏平衡分析、投入产出分析；等等。二是计算机类的仿真技术，如风险评审技术、图示评审技术以及其他仿真技术。三是在社会学、心理学等基础上发展起来的方法，如专家决策法、问题分析法、防范分析法等。

本章将阐述一些常用的决策方法与技术，如专家决策法、德尔菲法、模拟决策方法、决策树法、方案前提分析法、数学分析方法等。

7.2 专家决策法

专家决策法，也称专家评优法，是指借助于专家的创造性思维（如直觉、判断、顿悟等）来获取未来信息的一种直观型决策方法。其含义是指组织各领域的专家，运用各自专业方面的知识和经验，根据决策对象的外部环境（包括社会环境和自然环境），通过直观归纳，对决策对象过去、现在的状况和变化发展过程，进行综合分析与研究，找出决策对象运动、变化、发展的规律，从而对决策对象未来的发展趋势及状况作出判断。这些专家不仅在决策对象方面，而且在相关学科方面都具有一定的学术水平。他们能够从大量的感性经验资料中准确地抓住事物发展的客观规律，找到各种随机现象之间的相互联系，从而对事物的未来作出判断。

邀请各类专家进入决策过程，吸收他们的创造性思维，已成为现代管理决策所必须遵循的一条重要原则。这既是社会化大生产和人类决策实践活动不断发展的客观要求，也是进行科学决策的重要保证。一方面，当今社会变化迅速，科学技术迅猛发展，公共事务日趋复杂多样，任何一个管理者仅凭自己的知识经验、能力和智慧是远远无法适应现代决策发展要求的，必须借助“外脑”，即利用专家学者们的智慧和能力，以增强管理者的洞察能力；另一方面，专家的创造性思维在管理决策中可以发挥重大作用。首先，它为定性分析方法提供依据。对于一些不能定量分析的问题，人们往往邀请各方面的专家就目标选择、方案设计、效果预测以及标准的确定等提出意见，并提供分析所必需的大量资料和信息。其次，专家的创造性思维也是定量分析的基础。我们知道，纯粹的定量分析方法或定性分析方法都有其局限性，科学的决策要求二者之间相互补充。因此，在决策过程中，即使是某些能够进行定量分析的问题和因素，在分析之前也要注意倾听有关专家的意见，否则定量分析将难以进行。

依据专家人数，一般将专家决策法分为两大类：一类是个人判断决策法，又称个人头脑风暴法；另一类是集体头脑风暴法，又分为直接头脑风暴法和质疑头脑风暴法。

7.2.1　个人判断决策法

个人判断决策法，是指依靠专家的微观智能结构对决策问题及其所处环境的现状和发展趋势、决策方案及可能结果等作出判断的一种创造性思维方法。该种方法实施程序是：先征求专家个人的意见、看法和建议，然后对这些意见、看法和建议加以归纳、整理而得出一般结论。个人判断决策方法的特点是能够最大限度地发挥出专家的微观智能结构效应，充分利用个人的创造能力，同时也使被征求意见者免受外界环境的影响，从而不至于产生心理压力。但是，个人判断决策法常常囿于专家个人的智能结构，即受专家的知识面、知识深度、占有资料的多少，以及对决策对象兴趣大小等因素的影响，因而难免带有一定的局限性。

7.2.2　集体头脑风暴法

集体头脑风暴法，亦即专家会议决策法，是指依靠一定数量专家的创造性思维来对决策对象未来的发展趋势及其状况作出集体的判断。与个人判断决策法相比较，它具有以下一些特点：能够发挥若干专家所组成的团体的整体智能结构效应，而且这种效应往往大于团体中各个成员单独创造能力的总和；通过多个专家之间的信息交流而引发思维共振，可在较短的时间内取得可喜的创造性成果；专家会议的信息量，比任何一个成员单独占有的信息量都要大；专家会议考虑的因素，总比某个成员单独考虑的要多；专家会议提出的方案，比某个成员单独提出的更具体、更全面；等等。

集团头脑风暴法有两种基本形式：直接头脑风暴法和质疑头脑风暴法。下面我们详细介绍这两种具体方法。

1. 直接头脑风暴法。直接头脑风暴法又称畅谈会法或智力激励法。它由美国著名工程学家 A. F. 奥斯本（A. F. Osbom）于 1939 年首创，原文为 brainstorming，意为“头脑起风暴”，用来形容精神病人的胡言乱语。最早被用于广告花样的创造上，后来发展为人们自由发表意见的一种会议形式。在这种会议上，成员可以无拘无束地思考问题，畅所欲言地发表自己的意见或看法，而无须任何顾虑。其实质是会议成员通过相互启发和信息交流，产生思维共振，以引发更多的创造性设想。1935 年奥斯本在其著作中提出了实施直接头脑风暴法的四项规则：(1) 在会上，对别人提出的意见不许进行反驳或下结论。因为意见交锋意在取得统一与一致，如果意见刚一提出就遭到批驳，那就可能导致成员不敢发表意见，使得矛盾不能彻底暴露，最终导致决策失误。(2) 欢迎和鼓励个人独立思考，广开言路，以便集思广益。(3) 追求数量，所提的意见或建议越多越好，不要害怕彼此之间相互矛盾。(4) 寻求意见的改进与联合，可以补充、发展和完善相同的意见，从而使某一方案更加完备。随着实践的发展，这四条规则的内涵也日益丰富和具体，逐渐演变成为头脑风暴型会议的参加人员必须遵循的行为规范。

为了保证直接头脑风暴法的顺利实施，在采用这种方法时须注意以下问题：

(1) 严格遵守会议参加人员的行为准则。直接头脑风暴法的会议参加人员必须遵循的行为准则，主要是：会上严格禁止批评或指责别人提出的设想，以免阻挠创造性设想的产生；参加会议的人员不分尊卑，任意自由想象，产生想法越新奇越好；对所有与会者提出的设想予以全部记录，但在会上不作结论，等会议结束后再作评价；成员可借助于别人的想法来激发自己的灵感，也可通过对几个人的想法的综合来产生新的设想，使所提设想的总量增大，越大越好；发言力求简短，不要详细论述，因为拖延时间将会阻碍创造性活动的进行；会上不准私下交谈，使每个成员的意见都充分表达，让与会者都了解和知道；每个成员只能发表自己的设想和看法，而不能取代别人发表意见；不允许参加者宣读事先已经准备好的发言稿；每一次讨论的题目不宜太窄或带有限制性，也不宜过于宽泛，必须依问题的方向而定；等等。

(2) 与会专家的选择要合乎要求。既然直接头脑风暴法主要是借助专家的判断和直觉来进行决策，那么，在决策过程中，专家的选择就具有极其重大的意义。它直接关系到决策的准确性和可靠性。实践经验表明，参加会议的专家人选一般应按下述三个原则选取：1) 参加者的专业应力求与所论及的决策对象一致。但这并不是必要条件，专家组中最好还能够包括一些学识渊博，并对所论问题有较深理解的其他领域的专家。2) 如果参加人员彼此认识，应从同一职位（职称或级别）的人员中选取，领导人员不应参加，以免对其他参加者造成某种压力。3) 如果与会者互不认识，则可从不同职位（职称或级别）的人员中选取。这时，不论成员职位、职称或级别的高低，都应一视同仁。同时，专家小组成员的专业构成也要合理，一般应由方法论学者（预测学领域的专家）、设想产生者（专业领域的专家）、分析者（专业领域的高级专家）、演绎者（具有较强逻辑思维能力的专家）等构成。

(3) 创造一个良好的思维环境。在实施头脑风暴法时，应尽可能提供一个有助于把注意力高度集中于所论问题的环境，它有助于思维共振的发生，进而产生

一些最有价值的设想。而要创造一个良好的思维环境，一方面，专家会议主持人必须充分发挥作用。在会议开始时，主持人往往必须采取强制征询的做法，其发言应能激起参加者的思维灵感，从而促使与会者感到急需回答会议提出的问题。一旦与会者被调动起来，新的设想和建议就会不断地涌现出来。这时主持人只需依据前面讲过的准则进行适当引导即可。另一方面，要确定专家会议的最佳人数和会议的持续时间。人数太多，不利于与会专家充分发言；人数太少，信息有限，不利于思维共振的发生；时间太长，容易出现疲劳、厌会现象；时间太短，不利于澄清问题。经验表明，与会者人数一般以10人～15人为宜，会议持续时间以20分钟～60分钟效果最佳。

（4）要遵循科学的步骤和顺序。在具体实施直接头脑风暴法时，必须遵循一定的步骤和顺序，这是达成决策目标的重要保证。一般说来，实施直接头脑风暴法，要采取以下几个步骤：

1）准备阶段。主要是指会议主持人明确议题，做到心中有数，然后根据问题的性质挑选组成人员。应保证大多数与会者都是精通所论问题或其某一方面的专家，同时还要注意参加人员知识的多样性和等级的同一性问题。

2）“热身”。即通过提出一两个与会议主题无关的小问题来激发起与会者的兴趣，促使与会者的大脑开动起来并处于兴奋状态，从而初步形成一种紧张而热烈的氛围。

3）介绍问题。这里必须遵守的原则是只向与会者提供有关决策对象的最低数量的信息，切忌将背景材料介绍过多，尤其不能把自己的设想和盘托出。因为这样做极有可能形成某些条条框框，无形之中把其他与会者的思维引入预先设计好的轨道。

4）重新叙述问题，即采取另外一种方式表达问题。要求对问题进行仔细分析，然后用不同的文字，从不同的方面对问题下功能定义。

5）选择最富于启发性的重新叙述形式，保证与会者在思维最活跃、想象力最丰富、创造力发挥处于顶峰时考虑那些解决问题的最为关键的因素。

6）通过畅谈提出各种方案。提出方案时，要以问题的功能定义为依据，不谈既有的办法，而主要侧重于考虑用什么方法和手段去完成这种功能。在这个过程中，会议主持人要随时给予启发和引导。

7）对方案进行评价。会议结束后，主持人应对提出的方案作出经济和技术方面的评价。

2. 质疑头脑风暴法。质疑头脑风暴法也是一种集体产生设想的方法。与直接头脑风暴法所不同的是，它需要先后召开两次会议。第一次会议完全遵守直接头脑风暴法的原则，第二次会议则是对第一次会议提出的已经系统化的设想进行质疑。对设想进行质疑，是评价设想的可行性的一个专门程序，可分为三个阶段：

(1) 与会者对所提出的每一个设想都要进行质疑，进行全面评价，以便研究有碍设想实现的问题。在质疑过程中，可能会产生一些可行的设想，其中包括对已提出的设想无法实现的论证、存在的限制因素以及排除限制因素的建议等。

(2) 对每一组甚至每一个设想，编制一个评论意见一览表以及可行性设想一览表。在质疑过程中，禁止对已提出的设想进行确认和论证，但鼓励提出新的可行设想，并且对所有的评论和可行性设想都作录音或详细记录。质疑过程一直进行到没有问题再可质疑时为止。

(3) 对质疑过程中提出的评价意见进行评估，以便形成一个对解决所论问题实际可行的最终设想一览表。这一步骤与对所提设想进行质疑同等重要。因为质疑阶段的重点是研究有碍设想实施的所有限制因素，而这些限制因素即使在设想产生阶段也是被放在重要地位而予以考虑的。质疑结果应由分析组负责处理。分析组要吸收一些有权对设想的实施作出决定的专家，以便应付紧急情况。如要在很短的时间内就重大问题作出决策，吸收这些专家参加就显得非常必要。

7.2.3 专家决策法的局限性

专家决策法在现代管理决策中占有极为重要的地位，已广泛应用于军事决策、行政管理决策等领域中，并成为管理决策的一种有效方式。但是该方法也不是万能的，它本身也存在一些弊端：

(1) 与会者人数有限，代表性不够充分。

(2) 权威的影响较大。权威一旦发表意见，其他成员往往会顺其思路发表意见，或者碍于情面、权势而不敢发表不同意见，产生所谓的“乐队效应”。

(3) 易受表达能力的影响。口头表达能力较好的人，能够简明扼要地提出有说服力的论点，尽管这些论点实际上可能不像他们所宣扬的那样有价值。而另外一部分人虽然有着更为充分的论据，却由于沉默寡言或语言表达能力较差，使得自己的意见不能被别人充分了解。

(4) 易受“潮流”思想的影响。一般说来，人们对于任何标新立异的事物都具有一种天然的排斥倾向。在决策过程中，一种新见解通常意味着要改变一个已被大多数人接受了的且习以为常的观点，发表这种新见解的人必然成为会议上不合潮流的人。他所提出的非正统观点即使很有价值，也往往会遭到怀疑甚至否定。

(5) 发言人受自尊心等因素的影响。在发表意见之后，发言人往往不能冷静、认真地考虑其他成员的意见。有时即使明知自己的论据不够充分甚至存在错误，也不愿公开予以纠正，因而易于使会议出现僵局。

7.3　德尔菲法

德尔菲是 Delphi 的中文译名，所谓德尔菲法，即采用函询调查的方法，向与所预测问题有关领域的专家分别提出问题，而后将他们的意见综合、整理、归纳，匿名反馈给各个专家，再次征求意见，然后再加以综合、反馈，这样经过多次反复循环，最后得到一个比较一致且可靠性较大的意见。1964 年，兰德公司研究人员发表《长远预测研究报告》，开始将德尔菲法应用于技术预测之中。从那以后，德尔菲法作为一种专家评估方法几经改进，至今已成为现代决策分析的重要方法之一。

7.3.1　德尔菲法的特点

德尔菲法是为了克服专家决策法的缺陷，在专家决策法的基础上发展起来的一种行之有效的决策方法。与专家决策法相比，德尔菲法具有以下三个特点：

1. 匿名性。德尔菲法采用函询的方式征求意见，被征询者互不知晓，背靠背地发表意见。这样被征询者可以在不受学术权威、资历、口才、劝说、压力等因素的限制下充分发表意见，又可以在不公开的情况下提出并改变自己的意见，从而维护自己的学术地位。

2. 信息反馈。问题调查表的反馈可以使参加应答的专家及时了解集体的意见、目前的状况以及同意或反对各个观点的理由，并据此作出各自新的判断。同时，信息反馈的匿名性也会使专家避免受到没有根据的判断或意见的影响，反对意见也不会受到压制。

3. 决策结果的统计特性。德尔菲法的一个重要特点是可以进行定量处理。对决策结果采用统计评定回答的方法，能够包括整个小组的意见。根据小组的回答提出中位数和上下四分点，中位数代表小组的评定意见，上下四分点之间的间隔代表意见的偏差。所谓中位数和四分点，是指把各位专家的决策结果按其数值大小（一般是按预测时间的先后顺序）的次序进行排列，并将专家人数分成四等份。中分点的决策结果即为中位数，它表示有一半专家的决策结果小于它，而另一半专家的决策结果则大于它，先于中分点的四分点的结果称为下四分点数值，简称下四分点，而后于中分点的四分点结果则为上四分点。

7.3.2 德尔菲法的应用程序

德尔菲法是一种费用低、效果好的决策方法，它特别适用于缺乏客观信息时的长期预测和方案评估。为使专家意见有序化和便于统计，应用程序的有序化具有十分重要的意义。一般说来，完整地应用德尔菲法要经过以下几个步骤：

1. 设计函询调查表。既然德尔菲法是借助于函询调查方式来进行的，函询调查表就扮演着极为重要的角色，其设计好坏直接关系到决策结果的优劣。在设计调查表时，应当注意以下几个问题：

（1）应对德尔菲法作简要的说明。因为并非每一个人都了解德尔菲法。即使有些专家对这一方法有所了解，但也难免会存在这样或那样的误解。

（2）问题要集中并有针对性，并按等级排列，遵循先整体后局部、先简单后复杂的原则，以激起应答者回答问题的积极性。

（3）要避免组合事件，即同一事件的两个方面在一定程度上互相矛盾，这样的提问会使得专家很难明确表示其态度。

（4）用词要确切，避免使用含义模糊的语言。

（5）给出决策对象实现的概率。

（6）调查表要简化，应做到有助于应答人员作出评价，使他们把主要精力用于思考问题，而不是用在理解复杂的调查表上。

（7）要限制问题的数量。问题的数量不仅取决于应答者要求的类型，同时还要取决于专家在有限的时间内应答问题的能力。

（8）不应强加领导者个人的意见。专家讨论的过程中，切忌调查小组或个人的介入，否则会出现歪曲决策结果去迎合领导人意图的情况的发生，从而影响决策结果的科学性。

2. 确定专家名单。与头脑风暴法一样，在德尔菲法中对专家的选择具有同样重要的意义，它往往直接关系到德尔菲法运用的成败。如果应邀专家不具备与决策对象有关的广博知识，就不可能提出正确的意见和有价值的判断。在选择专家时，应注意以下几个方面：

（1）被邀请的专家应当是与问题相关的专家，最好是直接相关的专家。在许多情况下，专家的专业权威程度与预测精度存在一定的正比例关系。

（2）专家的选择，还应注意知识结构的合理性。一方面要注意选择那些精通本学科领域的专家，另一方面也要包括边缘学科、社会学以及经济学方面的专家。

（3）专家小组的规模要适度。专家小组的人数要根据预测事件的性质和要解决问题的复杂程度而定，人数一般以 20 人～50 人为宜。如果人数太少，就难以保证预测的精度，但如果人数太多，又会出现难以组织的局面。

3. 发出和收回函询调查表。在设计好函询调查表并确定了专家小组之后，就要向专家小组成员分别寄出调查表，要求他们对调查问题作出解答并及时反馈给领导小组。这是一个需要数次往复的过程，具体的往复次数要视情况而定。一般说来，采用德尔菲决策方法，通常经过不超过四轮的函询便应结束。常规的德尔菲法各轮的内容依次为：

(1) 除给出决策主题外，函询调查表一般没有任何限制条件，允许被征询者任意作答。专家小组的成员可根据决策主题提出有关的决策事件，并将调查表寄给调查小组。由调查小组对所提出的事件进行整理归纳，把相同的事件统一起来，排除次要的事件，用规范的术语制定出决策事件一览表。

(2) 将决策事件一览表发给专家小组成员，要求他们对表中所列的各个事件作出评价，对事件可能发生的时间进行决策，并提出其评价及决策理由。调查小组根据反馈回来的调查表，统计出每一事件发生的决策日期的中位数和上下四分点，整理出最早和最晚决策日期的理由的材料，并将结果再反馈给专家小组成员。

(3) 专家小组成员得到上述综合统计报告之后，对所给出的论据进行评价，并重新进行决策和陈述理由。专家小组各个成员的重新评价及论证再次返回调查小组，调查小组据此计算出新的中位数和四分点，并综合各方面所提出的论据，然后再返回给应答者。

(4) 应答者再次进行预测，并根据调查小组的要求，作出或不作出新的论证。领导小组根据回答再次计算出每一事件的中位数和四分点，得出最终的带有相应中位数和四分点日期的事件一览表。通过以上四轮征询，专家们的意见一般可达到相当程度的协调，这已经为实践所证明。当然，需要指出的是，这并非意味着任何预测都必须毫无例外地遵循这一程序，而应具体问题具体分析，什么时候意见取得了一致，决策便可结束。

4. 统计结果分析。在函询过程结束之后，组织者需要对统计结果的价值取向和可信度作出结论，决定是否将其作为政策依据或参考。因评估对象的不同，统计结果的显示与方法亦有所不同，经常使用的具体方法有列表方式、直观图、文字叙述等。

7.3.3 德尔菲法的局限性

德尔菲法是系统分析方法在认知领域内的一种有益延伸，它突破了传统数量分析的限制，为决策者科学决策提供了多思路和多方案选择的可能性，因而在管理决策实践中获得广泛应用。但是，德尔菲法同其他任何决策方法一样，也存在一些不足，有待于进一步发展与完善。其缺陷主要有：

1. 受主观因素的影响较大。由于参加应答的各个专家的学识渊博程度不同，各自所持的标准及心理状态亦存在差别，因此有时即使是对同一事件进行决策，也往往会得到差别较大的结果。

2. 缺乏深刻的理论逻辑论证。德尔菲法中专家的评价通常只是建立在直观经验的基础之上，缺乏理论逻辑的严密论证，因而所得出的方案结论常常是不稳定的。只有对他们的意见和判断进行集中和协调，才能得出一个在较大程度上趋于一致的结论。

3. 方法论的约束较强。一般来说，德尔菲法的参与者往往不具备比较全面的方法论知识，因而对需要决策的问题常缺乏辩证的认识。在大多数情况下，专家只是采用各自惯用的简单方法进行分析，从而可能出现只注意到事物的表面现象，而不能把握住事物本质的情况。因此，决策结果之间的差异有时很大。

4. 影响重大问题的突破。德尔菲法的结果以其中位数为标志，而对偏离中位数的“奇异点”则予以完全抛弃，从而有可能堵塞那些具有创造性的重大科学发现和发明的道路，妨碍重大问题的突破。而且，由于德尔菲法是以人们的传统观念对决策对象的发展趋势进行推断的，因而对于那些超前的新思想的产生和确立，往往难以作出准确的估计。

自 20 世纪 60 年代以来，随着德尔菲法决策实践的广泛深入，兰德公司对经典的德尔菲法作了一些修正，由此派生出各式各样的改良方法。具有代表性的有两类：一类是保持原德尔菲法的基本概念和技术方法的特性，只是局部地改变其某些环节，如增加向专家提供与其专业有关的更为广泛的背景材料、减少应答的轮次等；另一类是部分改变德尔菲法的特性，例如，部分改变匿名性，部分取消反馈，甚至在函询基础上引入公开争论等。

7.4　模拟决策方法

7.4.1　模拟决策方法的基本概念

模拟决策方法是指人们为取得对某一客观事物的准确认识，通过建立一个与所要研究的实际系统的结构和功能相类似的微观模型，然后运行这一模型，并对各种不同条件下的模型运行进行评价和选优，从而为领导决策提供依据的一种决策方法。

模拟决策方法的理论依据是同态性原理，其实质就是在信息完备、结构和功能相似的前提下，通过对模拟系统的运动变化过程的功能特性进行分析与研究，从而推测和把握实际系统运动变化过程的功能特性。这种做法可以克服对实际系统本身研究费时、费钱的缺点。事实上，在许多情况下，对实际系统本身进行研究常常是不切实际的，甚至完全不可能实现。

如果我们把决策过程看作是一个认识与实践的过程，那么模拟决策方法在决策过程中无疑具有重大意义。第一，它有助于提高人们认识的准确性和可靠性。决策模拟通过对事物真实系统的结构和功能进行内、外信息的动态模仿，将实验所得的各种信息反馈给决策制定者，以便使他们对原方案作出初步的验证和修改，提高对原决策对象认识的准确性和可靠性。第二，决策模拟对于人们的实践活动也有重大意义。模拟过程可以被看成是实践过程的简化和局部相似情况的再现，人们可以直接从模拟过程中客观地认识实践过程将出现的各种情况，从而对决策方案的实施作出准确的估计和分析。

7.4.2 模拟决策方法实施的步骤

模拟决策方法是一种实验方法，其功能主要是显示实际系统的结构和功能，为管理决策提供依据。为了保证取得良好的决策效果，实施模拟决策方法必须遵循严格步骤。

1. 建立模拟模型。这是模拟决策方法的第一步。模拟的一个重要特性就是它的探索性，模拟活动本身就是为了探索达到目的的新途径。决策模拟中所要建立的模型只是一种微观模型，这种微观模型是从实际系统中抽象出来的，具备与实际系统相同的结构和功能。对于决策者来说，在建立这样的微观模型之前，必须先在思维中构造一个大致的轮廓，即先建立一个观念模型。事实上这也是一种决策模拟实验，只不过这种实验是在人的思维中进行而已，因而也被称为思维模拟实验。它是对现实环境条件的模仿和再现。

但是，思维模型的建立，并不意味着决策模拟法第一阶段的结束，决策模拟是不能仅在思维模型中完成的。这是因为思维模型属于主观活动范畴，它不能取得客观的数值。为了获得这种数值，思维模型有必要向现实模型转化。这种现实模型的建立与思维模型的构建的不同之处在于，它是一种直接的现实活动。现实模型与思维模型的不同也决定了两者各具特点。思维模型的主要特点在于它的确定性，而现实模型的主要特点则是它的客观性。决策模拟并不要求现实模型完全以思维模型为样板，而只是要求用现实模型来修改思维模型。当然，这也绝不是说我们可以不依思维模型的要求去随意构建现实模型。事实正好相反，为了使思维模型能在现实模型中得到充分的检验和修正，在构建现实模型时，我们必须严格遵循各种预设条件。只有这样，才能达到现实模型与思维模型之间的统一，使之真正起到决策模拟的作用。在现实模型的构建过程中，人们极易受到主观因素的影响和干扰。因此，在构建现实模型的过程中必须严格遵守客观性的原则。

2. 模型的运行。这是模拟决策方法的中心环节，其目的是求解模型，选择实际系统的最优外界作用条件，输入不同的外界指标，记录模型运行结果，并随着模拟过程的推移，及时追踪系统的功能特性和行为状态。如此反复进行多次实验，在此基础上对不同的运行结果进行比较，作出最佳选择。

3. 分析模型。完整的决策模拟过程还包括对模型的分析。分析模型主要有两个方面的内容：一是指对模型本身的分析，主要是分析模型的结构和功能。决策模拟以事物之间的相似性和相关性为依据，即在条件相似的情况下，模型可能产生与这些条件相关的结果，因为任何现实模型都是由现实存在的各种要素组成的一定形态的结构，结构决定了模型功能的发挥。决策模拟中对模型本身的分析，实质上就是以客观的现实模型为依据来分析各种构成要素与目标之间的具体关系。这种分析虽然早在方案的制定过程中就已经进行过，但由于当时还没有现实模型为依据，因而还不是建立在客观根据基础之上。只有经过模拟实验才能获得这种客观根据。模型分析另一方面的内容就是分析模型与将要进行的全面实施之间的关系。对模型本身的分析，只是模拟实验向全面实施阶段转化的一个中间环节。从模型到实施，从微观到宏观，是一个必然趋势，否则，模拟实验将失去其实际意义。模拟实验作为决策方案全面实施的一个准备阶段，可以为决策方案的全面实施提供依据。但是，决策方案的全面实施不只是模拟实验过程的机械重复和宏观上的放大，它具有更为丰富的内容。通过分析模型与全面实施之间的关系，可以确定决策全面实施时的基本方针、基本途径。

7.4.3 模拟决策方法的优缺点

1. 模拟决策方法的优点。模拟决策方法得到迅速广泛的应用，这一事实本身就从一个侧面反映出它具有较大的优越性，主要体现在以下几个方面：

（1）对于某些复杂庞大的实际系统，往往找不到有效的分析方法。实地测试与研究不仅耗资、耗时较多，而且有时还完全无法进行，模拟决策方法则能够弥补这一缺陷。

（2）模拟决策方法本身带有试验性质，容许出现错漏和失误，因而能够打消人们的顾虑，在模型中对事物发展的各种可能趋势进行大胆的试验和探索，并进行比较和分析，找出较为切实可行的方案，以指导现实的决策活动。

（3）模拟决策方法可以避免对实际系统进行破坏性和危险性的试验。

（4）模拟决策所费的时间较短，可以加快决策的进程。

（5）模拟决策方法原理较简单，比较容易为人们所掌握，而且模拟得到的结果也较直观，容易理解。

（6）模拟方法实际上是对人们在研究过程中所作的各种假设及得出的结论进行的一种检验和论证，因而有助于人们认识水平的提高。

2. 模拟决策方法的缺点。当然，模拟决策方法也并非十全十美，它也存在一些缺点，主要有：

（1）模型的主要目的只是让决策者清楚地看到事物的全貌，而不能代替决策，因此，它只能指出一定决策的一般性后果。

（2）模型只是让决策者对情况有一个简明的了解。极少有一项应用能归结为一个简单而完善的模型。

（3）模拟决策方法的成功与否，需要管理方面的支持，需要借助分析人员和决策者的经验和洞察力。

（4）模拟决策方法对实际系统功能与特性的估计也并不很精确，仍然存在一定的统计误差。

7.5　决策树法

决策树是对决策过程中的一种有序概率的图解表示，是把几项可选方案及有关随机因素有序地表示出来形成的一个树形。决策者根据决策树所构造出来的决策过程的有序图示，不但能统观决策过程的全局，而且能在此基础上对决策过程进行合理分析、计算和比较，从而作出正确的决策。

7.5.1　决策树的要素

整个决策树由决策结点、方案分枝、状态结点、概率分枝和结果点五个要素构成（如图 7—1 所示）。

决策结点是决策树的根基，它表示决策问题的起点，一般用正方形符号“□”表示。例如，一个县级政府为发展本地经济，组织一些专家学者讨论，确定应上哪些项目。由决策结点引出的方案分枝是解决问题的途径。解决一个问题往往有许多可供选择的方案。所以，方案分枝通常是两枝或两枝以上。例如，该县经过组织专家讨论后，提出了发展本地畜牧业和发展轻工业两个方案，决策任

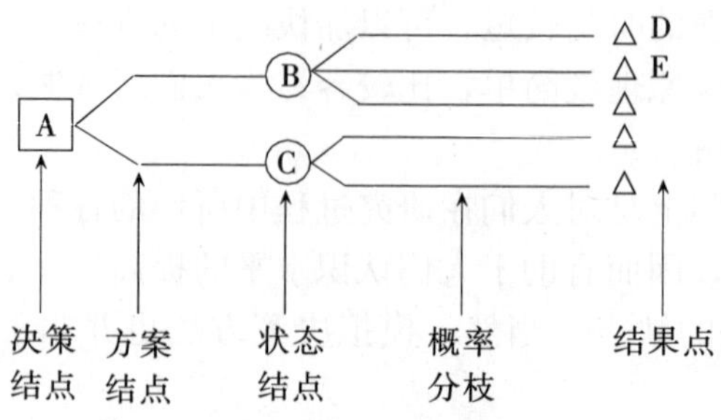

图 7—1 决策树示意图

务就是从这两个备选方案中选择出最优方案。状态结点是决策分枝的终点，它表示一个备选方案可能遇到的自然状态的起点，一般用圆形符号"○"表示。由状态结点引出的概率分枝表示不同的自然状态。例如，无论是"发展畜牧业"还是"发展轻工业"，都会面临未来市场"景气"与"不景气"等若干自然状态，因为人们无法确切地知道未来市场的状态如何，只能用一定的概率表示每一自然状态发生的可能性。因此，把表示未来自然状态的线路称为概率分枝。结果点一般用三角符号"△"表示，它表示执行某一特定方案在某一自然状态发生时可能达到的结果，通常指盈利额和亏损额。例如，在执行"发展畜牧业"这个方案时，若未来市场是景气的，那么可能盈利便是一个结果点。

7.5.2 决策树分析

为了对决策树进行科学系统的分析，首先必须确定每一环节的概率估计，包括客观概率和主观概率。客观概率是指那些有明确先例和经验的概率，是通过对大量随机事件进行统计分析而得到的。如一枚硬币多次投掷，落地时它出现正、反面朝上的概率各为 1/2。客观概率是有统计规律可循的，并可由统计规律求得。主观概率是指那些没有先例，不能由统计规律确定的概率。例如，乘车旅行，出发前估计交通拥挤程度，或估计是否能买到当天的机票等。主观概率是根据个人知识经验对某件事发生的可能程度进行的猜测。

例如，为了确定 A 事件进行还是不进行，必须对 A 事件的决策树进行全面分析。首先应估计各个抉择环节成功与失败的概率。假设耗资 40 万元调查和论证，能争取到任务的概率是 40%，而争取不到的概率是 60%；投资 260 万元"发展轻工业"成功的概率是 80%，如果成功则能获利 600 万元，失败的概率是 20%，如失败则会受损 100 万元；"发展畜牧业"要投资 160 万元，成功与失败

的概率各为 50%，如成功则能获利 600 万元，如失败则会受损 100 万元。将这些数据标注在决策树上就构成了附有概率和经济效果的决策树图示，见图 7—2。

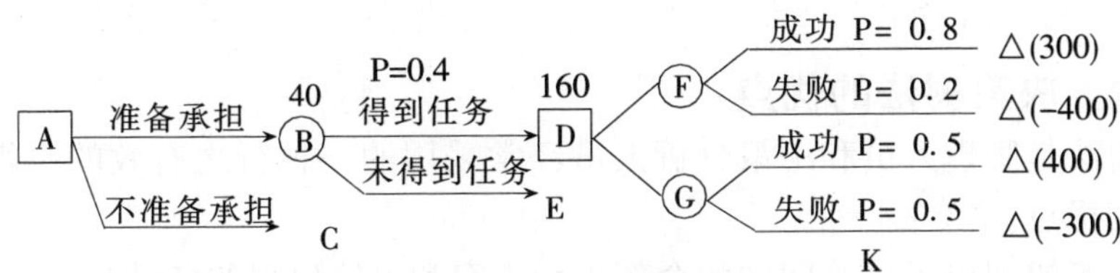

图 7—2　决策树图示

从图 7—2 中可以看出，采用“发展畜牧业”的方法成功时获利较大（600 万元－160 万－40 万元＝400 万元），但它的成功率只有 50%；而采用“发展轻工业”的办法成功时只能获利 300 万元，但有 80%的成功率。如何衡量这两种方案孰优孰劣呢？为此，我们引入一个求加权平均数的公式。根据此公式可算出“发展畜牧业”与“发展轻工业”两种备选方案的准确期望值，然后进行选择。

对于 D 环节，我们可以由公式求出：

E（F）＝300×0.8＋（－400）×0.2＝160 万元

E（G）＝400×0.5＋（－300）×0.5＝50 万元

因为 160 万元大于 50 万元，表示“发展轻工业”比“发展畜牧业”更有利。

对于 B 环节，我们同样可以求出：

E（B）＝160×0.4＋（－40）×0.6＝40 万元

这表明“准备承担”有 40 万元的期望值，如不准备承担则这种期望值为零。

7.5.3　决策树分析方法的步骤

通过以上的描述和分析，我们可以得出结论，在任何情况下，决策树法都须遵循以下四个基本步骤：

（1）把待决定的问题以决策树的形式绘出图形，按时间顺序表示出各不相同方案的相互联系，区别各状态结点和决策终点。最好给每一决策点和机会点做上标记，以便适当地归类并对计算进行核校。

（2）将结果写在决策树的树梢上。进行这项工作时，最好使用历史上相类似的工作项目的统计数字。如果无法得到这类数据，就用估计值代替。应注意，估计值越多，那么以这些可能导致错误的数据为依据所作出的决策所冒的风险也就越大。

（3）标注每一状态结点分枝出现的概率值。这些数据最好是客观概率，若无法得到客观概率，就尽量使主观概率准确些。

（4）进行必要的计算，选出最佳方案。

7.5.4 决策树法的优点

决策树法是管理人员和决策分析人员经常采用的一种行之有效的决策工具，它具有下列优点：

（1）决策树列出了决策问题的全部可行方案和可能出现的各种自然状态，以及各可行方法在各种不同状态下的期望值。

（2）能直观地显示整个决策问题在时间和决策顺序上不同阶段的决策过程。

（3）在应用于复杂的多阶段决策时，阶段明显，层次清楚，便于决策机构集体研究，可以周密地思考各种因素，有利于作出正确的决策。

当然，决策树方法也不是十全十美的，它也有缺点，如使用范围有限，无法适用于一些不能用数量表示的决策；对各种方案出现概率的确定有时主观性较大，可能导致决策失误；等等。

7.6 方案前提分析法

方案前提分析法（strategic assumption analysis）是近年来国外兴起的一种决策方法。这一方法并不直接研讨备选方案本身，而是注重对方案的前提假设进行分析。其依据是：任何方案都有几个前提假设作为依据，方案是否正确，关键在于这些前提假设是否能够成立。如果前提假设能够成立，则说明这个方案所选取的目标和途径基本上是正确的。

7.6.1 方案前提分析法的优点

方案前提分析法强调对方案的前提假设进行分析，与直接分析备选方案本身相比，它具有一些无法比拟的优点。

（1）参加备选方案讨论的人员，往往与这些方案的提出有关，这就很难防止和避免讨论过程中参与人员情感因素的介入和影响。当所讨论的问题同某个成员存在利害关系时，他在分析问题和发表意见时就不可避免地会带有主观偏见。这种感情用事及主观主义的做法，常常会使对问题的分析和认识失去客观标准。但是，如果我们不讨论方案本身，而只讨论方案的前提，则可有效地防止这种利害关系对参与人员意见表达的干扰和影响，促使他们客观地看待和分析问题，作出正确的判断。

(2) 方案前提分析法虽然只讨论方案的前提和假设，但绝不能由此认为这一方法对方案本身不作任何考虑。事实上，在这一方法的实施过程中，方案本身一直隐含在各种前提假设之中。对前提假设的论证过程，实质上也是一个对各种不同方案进行取舍的过程，而且这种做法的一个很重要的优点在于它可以照顾到参与人员的自尊心。当某个成员所提的方案被否定时，他也不会感到特别难堪，因而能够做到在讨论过程中保持头脑冷静，避免感情用事。

(3) 当参加备选方案讨论的人员较多时，意见很多，不同意见之间往往容易出现分歧。在这种情况下，考虑到参与人员的情感反应，人们常常不愿意对某个方案发表尖锐的批评意见，因而容易出现调和折中的倾向。如果采用方案前提分析法，则可以真正做到客观地分析和认识问题，自由地发表意见，在集思广益的基础上制定和评价方案。

(4) 方案前提分析法仅局限于对备选方案的前提假设进行讨论，因而能够对方案的论据了解得更深入、更透彻，增加所选方案的准确性和科学性。

7.6.2　方案前提分析法的步骤

方案前提分析法作为一种行之有效的分析方法，一般要经过以下几个环节：

(1) 分析方案，找出各种方案的前提假设。方案前提分析法的实施必须以前提的存在为先决条件。通常是先找出各个方案的初步前提，然后再深入下去，找出初步前提的前提，这样渐次推进，越深入越好。为了取得方案前提分析方法满意的效果，应当尽量做到所提出的前提假设同方案本身没有明显的联系，否则，将有可能妨碍结论的客观性。

(2) 在找出各种方案的前提假设之后，将前提假设提交会议全体参与人员讨论。在没有任何暗示和限制的情况下，全体人员畅所欲言，对这些前提假设展开充分的论证。

(3) 在充分讨论的基础上，决策中心对各种不同的意见进行综合，集思广益，作出比较科学的选择。

7.6.3　方案前提分析法的具体运用示例

促进和扶植本地经济的发展，是各级政府的首要职责。某机械厂计划从国外引进一条电视生产线，该生产线技术先进，单位产品成本较低，但投资的资金需求量较大，且市场上同类产品较多，面临较大的竞争压力。该机械厂向本地政府申请引进，并期望得到资金支持。政府主管部门对是否同意引进该生产线产生了分歧，一部分人主张批准，另一部分人反对。于是他们采用了方案前提分析法对这两种意见进行分析。具体做法如下：

（1）这两种不同意见在部门内部进行讨论，找出各自的前提假设。同意批准引进的前提是，广大消费者对电视机的质量和性能的要求会迅速提高。这个前提的假设是今后一段时期内人们的收入将会有较大幅度的提高。而反对意见的前提是，消费者对电视机的质量和性能的要求将不会有较大的变化，其假设是短期内人们的收入水平提高的趋势不太明显。

（2）政府主管部门召集专家及有关人员进行讨论。讨论的问题主要有两个：一是消费者的需求；二是人们的收入变化趋势。这里暂且撇开是否批准引进生产线的问题，因而避免了主观因素的影响。

（3）在讨论的基础上，政府主管部门领导对会上所提的各种意见进行分析。分析结果表明，人们对电视机的质量、性能的要求将有可能提高，因为人们的收入将呈现出一种增长趋势。因而政府主管部门立即批准，同意引进，并给予财政上的扶持。

7.7　数学分析方法

数学分析方法产生于第二次世界大战期间，自 20 世纪 70 年代以来广泛应用于企业决策领域。它是一种运用数学方法对可以定量化的决策问题进行研究，解决决策中的数量关系的决策分析方法。随着现代公共管理的科学化与技术化的发展，在公共决策领域采用数学分析方法已是一种普遍趋势。

7.7.1　数学分析方法的内容

每一种决策分析方法都有自己的特定内容。数学分析方法的基本内容是数学化、模型化和计算机化。从数学化角度看，数学中发现了许多有实用价值的手段，如线性规划、整数规划、动态规划、对策论、排队论、存货模型、调度模型、概率统计等等，对定量化的分析与决断起到了重大的推动作用；从模型化角度看，每一种数学手段都包括了解决决策问题的具体数学模型，人们可以借助于模型找出自己所需要了解的问题的答案；从计算机化的角度看，人们可以借用电子计算机这个快速逻辑计算工具，缩短解决问题的时间，增强预测的精确性。这“三化”是互相联系的，它们的结合使决策的技术和方法发生了重大变化。

数学分析法的中心内容是建立与决策目标相适应的、反映事物联系的数学模型。这种模型的核心是运用数学方法，把变量之间以及变量同目标之间的关系用数学关系式表达出来。如果应用电子计算机，则把这些数学模型用计算机的语言编成程序模型，然后把程序模型输入电子计算机，通过计算机的运算，得到准确的数据和结论。目前，许多常用的数学分析法都已编成计算机程序，供决策者随时调用。

7.7.2　数学分析方法的应用

在决策时如何运用数学分析法，应视具体情况而定。掌握数量关系是运用数学分析法的前提。如果决策者和有关专家能够把握决策对象的数量关系，运用数学分析法进行预测和决策，就会速度快，效率高，数据准确，结论可靠。

在决策实践中采用哪种数学分析方法，与决策问题的性质和特点有关，其中主要有三个方面的因素：第一，问题本身包含的变量数目；第二，决策环境的不确定程度；第三，时间因素的影响。这三个方面因素的不同，形成了不同类型的决策，需要采用不同数学工具。例如，对于单变量静态确定型决策，一般采用算术、基本代数、微积分中的古典极值原理；对于多变量静态确定型决策，一般采用矩阵代数、线性规划、非线性规划等方法；对于单变量静态概率型决策，应采用概率论基本原理；对于多变量静态概率型决策，应运用多元统计分析；对于单变量动态确定型决策，应采用微分方程；对于多变量动态确定型决策，应采用动态规划、自动控制论；对于单变量动态概率型决策，应采用存货理论、排队论、马尔可夫方程；对于多变量动态概率性决策，应采用复杂的随机过程论；等等。

7.7.3　常用数学分析方法简介

数学分析方法运用到决策领域后，大大提高了决策的科学化程度。了解一些常用的数学分析方法，并在决策中自觉应用，对提高决策水平是大有裨益的。

1. 线性规划。在决策工作中经常会碰到这样的问题，即如何将有限的人力、物力和财力等合理地投入使用，产出社会所需要的更多的使用价值，为本单位取得最佳的经济效益。线性规划就是研究如何对组织拥有的资源进行全面安排，统一调配、协作，以形成最佳的设计方案。线性规划运用一组线性数学方法来表示，就是要在一定的条件下，寻求某一目标的最大值或最小值。当限制的条件表示为线性等式或不等式，目标函数表示为线性函数时，就称为线性规划问题。

线性规划是计划和决策过程中的极为有用的方法。它既可以用来规划生产、选择最佳的投资方案，又可以用来部署派往各地的业务人员，还可以规划如何用最小代价来最好地完成某一项任务。

2. 盈亏平衡分析。盈亏平衡分析是企业经营决策常用的一种有效方法。它的基本方法是根据产品的销售量、成本和利润三者之间的关系，分析各种方案对企业盈亏的影响，并从中选择出最佳方案。

在一般情况下，生产任何一种产品的成本都包括三个方面，即固定成本、变动成本和总成本。固定成本指生产产品所需的厂房租金、机器设备折旧费和管理费等，变动成本是原料成本和直接参加生产的工人的工资等。总成本即固定成本和变动成本的总和。

用盈亏分析方法可以找出收入与成本的平衡点。所谓收入，即产品销售价格的总和，而利润则是总收入减去总成本部分。如果收入与总成本相等，则达到了盈亏平衡。但必须注意到，由于固定成本的自然存在，总成本始终都是大于固定成本的。如果一个公司要达到盈亏平衡，它的产品销售就一定要达到盈亏平衡点，产品销售量超过盈亏平衡点越多，其利润就越大；低于盈亏平衡点越多，其亏损就越大。

盈亏平衡分析在企业决策中的应用十分普通。但它也有其缺点，即它只注意到了盈亏平衡点的分析，而没有考虑到时间代价问题。因为用于支付固定成本和变动成本的资金是可以用来进行投资的。如果一个组织只注意到盈亏平衡点的话，就有可能失去在其他方面取得更大利润的机会。

3. 计划评审法。计划评审法（program evaluation and review technique，PERT）是统筹法的一种，其核心思想是，将网络理论应用于工程项目的计划与控制等方面，根据对各工序活动所需时间的评估，找出关键工序，以合理安排一切可以动用的人力、财力和物力，谋求用最短的时间来完成计划的一种计划评价、审核方法。

从本质上说，计划评审法的运用必然涉及关键线路法。其基本原理是运用网络理论对计划的制订和执行进行定量分析，把各个工程项目分解成各种作业，以点和线代表各工作项目和活动情况，以寻找完成工程的最优方法。进行计划评审技术有如下几个步骤：

（1）将整个工程项目分解成各种作业工序；

（2）根据这些作业工序的前后顺序编制网络图；

（3）对完成每一作业工序所需的时间作出估计；

（4）找出关键作业工序（即时间最长的工序）或关键路线，编制初步的方案；

（5）以关键作业工序或关键路线为管理重点，来调动人力、财力和物力，以保证用最短的时间、最佳的方法来完成整个工程。

现代管理决策中应用计划评审法的好处与作用是：

(1) 明确目标，主次分明，统筹兼顾，科学地安排工作计划；

(2) 由于找到了关键线路，管理者可以把主要精力集中在关键线路上，大大简化了管理工作，有利于指挥控制；

(3) 由于重点突出，可以在保证重点的条件下，缩短工程时间，同时又可节省资金，提高效率；

(4) 通过网络规划，提供工作进程模型，为采用电子计算机等创造了有利条件。

4. 收益矩阵决策。收益矩阵决策，亦称风险型决策或统计型决策。采用收益矩阵决策一般要有几个条件：

(1) 有明确的目标（如获取最大的利润）等；

(2) 有两个以上备选方案；

(3) 存在着不以决策者的意志为转移的各种自然状态；

(4) 能估计出不同备选方案在各种自然状态下的盈亏值；

(5) 能计算出各种自然状态发生的客观概率。

在上述五个条件具备的情况下，决策就能够以收益矩阵为基础，分别计算出各备选方案在不同自然状态下的收益，然后按客观概率的大小，计算出各备选方案的期望收益值，对其进行比较，从中选择一个最佳方案。

收益矩阵决策方法在管理决策中的应用极为广泛，我们前面所讲的决策树法实际上便以此为基础。所不同的是，决策树是一种图解方式，对分析复杂的问题更为适用。

5. 排队模型。排队模型是运筹学的一个分支，亦称随机服务系统模型，主要研究如何合理地设计与控制服务系统，以便既能满足顾客的需要，又能使人力、物力最省，收益最大，效益最高。例如，在超级市场购物的顾客到收款处付款时，如果付款的人太多，就要排队等候付款，顾客就会因此而不满意。如果不注意解决这一问题，就会因排队问题而丧失了顾客。但是，如果收款台太多，虽然缩短了顾客排队付款的时间，但也可能因为收款台闲置时间太长而形成新的浪费。排队模型就是根据顾客排队的长度、等待时间等的概率分布进行分析，找出最优的解决方案。

排队模型的标准数学公式基于两种假设：(1) 顾客的来去无一定规律，呈“泊松分布”（统计学的概率理论公式）；(2) 服务所需时间呈指数分布。根据两个假设条件可推导出以下公式：

(1) 排队长度的平均数 L。

$$L=\frac{\left(\begin{matrix}\text{单位时间内到达}\\\text{的顾客平均数}\end{matrix}\right)^2}{\begin{matrix}\text{单位时间内}\\\text{服务能力数}\end{matrix}}\times\frac{1}{\begin{matrix}\text{单位时间内}\\\text{服务能力数}\end{matrix}-\begin{matrix}\text{单位时间内到达}\\\text{顾客的平均数}\end{matrix}}$$

如果包括正在服务中的顾客，则

$$L_1=\frac{\text{单位时间内到达的顾客平均数}}{\text{单位时间内服务能力数}-\text{单位时间内到达的顾客平均数}}$$

（2）平均等待时间 W。

$$W=\frac{\begin{matrix}\text{单位时间内到达}\\\text{的顾客平均数}\end{matrix}}{\begin{matrix}\text{单位时间内}\\\text{服务能力数}\end{matrix}}\times\frac{1}{\begin{matrix}\text{单位时间内}\\\text{服务能力数}\end{matrix}-\begin{matrix}\text{单位时间内到达}\\\text{的顾客平均数}\end{matrix}}$$

如果包括正在服务中的顾客，则

$$W_1=\frac{1}{\text{单位时间内服务能力数}-\text{单位时间内到达的顾客平均数}}$$

（3）服务设施空闲时间比例 P。

$$P=1-\frac{\text{单位时间内到达的顾客平均数}}{\text{单位时间内服务能力数}}$$

通过求解结果，管理者可以在满足顾客需要与实现效益最大化方面作出权衡。

6. 其他几种方法。

（1）等可能法。它由 19 世纪著名数学家拉普拉斯提出并加以运用，因而又称为拉普拉斯法。等可能法是一种假设各方案的自然状态出现概率相等，将最大收益值或最小损失值所在方案选定为最优方案的决策方法，其具体做法是：先计算出各个可行方案损益值的平均值，然后比较其大小，确定最优方案（收益值最大的，损失或费用值最小的）。

（2）大中取大法（乐观法）。大中取大法的思想基础是对客观情况持乐观态度，所以也叫乐观法。具体做法是：在每一个方案中选取一个最大收益值，然后将各个方案的最大收益值进行比较，再选取其中最大的一个收益值，它所对应的方案为最优方案。

（3）小中取大法（悲观法）。小中取大法的思想基础是对客观情况抱悲观的态度，把事情结果估计得很不顺利，但在各种最坏的结果中又想找出一个好一点的方案，因此亦称悲观法。其具体做法是：在每个方案中选一个最小收益值；在所有最小的收益值中，选取其中最大者，将其所在的方案定为最优方案。如果是损失值或费用值，则选取每个方案损失最大值，将这些最大损失值中的最小者所

在的方案定为最优方案。

（4）乐观系数法。也叫赫威斯（Hurwicz）法。这一方法对事物的估计既不那么乐观，也不那么悲观，而是从中平衡一下，用一个数字表达乐观程度，该数字成为乐观系统，记作 α，并规定 $0\leqslant\alpha\leqslant1$，用下式表示计算结果：

$$CV_i=\alpha\max(\alpha_{ij})+(1-\alpha)\min(\alpha_{ij})$$

（5）沙凡奇（Savage）法（后悔值大中取小法）。决策者制定决策之后，若情况未能符合理想，必将有后悔的感觉，因此该方法亦称为后悔值法。其具体做法是：将收益矩阵中每种自然状态下各个方案的最大值（损失矩阵应为最小值）定为该状态的理想目标，并将该状态中的其他收益值与最大值之差（损失矩阵应为最小值之差）称为未达到理想的后悔值。即在同一自然状态下，

后悔值＝最大收益值－方案收益值

在后悔值矩阵中，每个方案选一个最大的后悔值，然后再从这些最大后悔值中选取最小值，将这个最小值所在的方案定为最优方案。故此法又称后悔值大中取小法。

7.7.4　数学分析方法的优缺点

1. 数学分析方法的优点。数学分析方法之所以在管理决策中得到广泛的应用，是由其优点所决定的。主要表现为：在特定的条件下，数学分析方法可以使决策工作建立在科学的基础之上；数学分析法可以使复杂的数学程序变得简单明了，有利于提高决策效率；在有关的网络系统中，借助于数学分析方法，能帮助管理者解决复杂的问题；线性规划和决策树等方法都有利于制定一系列活动的步骤，便于了解各种活动之间的关系，从而实现科学的决策；好的数学模型图解，有助于决策者对各种因果关系一目了然，并纠正决策者对某些问题的偏见；等等。

2. 数学分析方法的缺点。数学分析方法并不是十全十美的，它也有适用上的局限性，主要表现为：

（1）数学模型本身不一定能很好地反映现实中的有关问题，因为许多数学模型都是建立在不一定正确的假设基础之上的，而且，在现实生活中，并不是所有的问题都能用数字来表达。因此，数学分析方法并不适用于所有决策问题或某一决策问题的所有方面。

（2）若过分依赖数学模型来进行决策活动，就要专门培养一批从事数学模型设计和应用的人才，而这些专门人才却难以在其他方面发挥作用。

本章小结

决策方法与技术是指在决策过程中为实现决策方案优化而运用的各种智能方法与科学技术的总称，它是决策活动必须借助的手段，也是决策任务得以完成的桥梁。没有科学的决策方法和技术的辅助，我们就无法作出任何科学的决策。现代社会和科学的发展为我们提供了许多行之有效的决策方法与技术。

专家决策法是指借助于专家的创造性思维（如直觉、判断、顿悟等）来获取未来信息的一种直观型决策方法。它包括个人判断决策法（个人头脑风暴法）和集体头脑风暴法两类，其中，集体头脑风暴法又分为直接头脑风暴法和质疑头脑风暴法。专家决策法不是万能的，有其局限性。

德尔菲法是为了克服专家决策法的缺陷，在专家决策法的基础上发展起来的一种行之有效的决策方法。德尔菲法具有匿名性、信息反馈、决策结果的统计特性的特点。它是系统分析方法在认知领域内的一种有益延伸，突破了传统数量分析的限制，为决策者科学决策提供了多种思路和多方案选择的可能性，因而在管理决策实践中获得了广泛的应用。但是，德尔菲法也不是万能的，存在一些缺陷。自 20 世纪 60 年代以来，随着德尔菲法决策实践的广泛深入，兰德公司对经典的德尔菲法作了一些修正，由此派生出各式各样的改良方法。

模拟决策方法是指人们为取得对某一客观事物的准确认识，建立一个与所要研究的实际系统的结构和功能相类似的微观模型，然后运行这一模型，并对各种不同条件下的模型运行进行评价和选优，从而为领导决策提供依据的一种决策方法。模拟决策方法的理论依据是同态性原理。

决策树是对决策过程中的一种有序概率的图解表示，它是把几项可选方案及有关随机因素有序地表示出来形成的一个树形。决策者根据决策树所构造出来的决策过程的有序图示，不但能统观决策过程的全局，而且能在此基础上对决策过程进行合理分析、计算和比较，从而作出正确的决策。

方案前提分析法是近年来国外兴起的一种决策方法。该方法并不直接研讨备选方案本身，而是注重对方案的前提假设进行分析。其依据是：任何方案都有几个前提假设作为依据，方案是否正确，关键在于这些前提假设是否能够成立。如果前提假设能够成立，则说明这个方案所选取的目标和途径基本上是正确的。

数学分析方法产生于第二次世界大战期间，自 20 世纪 70 年代以来广泛应用于企业决策领域。它是一种运用数学方法对可以定量化的决策问题进行研究，解决决策中数量关系的决策分析方法。随着现代公共管理的科学化与技术化的发展，在公共决策领域采用数学分析方法已是一种普遍趋势。在公共管理中，常用的数学分析方法有线性规划、盈亏平衡分析、计划评审、收益矩阵决策、排队模型、等可能法、乐观法等。数学分析法既有优点，也有缺点。

关键术语

决策方法与技术　专家决策法　头脑风暴法　德尔菲法　模拟决策法　方案前提分析法　预测分析法　数学分析方法　决策树法　盈亏平衡分析　计划评审法　收益矩阵决策　排队模型　等可能法　乐观法

复习思考题

1. 专家会议法的基本形式有哪些？
2. 直接头脑风暴法的基本要求有哪些？
3. 简述专家会议法的缺陷与不足。
4. 简述模拟决策法的概念、程序及优缺点。
5. 简述德尔菲法的概念、特点、应用程序及其局限性。
6. 简述决策树法的要素、步骤及优缺点。
7. 简述常见的数学分析方法及其优缺点。

阅读材料

圆明园防渗膜事件

圆明园是一座有着近 300 年历史的古老皇家名园。历史上的圆明园由圆明园（包括福海）、长春园、绮春园（万春园）组成。三园紧相毗连，通称圆明园，共占地 5 200 余亩（约 350 公顷），比颐和园的整个范围还要大出近千亩。它是清代封建帝王在 150 余年间所创建和经营的一座大型皇家宫苑。1860 年被英法联军焚毁后，圆明园渐渐荒废，不少农民搬入圆明园形成了村庄。几年前圆明园管理部门开始实施的西部工程主要是清理福海附近的住户，将圆明园整理出来，名为恢复圆明园山形水系。据了解西部工程投资极大，估计上亿元，而圆明园湖底防渗工程就是这个工程的一部分。

2003 年 8 月圆明园开始实施大规模环境整治工程。2004 年 2 月圆明园湖底防渗工程开工。3 月 22 日在北京开会的兰州大学客座教授张正春在圆明园游览时，发现了圆明园的湖底都铺上了防渗膜，他认为该工程会破坏圆明园的生态环境。张正春立即将此事告知媒体，经媒体报道后，圆明园防渗工程引发极大的争议。3 月 30 日，已近完工的工程被紧急叫停。同日，海淀区政府组织专家召开论证会。争议声中，环保部门随即介入调查。结果发现，圆明园湖底铺设防渗膜工程未按国家相关法律作任何环评报告，也未通过市环保局的环保审批。随后，环保局、文物局、水务局等多家部门相继卷入争论之中。

一、“圆明园无小事”

4 月 1 日，“圆明园生态与遗址保护研讨会”召开，相关各方均有代表出席。众多环保人士提出了环境决策的公众知情权问题。他们认为圆明园纠缠了一个民族梦想、人文精神、生态环境和公民社会等多重话题的聚合点，圆明园不是管理处的圆明园，它是北京的圆明园、中国的圆明园、世界的圆明园。而且，2003 年 9 月 1 日开始实施的《环境影响评价法》规定，对环境有影响的建设项目未编写有关环境影响的篇章或者说明的规划草案，审批机关不予审批，未经环保审批并且未获得环保许可证的工程将被强制停工或取缔。

对此，圆明园管理处称，圆明园是我国清代鼎盛时期古典艺术的杰作，是平地造山挖出的人工湖。数百年后，湖水干涸，多成平地。新中国成立后，有关部门重新为圆明园人工湖里蓄了水，才再现了古典山水园林景观。圆明园环境整治湖底防渗工程就是为了保护环境而立的项目，不属于“建设工程”之列。

然而，圆明园管理处的上述说法遭到了国家环保总局环评管理司牟广丰司长的反驳。他指出：“说这不是一项建设项目，是一项修复活动或者是一项措施，因此不需要环评，这个说法是站不住脚的。国家环境保护总局和国家发改委去年发了 164 号文，文件规定，在国家重点文物保护单位的范围内，兴建投资 500 万元以上的工程，无论是用于资源保护、旅游还是各方面，只要投资额度超过了 500 万元，应该由国家环境保护总局依法对其进行环境影响评价。”

二、环境决策应听取公众意见

北京理工大学人文学院教授胡星斗认为，环境从经济学角度来讲存在着公共性质，有可能对公共物品存在着滥用、不珍惜的状况，对环境这样的公共物品的决策应该更多地听取公众的意见。

4 月 13 日，国家环保总局为圆明园管理处在圆明园遗址湖中铺设防渗膜事件举行了听证会。在听证会的现场，代表们的发言都非常激烈。

清华大学教授李楯认为，圆明园管理处在遗址范围内大面积砍伐清除原有树木、种植非本土的和高耗水的草坪和观赏植物、改变土形土貌，这不但破坏遗址原有的风貌，而且人为地造成了圆明园的供水紧张。圆明园管理处在湖底铺设防渗膜的目的，就在于在遗址范围内搞经营性的游船快艇等商业活动，用于谋利。在国家文物局和北京市文物局关于环境整治请求报告的批复中，明文写着整治的内容应该以清理遗址地表上以及园内水系中的垃圾渣土，修整驳岸为主，不得扩大修整范围，修整过程中不得改变文物原状，不能对文物遗址造成破坏，圆明园管理处则是故意违反。在圆明园环境综合整治工程名下进行的圆明园的东部湖底防渗工程项目，以及同时进行的河道湖底挖深、驳岸改建、游船码头修建，这些工程没有按照国家规定进行环境评价，是违法行为。

根据“经济半小时”记者的调查，在圆明园防渗工程防渗膜采购合同的复印件上，清清楚楚地写着，防渗膜的采购价是每平方米 7.2 元。但在听证会上，圆明园管理处透露，防渗膜铺设每平方米造价为 28.86 元。那么，除了 7.2 元的材料费，剩下的 21.66 元究竟是如何支出的？圆明园管理处并没有作出解释。

三、多头管理导致无人管理

在行政归属上，圆明园是海淀区政府的直属单位。从公园属性来讲，园林部门与圆明园有行业管理关系。从遗址属性来讲，文物部门也与圆明园有行业管理关系。圆明园的湖底防渗工程涉及生态环境影响，又属环保、林业部门的职权范围。据悉，北京市有 11 个公园归市园林局直属，包括颐和园、玉渊潭等，其他公园则属各区管理。

中国社会科学院环境与发展研究中心教授徐嵩龄介绍说，我国文化遗产基本属国家文物局管理，自然遗产分别由国家环保总局、林业局、中国科学院等管理，被冠以“风景名胜区”与“历史名城”的遗产则由建设部管理。而在发达国家，遗产基本是由单一部门管理。意大利原来由教育部管理，1975 年后由新成立的文化与环境资产部管理；西班牙由文化部管理，其下设立“历史遗产委员会”，全面监察、咨询、规划遗产管理工作；加拿大最早由国务部管理，1980 年归传播部管理，1993 年传播部改为遗产部；澳大利亚由环境与遗产部管理；英国则由内阁大臣级的国家遗产局负责管理。

产权不明晰和管理体制没有理顺是园林管理的两个关键问题。多头管理可能导致管理部门的职权不明、分工不清，在具体工作中可能造成谁都不管的局面。此次圆明园事件就充分暴露出这样的问题。

北京大学景观设计学研究院院长俞孔坚教授认为要改变这种“公地悲剧”，第一，必须由国务院成立专门机构来统筹自然和文化遗产，理顺管理关系，统一监督、管理和使用遗产，并对纳税人负责。第二，把决策权与管理权分离。在保护和管理方面，独立专家应该具有参与甚至主导决策的权力，管理机构只是执行专家主导的管理委员会的决定。当然，对专家也要问责。这就意味着专家委员会必须是固定的，必须设立首席专家，有人专门承担责任。专家应该是独立的，不能归属于任何一个利益团体。再就是理顺监督机制。监督机制包括听证会、媒体报道、专家意见、公众意见等，但决策权还是要交给专家委员会，因为这涉及专业的问题。

四、听证会：现代政府决策的重要工具

近些年，随着政府决策的公开化、民主化进程的加快，政府决策也进入法制化轨道。在重大事项决策上，各级政府纷纷引入专家咨询、民意调查、召开听证会等程序，这些手段为政府的科学决策提供了必要的保证。听证会作为一种制度，有着它独特的意义。它要求决策者在决策之前必须按照既定的程序，同等地听取利益和主张不同的人群的意见，并在梳理和分析这些意见的基础上作出决策。而一切利益和主张不同的人们都能享有按照既定程序平等地在决策者面前陈述自己意见、用证据支持自己的意见等为法律所保护的权利。

目前，我国法律并未明文规定环境保护行政主管部门负有举行该类公众听证会的法律义务。但在4月1日的关于圆明园湖底防渗工程的研讨会上，以官方身份出席的国家环保总局环评管理司司长牟广丰重申，对老百姓的公共利益有一些影响的工程，在施工、决策之前应该对社会公布。

某专家在《中国新闻周刊》撰稿认为圆明园遗址防渗膜听证会存在如下问题：第一，它没有面向社会公开《圆明园东部湖底防渗工程项目建议书》、北京市海淀区圆明园管理处圆政字［2003］第75号文（即《关于03—04年度圆明园遗址保护整治工作拟施项目的请示》）和国家文物局及北京市文物局的批复，以及海淀区政府海政会［2004］第4号文等与听证密切相关的重要材料。第二，没有给公众留下更充足的报名和准备的时间，没有要求听证陈述人事先提供书面证言，并面向社会公开这些书面证言。第三，听证会没有由利益无涉的法律职业者主持。听证会主持人缺乏主持能力，或者是不能公正主持，影响到不同意见的充分展现。这应是导致听证会必须重新举行的法定理由。第四，听证会没有设置规定，使利益和主张不同的听证陈述人分问题针锋相对地进行陈述。而不分问题，就会使决策者和公众都难以清楚地对不同主张的优劣和不同证据的真伪作出判断。第五，提问应是听证中制度性的必不可少的环节，但听证会没有在陈述人于

书面证言基础上作 5 分钟简短陈述后，与会者向陈述人提问的规定。这样，就缺少对陈述人的主张及证据的展示、梳理和质疑听证，使得决策者和公众不能更全面地了解情况和把握问题，而陈述人的主张及其背后的利益也展现得不充分。

思考题

1. 圆明园防渗膜事件暴露出我国政府决策中还存在哪些问题？
2. 听证会在现代政府决策中扮演着怎样的角色？

第8章

项目管理

开章案例

项目管理是第二次世界大战后期发展起来的重大新管理技术之一，最早起源于美国。1957年杜邦公司把这种方法应用于设备维修，使维修停工时间由125小时锐减为7小时；1958年美国国防部在北极星导弹设计中，应用项目管理技术，把设计完成时间缩短了两年。

20世纪60年代，项目管理的应用范围也还只是局限于建筑、国防和航天等少数领域，但因为项目管理在美国的阿波罗登月项目中取得巨大成功，由此风靡全球。国际上许多人开始对项目管理产生了浓厚的兴趣，并逐渐形成了两大项目管理的研究体系，其一是以欧洲为首的体系——国际项目管理协会（IPMA）；另外是以美国为首的体系——美国项目管理协会（Project Management Institute，PMI）。在过去的30多年中，他们的工作卓有成效，为推动国际项目管理现代化发挥了积极的作用。

项目管理（project management，PM）是美国最早的曼哈顿计划开始的名称。后由华罗庚教授在20世纪50年代引进中国（由于历史原因叫统筹法和优选

法）。

项目管理是“管理科学与工程”学科的一个分支，是介于自然科学和社会科学之间的一门边缘学科。

8.1 项目与项目管理

项目管理是一种专业知识，是一个方法体系，它有相对统一的内容、要求和技术。在西方发达国家，项目管理的应用已十分普及。因为它的理论与应用方法从根本上改善了管理人员的运作效率，所以项目管理已从最初的国防和航天领域迅速发展到目前的电子、通信、计算机、软件开发、建筑业、金融业等行业。我国从 20 世纪 80 年代开始接触项目管理方法，同时也开始了应用项目管理的实践。随着项目管理影响的扩大，它开始受到政府的关注。1987 年，国家计委等五个有关部门联合发出通知，确定了一批试点企业和建设项目，要求采用项目管理。1991 年建设部进一步提出把试点工作转变为全行业推进的综合改革，全面推广项目管理。但目前看来它还只是在建筑业等一些行业有较大的影响，被这部分行业所接受和掌握。随着项目管理理论研究的成熟和项目管理实践的发展，项目管理必将在更广阔的领域，尤其是在公共管理领域中得到更多的应用。

8.1.1 项目概述

“项目”一词是一个专业术语。但在人们的理解中，项目所指过于宽泛，以至于人们往往将所有工作都说成是项目，如修建一座水电站、引进一种新产品、地区经济开发等。然而，项目的科学含义是什么，这是我们首先要明确的。

1. 什么是项目。美国的项目管理权威机构——项目管理协会认为，项目是一种被承办的旨在创造某种独特产品或服务的临时性努力。

世界银行根据其发放贷款的用途将项目解释为：“所谓项目，一般是指同一性质的投资或同一部门内一系列有关的或相同的投资，或不同部门内的一系列投资（如城市项目中市区内的住房、交通和供水等）。”①

美国专家约翰·宾（John Ben）认为，项目是要在一定时间里，在预算规定范围内需达到预定质量水平的一项一次性任务。

从这些定义中可以看出，项目是在特定的条件下为达到特定目标而调集到一

① 世界银行：《世界银行项目管理》，39 页，北京，中国财政经济出版社，1998。

起的资源组合，是为了取得特定的成果而开展的一系列相关活动。

项目概念的基本要素有以下几个：

(1) 项目的总体属性。从根本上来说，项目实质上是一系列的工作。尽管项目是有组织地进行的，但它并不就是组织本身；尽管项目的结果可能是某种产品，但项目也不就是产品本身。例如，谈到一个“工程项目”，我们应当把它理解为包括项目选定、设计、采购、制造（施工）、安装调试、移交用户在内的整个过程。

(2) 项目的过程。项目是必须完成的、临时性的、一次的、有限的任务，这是项目过程区别于其他常规“活动和任务”的基本标志，也是识别项目的主要依据。各个项目经历的时间可能不同，但各个项目都必须在某个时间完成，有始有终是项目的共同特点。无休止地或重复进行的活动和任务不是项目。

(3) 项目的成果。项目都有一个特定的目标。这个目标或者是特定的产品，或者是特定的服务。前者如土木工程的建设和设备的提供，后者如管理人员的培训等。项目的目标通常要在项目初期设计出来，并在其后的项目活动中一步一步地实现。

(4) 项目的约束条件。项目同一般任务一样，有人力、物力、财力、质量、时间等约束条件。项目只有在特定的条件下才能进行。项目的约束条件既是完成项目的制约因素，同时也是管理项目的条件，是对管理项目的要求。

2. 项目的分类。项目的分类可依据不同的标准。例如：

(1) 按项目规模分类。根据投入项目的人力、项目持续时间、项目投资额等指标，可将项目分为大项目、中等项目和小项目。当然，采用这种方法对项目分类，在不同的国家、地区和不同的行业会有不同的标准。

(2) 按项目的成果分类。项目可分为：产品项目和服务项目。当然，也不排除有些项目成果兼有产品和服务。比如，某网络公司为某政府部门建设的电子政务系统，既包括办公自动化产品和网络设备，也包括网络维护、技术人员培训等相关服务。

(3) 按产业分类。按项目所在的产业，可将项目分成：农业项目、工业项目、投资项目、教育项目、建设项目、社会保障项目等。

(4) 按项目用户状况分类。依据这一标准，可以把项目分为有明确用户的项目和无明确用户的项目。前者如为特定用户“量身定做”的产品或服务。后者则可能是某一项目同时有多个用户，或者根本没有真正的用户，只是上级交办的一项特殊任务，其成果只向上级移交，如由特定部门承担的国家立项的科研项目。

(5) 按项目的复杂程度分类。项目所包含的内容、技术、组织关系、人员关系的复杂程度各异，根据这些差别，可将项目分为复杂项目和简单项目。

3. 项目的特征。项目的特征是对所有项目的属性的抽象和概括。一般来说，项目具有如下基本特征：

（1）一次性。这是项目与其他重复性的操作或任务的最大区别。项目具有明确的起点和终点，现在没有先例可循，将来也不会再有完全相同的重复。项目大多带有某种创新和创业的性质。

（2）独特性。项目的过程具有自身的独特性。有些项目即使所提供的产品和服务是类似的，但它们的地点、时间、内部和外部的环境、自然和社会条件都会有所差别。

（3）目标性。项目有其确定的终点，其终点则指时间目标及成果性目标、约束性目标和其他需要满足的条件。

（4）依赖性。项目在进行过程中经常与其上级组织同时进行的其他项目互相影响，而且项目永远与组织中的标准的、常规的工作互相影响。比如，市场部门可能在项目的开头和结尾，而不是中间介入项目；制造部门可能要自始至终介入项目；财务部门通常在项目的开始阶段、项目结束的核算阶段，或者中间的报告期介入。这就使得项目的成败往往取决于上级其他项目或组织的相关部门的配合情况。

（5）组织的临时性和开放性。开始项目时要先组建一个组织，这个组织在项目执行的过程中人数、成员和职能都在不断发生着变化。

（6）成果的不可挽回性。项目不像其他事情可以“试错”，也不像批量产品，合格率 99.99%已经算是很好了，项目必须确保成功。这是因为在特定的条件下，个人和组织的资源有限，一旦失败就会失去重新实施原项目的机会。

8.1.2　什么是项目管理

项目管理是在特定的工作环境中通过项目管理者和项目组织者的努力，运用系统理论和方法对项目及其资源进行计划、组织、指挥、协调、控制，旨在实现项目成果的管理方法体系，是理顺与项目有关的众多错综复杂的难题的一种手段。

1. 项目管理是一种管理方法体系。项目管理是一种已被公认的管理模式，而不是任意的一次管理过程。项目管理是在长期管理项目的基础上通过研究、实践、再研究这种反复的过程总结出的理论方法体系。应用项目管理，必须按项目管理方法体系的基本要求去做；不按项目管理模式管理项目，只能说是管理了项目，不能说是采用了项目管理。

2. 项目管理的对象、目的。项目管理的对象是项目，它是由一系列任务组成的整体系统，而不是这个整体的一个部分或几个部分。项目管理的目的是在有限的资源条件下，通过运用科学的项目管理技术，保证项目时间、质量、成本达到最优化。

3. 项目管理的任务、职能。项目管理的任务是对项目及其资源进行计划、组织、指挥、协调、控制，这与项目本身的任务是不同的。项目管理的职能是对组织的资源包括人员、资金、技术、设备等进行计划、组织、指挥、协调、控制，这与其他管理的职能是完全一致的。

4. 项目管理运用系统理论与方法。项目管理是一项复杂的工作。项目一般由多个部分组成，工作内容跨越多个组织，需要运用多种学科的知识来解决问题；项目工作通常没有或很少有以往的经验可以借鉴，执行中有许多未知因素，每个因素又常常带有不确定性；项目需要将具有不同经历、来自不同组织的人员有机地组织在一个临时性的组织内，在技术性能、成本、进度等较为严格的约束条件下实现项目目标；等等。这些因素都决定了项目管理工作的复杂性远远高于一般的管理。因而，项目管理必须以系统理论和方法为指导。

5. 项目管理职能主要是由项目经理执行的。项目管理实行项目经理负责制。项目经理在项目管理中起着非常重要的作用。项目管理的主要原理之一是把一个时间有限和预算有限的事业委托给一个人，即项目经理，他有权独立进行计划、资源分配、协调和控制。在一般规模的项目中，项目管理由项目经理带领少量专职项目管理人员完成，项目组织中的其他人员，包括技术与非技术人员负责完成项目任务，并接受项目经理的管理。

8.1.3 项目管理的基本内容

项目管理的基本内容或基本阶段有：

1. 项目定义。项目定义往往是项目管理过程最初的，也是十分重要的一个阶段。一个好的项目定义必须回答以下问题：（1）被提出的问题或机会是什么？（2）项目的目的是什么？（3）为实现这一目的，有哪些目标是必要的？（4）如何确认项目成功？（5）是否存在可能影响项目成功的假设、风险、障碍？另外，项目定义阶段还需确立项目的范围。

2. 项目计划。项目计划对于提高项目管理的效率有着十分重要的意义，同时项目计划也有助于降低项目管理中的不确定性因素，提高项目管理的成功率。一个完整的项目计划应当说明将要做什么、如何去做、由谁来做、在何时做、将在什么地方做、需要什么资源，以及项目完成的标准。

3. 项目执行。执行项目计划包括几个步骤。除了组织人员，它还包括确定完成计划规定工作所需资源（人力、材料和资金），根据进度计划安排工人完成他们各自的任务，安排活动的开始与结束时间。

4. 项目控制。项目计划为项目控制提供了标准和依据。在项目管理中，项目经理使用一套系统来不间断地监督项目的进展或其不足。这个监督系统不仅对项目相对计划的实际完成情况进行汇总，而且对项目的未来加以预测并重新计划，对可能的问题作出预警。项目控制得以发挥作用依赖于两个条件：一是明确的项目计划、具体的控制标准；二是健全的控制组织和足够的控制人员。

5. 项目结束。为确保项目管理的效果，项目结束阶段也必须受到重视。这一阶段需要对所做的工作进行评价并为今后的项目提供历史信息。因而，在每个项目结束的时候，需要回答以下问题：(1) 项目是如它的要求者所要求的那样做的吗？(2) 项目是如项目经理要求的那样做的吗？(3) 项目班子是根据计划完成项目的吗？(4) 获得了哪些有助于今后项目的信息？(5) 项目管理方法起到了怎样的作用，项目班子合作得怎样？

8.1.4　项目管理的基本原则

为确保项目管理的效果，必须在项目管理中贯彻如下基本原则：

1. 科学化、民主化原则。这一原则包含两层意思。第一，在项目决策过程中必须尊重客观规律，按照科学的决策程序进行。所谓科学程序就是坚持“先论证、后决策”的原则，先对项目进行调整研究和论证，然后进行决策。坚决杜绝“边投资，边论证”的现象，更不应该采取“先决策，后论证”的违反客观规律的做法。第二，社会化大生产的特点是投资项目规模大，投资多，技术复杂，牵涉面广，单凭个人经验决策很难作出正确判断，这就需要贯彻民主的原则，依靠群众的智慧，广泛集中经济、技术、管理等各方专家的意见，集思广益，发挥他们的聪明才智，实现决策的民主化。

2. 系统性原则。所谓系统原则，就是把项目看作国民经济和社会发展大系统中的一个子系统，从整个系统的角度看项目的可行性与实际效用，同时，从项目内部各要素之间的相互关系中寻求其总体效益的最优化。在社会化大生产条件下，项目与企业与行业存在密不可分的关系，新上一个投资项目，必然会打破原有的关系和利益格局，形成新的平衡协调关系。这时，就需要妥善解决一系列新问题，如原材料、燃料、动力、交通运输，其他企业协作配套能力等。

3. 资金的时间价值原则。项目在管理过程中，要考虑资金的时间价值，考虑机会成本。资金的时间价值，简单说是指资金投入使用后随着时间推移而带来的增值。由于资金投入的生产领域不同，会使所得的那种积累有多有少。无论是从国家还是从企业来看，都必须以尽可能少的资源占用获取最大的物质财富。因此，在考虑资金投入时就要比较分析，究竟采用何种方式，究竟投入哪一生产领域才能获得资金的增值，讲求资金的时间价值。另外，由于资金拥有量并不是无限的，一笔资金用于这一项目的投资，实际也就放弃了它在另一些项目上的投资使用，也就是说，我们进行这项投资时，实际上是以放弃其他一些项目的投资为代价的，这种代价就称为机会成本。如果放弃的这种代价相对正进行的投资来看比较小，表明正进行的投资是有利可图的、可行的；反之，则是不可行的。在项目管理中重视资金的时间价值，重视资金的机会成本，实际上就是要求我们不能仅从静态角度分析评价项目的投资利润率高低，投资回收期长短，还要从动态角度分析在利率变动的情况下，在一定利息情况下，资金的总收益情况，从而推断项目在经济上的可行性，使资金利用效果达到最佳。

4. 责任、利益、风险对称的原则。项目管理的责任、利益、风险是相对称的。没有责任与利益的统一，项目主体不可能真正承担投资风险，投资效益也就成为一句空话。因此，要赋予投资主体严格的经济责任，明确“谁决策，谁负责”。同时，作为投资主体应是形成的新资产的所有者和受益者，做到“谁投资，谁受益”，使项目主体真正以自己的经济生命承担投资风险。这样，才能真正调动投资者、项目管理者等各自的积极性。

8.2 项目目标和项目范围管理

项目起始阶段的一个重要问题就是明确项目目标和项目范围，即明确为什么实施该项目，项目要达到什么样的结果，如何实施该项目，项目工作的具体内容是什么，以及如何定义项目完成。项目目标和项目范围的确定实际上为项目实施指明了方向，为项目划定了具体的活动范围。

8.2.1 项目目标

1. 项目目标的含义。项目目标就是实施项目所要达到的期望结果。项目的实施实际上就是一种追求目标的过程。因此，项目目标应该是清楚、可行的。

项目目标具有如下特点：

（1）多目标性。一个项目往往是一个多目标的系统，而且不同目标之间彼此相互冲突。实施项目的过程就是多个目标协调的过程，这种协调包括项目在同一

层次的多个目标之间的协调；项目总体目标与其子项目目标之间的协调；项目本身与组织总体目标的协调。

(2) 优先性。对于一个项目不同层次的目标来说，由于其重要性并不相同，往往被赋予不同的权重。此外，不同的目标在项目寿命周期的不同阶段，其权重也往往不同。

(3) 层次性。目标是一个有层次的体系。对于项目来说，目标的具体表达通常有三个层次，即战略性目标、策略性目标和项目实施的具体计划。项目的战略性目标也就是项目总体目标，通常用来说明为什么实施该项目，实施该项目的意义如何；项目的策略性目标也就是项目的具体目标，用以说明该项目具体应该做什么，应该达到什么样的具体结果；而项目实施的具体计划则说明如何实现项目目标。这三个层次应紧密联系，层层落实。

2. 确定项目目标的方式。项目目标的确定需要一个过程，在项目的初始阶段，项目目标往往难以非常清晰、具体地描述。要清楚地界定项目目标，首先要明确由谁来确定项目目标，因为不同的人思考的角度不同，其次，还需要回答下述问题：如何才能知道项目已经完成？项目的最终结果应是怎样的？

为了明确定义项目如何才算完成，怎样才算成功，项目的最终结果怎样，需要对项目目标加以具体描述。项目目标必须明确、具体，尽量用定量化的语言进行描述，保证项目目标容易被沟通和理解，使每个项目组成员确信项目目标是能够达到的，并能使每个项目组成员结合项目目标确定个人的具体目标，把责任落实到人，只有这样才能起到很好的激励作用。

在确定项目目标时值得注意的问题是，人们往往倾向于关注成本或以成本的减少为目的，而忽略项目实施的最终结果。一个以利润为目标的企业应该认识到，利润表现为收益与成本的差额，增加利润可以通过保持收益不变而减少支出实现，但成本的减少往往有限，而收益与成本同时增加同样可以保证利润的增加，因此，不应该单以成本的减少为最终目的。而对于公共部门来讲，项目目标的确定则应同时考虑成本和社会效益两个目标。

项目目标的确定有一个由一般到具体逐渐细化的过程。因此，开始时项目的目标可能比较一般化，随着时间的推移而逐渐明确，甚至可能重新确定。例如，Y 公司准备开发一种高性能的火箭助推剂，其项目建议书已递交给政府的有关部门，通过可行性分析并签署了相应合同。然而，随着项目的实施，公司意识到项目的初始目标难以在一定的时间、成本及资源约束条件下实现，初始目标的实现要以高成本为代价，在这种情况下，项目的最初目标需要重新确定，以便与公司所能获得的资源相匹配。

3. 项目的目标管理。目标的制定方式可以作为执行和指导一个组织实现目标的管理手段。在项目环境下，对项目组成员绩效的评价往往根据的是其工作结果而不是其所花费的时间，因此，对项目组成员来说，明确项目目标，并把个人目标作为实现项目目标的一个有机组成部分非常重要。

目标管理作为一种管理技术起始于20世纪60年代，是一种把总体目标与具体计划相联系的管理方式。目标管理可以作为一种有效的项目管理工具，它具有如下优点：

（1）可以有效地激励员工，调动员工的积极性，在满足项目要求的同时满足项目组成员的个人要求；

（2）面向结果，而不是面向过程，它强调项目实施的结果，而不在意其具体过程；

（3）为经理人员及下属提供了一种有效的沟通方式；

（4）使得项目组成员更加注重组织目标，并能明确了解各自的工作结果与组织目标之间的关系，明确项目组成员对项目目标实现的贡献大小；

（5）这种管理方式是一种系统的管理方法，能够有效连接项目目标与组织总体目标、项目目标与组织各职能部门目标，以及项目目标与项目组成员的个人目标。

但也需要注意目标管理在项目管理中应用的局限。例如，并不是所有项目组成员的工作结果都是可以度量的，而对项目组成员不恰当的评价则容易挫伤其积极性。

8.2.2 项目范围

1. 项目范围的含义。确定项目范围就是为项目界定一个界限，划定哪些方面是属于项目应该做的，而哪些是不应该包括在项目之内的，定义项目管理的工作边界，确定项目的目标和主要的项目可交付成果。

项目范围的定义要以其组成它的所有产品的范围定义为基础，这也是一个由一般到具体、层层深入的过程。即使一个项目可能是由一个单一产品组成的，但产品本身也应包含一系列要素，有其各自的组成部分，每个组成部分又有其各自独立的范围。例如，一个新的电话系统可能包含四个组成部分——硬件、软件、培训及安装施工，其中，硬件和软件是具体产品，而培训和安装施工则是服务，具体产品和服务形成了新的电话系统这一产品的整体。如果项目是为顾客开发一个新的电话系统，要定义这个项目的范围，首先就要确定这个新的电话系统应具备哪些功能，定义产品规范，然后具体定义系统各组成部分的功能和服务要求，最后明确项目需要做些什么才能具有这些功能和特征。

确定了项目范围也就定义了项目的工作边界，明确了项目的目标和主要的项目可交付成果。因此，确定项目范围对项目管理来说可以产生如下作用：

（1）提高费用、时间和资源估算的准确性。项目的工作边界定义清楚了，具体工作内容明确了，就为项目所需的费用、时间、资源的估计打下了基础。

（2）确定进度测量和控制的基准。项目范围是项目计划的基础，项目范围确定了，就为项目进度计划和控制确定了基准。

（3）有助于清楚地分派责任。确定了项目范围也就确定了项目的具体工作任务，为进一步分配任务打下了基础。

2. 项目范围的管理。项目范围的管理也就是对项目应该包括什么和不应该包括什么进行定义和控制。项目范围管理应该经过如下过程：

（1）启动。启动就是正式承认一个新项目的存在或一个已有项目应当进入下一个阶段的过程。在某些组织中，一个项目只有在可行性研究或初步计划完成之后才能正式启动。所有项目都需要经过一个适当的启动过程。

（2）范围计划。范围计划是编写正式的项目范围说明书的过程。项目范围说明书通过定义项目目标和主要的项目可交付成果，形成项目小组和项目顾客之间协议的基础。如果项目范围说明书的所有要素都已具备，例如，通过项目提案确定了项目的主要可交付成果，而项目许可证也定义了项目目标，则确定项目范围的过程也就是把项目说明书具体写出来的过程。

（3）范围定义。范围定义就是把项目的主要可交付成果（如项目说明书中所定义的）划分为较小的、更易管理的单位。

（4）范围核实。范围核实是项目的利益相关者，如项目发起人、客户等，对项目范围进行最终确认和接受的过程。核实过程要求重新审查项目产品和工作结果以确保一切都正确无误并令人满意地完成了。如果项目被提前终止，范围核实过程应确定项目完成的层次和程度，并将其形成文件。

（5）范围变更控制。范围变更控制包括：对造成范围变化的因素施加影响，以保证变化是有益的；判断范围变化已经发生；当实际变化发生时对变化进行管理。范围变更控制必须与其他控制过程，如时间控制、成本控制、质量控制等结合起来。

8.3　项目计划

项目计划是项目实施的基础，是组织根据项目目标的规定对项目中的各项活动作出的周密安排，主要解决组织人员各自的职责、项目面临的时间价值及机会成本、资源的分配及利用、如何既保持进度又能使项目成功等问题。

8.3.1 项目计划的作用

项目计划是为了便于项目的协商、交流及控制而设计的。制订项目计划的目的是：

（1）确定并描述为完成项目目标所需的各项任务范围。

（2）确定负责执行项目各项任务的全部人员。

（3）制定各项任务的时间进度表。

（4）阐明每项任务所必需的人力、物力、财力。

（5）确定每项任务的预算。

项目计划对项目管理成功至关重要。项目计划的作用表现在以下方面：

（1）项目计划可以使项目成员明确各自的职责范围及相应的职权，以便按要求去指导和控制项目的工作，减少工作风险。

（2）项目计划能够促进项目成员之间及项目委托人和管理部门之间的交流与沟通，使项目中的各项工作协调一致，并在协调关系中了解哪些是关键因素。

（3）项目计划可以使项目组成员明确自己的奋斗目标，实现目标的方法、途径及期限，并确保以时间、成本及其他资源需求的最小化实现项目目标。

（4）项目计划可作为进行分析、协商及记录项目范围变化的基础，也是约定时间、人员和经费的基础。它为项目的跟踪控制过程提供了基础，可用以衡量项目进度、计算各种偏差及决定是否采取预防或整改措施，便于对变化进行管理。

（5）项目计划可以把叙述性报告的需要减少到最低量。用图表的方式将计划与实际工作相对照，可使报告的效果更好，这样也可以提供审计跟踪以及把各种变化写入文件，提醒项目组成员及委托人应对这些变化。

8.3.2 项目计划的原则

项目计划的核心是从各个方案中作出最优选择，以使项目目标得以顺利实现。在项目计划制订过程中应遵循以下原则：

1. 目的性。任何项目计划的制订都是围绕项目目标的实现而展开的，任何项目都有一个或几个确定的目标，以实现特定的功能、作用和任务，项目计划具有目的性。

2. 合理性。计划方案的合理性，主要是指所用资料、数据是基于项目的环境分析而得到的。任何系统都必然要与外部环境进行物质、能量、信息的交换，必须适应外部环境的变化。环境因素的存在以及变化的情况，对项目实施计划的制订、组织机构的设置、施工进度的选择，以及人员的配备等等都将产生重要的影响。

3. 动态性。项目计划执行过程中，外部环境复杂多变，不可控制的因素很多，始料未及的情况常有发生，应考虑多种应变计划和方案，做好各种应变的准备。要随着环境和条件的变化而不断调整和修改，以保证完成项目目标，这就要求项目计划要有动态性，以适应不断变化的环境。

4. 可行性。项目计划是一个系统的整体，构成项目计划的任何子计划的变化都会影响其他子计划的制订和执行，要保证现有资源、技术、资金、人力和物力等方面的可行性，应力求方案计划的可操作性以及现实可能性。

5. 系统性。项目计划本身是一个系统，由一系列子计划组成。各个子计划不是孤立存在的，它们彼此之间相对独立，又密切相关，从而使制订出的项目计划也具有系统的目的性、相关性、层次性、适应性、整体性等基本特征，使项目计划形成有机协调的整体。

总之，制订项目计划要本着统筹、重点、连锁和发展的原则进行，因为计划的目标是要通过系统整体的最优化实现决策目标；而系统整体最优化的关键在于系统内部结构的有序和合理，在于对象的内部关系与外部关系的协调。在充分调查、研究论证的基础上确定重点并注意对象系统中内部结构各个因素之间，以及其他相关系统之间的相互作用、相互反馈的因果关系。既要注意可行性，实事求是，又要预见到未来的发展。

8.3.3 项目计划的形式

项目计划按计划制订的过程，可分为概念性计划、详细计划、滚动计划三种形式。

1. 概念性计划。概念性计划通常称为自上而下的计划。这种计划的任务是确定初步的工作分解结构图（WBS图），并根据图中的任务进行估计，从而汇总出最高层的项目计划。在项目计划中，概念性计划的制订规定了项目的战略导向和战略重点。

2. 详细计划。详细计划通常称为自下而上的计划。这种计划的任务是绘制详细的工作分解结构图，该图需要详细到为实现项目目标必须做的每一项具体任务。然后自下而上汇总估计，成为详细项目计划。在项目计划中，详细计划提供了项目的详细范围。

3. 滚动计划。滚动计划是根据计划的执行情况和客观环境的变化定期修订计划，使计划不断向前滚动的方法。由于在制订计划时很难准确预测未来客观环境和计划各要素的发展变化，随着计划的延长，影响计划执行的不确定性因素会越来越多，计划的不确定性越来越大，计划将越来越暴露出其不适应性。如果不考虑客观环境的变化，仍然执行原有计划，就会影响到计划目标的实现，带来巨大的损失。因此，需要采用滚动计划法对计划不断进行修订。

滚动计划的制订方法是：把计划执行期分为几个阶段。在第一个计划执行期结束时，根据该阶段计划的执行情况和外部与内部有关因素的变化情况，对原计划进行修订，使计划向前滚动一个阶段。依据同样的做法，定期修订计划，促使计划逐期滚动。图 8—1 显示了一个五月期滚动计划的编制过程。

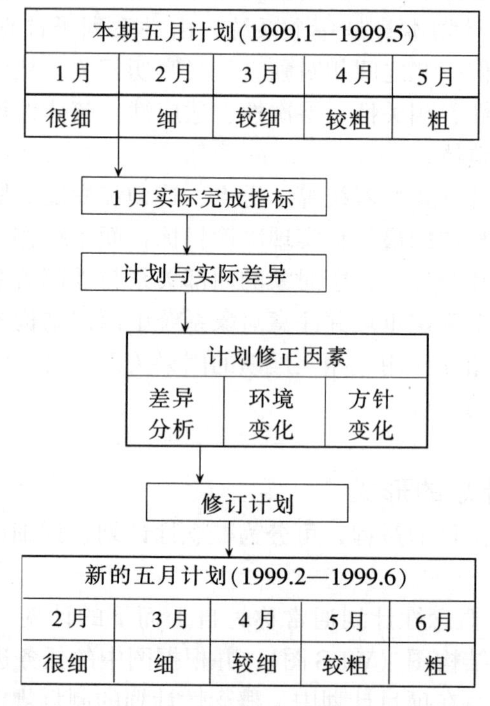

图 8—1　滚动计划示意图

滚动计划具有十分明显的优点。首先，它可使项目组织始终有一个切合实际的计划作为指导，有助于提高计划的质量。其次，它可使长期计划、中期计划和短期计划之间相互紧密衔接，从而确保即使项目执行由于环境的变化而产生了偏差，也能及时地进行调节。最后，它可以增大计划的灵活性，提高项目组织的应变能力。

8.3.4　项目计划的内容

项目计划的内容可分为十个方面。

1. 工作计划。工作计划也称实施计划，是为保证项目顺利开展、围绕项目目标的最终实现而制定的实施方案。

工作计划主要说明采取什么方法组织实施项目，研究如何最佳地利用资源，用尽可能少的资源获取最佳效益。具体包括工作细则、工作检查及相应措施等。工作计划也应包括所需要的时间、物资、技术资源，并将这些反映到项目总计划中去。

2. 人员组织计划。人员组织计划主要是表明工作分解结构图中的各项工作任务应该由谁来承担以及各项工作之间的关系如何。其表达形式主要有框图式、职责分工说明式和混合式三种。

(1) 框图式。框图式是用框图及框图间的关系连线来表示人员组织结构。这种形式直观易懂，关系表达比较清楚。但并非所有的职责及相互关系全都能用框图加线条表示清楚。因此，这种表示形式适用的情况是：项目组成员做过许多类似项目，且经验均比较多，不必再详细说明就清楚自己的职责范围和相互之间的关系。

(2) 职责分工说明式——规章制度式。这是针对用框图加线条不能完整地表达清楚所有职责及关系而产生的一种表达方式。即通过公布项目组成员的职务、职责范围及规章制度来说明各项工作间的关系。此种形式，仅用文字说明，不如框图式直观，但容易把项目组成员的职责及关系表达得清楚、完整，所以，它适用于过去很少做过的新项目。

(3) 混合式。这种方式结合了以上两种形式的优点，有的部分用框图形式表示，有的部分用说明，既解决了仅用框图不能表达完整清楚的问题，又解决了仅用说明不直观、规定条件太细琐的缺点。此种形式在实践中被用得较多，特别适合于过去没有先例的大型特殊项目。

3. 设备采购供应计划。在项目管理过程中，多数的项目都会涉及仪器设备的采购、订货等供应问题。有的非标准设备还包括试制和验收等环节。如果是进口设备，还存在选货、订货和运货等环节。设备采购问题会直接影响项目的质量及成本。

在制订设备采购供应计划时必须掌握的信息包括：所需设备名称和数量的清单；得到设备需要的时间；设备必需的设计、制造和验收等时间；设备进货来源等。把上述信息与本单位的采购经验相结合，就可制定出一个包括选货、订货、运货、验收检验等过程的程序与日程安排。

4. 其他资源供应计划。如果是一个大型的项目，不仅涉及设备的及时供应问题，还有许多项目建设所需的材料、半成品、物件等资源的供应问题。制订该计划与制订设备采购供应计划过程相似。

5. 变更控制计划。由于项目的一次性特点，在项目实施过程中，计划与实际不符的情况是经常发生的。这是由下列原因造成的：开始时预测得不够准确；在实施过程中控制不力；缺乏必要的信息。

有效处理项目变更可使项目获得成功，否则可能会导致项目失败。变更控制计划主要是规定处理变更的步骤、程序，确定变更行动的准则。

6. 进度报告计划。进度报告计划可以分为进度控制计划与状态报告计划。

(1) 进度控制计划。进度控制计划是根据实际条件和合同要求，以拟建项目的竣工投产或交付使用时间为目标，按照合理的顺序所安排的实施日程。其实质是把各活动的时间估计值反映在逻辑关系图上，通过调整，使得整个项目能在工期和预算允许的范围内最好地安排任务。

(2) 状态报告计划。项目经理在项目实施过程中需要随时了解项目的进展情况和存在的问题，以便预测今后发展的趋势，解决存在的问题。而且，项目委托人也要根据项目的进展情况，及时做好使用前的准备。状态报告计划要求简明扼要、表达清楚。必须明确谁负责编写报告、向谁报告、报告的内容和报告所需的信息涉及面的大小。所写的内部报告与对项目委托人的报告应协调一致，避免互相矛盾，影响问题的解决。

7. 财务计划。财务计划主要说明需要何种预算细则、核算哪些成本、进行哪些对比、用何种技术方法收集和处理信息以及如何及时检查和采取补救措施等。财务计划的主要内容之一是成本控制计划。财务计划工作也需要时间和物资、技术资源，这些工作也要反映到项目总计划中。

8. 文件控制计划。文件控制计划是由一些能保证项目顺利完成的文件管理方案构成的，目的是阐明文件控制方式、细则，负责建立并维护好项目文件，以供项目组成员在项目实施期间使用。计划内容包括文件控制的人力组织和控制所需的人员及物资的数量。

项目管理的文件包括全部原始的及修订过的项目计划、有关标准结果、项目目标文件、用户文件、进度报告文件以及项目文书往来。项目一结束，文件须全部检查一遍，有选择地处理一些不再相关的文件，并保存老项目的工作分解结构图与网络图，收入文件库以备将来项目组参考。

9. 应急计划。项目经理在制订计划时就要保持一定的弹性，在工期和预算方面留有余地，以备应急需要。有经验的项目经理往往要准备一套全面的应急计

划，预先充分估计各种可能发生的不测因素，列出各种危险信号，并为某些特殊的不测情况准备好应急行动方案，以避免到时候手足无措。此外，通过制订应急计划，可使项目组成员和委托人尽早向项目经理报警，通过警报信号来帮助项目经理避免不利的事件发生。

10. 支持计划。项目管理有众多的支持手段，主要有软件支持、培训支持和行政支持，还有项目考评、文件、批准或签署、系统测试、安装等支持方式。

8.3.5　项目计划过程

项目计划过程可分为九个步骤。

1. 定义产品。这里的产品是一个广义的概念，不仅指项目的最终产品，也包括项目的中间产品。一个系统设计项目标准的项目产品可以是系统要求报告、系统设计报告、项目实施阶段计划、详细的程序说明书、系统测试计划、程序及程序文件、程序安装计划、用户文件等。

2. 确定任务。确定实现项目目标须做的各项工作，并用工作分解结构图来反映。任务的种类有项目标准任务、项目相关任务、项目管理及支持任务。以一个系统设计项目为例，各类任务是：

(1) 项目标准任务。

1) 需求定义。计划和组织项目、项目参加者定位、建立面谈与数据收集计划、指导面谈、面谈数据汇总、完成需求报告草稿、审查草稿并获得用户的同意。

2) 外部设计。计划、组织外部设计阶段、开发初步的系统构造、开发功能性业务流、设计用户的输入或输出、确立数据库的应用意向、完成外部设计草稿、审查草稿并获得用户的同意。

3) 内部设计。计划、组织内部设计阶段、开发内部系统的结构、开发程序的功能规格、开发数据文件规格、完成系统设计报告、制定测试策略、实施技术设计审查、与用户一起审查系统设计并获取用户的同意。

(2) 项目相关任务。开发数据库、转换计划、转换任务、安装计划、开发用户程序、用户及操作员的教育计划、卖方产品测试、分包商的协调。

(3) 项目管理及支持任务。定位、管理、安装支持、变更调查、技能转换、会议。它通常难以确定具体的输出与完成的标准，持续时间长，且较零散。

3. 建立逻辑关系图。建立逻辑关系图是假设资源独立，确定各项任务之间的相互依赖关系，发现可能遗漏的任务，并建立直观的图示。

4. 为任务分配时间。根据经验或应用相关的方法给任务分配可支配的时间。

5. 确定项目组成员可支配的时间。可支配的时间是指具体花在项目中的确切时间，应扣除正常可支配时间中的假期、教育培训等。

6. 为任务分配资源并进行平衡。对任务持续时间、任务开始日期、任务分配进行调整，从左到右平衡计划，保持各项任务之间的相互依赖关系，证实任务的合理性。通过资源平衡可使项目组成员承担合适的工作量，还可调整资源的供需状况。

7. 确定管理支持性任务。管理支持性任务往往贯穿项目的始终，具体指项目管理、项目会议等管理支持性任务。

8. 重复上述过程直到完成。

9. 准备计划汇总。包括个人进度计划、产品里程碑、累积的任务汇总、人员阶段汇总、累积的资源汇总、任务分配单等。个人进度计划要有名称，应该是反映出缺席（如假期、教育等）的进度计划，每个人都要有自己的计划，每个任务都要在进度计划表上占一行。

8.4 项目实施与监测评价

项目的实施是指项目执行机构将项目从计划转为现实的全过程。其目的是通过一系列活动和任务的具体落实，来达到项目预期目标，完成项目宗旨。为确保项目实施的效果，必须加强项目监测评价。

8.4.1 项目实施的人员和机构

1. 项目管理人员。项目管理实行项目经理制。项目经理制自 1941 年在美国产生以来，在发达国家得到普遍推广。项目经理是以工程项目总负责人为首的一个完备的项目管理工作班子。在项目管理中任命项目经理（或称项目办主任）是项目执行成功的一个重要环节。许多项目从一开始就不能很好地进入状态，与执行机构建立不及时或项目经理选择不合适有直接关系。

（1）项目经理的职能和责任。作为负责按时、按预算、按技术性能要求执行并完成项目的负责人，项目经理对以下工作均负有全部责任：

1）完成项目计划；

2）招聘必要人员，并及时进行培训；

3）对项目的成本、进度及技术情况进行控制和报告；

4）管理项目各项执行活动；

5）协调项目各机构及人员；

6）解决项目参与者之间的冲突、矛盾；

7）对项目进行财务管理，安排资金供应，控制成本；

8）项目完成时为项目设施移交准备程序和条件。

（2）优秀项目经理的素质。优秀项目经理应具备如下个人素质：

1）全面掌握项目建设内容，熟悉项目计划，了解项目执行过程中各种资源的相互关系；

2）了解项目管理原则和技术；

3）有较强的领导技能和协调力；

4）善于有效控制困难而复杂的局面；

5）有管理类似项目的成功经验；

6）个人对项目管理有浓厚兴趣；

7）正视风险；

8）进取心、公正心、责任心；

9）精力充沛。

（3）项目管理人员的招聘和培训。项目执行中经常遇到的人事问题包括缺乏合格的项目管理人员。项目经理应尽一切努力抵制不正当的外部压力，不招聘不称职的项目管理人员，保证项目管理人员具有岗位要求应有的业务素质和能力。

对合格的人员仍有必要举办相应的培训班，对项目管理所需要的政策、法律、项目管理理论、项目规章制度、项目建设内容、项目技术及专业要求等进行培训。培训可以通过正式的课堂授课或通过请有水平的、合格的辅导员进行在职培训来完成，方式可以是研讨会、讲习班或其他培训方式。

2. 项目管理机构。实际工作中常见的项目组织机构有以下几种类型：

（1）工程指挥部型。工程指挥部由建设单位、银行、设计单位、施工单位、物资供应部门、主管部门和地方政府共同组成。一般受当地最高级别的政府和主管部门双重领导，它行使着建设单位和设计、施工单位的行政指挥权，决定项目建设方针，拟定建设计划和施工方案，协调建设过程中各方的经济关系，解决重大问题。

（2）线性组织型。大中型工程项目的设计和施工管理组织，可采用线性组织型。按照这种组织的要求，通常应配备项目经理，他对整个工程项目的建设负责，并对建筑公司领导负责。机构下设计划、成本、技术、采供、施工和业务等小组或部门，分别配备负责人，各司其职。计划部门负责编制项目进度计划和进行进度控制；成本部门负责制定计划成本，进行成本控制和经济核算；技术部门负责项目的工程技术，技术方案的设计和技术质量检查，采供部门负责购买、检查和运输项目所需建设材料和设备；施工部门负责施工进度和工程现场施工作业管理；业务部门负责开工准备、职工培训、行政工作等。具体的组织机构如图8—2所示。

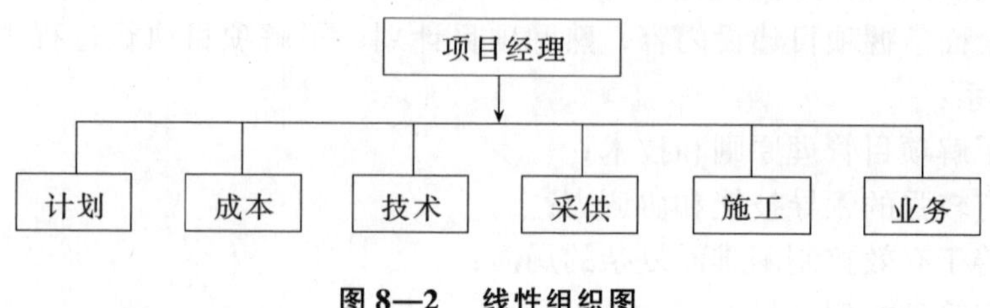

图8—2　线性组织图

（3）项目组型。项目组的成员来自不同的部门。一般是从项目管理部门抽出一名项目经理，从有关工程设计部门抽调工程师，从其他业务部门抽调需要的各类人员建立项目工程组。抽调人员数量的多少以及各专业人员的配备，完全服从任务的需要和合同规定的分工内容。

（4）矩阵组织型。这种组织类型是由垂直的职能部门和水平的不同项目机构结合成一个矩阵，如图8—3所示，把集权和分权结合起来，从而加强各职能部门同各项目之间的协作关系。

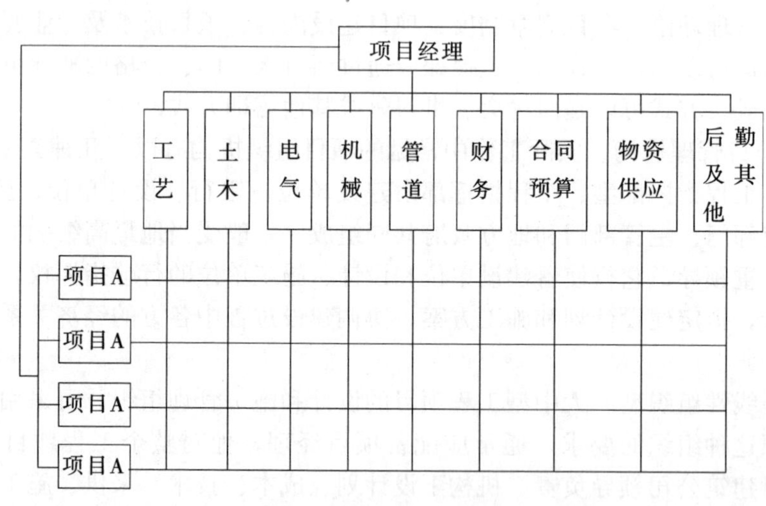

图8—3　矩阵组织型图

8.4.2 项目管理的日常工作

1. 项目资金的筹措。项目资金不足是项目执行受阻或失败的重要原因之一。因此，按时筹集到项目资金便成为项目执行工作至关重要的部分。项目资金有的依靠银行贷款，有的靠财政拨款，有的靠自筹。不论哪种渠道，都要按建设初期的筹资计划进行逐项落实，确保资金及时到位。

2. 项目资料的管理。项目管理工作的另一个具体体现就是保管完整的项目档案。档案是项目计划、监测、控制、评价的重要信息来源。项目管理人员应及时收集有关项目计划、项目执行情况的资料，了解和掌握项目趋势和变化，并加以分析，作出决策。

项目管理人员应确定计划、控制项目和完成项目报告所需要的文件和资料的类型。我们将资料和文件分为项目记录资料和行政管理档案两类。在项目执行期间，项目管理办公室档案中要保存的项目记录资料包括：

（1）项目计划文件：

1）项目工作分解结构；

2）项目大事进度表；

3）组织和任务职责表；

4）项目网络图；

5）项目预算；

6）项目财务管理计划；

7）项目程序手册；

8）项目建设前各个时期的情况统计数据表、项目前后对比照片。

（2）项目批准文件：

1）项目审批部门的项目立项批复文；

2）有关项目生效的信函。

（3）项目控制文件：

1）费用开支和承诺记录；

2）预算开支记录；

3）衡量执行情况的记录；

4）资金支付记录；

5）咨询专家、土建/安装承包商、供货商品项目进展记录；

6）质量检验记录；

7）咨询专家协议；

8）土建/安装合同；

9）物资和服务采购记录；

10）合同修改记录；

11）项目会议纪要；

12）项目情况通讯。

（4）项目报告文件：

1）每月进度报告；

2）季度进展情况；

3）半年情况报告；

4）年度报告；

5）项目检查报告；

6）项目完成报告。

在项目执行期间，项目管理办公室应保存的项目行政管理档案包括：

1）项目管理办公室机构编制文件；

2）有关管理制度文件；

3）办公室行政财务开支记录，包括办公用品和设备购置、办公室租金、差旅费等；

4）办公室与上级及下级、平级等机构联系文件；

5）与协议和合同有关的合同管理材料，包括与咨询专家就合同问题所进行的信函、图纸、保修单、设备操作说明、备件清单记录等。

3. 项目进度报告。项目报告制度是项目管理活动中一个很重要的内容，它是使项目管理人员将项目执行期间项目的进展情况和项目计划进行详细比较，分析进度与计划间的距离和差异并寻求解决方法的一种最直接的形式。

进度报告的时间、程序及内容要求应在制订项目计划时确定。进度报告中所要包括的信息因项目的性质不同而不同，其形式和深度也随着接收报告的管理层的水平不同而有变化。为高层管理机构或高级官员准备的项目进度报告内容应相对概括，而为项目组织机构内部控制项目而提供的信息则要很详细。对这些报告内容、时间和频率的最终确定和认同应由报告的收阅人员完成。项目进度报告应包括的内容如下：

（1）在报告期间所完成的主要工作，如土建工程情况、设备物资供应情况、相应的培训工作进行情况等；

（2）与原计划和时间表的实际或潜在的差距，以及差距的形成原因分析；

（3）项目财务支出情况；

（4）对执行中的问题的解决措施；

（5）下一个报告期的执行计划；

（6）建议。

4. 协调项目各管理部门的关系。部门之间的支持和协调是加强项目管理的一个很重要的方面。因为项目建设是在特定的政治、经济环境中进行的，离开了有关部门的支持和配合行动，项目要成功是很难的。这些部门一般包括：项目的计划审批部门、财政部门、审计部门、物资管理部门、物资供应部门、培训机构等。项目执行期间经常发生一些超出项目管理人员控制范围的问题，需要项目涉及的各有关部门的支持和配合。因此在项目管理工作中，应尽早请有关部门和机构的人员参加项目计划工作，并在项目执行过程中及时向这些部门和机构提供项目进度情况报告。

8.4.3　项目监测与控制

项目的监测与控制是指项目管理人员为确保项目顺利进行，根据计划按时、按预算、按项目所要求的技术性能和规格，对所有活动进行的审查、检验和控制工作。

1. 项目监测和控制系统的构成。项目监测和控制系统主要由三方面构成：

（1）以项目目标为依据，检测项目的进展情况。根据项目计划的具体内容，检查每个项目任务的具体落实和完成情况。项目任务的检查是一项比较繁杂的工作，为了避免过于琐碎，可以检查项目的阶段性任务。

（2）通过对项目进程中所发现问题的分析来确定偏离项目计划的原因。此过程的参与者一般是项目专家及项目计划具体落实者。

（3）确定需要采取的措施和策略。这种措施和策略往往属于应急措施或针对性策略。可以选用在制订计划时所制定的备选方案。如遇到的情况在计划时没有考虑到，项目管理者就应根据实际情况提出解决新问题的具体办法。

2. 项目监测和控制系统的工作步骤和基本原则。项目监测和控制系统的工作步骤共分四个部分：

（1）设定目标（制订计划）；

（2）监测运行状况；

（3）比较运行状况与目标的一致性程序；

（4）采取措施进行必要的改进和调整。

项目监测和控制系统的基本原则体现为：

（1）时间的目标设定要充分。为了达到有效的控制，项目活动应被分为若干阶段，在各个阶段内对其所包含的项目活动应予以监测。

（2）监测内容要适当。一般包括：1）项目进度；2）财务状况，如预算、总成本、分包工程、劳动力成本、物资成本、其他成本，如行政管理成本、场地租用合同等；3）技术状况，是否满足技术规格。

（3）监测重点要清楚。一般情况下项目的监测重点易放在时间上；注意在一定时间内活动的完成量，检查还有多少活动尚待完成。同时还应注意项目的成本、质量与效益，使项目各方面指标达到统一。

（4）监测指标要准确。指标是衡量项目执行情况的直接着眼点，因此指标必须实事求是，监测出的结果才能是真实的。

（5）监测的反馈要及时。有限时间内做的监测指标应是充分的、必需的，同时应该是迅速和简明的。如果收集的资料过多，写出的报告太长，提供决策人员时间太晚，就会影响行动的效率。

（6）监测所用的单位要一致。

（7）频率。监测的频率取决于：项目期限；项目总成本；项目的迫切性或重要性；采取更正措施的机会；正在监测的活动；实施监测的成本。

3. 项目监测与控制的主要内容。

（1）项目成本控制。项目成本一般指为达到项目目标所开展的项目活动所必需的费用。一般分为直接的项目成本、行政和机会成本等。其中，直接的项目成本包括：劳动力成本，物资成本，组织机构所拥有的工厂或设备的费用，分包工程和设备。行政成本包括：项目主管人员，项目管理人员，办公室和办公设备，通信设备，交通设备。机会成本也可以理解为在相同时间内，一个人或者一个组织做一件事而牺牲做另一件事的机会所表现出的成本。运用机会成本的概念可以对一定资源的不同使用所能达到的经济效益进行比较，以便在运用这一定资源时，达到最大可能的收益。

（2）项目进度控制。项目管理人员应定期了解项目进展情况，预测发展趋势，审查确定项目完成日期。

进度控制的主要内容是：控制潜在的滞期因素；及时检查关键活动的质量和进度；制定严格的审查和检查制度；尽量减少外部干扰；进行风险分析和风险管理；控制范围的变化和资金分配的变化。

（3）项目技术性能的控制。技术控制的主要内容是：建立质量控制措施，如由合格的人员对技术规格和专家技术报告进行审查；规定设备运输前及到现场后的检验标准；检验土建和设备安装情况；对某些材料进行检验（如土壤、水泥等）；制定检验程序；确定测试和检验报告的格式。

（4）项目管理研讨。项目管理研讨是项目管理者进行项目管理时所应用的一

种方法。当将其应用于项目监测与控制时，应包括以下内容：收集信息，将现状与所设计的预想状况加以比较；获得并检验理解力（认识）；决策。

8.4.4　项目的评价

当项目计划中的所有活动完成之后，项目进入了结束期。结束期的主要任务是对项目进行最终评价，总结经验教训。

1. 项目评价的概念。项目评价指项目评价者根据预定的项目目标和指标，定期地对项目的效益、效果和影响进行总结评定的过程。

其中，项目的效益包括经济效益、社会效益和生态效益；效果是指项目目标或指标是否实现及实现的程度；影响是指所取得的效益和效果对社会和经济生活产生的影响、项目结果的可重复性和可持续性。因此，项目评价是提高项目管理水平，推动项目发展的有力工具。

2. 项目评价的类型。根据不同标准，可以将项目评价分为多种类型。按照项目周期的时间顺序可分为项目前期评价、项目中期评价、项目后期评价。项目后期评价又分为项目总结评价和项目效果评价两种。根据需要，项目评价可以发生在项目周期的各个阶段。在这种情况下，项目结束前的评价统称为过程评价，项目结束后的评价称为效果和影响评价。下面分别简述如下：

（1）项目前期评价。项目前期评价指项目开始之前所进行的评价，也称预评价、事前评价。由于是在项目开始之前进行的，因此实际上是对项目可行性的评估。项目前期评价是项目的最初评价，评价的结果是项目评估报告。

（2）项目中期评价。项目中期评价指项目执行中期进行的评价，也称项目中期检查。中期评价是将项目进展的阶段性成果与项目评估报告以及贷款协定等有关规定进行比较，如果发现问题，要及时采取措施进行补救和调整。例如，世界银行农业支持服务项目在项目执行中期即 1996 年 4 月进行了中期评价，并根据项目执行情况对采购和培训计划指标进行了调整。

（3）项目总结评价。项目总结评价也称事后评价。项目总结评价是指在项目结束后，根据对项目目标和实际实施情况的比较而进行的一次全面的系统评价。评价的结果是项目完成报告。项目完成报告是项目执行机构在项目实际完成后的一定时间内就项目的执行情况进行总结评价的工作报告。项目经理负责项目完成报告基本内容的确定，内容要实事求是、客观公正、具有说服力。

（4）项目效果评价。项目效果评价指在项目结束后一段时间（一般是 5～10 年）内进行的所谓项目充分发挥效益后的评价。项目效果评价是非常有必要的，因为一些项目，特别是农业项目的效益有时候要在项目结束后若干年才能全部或充分发挥效益。

3. 项目评价的方法和步骤。

(1) 项目评价的方法有很多，下面介绍两种：

1) 项目有无比较法。项目评价人员通过收集没有开展项目但与项目区条件相类似的地区的有关资料与项目区进行比较，发现项目区由于项目的投入所产生的效果、效益和变化。同样，在项目区内，也可以用此方法来对项目的目标组与非目标组进行比较。

项目有无比较法是项目评价的一种简明的方法，它可以反映出有项目和无项目的根本区别。但是，在使用这种方法时，要尽量避免那些非项目因素所产生的影响。关键是要选择与项目区所处条件、环境尽可能一致的非项目区作对照才比较有意义和说服力。

2) 项目前后比较法。项目前后比较法是一般常用的方法。项目有无比较法是自己与别人比，项目前后比较法是自己与自己比。项目评价人员要了解在项目执行之前本项目区是什么基础，项目执行之后有哪些变化。同样，此方法也可以用于项目执行过程中项目目标实现程度的评价。

以上两种方法的成功运用取决于取样、分析标准的一致性。无论是前后比，还是有无比，都应该遵循统一的调查时间、内容和方法。

(2) 项目评价的步骤。项目评价的具体步骤可以分为制订计划、收集资料、实地调查、组织评价、撰写评价报告五个方面。

1) 制订计划。确定评价目的、人员投入及评价内容。

2) 收集资料。根据评价内容收集各种文字及数据资料并进行整理。

3) 实地调查。将有关的数据和文字材料与项目实际情况进行对比核实。

4) 组织评价。对资料和调查的结果进行分析研究、确定项目结论。

5) 撰写项目评价报告。内容涉及：项目背景、目的；项目评价的组织方式；评价内容；项目成效；存在问题；项目的经验教训；项目发展预测、建议及要求。

本章小结

项目是在特定的条件下为达到特定目标而调集到一起的资源组合，是为了取得特定的成果而开展的一系列相关活动。项目具有如下基本特征：一次性、独特性、目标性、依赖性、组织的临时性和开放性、成果的不可挽回性。

项目管理是在特定的工作环境中通过项目管理者和项目组织者的努力，运用

系统理论和方法对项目及其资源进行计划、组织、指挥、协调、控制，旨在实现项目成果的管理方法体系，是理顺与项目有关的众多错综复杂的难题的一种手段。项目管理的基本内容有：项目定义、项目计划、项目执行、项目控制、项目结束。

项目目标就是实施项目所要达到的期望结果。项目目标具有如下特点：多目标性、优先性、层次性。项目范围就是定义项目管理的工作边界，确定项目的目标和主要的项目可交付成果。

项目计划是项目实施的基础，是组织根据项目目标的规定对项目工作进行的各项活动作出的周密安排。项目计划的原则体现为：目的性、合理性、动态性、可行性、系统性。项目计划按计划制订的过程，可分为概念性计划、详细计划、滚动计划三种形式。

项目的实施是指项目执行机构将项目从计划转为现实的全过程。项目管理实行项目经理制。项目管理机构有以下几种类型：工程指挥部型、线性组织型、项目组型、矩阵组织型。项目管理的日常工作包括：项目资金的筹措、项目资料的管理、项目进度报告、协调项目各管理部门的关系。

项目监测和控制系统的工作步骤共分四个部分：设定目标、监测运行状况、比较运行状况与目标的一致性程序、采取措施进行必要的改进和调整。项目监测与控制的主要内容有：项目成本控制、项目进度控制、项目技术性能的控制、项目管理研讨。

项目评价指项目评价者根据预定的项目目标和指标，定期地对项目的效益、效果和影响进行总结评定的过程。项目评价的具体步骤可以分为制订计划、收集资料、实地调查、组织评价、撰写评价报告五个方面。

关键术语

项目　　项目管理　　项目目标　　项目范围　　项目计划　　项目监测
项目控制　　项目评价　　工作分解结构图

复习思考题

1. 什么是项目？项目有何特征？

2. 项目管理包括哪些基本内容？

3. 什么是项目目标？如何确定项目目标？

4. 项目计划有什么作用？

5. 如何制订项目计划？

6. 项目经理应具备哪些基本素质？

7. 项目实施机构有哪几种类型？

8. 如何进行项目监测与控制？

9. 如何进行项目评价？

阅读材料

基层政府公共服务平台的重构——“西城模式”的解决方案

一、项目概况

此项目是北京市西城区在完成街道行政体制改革后，依据服务型政府理论，以方便居民事务受理、办理为关注焦点，按照依法行政、严格管理、简便程序、提高效能、文明服务、方便群众的原则，在街道设立公共服务大厅，通过综合受理、全程代办、一站式服务、区内异地受理等方式，致力于提高街道公共服务管理水平和服务效能。

项目于 2005 年启动，经过在两个试点街道近两年的实践和探索，全区统一的街道公共服务大厅模式已经确立。其定位为面向地区单位和居民的综合服务窗口，主要承担地区政务事项办理、居民事务受理、公益性法律服务等职责，服务项目共计 79 项。统一服务模式的实现方式主要有综合受理、联网受理、在线受理、前后台有效对接、个性化服务。各项公共服务在“区—街—居综合管理信息系统”网络环境下运行，服务大厅窗口受理、全程代办、内部即时流转、统计分析、资料存档、绩效考核等工作过程全面实现电子化，并在网上提供办事指南、远程受理、视频服务、网上投诉、政策法规查询等服务。

二、项目发起的主要动因

1. 顺应改革要求。北京市第五次城市管理工作会议对政府派出机构街道办事处的职能进行了重新定位，明确了街道办事处工作职责为“统筹辖区发展，监督专业管理，指导社区建设，组织公共服务”。西城区根据街道体制改革精神，对街道组织机构进行调整，由原来的 20 个科室调整为“七部两室一厅”，即：街

道办公室、党群工作部、组织人事部、纪检监察工作办公室、统筹发展部、城市管理工作部、公共安全工作部、社区事务工作部、社会保障工作部和公共服务大厅。同时提出“干部围绕部室转、部室围绕大厅转、大厅围绕群众和驻区单位转”的工作理念。因此，街道公共服务大厅成为街道落实为民服务职责的主要工作平台，重构再造公共服务大厅工作流程势在必行。

2. 顺应服务型政府要求。服务型政府建设要求政府公共服务以公众为导向，服务提供从政府本位、官本位向社会本位、民本位转变。按照居民和辖区单位需求设置的公共服务大厅，体现的正是这样一种选择。

3. 提升效率效能的需要。政府改革所追求目标的基本价值在于“三 E”：经济（economy）、效率（efficiency）与效能（effectiveness）。公共服务大厅新的管理服务机制，不仅贴近民众需求，而且更加节约行政成本，工作效率与效能也得到有效提高。

三、项目解决的主要问题

1. 妥善解决了组织结构问题。过去政府机构实施的“一站式”、“一门式”政务服务中心，在机构设置问题上定位模糊。西城模式将公共服务大厅定位为独立考核单位，实施管理相对独立，要求各街道办事处由主要负责人或指定一名副主任主管公共服务大厅，由一名助理调研员或正科级干部负责日常事务组织管理。工作人员分别从街道相关业务科室调剂，原则上为机关行政编制。公共服务大厅为独立考核单位，年终评优与其他科室类同。妥善解决了公共服务大厅在组织结构中的合理不合法问题。

2. 解决了同一地区公共服务质量和效率不一致问题。过去，不同街道所承担的公共服务职能大体相似，但办理方式、标准等各不相同，严重影响了政府诚信。统一的公共服务大厅实施统一服务模式和服务承诺，即统一承办事项、统一业务流程、统一办理时限、统一服务标准，使地区居民和单位在任意街道均可得到效率和质量一致的公共服务。

3. 确保了政务服务的公开性、公正性和及时性。各街道公共服务大厅对所承担的服务事项、程序、时限、标准等进行公示，工作岗位实施挂牌服务，从根本上杜绝和避免了各种暗箱操作和推诿扯皮。

四、项目受益情况

1. 为驻区单位和区内居民办事提供了方便。街道公共服务大厅在时间和空间上，均为服务对象提供了极大便利路径。通过简化工作流程缩减了服务对象的办事时间；通过综合受理为服务对象申办多种事项提供了便利。此外，街道公共服务大厅利用墙体式大显示屏、可上网计算机及打印机、触摸屏、缴费一站通、自由索取页、自取文件资料柜等，配合社区居委会宣传橱窗和网上服务大厅的服务事项介绍，充分提高政务公开的深度和广度，使居民无论在家、在社区还是在办事处都能获得相关信息。街道职能部门“责任清、数据明、协调快、决策准、服务好”，使群众能够“反映情况方便、请求援助快捷、获取服务及时”。因此，驻区单位和区内居民是这一项目的直接受益者。

2. 强化了内部沟通协调，推动政府服务升级。街道致力于建设部门间高效流畅的沟通协调机制，组织部分相关部室参加大厅全程办事代理专题培训会，并定期到社区居委会进行业务指导，共同研讨政策文件精神理解、办事流程梳理和工作环节衔接中出现的问题，形成联动态势，保持有机衔接。以街道网络服务管理软件为支撑，在科室和社区居委会指定专人接办大厅转交的办理事项，在规定时限内办理完毕并转回大厅，确保了向群众承诺“即办事项立即办结，代办事项全程代理”的实现。另一方面，公共服务大厅坚持工作流量统计分析，按季度统计窗口的工作量，以翔实的数据为基础，分析群众办事需求，指导为民服务工作，使政府服务的效率、效能得到持续改进。因此，基层政府是这一项目的间接受益者。

五、项目的创新体现

1. 政务服务方式发生根本性改变。公共服务大厅居民事务受理和政务服务实现综合受理，能够满足各类服务对象的不同服务需求。过去需要多个部门办理的事项，变为一个窗口即可办理；在七个街道实施联网受理，使过去只能到户口所在地街道办理的事项，在就近街道即可办理；街道公共服务大厅服务实施在线受理，通过互联网向社会公开，并在网上提供办事指南、远程受理、视频服务、网上投诉、政策法规查询等服务，使群众不出家门即可申办政务事项成为可能。

2. 打破了部门壁垒，冲破了业务层级界限。在街道公共服务大厅运行中，业务流程实施前后台对接，对街道原各科室的业务进行了全面细致的梳理，简化了办事程序，规范了办理流程。窗口无法即办即结的事项，接待后上报、提交相关科室或专业部门核准批办。这一工作机制的设定，促使各类行政资源得到有效整合，为服务对象提供了更多的便利。

3. 区—街—居三级联动，延展了政务服务空间，突显了区街居的“协同效率”。区—街—居信息系统全面支持街道公共服务大厅全程办事代理服务，过去需要到居委会、街道各部门、区政府各职能部门申请、办理、证明、查询的事项，现在街道公共服务大厅即可办理，各部门在统一的政府网络环境下，协同为服务对象提供效率、质量均有保障的服务。依托区政府网站（www. bjxch. gov. cn）开设了“街道办事网上服务大厅”栏目，实现了全天候

在线政府服务。

资料来源：《北京西城区政府：改进基层政府公共服务（最具责任感地方政府奖）》，http://www.cccpe.org/show.aspx?id=232&cid=69。

思考题

试总结“西城模式”的特点及对提升政府服务质量的启示。

第9章

工作分析的方法与技术

开章案例

某出版社是一家有几十年历史的大型出版社，近几年来由于出版业竞争加剧和内部管理不善，效益逐年下滑，新上任的社长下决心从整顿内部管理入手，健全管理制度。人事部负责人为此展开了一系列的调查，发现许多工作人员违反工作程序或根本就不知道什么是工作程序和工作制度，当问及他们时，这些人总是回答："因为我不知道这是我的工作内容"或"因为我不知道应该这么做"。这时，人事部负责人意识到只有花大力气编写职位说明书并制定一整套标准和程序来告诉大家应该做什么以及如何去做，才能改变工作的混乱状态。

出版社的管理活动包括：生产服务质量的监督、顾客关系的维护、营业额的增长，以及通过有效控制劳动力、物资、能源等方面的成本实现利润的最大化等。编写职位说明书就是要通过对以上工作内容的分析，来确定每一项工作的性质、任务以及完成任务的工作人员的资格条件等。

通过工作分析和编写职位说明书，出版社的每一个人都知道了自己该做什么、怎样做以及如何与其他人联系和协调。从而，出版社的管理走上了制度化、科学化的道路，出版社效益也随之有了很大的提高。

9.1　工作分析概述

9.1.1 工作分析的产生与发展

工作分析的思想早在古希腊时期就开始产生了。著名思想家苏格拉底在其对理想社会的设想中指出社会的需求是多种多样的，每个人只有通过社会分工的方法，从事自己力所能及的工作，才能为社会作出较大的贡献。他认为每个人的能力和专长是有差异的，不同的工作对人的要求也是不同的，只有让每个人从事他们最适合的工作，才能使工作效率达到最大化。

被后世尊为科学管理之父的泰勒在 20 世纪初对组织管理进行了一系列的研究。当时由于老板不知道一个工人每天能干多少活，工人出于各种原因经常“磨洋工”，劳动生产率十分低下。为了发掘工人的潜力，提高生产率，泰勒通过科学的观察、记录、分析，探讨提高生产率的最佳办法，制定出了合理的日工作量。这种研究就是所谓时间动作研究，就是将工作分解成若干部分并分别进行计时，通过分析，对各种活动的时间及顺序进行重新规划，以达到提高生产率的目的。泰勒在《商店管理》（1903 年）一书中详细地描述了由于把工作分成若干个部分并进行计时而提高了生产率的事实。在 1911 年出版的《科学管理原理》一书中，泰勒认为要对组织进行科学的管理，就必须对组织中的每一份工作进行研究，从而科学地选拔、培训工人。泰勒的研究被认为是科学的工作分析的起始。

在第一次世界大战期间，美国设立了军队人事分析委员会来实施工作分析，于是“工作分析”一词便开始使用。1920 年美国国家人事协会规定把工作分析定义为一种处理方法，通过工作分析可以确定一种职务的构成及胜任该职务的人所必须具备的条件。据调查，1930 年美国各大公司中采用工作分析的仅占 39%，而到 1940 年这一数字激增到 75%。

早期的工作分析，侧重于对职务信息的定性描述。随着统计学、心理测量理论等相关学科的发展，以及人们对工作分析了解、研究的增多和要求的提高，20 世纪 70 年代以来，结构化、定量化的工作分析方法不断涌现，著名的有职位分析问卷法（PAQ）、职能工作分析表（FJA）等，同时也出现了关键事件法、功能性工作分析法、工作要素分析法等新的方法。现代意义上的工作分析还和人员选拔测评等人力资源的管理和开发工作密切联系在一起。由于任何工作在环境、时间、作业活动、任职者四个要素方面都是有差异的，因此要做到人和职位相匹配，就必须对工作进行合理的分析。工作分析使人事选拔和测评密切相关的工业心理学得到了迅速的发展。闵斯特伯格于 1913 年在美国出版了《心理学与工业效率》，标志着工业心理学的诞生。而心理测量学的发展，则更为人事选拔和测评提供了技术上的支持。1905 年，心理学家比内和医生西蒙应法国教育部的要求编制了世界上第一份智力测验表。用这种表进行的测验对于甄别弱智儿童非常有效，于是，在第一次世界大战和第二次世界大战期间，人们把该测验应用到军人的选拔和安置上，并获得了极大的成功。人事选拔和测评也被广泛应用于商业和公共部门，而且变得越来越重要。作为人事选拔和测评的主要方法和必经程序——工作分析，也得到了迅速的发展。

现在，越来越多的企业和公共部门认识到了工作分析对管理的作用和意义。工作分析被广泛地应用于绩效考核、培训、薪酬管理等领域。

9.1.2 什么是工作分析

所谓工作分析（job analysis），是一种活动或过程，它是分析者采用科学的手段与技术，直接收集、比较、综合有关工作信息，为组织特定的发展战略、组织规划，为人力资源管理及其他管理行为服务的一种管理活动。①

工作分析有广义和狭义之分，广义的工作分析是指对整个国家和社会范围内的岗位的分析；狭义的工作分析是相对某一组织内部各岗位工作的分析。本章所说的工作分析是指狭义的工作分析。

工作分析搜集的信息包括：

1. 工作活动。工作活动是工作分析人员经常需要搜集的信息之一，其主要内容包括：承担工作的人必须进行的与工作有关的活动有哪些，比如，清洁、缝纫、电镀、译电码或绘画等；承担工作的人应如何来执行工作中所包括的每一项活动；为什么要执行这些活动以及何时执行这些活动。

2. 工作中人的行为。工作中人的行为主要包括的信息有：该工作对承担工作的人有什么样的要求，如需要人消耗多少能量、要行走多远的路程等以及人的行为中的有关感觉、交流等信息。

3. 工作中所使用的机器、工具、设备以及其他辅助工作用具。这里所包括的有用信息有：在工作过程中生产什么样的产品；加工什么样的材料；接触或需要运用何种知识（如生物或法律方面的知识），以及需要提供何种服务（如咨询

① 参见萧鸣政编著：《工作分析的方法与技术》，1 页，北京，中国人民大学出版社，2002。

或修理）等。

4. 工作的绩效标准。有关工作绩效标准方面的信息（例如工作的质量、数量或者工作的每一方面所耗费的时间等）也同样是需要搜集的。这类信息可以帮助我们弄清楚：应当用一种什么样的标准来对从事这一工作的人进行评价。

5. 工作背景。这里所涉及的信息既包括工作的物理环境、工作时间表这一类内容，也包括工作的组织形式和社会环境，如通常与什么人打交道等内容，此外，还包括在工作中将获得何种经济激励以及非经济激励等方面的信息。

6. 工作对人的要求。最后，经常需要搜集的信息还包括工作对人的要求即工作本身对承担工作的人的知识或技能（教育水平、培训经历、工作经验等）以及个人特性（才能、生理特征、人格品行、兴趣等）有何种要求。

9.1.3　工作分析的内容

工作分析的内容很多，概括起来主要有以下几个方面①：

1. 岗位责任。一般是通过对不同任务简洁、明了和直观的描述来揭示。岗位责任分为两类：一是管理责任。例如影响其他人员工作的方式，或对他们的工作进行帮助和指导的责任。二是非管理责任。例如制作产品的责任，保管某些特定材料使其不受损害的责任，保护机器和设备的责任，等等。

2. 资格条件。资格条件分析内容主要包括：（1）工作经验；（2）智力水平；（3）技巧和准确性；（4）体力要求；（5）其他心理素质要求。

3. 工作环境和危险性。工作环境和危险性是指完成工作任务时所处的特定环境及其危险性。

4. 其他相关信息。如工作概况、经验和培训、与其他工作的关系、非工作行为条件等。

9.1.4　工作分析的步骤

工作分析应按以下六个步骤来进行：

第一步：确定工作分析信息的用途。在一开始就应先明确工作分析所获得的信息将会用于何种目的。因为工作分析所获得信息的用途直接决定了需要搜集何种类型的信息，以及使用何种技术来搜集这些信息。有些技术对于编写职位说明

① 参见萧鸣政编著：《工作分析的方法与技术》，53～61 页。

书和为空缺的工作岗位甄选雇员是非常有用的，例如，与某个工作岗位上的雇员进行面谈，让他们自己说出自己所从事的工作任务是什么，以及担负哪些责任。而另一些工作分析方法，如问卷调查法则不能提供上面所需要的那些描述性信息，因而无法满足编写工作描述这一任务的需要。但它所提供的信息却有助于对每一种工作进行量化排序，可以使得我们对各种工作进行对比，因此，在确定工作报酬时，这种工作分析技术就十分有用。综上所述，在工作分析开始的第一步就必须事先确定工作分析所得出的信息将被用于何种目的，只有这样才能确定采用哪种技术去搜集这些信息。

第二步：搜集与工作有关的背景信息。搜集的工作信息中包括了一些工作的背景信息，如组织图、工作流程图和职位说明书等。组织图显示出当前工作与组织中的其他工作是一种什么样的关系，以及它在整个组织中处于一种怎样的地位。组织图不仅确定了每一职位的名称，而且用相互连接的直线明确表明了谁应当向谁汇报工作，以及工作的承担者将与谁进行信息交流等。

第三步：选择有代表性的工作进行分析。当需要分析的工作有很多，而且它们之间又比较相似的时候，例如，对流水线上的工人所做的工作进行分析，如果我们对他们所做的工作进行逐个分析，必然会浪费很多时间。在这种情况下，选择有代表性的工作进行分析显然是十分必要的，同时也是比较合适的。

第四步：搜集工作分析的信息。通过搜集与工作有关的活动、工作对雇员行为的要求、工作条件、工作对人员自身条件的要求等方面的信息，来进行实际的工作分析。

第五步：同承担工作的人共同审查所搜集的工作信息。工作分析提供了与工作的性质、功能相关的信息。这些信息只有与从事这些工作的人员，以及他们的直接主管人员核对后才有可能不出差错。这一核对工作有助于确定工作分析所获得的信息是否正确、完整，同时也有助于确定这些信息能否被所有与被分析工作相关的人所理解。此外，由于工作描述是反映工作承担者的工作活动的，所以审查步骤实际上还为这些工作的承担者提供了一个审查和修改工作描述的机会，而这无疑会有助于赢得大家对所搜集的工作分析资料的认可。

第六步：编写职位说明书和工作规范。在大多数情况下，在完成了工作分析之后都要编写职位说明书和工作规范。职位说明书就是对有关工作职责、工作活动、工作条件以及工作对人身安全危害程度等工作特性方面的信息所进行的书面描述。工作规范则是反映工作对从业人员的品质、特点、技能以及工作背景或经历等方面要求的书面文件。

9.2 工作分析的方法

工作分析的内容确定后，就要选择适当的工作分析方法来收集相关信息。工作分析的方法按照不同的标准有不同的分类。

9.2.1 访谈法

访谈法是人力资源管理者就某项工作与从事该项工作的个人或小组，或者上级主管，或过去的在岗人员就工作内容和要求进行交流与讨论。访谈法是在收集工作分析信息时最常用的方法之一。访谈的形式有三种：(1) 对每个雇员进行个人访谈；(2) 对做同种工作的雇员进行群体访谈；(3) 对完全了解被分析工作的主管人员进行的访谈。无论用哪种形式，最重要的是被访谈者必须清楚访谈的目的是什么，因为这一类的访谈经常被误解为组织有目的地“对雇员的效率进行评价”。如果被访谈者对访谈目的这样理解的话，他们往往不愿意对自己或下属的工作进行较为准确的描述。

1. 访谈法的优缺点。

(1) 优点。

1) 可以对工作者的态度与工作动机等较深层次的内容有比较详细的了解；

2) 运用面广，能够简单而迅速地收集多方面的工作分析资料；

3) 由任职者亲口讲出工作内容，具体而准确；

4) 使工作分析者了解到短期直接观察法不容易发现的情况，有助于管理者发现问题；

5) 由任职者解释工作分析的必要性及功能；

6) 有助于与员工沟通，缓解其工作压力。

(2) 缺点。

1) 访谈法要有专门的技巧，需要由受过专门训练的工作分析人员进行，且访谈效果与访谈者的能力有直接的关系；

2) 比较费时、费力，成本较高；

3) 搜集到的信息往往存在扭曲、失真的现象；

4) 访谈法易被认为是工作业绩的考核或认为是一种薪酬调整的依据，因此，被访者往往会夸大或弱化其某些职责。

2. 访谈法的提问设计。工作分析所需要的信息许多都是通过针对工作的面对面的提问来完成的。因此，设计访谈问题成为工作分析者必须具备的一项重要技能。下面是有关问题设计的一些建议：

（1）不妨自我提问：我想知道的是什么？为什么？哪些东西适合要调查和访谈的问题？

（2）根据有关的资料和先前的经验设计问题。这里主要指的是可以得到的现有问卷和调查表、先前的工作分析计划以及发表的统计资料。如果书面材料无法找到，那么可以通过 CIT 体系中的相关方法来收集关键事件。

（3）只选那些与所调查资料直接相关的问题。

（4）把问题按一定的逻辑顺序排列，把那些容易的、没有挑战性但又必要的问题排在前面。

（5）构造一个粗略的工具，对少量的被访者进行一个先导性的试验访谈。

（6）检查结果，修改或删除问题。问题的修改包括：删除重复的问题，除非有检查被访者诚实性的需要；把有双重含义的问题分成两个问题，如果无法分开就删掉；删除那些超出被访者能力的问题。

访谈中会涉及很多问题，为了避免遗漏，事先最好拟定一份详细的访谈提纲或访谈问卷，这样便于归纳，并可以把访谈内容限制在与工作有关的范围内。记录应采取标准的形式（见表 9—1）。

表 9—1　　　　工作分析访谈表

职位名称：＿＿＿＿＿＿＿＿	主管部门：＿＿＿＿＿＿＿＿
所属部门：＿＿＿＿＿＿＿＿	工作地点：＿＿＿＿＿＿＿＿
间接主管：＿＿＿＿＿＿＿＿	监督者：＿＿＿＿＿＿＿＿
直接主管：＿＿＿＿＿＿＿＿	
一、职位设置的目的	
二、职责	
按顺序列举说明本职位的工作责任及其重要性，或按发生频率高低列举所担负的工作任务（责任分为每日、一定时期内和偶尔担负三种类型）。	
1. 每日必做的工作	完成该任务花费时间的百分比
（1）＿＿＿＿＿＿＿＿	＿＿＿＿＿＿＿＿
（2）＿＿＿＿＿＿＿＿	＿＿＿＿＿＿＿＿
（3）＿＿＿＿＿＿＿＿	＿＿＿＿＿＿＿＿
（4）＿＿＿＿＿＿＿＿	＿＿＿＿＿＿＿＿
（5）＿＿＿＿＿＿＿＿	＿＿＿＿＿＿＿＿
2. 一定时期内必做的工作（周、月、季度）	完成该任务花费时间的百分比
（1）＿＿＿＿＿＿＿＿	＿＿＿＿＿＿＿＿
（2）＿＿＿＿＿＿＿＿	＿＿＿＿＿＿＿＿

(3) ________　________
(4) ________　________
(5) ________　________

3. 偶尔要做的工作　完成该任务花费时间的百分比

(1) ________　________
(2) ________　________
(3) ________　________
(4) ________　________
(5) ________　________

三、教育要求

对于本职位的工作来说，一些教育与知识可以从学校获得，也可以通过自学、在职培训以及工作实践获得。请确定下列教育或知识中哪些是必要的，并在每条前面的括号里打“√”标记。

(　) 任职者能够读写并理解基本的口头或书面的指令；
(　) 任职者能够理解并执行工作程序以及理解上下级的隶属关系，能够进行简单的数学运算和办公室设备的操作；
(　) 任职者能够理解并完成上级交给的任务，具备每分钟至少输入 50 个汉字的能力；
(　) 具备本职位工作需要的专业知识；
(　) 具备相近专业领域的一般知识；
(　) 具备商业管理与财政等方面的基础知识与技能；
(　) 具备商业管理与财政等方面的高级知识与技能；
(　) 其他方面的要求。

四、经验

本职位要求任职者具备哪些经验？请确定下列哪些经验是必需的。

(　) 只需要 1 个月的工作实习期或在职培训期；
(　) 只需要 1 个月～3 个月的工作实习期或在职培训期；
(　) 只需要 4 个月～6 个月的工作实习期或在职培训期；
(　) 只需要 7 个月～12 个月的工作实习期或在职培训期；
(　) 只需要 1 年～3 年的工作实习期或在职培训期；
(　) 只需要 3 年～5 年的工作实习期或在职培训期；
(　) 只需要 5 年～8 年的工作实习期或在职培训期；
(　) 只需要 8 年以上的工作实习期或在职培训期；
(　) 其他方面的经验要求。

五、担负的管理职责

任职者担负的管理责任　完成每项工作花费时间的百分比

1. 工作指导________　________
2. 布置工作________　________
3. 检查工作________　________
4. 制订计划________　________
5. 目标管理________　________

6. 协调活动＿＿＿＿＿＿＿＿＿＿　＿＿＿＿＿＿＿＿＿＿
7. 解决雇员问题＿＿＿＿＿＿＿＿　＿＿＿＿＿＿＿＿＿＿
8. 评价下属＿＿＿＿＿＿＿＿＿＿＿＿＿＿＿＿＿＿＿＿＿＿＿＿＿＿＿＿＿＿＿＿＿＿
＿＿＿＿＿＿＿＿＿＿＿＿＿＿＿＿＿＿＿＿＿＿＿＿＿＿＿＿＿＿＿＿＿＿＿＿＿＿＿

任职者直接管理的职工人数＿＿＿＿＿＿＿＿＿＿＿＿＿＿＿＿＿＿

六、工作关系

本职位的工作者有哪些联系？在描述这些联系时，要考虑这些联系是怎样建立的，在部门内部还是部门外部，联系次数是否频繁，联系中包括信息搜集判断，还是仅仅作为一种服务形式，哪些联系对部门有用等问题。这里的联系对象包括本部门与外部的所有人员。

七、职位所受到的监督与管理

本职位需要接受哪些监督和管理？接受的程度如何？请对下列情况加以确定并在符合的情况前画“√”。

（ ）直接性。任职者的工作简单重复进行，工作处于明确、具体的指导下，基本上每天都接受指导。
（ ）严密性。任职者要求按程序工作，接受上级部门任务安排。
（ ）一般性。任职者可以有计划地安排自己的工作，但需要不定期地与上级商讨例外的、复杂的问题。
（ ）有限性。任职者在一定目标与指导下计划自己一定时期（例如每月）内的工作。
（ ）宏观指导。任职者可以独立地计划和实施自己的主要工作，只需要在目标方向上与主管者的要求保持一致。
（ ）自主性。任职者可以自主地确定工作目标，绩效标准只需与他人协商即可，不需要征得上级同意。

八、决策责任

任职者独立决策的权限与范围有多大？他作出的决定是否要由他人审核？如果要，应由谁审核？

九、错误分析

最易犯的错误有哪些？举例说明，并指出是操作上的还是观念上的或者这些错误多长时间才能被发现，谁能发现，常在哪些工作环节上被发现，纠正这些错误存在哪些障碍，在纠正错误过程中可能出现什么枝节问题。

十、数据保密

任职者是否要对一些数据加以保密？保密的程度如何？保密对公司的利益有无影响？请对下列情况予以确定，并在符合的情况前画“√”。

（ ）不保密。工作中没有任何数据需要保密。
（ ）有一点保密。偶尔有些数据需要保密。
（ ）一般保密。一般情况下需要保密，泄密将对公司有副作用。
（ ）绝大部分保密。绝大部分工作都需要保密，泄密将对公司有重大影响。
（ ）完全保密。稍加泄露，便会有损公司的名声和地位。

十一、工作条件

描述工作顺利进行时必需的生理条件、物理条件，如任职者工作期间站、走、负荷的时间各是多少等。

十二、心理要求

为了使工作顺利进行，说明对任职者在心理方面有哪些要求。

十三、列出工作中所使用的机器或设备

设备名称	一直使用	经常使用	偶尔使用

十四、附加说明

本职位还有哪些方面需要补充说明？请列出。

3. 访谈法的注意事项。在进行访谈时，必须注意以下几点：

(1) 与主管人员密切合作。只有这样，你才能找到对工作最为了解的雇员，以及那些最有可能对他们自己所承担的工作任务和职责进行客观描述的工作承担者。

(2) 与被访谈者建立融洽的关系。其要点包括：知道对方的名字，用通俗易懂的语言交流，简单地介绍访谈的目的，向他们解释你是怎么样挑选到他们这些被访谈对象的，等等。

(3) 事先确定访谈目标。访谈的目标是为了收集与工作分析相关的信息，因此在访谈前，访谈者对于为什么要访谈、访谈什么以及怎样访谈应该有明确的计划。访谈时，按照一张具有指导性的问卷或提纲来提问。

(4) 在面谈完之后，还要对资料进行检查和核对。通常是与被访谈者本人或其直接上级一起对收集到的工作信息进行最后的核查。

9.2.2　问卷调查法

问卷调查法是通过精心设计的问卷获取关于某岗位的工作内容、工作特征和人员要求等信息的方法。具体有：管理职位描述问卷法（MPDQ）、职位分析问卷法、任务详细目录法（TIQ）、体能分析问卷法（PAAQ）、调查表法等。

1. 问卷调查法的优点：

(1) 费用低，速度快，节省时间，可以在工作之余填写，不致影响正常工作；

(2) 调查范围广，可用于多种目的，多种用途的工作分析；

(3) 调查样本量大，适用于需要对很多工作者进行调查的情况；

(4) 调查的资源可以数量化，由计算机进行数据处理。

2. 问卷调查法的缺点：

（1）设计理想的调查表要花费较多时间，人力、物力、费用成本高；

（2）问卷使用前，不得不进行测试，以判断员工是否理解问卷中的问题，为避免误解，还经常需要工作分析人员亲自解释和说明，降低了工作效率；

（3）调查表是由工作者单独进行填写，缺少监控，因此，被调查者可能不积极配合，不认真填写，从而影响调查的质量。

问卷调查表的示例见表 9—2。

表 9—2 **问卷调查表的示例**

姓名＿＿＿＿＿＿＿＿＿＿　　工作名称＿＿＿＿＿＿＿＿＿＿
部门＿＿＿＿＿＿＿＿＿＿　　工号＿＿＿＿＿＿＿＿＿＿
主管姓名＿＿＿＿＿＿＿＿＿＿　　主管职位＿＿＿＿＿＿＿＿＿＿

1. 职务综述：请用你自己的语言简要叙述你的主要工作任务。如果你还负责写报告或做记录，请同时完成第 8 部分的内容。

＿＿＿＿＿＿＿＿＿＿＿＿＿＿＿＿＿＿＿＿＿＿＿＿＿＿＿＿＿＿

＿＿＿＿＿＿＿＿＿＿＿＿＿＿＿＿＿＿＿＿＿＿＿＿＿＿＿＿＿＿

2. 特定资格要求：请列举为完成你的职位所承担的任务，需要具有的证书、文凭或许可证。

＿＿＿＿＿＿＿＿＿＿＿＿＿＿＿＿＿＿＿＿＿＿＿＿＿＿＿＿＿＿

＿＿＿＿＿＿＿＿＿＿＿＿＿＿＿＿＿＿＿＿＿＿＿＿＿＿＿＿＿＿

3. 设备：请列举为了完成本职位的工作，你通常使用的所有设备、机器、工具（比如打字机、计算器、汽车、车床、叉车、钻机等等）。

机器名称	平均每周使用小时数（次数）
＿＿＿＿＿＿＿＿	＿＿＿＿＿＿＿＿
＿＿＿＿＿＿＿＿	＿＿＿＿＿＿＿＿
＿＿＿＿＿＿＿＿	＿＿＿＿＿＿＿＿

4. 常规工作任务：请用概括的语言描述你的常规工作任务。请根据各项任务的重要性以及每个月每项任务所花费时间的百分比将其从高到低排序。并请尽可能多地列出工作任务，如果此空白不够，请另外附纸。

＿＿＿＿＿＿＿＿＿＿＿＿＿＿＿＿＿＿＿＿＿＿＿＿＿＿＿＿＿＿

＿＿＿＿＿＿＿＿＿＿＿＿＿＿＿＿＿＿＿＿＿＿＿＿＿＿＿＿＿＿

5. 工作接触：你所从事的工作要求你同其他部门和其他人员、其他公司或机构有所接触吗？如果是，请列出要求与其他人接触的工作任务并说明其频繁程度。

＿＿＿＿＿＿＿＿＿＿＿＿＿＿＿＿＿＿＿＿＿＿＿＿＿＿＿＿＿＿

＿＿＿＿＿＿＿＿＿＿＿＿＿＿＿＿＿＿＿＿＿＿＿＿＿＿＿＿＿＿

6. 监督：你的职位负有监督的职责吗？（　）有（　）没有。如果有，请另外填写一张附加的监督职位工作问卷，并把它附在本表格上，如果你的职位对其他人的工作还负有责任但不是监督职责的话，请加以解释。

＿＿＿＿＿＿＿＿＿＿＿＿＿＿＿＿＿＿＿＿＿＿＿＿＿＿＿＿＿＿

＿＿＿＿＿＿＿＿＿＿＿＿＿＿＿＿＿＿＿＿＿＿＿＿＿＿＿＿＿＿

7. 决策：请解释你在完成常规工作的过程中所要作出的决策有哪些。(a) 如果你所作出的判断或决定的质量不高；(b) 所采取的行动不恰当，那么可能会带来的后果是什么？

____

____

8. 文件记录责任：请列出需要由你准备的报告或保存的文件资料有哪些。请概括说明每份报告都是递交给谁的。

(a)　报告　　　　　　　　　　　递交给

____________________　　____________________

____________________　　____________________

(b) 保存的资料

____

____

9. 监督的频率：为进行决策或决定采取某种正确的行动程序，你必须以一种怎样的频率同你的主管或其他人协商？

(　) 经常　　(　) 偶尔　　(　) 很少　　(　) 从来不

10. 工作条件：请描述你是在一种什么样的条件下进行工作的，包括内部条件、外部条件、空调办公区域等。请一定将所有令人不满意或非常规的工作条件都记述下来。

____

____

11. 资历要求：请指出为令人满意地完成本职位的工作，工作承担者需要达到的最低要求是什么？

(a) 教育：

最低学历____________________

受教育年限____________________

专业或专长____________________

(b) 工作经验：

工作经验的类型____________________

(c) 特殊培训：

类型　　　　　　　　　　　　年限

____________________　　____________________

____________________　　____________________

(d) 特殊技能：

打字：__________字/分钟　　速记__________字/分钟

其他：____________________

12. 其他信息：请提供前面各项目中所未能包括，但你认为对你的职位来说是十分重要的其他信息。

____

____

____

9.2.3 观察法

观察法是指在工作现场观察员工的工作过程、行为、内容、工具等并予以记录，进行分析与归纳总结的工作分析方法，适用于大量标准化的、周期较短的，以体力活动为主的工作。观察的形式，有公开性观察与隐蔽性观察，他人观察与自我观察等不同形式。为了提高观察分析的效率，所有重要的工作内容与形式都要记录下来，而且应对不同的工作者在不同的时间内进行观察。因为面对同样的工作任务，不同的工作者会表现出不同的行为方式，相互对比平衡后，有助于消除分析者对不同工作者行为方式上的偏见。对同一工作者在不同时间与空间进行观察分析，也有助于消除工作情景与时间上的偏差。

1. 观察法的优缺点。

（1）其优点在于：工作分析人员能够比较全面和深入地了解工作要求，适用于那些工作内容主要用身体活动来完成的工作，如门卫、流水线上的作业工人和会计所做的工作等。

（2）其缺点在于：

1）不适用于脑力劳动成分比较高的工作，以及处理紧急情况的间歇性工作。例如：律师、教师、急救站的护士、经理等。

2）对有些员工而言这种方法难以接受，他们觉得自己受到监视或威胁，从而从心理上对工作分析人员产生反感，同时也可能不予配合。

3）不能得到有关任职者资格要求的信息。

2. 采用观察法需要注意以下方面：

（1）要注意工作行为样本的代表性；

（2）观察人员在观察时尽量不要分散被观察者的注意力，干扰被观察者的工作；

（3）观察前要有详细的观察提纲和行为标准；

（4）观察者要避免机械记录，应反映工作有关内容，并对工作信息进行比较和提炼。

观察法的提纲示例请参见表 9—3。

表 9—3　　工作岗位分析的观察提纲（部分）

被观察者姓名：	日期：
观察者姓名：	观察时间：
工作类型：	工作部分：
1. 什么时候开始正式工作？	
2. 上午工作多少小时？	

3. 上午休息几次？
4. 第一次休息时间从（　）到（　）
5. 第二次休息时间从（　）到（　）
6. 上午完成产品多少件？
7. 平均多长时间完成一件产品？
8. 与同事交谈几次？
9. 每次交谈约多长时间？
10. 室内温度（　）度
11. 上午抽了几支烟？
12. 上午喝了几次水？
13. 什么时候开始午休？
14. 出了多少次品？
15. 搬了多少次原材料？
16. 工作场地噪声分贝是多少？

直接观察法通常是与访谈法结合使用的。两者结合的一种方式是：首先对雇员在一个完整工作周期中所完成的工作进行观察，并把所观察到的工作活动都记录下来。然后，在所积累的信息已经足够多的时候，再同雇员进行面谈。由于雇员在被观察过程中往往会受到鼓舞，因而此时他们就会很愿意就一些你所不懂的要点进行解释，并向你说明一些你还没有观察到的工作活动情况。观察法和访谈法结合的另一种方式是：在雇员工作时，一边观察一边对其进行访谈，两者同时进行。不过，在通常情况下，最好是等到观察结束后再去进行访谈，因为这样可以使你有充分的机会在不受影响的情况下去观察雇员的工作。这反过来也减少了雇员因变得焦急而不按常规操作的可能。

9.2.4　现场工作日记/日志法

这种方法要求从事工作的雇员每天记现场工作日记或日志（participant diary/log），即让他们每天记录下他们一天中所从事的活动。每个雇员都要将自己每天所从事的每一项活动按照时间顺序以日志的形式记录下来。它可以向你提供一个非常完整的工作图景，在以连续同雇员及其主管进行面谈作为辅助手段的情况下，这种工作信息搜集方法的效果会更好。当然，雇员可能会夸大某些活动，同时也会对某些活动低调处理。然而，无论如何，详细的、按时间顺序记录的流水账会减少这种不良后果。

总之，访谈法、问卷法、观察法以及现场工作日记/日志法都是最常用的搜集工作分析信息的方法，它们都能提供关于工作承担者事实上在做什么的比较真实的信息。因此，它们能够被用于编写职位说明书和工作规范。

9.3　职位说明书的编写

9.3.1　职位说明书的类型

1. 以受过训练者和未受过训练者为对象的职位说明书。如果你的公司正在寻找一位有过工作经验、曾接受过训练的员工，那么，此时的职位说明书很可能主要集中在任职者以前的工作经历、相关培训的质量等方面。这样，把一个已受过培训的人放到工作岗位上去时，确定对人员素质的要求就不是一件很难的事情。

然而，如果你的公司所寻找的任职者是没有接受过培训的，那么确定人员素质要求就变得比较复杂了。此时，必须明确求职者的哪些特点显示其具备完成此项工作的潜力，或具备接受工作培训的潜力，如身体特点、个性、兴趣或感知技能等。

2. 以判断为基础的职位说明书。所谓判断的方法，就是根据主管人员和人力资源专员这样一些有经验的人员的判断来编写工作规范的方法。工作分析人员和职业顾问对工作承担者需要具备的受教育程度、智力和培训等进行判断与分析。如在《职位名称词典》中对人员或人员特点的要求用以下字母来表示：I：智力（intelligent），V：语言表达能力（verbal），N：数字能力（numerical），S：空间想象能力（spatial），P：理解力（perception），C：办事能力（clerical perception），M：运动协调能力（motor coordination），F：手指灵活性（finger dexterity），M：手动灵活性（manual dexterity），E：手—眼—脚协调性（eye-hand-foot coordination），C：颜色分辨能力（color dissemination）。通过对这些要素打分，就可以反映出目前在这些工作岗位上工作的人员绩效水平或能力上的差别。

3. 以统计分析为基础的职位说明书。以统计分析为基础的职位说明书可以说明以下两者之间的关系：（1）显示人员特点的一些预测指标，如身高、智力等；（2）表示工作绩效的一些表现指标或标准。这一过程包括五个步骤：（1）对工作进行分析并确定如何对工作进行绩效评价；（2）挑选出你认为能够作用于绩效水平的那些个人特征，如手指灵活度等；（3）测试工作候选人身上的这些特征；（4）衡量这些候选人实际工作以后的工作绩效；（5）对于人员特征与工作绩效之间的关系进行统计分析。

9.3.2　职位说明书的内容与格式

职位说明书的内容主要包括以下几方面：工作概况、工作概要、工作职责、工作权限、任职资格、其他。

1. 工作概况。工作概况主要包括职位名称、所属部门、直接上级、直接下级、所辖人数等。工作概况主要揭示本职位的基本属性和工作关系。

2. 工作概要。工作概要就是用简明扼要的一两句话概括本职位的主要职责以及要达到的目标要求。要求表述简洁而概括、全面且切中要点、含义明确。

3. 工作职责。这是编写职位说明书的重点和难点。一般来说要注意以下几点：

(1) 每条职责用动宾结构，均以动词开头，少用或不用形容词；

(2) 每条职责的陈述力求简洁、准确；

(3) 每条职责只描述该工作的一个方面，切忌一条职责中包含两个或两个以上的工作内容；

(4) 相近职责列在一起；

(5) 按重要程度排列各项职责。

4. 工作权限。工作权限主要是说明承担该职位的人所拥有的权力和承担的责任。

5. 任职资格。任职资格包括：基本条件、专业知识、工作能力、工作态度及品德。

6. 其他。包括该职位使用的工具设备、工作时间特点和所需处理的文档等信息。

具体实例见表 9—4。

表 9—4　　**职位说明书**

<table>
<tr><td colspan="2">职位名称</td><td colspan="2">集团财务部主任</td><td>职位编号</td><td></td></tr>
<tr><td colspan="2">所在部门</td><td colspan="2">财务部</td><td>职务等级</td><td>主任</td></tr>
<tr><td colspan="2">直接上级</td><td colspan="2">分管副总经理</td><td>职位定员</td><td>1 人</td></tr>
<tr><td colspan="2">职位分析日期</td><td colspan="2"></td><td>批准日期</td><td></td></tr>
<tr><td colspan="6">工作概述：负责集团的财务管理、会计核算以及会计制度的制定工作；负责集团财务重组、改革改制等涉及财务方面的协调工作</td></tr>
<tr><td colspan="6">职责与工作任务：</td></tr>
<tr><td rowspan="4">职责一</td><td colspan="4">职责表述：负责集团公司的会计核算</td><td>综合权重：25%</td></tr>
<tr><td rowspan="3">工作任务</td><td colspan="4">负责集团公司、股份公司财务计划的编制</td></tr>
<tr><td colspan="4">负责集团公司会计报表的编制和审核</td></tr>
<tr><td colspan="4">对集团的经济活动进行分析，编写分析报告</td></tr>
</table>

<table>
<tr><td rowspan="5">职责二</td><td colspan="2">职责表述：负责制定集团公司的费用预算、决算和各子公司的财务计划</td><td>综合权重：25%</td></tr>
<tr><td rowspan="4">工作任务</td><td colspan="2">负责总部费用预算的编制与考核</td></tr>
<tr><td colspan="2">负责总部费用的审批并控制、监督、检查总部各部室费用执行情况</td></tr>
<tr><td colspan="2">负责集团公司会计凭证的审核</td></tr>
<tr><td colspan="2">检查、督促各子公司财务计划的执行情况</td></tr>
<tr><td rowspan="4">职责三</td><td colspan="2">职责表述：负责制定集团公司的财务管理制度</td><td>综合权重：5%</td></tr>
<tr><td rowspan="3">工作任务</td><td colspan="2">负责起草和完善集团的会计制度</td></tr>
<tr><td colspan="2">负责起草和完善股份公司的会计制度</td></tr>
<tr><td colspan="2">负责制定并完善集团公司内部控制制度</td></tr>
<tr><td rowspan="4">职责四</td><td colspan="2">职责表述：负责对各子公司财务工作情况进行管理</td><td>综合权重：5%</td></tr>
<tr><td rowspan="3">工作任务</td><td colspan="2">及时了解各子公司的经营情况</td></tr>
<tr><td colspan="2">对各子公司的经济活动进行分析，提出分析报告</td></tr>
<tr><td colspan="2">负责对各子公司经营情况进行审计</td></tr>
<tr><td rowspan="4">职责五</td><td colspan="2">职责表述：协调集团与财政、税收等政府部门及会计师事务所的关系</td><td>综合权重：10%</td></tr>
<tr><td rowspan="3">工作任务</td><td colspan="2">协调集团与财政部门的关系，争取相关政策支持</td></tr>
<tr><td colspan="2">协调集团与税收部门的关系，争取相关政策支持</td></tr>
<tr><td colspan="2">协调集团与会计师事务所的关系</td></tr>
<tr><td rowspan="3">职责六</td><td colspan="2">职责表述：负责集团公司的资产管理</td><td>综合权重：5%</td></tr>
<tr><td rowspan="2">工作任务</td><td colspan="2">按照国家有关法规和主管部门要求进行产权界定、登记和资产评估、处置</td></tr>
<tr><td colspan="2">按照国家有关规定进行清产核资工作</td></tr>
<tr><td rowspan="3">职责七</td><td colspan="2">职责表述：参与重大融资、筹资工作</td><td>综合权重：10%</td></tr>
<tr><td rowspan="2">工作任务</td><td colspan="2">为重大融资、筹资项目提供财务信息和分析报告</td></tr>
<tr><td colspan="2">参与集团公司重大资产重组工作和重大决策项目的可行性分析</td></tr>
<tr><td rowspan="2">职责八</td><td colspan="2">职责表述：对集团财务部进行组织管理工作</td><td>综合权重：5%</td></tr>
<tr><td>工作任务</td><td colspan="2">对部门的日常事务和员工进行管理工作</td></tr>
<tr><td>职责九</td><td colspan="2">职责表述：负责对集团财务人员进行培训、继续教育</td><td>综合权重：5%</td></tr>
<tr><td>职责十</td><td colspan="2">职责表述：完成上级交办的其他工作</td><td>综合权重：5%</td></tr>
</table>

<table>
<tr><td>权力</td><td colspan="3">对各单位上报的各种分析表、预算报表有审核权
对下级工作有检查权
对下级在工作中的争议有裁判权
在权限范围内，有对各项费用开支的监督检查权
有对直接下属岗位的调配权、任命的提名权和工作的奖惩权
对下属的管理水平、业务水平和业绩有考核评价权</td></tr>
<tr><td colspan="4">工作协作关系：</td></tr>
<tr><td colspan="2">内部协调关系</td><td colspan="2">集团办公室、人力资源部、规划发展部、证券部、生产管理部、进出口部等</td></tr>
<tr><td colspan="2">外部协调关系</td><td colspan="2">省财政厅、省地税局、银行、会计师事务所等</td></tr>
<tr><td colspan="4">任职条件</td></tr>
<tr><td rowspan="7">基本条件</td><td>1. 性别</td><td colspan="2">不限</td></tr>
<tr><td>2. 年龄</td><td colspan="2">不限</td></tr>
<tr><td>3. 所学专业</td><td colspan="2">财务管理、会计专业</td></tr>
<tr><td>4. 教育程度</td><td colspan="2">硕士</td></tr>
<tr><td>5. 工作适应期</td><td colspan="2">三个月</td></tr>
<tr><td rowspan="2">6. 工作经历</td><td>工作经历要求</td><td>最低时间要求</td></tr>
<tr><td>子公司工作经验
财务相关工作经验</td><td>4 年
2 年</td></tr>
<tr><td rowspan="4">专业知识</td><td colspan="3">财务管理与财务分析</td></tr>
<tr><td colspan="3">会计核算、会计准则、会计制度和会计信息披露</td></tr>
<tr><td colspan="3">财政、税务法规、税务策划</td></tr>
<tr><td colspan="3">风险投资、金融法规</td></tr>
<tr><td rowspan="5">工作能力</td><td colspan="3">创新能力</td></tr>
<tr><td colspan="3">计划能力</td></tr>
<tr><td colspan="3">分析能力</td></tr>
<tr><td colspan="3">判断决策能力</td></tr>
<tr><td colspan="3">实施能力</td></tr>
<tr><td rowspan="5">工作态度及品德</td><td colspan="3">精明老练</td></tr>
<tr><td colspan="3">热情开朗</td></tr>
<tr><td colspan="3">较强的逻辑性和条理性</td></tr>
<tr><td colspan="3">计划性</td></tr>
<tr><td colspan="3">有一定的预见性和开拓性</td></tr>
<tr><td colspan="4">其他：</td></tr>
<tr><td colspan="2">使用工具设备</td><td colspan="2">手提电脑，打印机，网络，传真机，电话</td></tr>
<tr><td colspan="2">工作时间特征</td><td colspan="2">工作忙闲不均，偶尔需要出差</td></tr>
</table>

所需处理文档	通知、便条和备忘录，简报，信函，汇报文件或报告，总结，公司文件，研究报告，合同、法律文件等
备注：	

9.4 工作分析的质量鉴定[①]

工作分析的结果是整个人力资源管理系统的基础，其质量的好坏直接影响所有后续管理工作的效率和质量，因此鉴定工作分析的质量好坏是非常重要的。

9.4.1 工作分析信息的质量鉴定

工作分析信息的质量鉴定，就是用测量和统计两种手段，对工作分析所搜集的信息的类型及其主、客观性进行鉴定的过程。

1. 鉴定手段。

（1）测量。测量是工作信息质量鉴定的一种常用手段。一般来说，测量就是按顺序给事物指派数字的过程。但在实际操作中，测量是揭示工作因素及其特质的数量化的过程。

在测量学中，区分因素与特质的差异是很重要的，但需要强调的是，工作因素本身对于工作分析的意义并不大，它的意义在于特质与特质的数量特征。当一种特质被用数字标明并按顺序排放时，特质就变得可测量了。

（2）统计（statistics）。统计一般具有统计学、统计工作、统计资料三种含义。工作分析中的统计是指对信息进行搜集、整理和分析的过程。为了充分利用所搜集到的工作分析的信息，分析者需要将它们分类、整理并做相应的处理，从而以此为依据进行判断和推理。

2. 工作分析信息类型的鉴定。从工作分析的信息内容来看，工作分析的信息可以分为两类：定性的和定量的。它们从不同的侧面反映了工作信息的特征。

（1）定性的工作信息。定性的工作信息是有关工作分析信息性质的描述，是对工作分析所搜集信息的特征和功能的阐述。由于从直观上很难发现定性的工作信息的变量关系，因此分析者倾向于探讨这些信息之间的逻辑关系，而不是它们之间的数量关系。虽然数字可以用来区分定性的工作分析信息，但此时的数字仅仅代表一种区分标志，不能进行加、减、乘、除。分析者通常是通过对信息进行

① 参见萧鸣政编著：《工作分析的方法与技术》。

分类、整理的方式重新组织信息，从而得出结论。

（2）定量的工作信息。当掌握了足够的工作分析信息后，如果仅对工作信息的性质、特征和属性进行划分，就很难对其进行全面认识和了解。因此，对工作分析信息的分析不仅要从性质方面加以考察，而且要从数量方面进行研究。

定量的工作信息是用数字来标识的。此时的数字是用来说明不同信息之间的差异程度或差异量的。在定量的框架下，对相对差异和绝对差异的区分是有意义的。相对差异是指程度上的差异，如任务难度，它只能说明工作因素的高低、多少，但不能准确说明这些因素间的差距。而绝对差异是指数量上的差异，如工作所花费的时间，它可以准确说明这些因素间的差距，并可以通过数学运算得到。

工作分析信息是主观性的还是客观性的，其依据是在收集和分析工作分析信息的过程中人的判断所起的作用。具体来说，当人们的判断没有在这个过程中起多大作用或者说信息是自然收集时，就是客观的。接下来我们以高度为例来说明主观性信息和客观性信息之间的差异。

主观的：人们一致认为是某一高度；

客观的：测量工具测量出的高度。

虽然主观性和客观性的区分对工作信息的分类是很有意义的，在理论上也是很清晰的，但在实际操作中往往会出现一些问题。在处理工作信息时，人们总是不自觉地加入一些人为判断，而且有些时候也不能把所有信息都分成主观的和客观的两类。当然也不能认为客观的工作信息都是正确的或好的，主观的工作信息就是错误的或差的。

要强调的是，不要把定性的和定量的工作分析信息与主观的和客观的工作分析信息混为一谈，定性的工作分析信息不一定是主观的，而定量的工作分析信息也不一定是客观的。

9.4.2　工作描述的质量鉴定

工作描述是工作分析的初级产品，也是人力资源开发和管理的基础工具。作为一种工具，就必须具备可靠的质量。对工作描述的信度、效度和精确性的鉴定就是对工作描述的质量鉴定。

1. 工作描述的类型划分。工作描述的类型可以根据不同的特性来划分。从测量的角度来看，工作描述可以划分为定性的工作描述和定量的工作描述；从形式结构的角度来看，工作描述可划分为结构化的工作描述和非结构化的工作描述两种。结构化的工作描述所描述的工作特征与格式基本相同，非结构化的工作描述所描述的工作特征具有特殊性和针对性。从工作描述的客观性的角度来看，工作描述可划分为客观性的与非客观性的。客观性的工作描述是对工作特征的客观写实，非客观性的工作描述包括分析人员对工作特征的主观评价与推断。

2. 工作描述的信度及其鉴定。工作描述的信度是指工作描述的可靠性。信度有两个评价指标：稳定性和等效性。稳定性是指对同一工作信息进行重复鉴定所得到结果的相似程度；等效性是指不同鉴定者在同一时间对同一工作信息进行鉴定所得到的结果的相似程度。

评价工作描述信度最直接的方法是：在短时间内由不同的鉴定者对同一工作信息进行鉴定，如果几次不同的鉴定所得到的工作信息完全相同或基本相同，那么就可以说所得到的工作描述的信度高，反之，如果几次的鉴定结果相差很大，则表明工作描述的信度低。由于影响工作信息的因素错综复杂，而这些因素会影响工作描述的信度，因此，不可能得到绝对可靠的信度，但这并不是说，鉴定者可以以此为借口不去尽量提高工作描述的信度，因为如果工作描述不可靠，那么就不可能从这些不可靠的工作描述中得出正确的结论。

一般来说，影响工作描述信度的因素主要有以下几方面：

(1) 调查所用的工具。如果问卷调查时问卷设计不合理，问题表述不清等，会降低工作描述的信度。

(2) 鉴定者自身因素。如果鉴定者在鉴定时缺乏实事求是的态度，遇到困难也没有妥善处理，会导致工作描述失真。

(3) 其他因素。进行鉴定时环境因素的不利影响以及在统计处理过程中出现的疏忽和差错，都会降低工作描述的信度。

需要强调的是，信度是一个有关工作描述形式的概念，并不涉及内容的正确与否。因此，尽管有时几个鉴定者对同一工作描述的鉴定基本相似，也不能因此判断工作描述是完全正确的。

信度的高低可以用相关系数来表示，称为信度系数。信度系数有不同的种类，鉴定者可以根据需要选择合适的相关分析方法计算信度系数。

3. 工作描述的效度及其鉴定。

(1) 工作描述的效度。这是指工作描述的有效程度。工作描述的效度越高，则越能体现工作本身的特征；反之，则不能真正反映工作本身的特征。工作描述效度的最终检验方法是看其在以下三个方面所达到的程度：

1) 获得其他信息产品。如开发职位说明书、资格说明书与职务说明书的有效性；

2) 辅助人力资源专家工作的有效性；

3) 作为人力资源问题研究与检验工具的有效性。

(2) 对工作描述效度的鉴定。由于工作描述的特质不同，对其效度的鉴定也应相应地采取不同的手段。对定量的工作描述的鉴定应看其描述的工作信息与现实情况的相关度，描述的工作信息与现实情况相关性越高，则工作描述的效度越高，反之则效度越低。鉴定工作描述效度的方法主要有：

1) 让不同的鉴定群体评价同一工作描述的有效性，再比较他们的评价结果。较常用的方法是比较任职者和其直接主管的结果；

2) 让专家实地考察后再评价同一工作描述的有效性；

3) 对用不同方法得到的工作描述的效度进行相关分析；

4) 用有关信度的数据来代替效度，这是基于评价高度的一致性。

定性的工作描述的效度应从暂时的和长期的两方面考虑，因此对其鉴定也面临着一些困难。对暂时性效度的判断，必须进行多方面的考察，听取管理者、工程师或其他专家的意见。

对定性工作描述的长期效度的判断，主要是看对使用者需要的满足程度，这也是对效度最本质的鉴定。下面介绍两种鉴定长期效度的方法：其一，从招聘者、培训者、直接主管和其他工作描述的最终使用者那里获取对工作描述有效性的评价；其二，考察人力资源管理的产出并提取与效度有关的指标。它旨在找出工作描述到底在多大程度上对人力资源管理实践作出了积极的贡献。

效度与信度一样，可用相关系数来表示，表示效度的相关系数通常称为效度系数。工作描述的效度与信度有很密切的关系。一般来说，工作描述的效度高，其信度也高，但工作描述的效度低，其信度并不一定低。

4. 工作描述的精确性及其鉴定。工作描述的精确性是指对其所描述的工作信息及其特征真实性的反映程度。对工作特征的描述有客观性和主观性之分，因此对工作描述的精确性进行鉴定时也应区别对待。

鉴定客观性工作描述的精确性比较容易，主要是将现实的操作与工作描述相比较，二者之间的一致性越大，工作描述就越精确。对主观性工作描述精确性的鉴定有一些困难。目前一般用内部相关性来检验精确性，即用多个鉴定者在评价工作描述对象时的相关性作为检验工作描述精确性的指标。

9.5　工作分析在公共部门的运用

工作分析的主要任务是对现有的工作进行分析，从而为其他的人力资源管理实践如甄选、培训、绩效考核及薪酬制定等搜集信息。

下面我们将讨论工作分析技术在实际工作中的应用，尤其是在公共部门的应用。工作分析在公共部门的应用是有其深远的历史渊源的。比如，苏格拉底在描述“正义”国家时就曾经指出过，一个正义的社会必须认清楚三件事。第一件事情是，不同的人在从事工作时的资质是存在差异的，这就意味着不同的个人之间是存在能力差异的。第二件事情是，不同的职业需要具备不同资质的人来完成。第三件事情是，一个社会想取得高质量的绩效，就必须努力去把每一个人都安排到最适合他们资质发挥的职业上去。换句话说，一个社会（或一个组织）要想取得成功，它就必须获取与工作要求相关的详细信息（通过工作分析来实现），并且还必须保证这些工作要求与个人的资质之间是相互匹配的（通过人员的甄选来实现）。正如苏格拉底所关注的是整个社会一样，其实工作分析并不是公司企业独有的一种管理手段，它一样可以为提高公共管理的效率，实现高质量的绩效提供导向，帮助公共部门实现工作要求与人之间的匹配。

9.5.1 工作分析对公共部门人力资源管理者的重要性

正如我们所知道的一样，工作分析是企业人力资源管理者所有工作的基石，因为人力资源管理中的各种人力资源计划或方案——甄选、绩效考核、培训和开发、工作设计、职业生涯规划以及人力资源规划等——都需要通过工作分析获得某些类型的信息。事实上，公共部门内人力资源的科学管理同样与工作分析具有高度的关联性。对一个公共组织而言，有关公共部门人力资源的基本决策是至关重要的，因为在现代社会，工作是我们测量某个人或集体的经济与社会地位的一项非常明显的标准。公共管理职位之所以成为稀缺资源，是由于一方面它们的设置受到税收收入与支出水平的约束，另一方面它们也是社会中与政治权力这种对社会稀有资源进行分配的权力接触最多的工作岗位，正是这种稀缺性和重要性，使得个人激烈竞争公共管理的职位。由公共部门特定的价值和信仰支撑的公共部门人力资源制度在公共部门人力资源的管理中发挥着重要的作用，而这中间公共部门的工作分析又具有基础性作用。

在探讨公共部门工作分析方法之前让我们先看看公共部门人力资源的特点。首先，公共部门人力资源结构的刚性强于企业人力资源结构的刚性。由于公共部门的工作程序、职责范围、工作岗位的层级性、固定性强于非公共部门的企业组织，因此公共部门内官僚制的组织结构的刚性高于企业的组织结构刚性。其次，公共部门人力资源的价值导向为服务，企业人力资源的价值导向为利润。公共部门的主要职能是为社会提供公共服务，传播和强化政府的价值取向，为民众提供外部经济产品等公共性服务产品是公共部门人力资源的价值导向；而企业人力资源的价值导向是为了使企业获得更多的利润，因而在人员招募、岗位设置、职员培训等方面就是以使企业获得更多的利润为导向。再次，公共部门人力资源流动性小于企业人力资源的流动性。最后，公共部门人力资源激励弱于公司企业的人力资源激励，因为公共部门人力资源的价值导向为服务的提供，而公司企业人力资源的价值导向为经济利益和晋升。虽然公共部门也存在激励，但其激励方式和额度非常有限。

9.5.2 传统工作分析中的问题

工作分析是对每一位职员的工作职位进行信息收集、记录的过程。它包括实地观察雇员的工作流程，与职工交谈了解其工作，以及从该雇员的同事和上级主管那里证实所获信息的真实性等步骤。工作分析的结果是职位说明书——对雇员的职责、责任及任职资格的书面说明。也许还会包括一个资格标准，以及对完成该职位责任的最低知识、技能和能力及资格条件做出的说明。

一般来说，工作分析被认为是职位管理的基础。它要求在一名雇员被选录或提升到某一职位之前，必须对该职位有清楚的认识。由此，工作分析控制着官僚机构的规模和职位的密度。职位说明书详细描述了组织中所包含的职位的工作名称、职位类别、职责水平、工资和工作地点等事项。相似的工作职位被归类为一个职系。职业性质不同，但工作难度相同的工作将被归入一个统一的职等中。因此，组织中的每一个职位均依靠明确的职系和职等代码来表示它们之间的区别，就如同平面中的一点可以根据它到纵轴的距离来确定其位置一样。

由于每个职位都可以放在一个共同的职系中，作为行政组织的一个可辨别的职位编号，它的职等则用来固定与其他职位的薪酬水平与上下级关系的作用。

所有的职位说明书都包含了某些共同的要素，如表 9—5 所示，包括职业代码及名称、工资等级、组织位置、职位在层级体系中的职位、工作责任及最低任职资格。

表 9—5　　传统的工作描述

工作名称：秘书 职位代码：827301－2 工资等级：GS－322－4 工作职责：在主管的指令下工作，属支持性部门的操作。 工作责任：履行某些书记类职能，以支持主管工作及本部门任务的完成； 打印书信和报告、整理、汇编报告；

维护、保存办公用品清单；
安排、准备会议事务；
接听电话；
处理日常信件；
完成其他临时分配的工作。
资格要求：高中或相当学历；
打字速度：40 单词/分钟；
至少有六个月做 GS—322—3 级秘书的经验或相关经验。

传统上，为了防止政府人事管理中出现恩赐现象，职位说明书把所有的职位依照工作类型、技能层次与所属机构等加以分门别类地管理；同时为了保护政府雇员的权利，并提高公共部门效率，职位说明书从制度上确保“位得其人”——即为各个职位甄选适宜的人才，并保证雇员能够基于其资格被公平地付给薪酬。然而，一旦某个国家已经完成了向公务员制度的转变，会立刻遇到一种尴尬的局面，这种局面是，随着公务员制度发展到第三阶段悄然而生的，国家必须调和政府回应力与行政效率这两个相互矛盾的目标，前者是为了回应大众对政府的要求，是民主国家的政府不可推卸的责任；而后者则是创设高效能政府必需的手段。政府还必须在以上两种价值与个体潜力及社会公正之间小心翼翼地求得平衡。这时，传统职位说明书就不能适应工作管理模式的变化，因为它不能适应组织使命变化所要求的弹性工作分配，因而最终会妨碍将雇员有效地分配到工作中去。同时，在工作分析日趋“精细化”之后，工作分类与工资制度同样变得日益烦琐，长此以往会导致过多的职位分类及技术层次的产生，人们会被固定在一个职位中。在等级制度森严的职业阶梯中，雇员想要升迁到高一级的职位，必须具有低一级职位的工作经验才行，而不管其表现出来的能力和知识是否足以证明其能够胜任更高的职位，同时，各级人事主管们经常扮演着阻碍员工由一类工作岗位转向另一类工作岗位的角色。这样，雇员们初始的职位说明书牢牢地束缚了他们日后的职业生涯发展。

由此可以看出，传统的工作分析是建立在工作任务和组织静态基础上的。但事实上，工作会随着组织目标的变迁而发生变化；因此，如果人事管理制度的目标是要提高管理的合理性与科学性，它就不应把某一工作或组织“冻结”于某一点上，更不能不合时宜地限制组织根据工作变化而重新调配雇员。从管理者的角度看，传统的工作分析没有证明在知识、技能和能力、绩效标准和最低任职资格要求之间究竟存在什么样的关系。而这种关系的存在，是组织中雇员高效工作的前提。

传统的工作分析在组织与其雇员中建立了一种具有鲜明官僚层级色彩和控制

导向的关系模式，它反对组织管理中雇员参与以及雇员“主人翁”角色的确立。

由此看出，传统的职位说明书没有包含足够的信息，来使得职位申请者认清自己的角色。因此，主管者还必须运用一个定位或工作调节期，以教导雇员如何工作才能切实适应组织任务的需要。

9.5.3 从职位管理向工作管理及人力资源管理的转变

公共人事管理的历史就是不同价值与人事管理制度之间相互冲突的历史。

在政治恩赐制度下，工作职位从未进行过分析与分类。雇员之所以被委任到某一职位上，仅仅是因为他们曾经给予某一位竞选成功的候选人政治支持。公共职位的主要目的是它们作为“分赃物”的功能，而非为了完成公共福利的需要。尽管有时也会对公共职位任职者提出某些最低限度的工作绩效标准，但其目的也是避免损害政治选举官员在雇员心中的“天使”形象而造成的尴尬局面。在许多情况下，雇员甚至不需到工作场所露面，而照样可以拿到工资。事实上，许多政治恩赐制的倡导者认为，任何人均可胜任工作职位，而无须设立什么资格要求。不仅如此，他们还倾向于认为，这种标准设定很容易妨碍民选官员为支持者谋求公共职位的自由。

在政府内外要求改革的压力下，发展中国家大都完成了由政府分赃制向功绩制的转变。

一旦分赃制向功绩制的转换步入正轨，立法者及高层行政官员就会利用职位管理限制人事制度中的政治恩赐现象——限制机构中雇员的人数。职位管理制度同时也使得预算过程更加合理化，限制了用于工资福利事项上的资金总额。由于机构编制与法律意识及公共项目目标更趋于一致，职位管理的实施使得政策制定与执行更加合理。

工作分析与职位分类的发展是公务员制度改革的一项遗产。它反映了人们把科学原理应用于行政管理事务，把公共组织从政治压力下剥离出来，以提高效率及保护公共组织雇员权利的倾向。

理想状态下，分类制度有助于把工作做得更好，即能使管理者依据工作需要匹配具有适当技能的雇员；根据雇员对工作单位贡献的大小，公平合理地付酬；能使管理者为工作调整及职务提升设定清晰、固定的标准；等等。因此，一些旨在要求最大灵活度与工作效率的管理者们，开始把职位说明书及工作分类制度视为一种“行政手段”，以达到其对预算的要求，并使人事部门满意，而不再把它们与组织目标及日常管理相联系。并且，随着工作管理制度的日趋“神秘”，管理者及人事专家日益精于操作这套制度，使它更具灵活性及亲和力。他们学会了充分利用人事规章中的细微漏洞，用以横向调配组织的雇员，破格提拔表现优异的雇员，并给予额外奖励，或对于确实是组织需要的人才，用高于常规的薪酬招聘。

本章小结

本章通过对公共部门工作分析方法与技术的介绍，力图使读者了解、掌握工作分析的基本概念、相关术语、性质与作用，掌握工作分析及职位说明书的编写方法，以及工作分析在公共部门的运用。

首先，阐述了工作分析的概念、特点。工作分析是一种活动或过程，它是分析者采用科学的手段与技术，直接收集、比较、综合有关工作信息，为组织特定的发展战略、组织规划、为人力资源管理及其他管理行为服务的一种管理活动。

其次，介绍了工作分析的方法和流程，包括访谈法、问卷调查法、观察法和日志法，列举了各种方法的实例，并分析了各种方法的优缺点。

再次，描述了工作说明书的编写流程及工作分析的质量鉴定，并依据实例列举了一份完整的职位说明书。

最后，从工作分析对公共部门的重要性入手介绍工作分析在公共部门的运用，从而探讨了公共部门从职位管理向工作管理及人力资源管理的转变。

关键术语

工作分析　　职位说明书　　工作分析的质量鉴定

复习思考题

1. 工作分析的概念和特点是什么？工作分析对组织管理有什么作用？
2. 试述工作分析的基本步骤。
3. 工作分析的几种基本方法的优缺点各是什么？各自的适用范围分别是什么？
4. 试阐述工作分析质量鉴定的具体内容。

5. 试述工作分析在公共部门的应用。

阅读材料

××集团公司总部中层管理人员职务分析组织与实施方案

工作分析过程

一、研究目标

编写出以职责和任职资格为主要内容的系统的职务说明书。

二、准备工作

1. 确定工作分析的对象，即目标岗位。

公司总部中层管理人员19个岗位都在工作分析的对象范围之内，详见组织结构图，如图9—1所示。

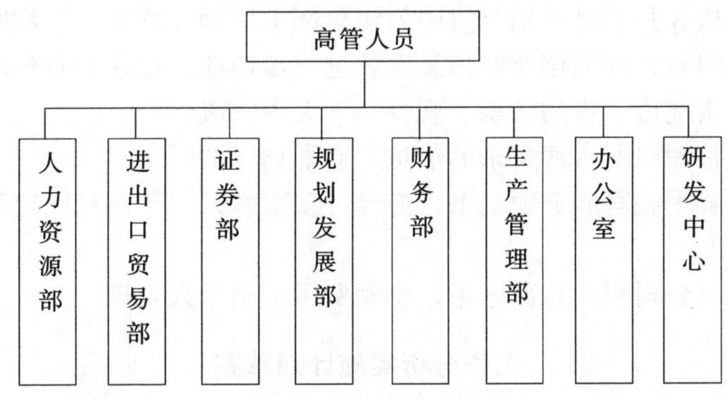

图9—1　组织结构图

2. 确定所需信息内容。

工作人员基本情况、工作的时间要求、工作目标、中心任务、工作程序、工作的活动内容、设备运用、失误的影响、责任、内部接触、外部接触、监督、管理、所需知识、技术、能力。

3. 确定搜集工作分析信息的方法。

(1) 设计“职务调查表”进行问卷调查。

(2) 查阅人事档案。

(3) 在上面获得信息的基础上对不同对象采用不同方法。

1）对大部分岗位主要采用访谈法和纪实分析方法或日志法来搜集信息；

2）对操作性强的岗位主要采用访谈和观察相结合的方法来搜集信息。

4. 工作分析人员的组织与任务分配。

本组 4 名人员按工作岗位进行分工：

组长（李××）与唐×负责“发展规划部、生产管理部、证券部、研发中心、进出口贸易部”5 个部门共 10 个岗位；

副组长（李×）与张××负责“人力资源部、办公室、财务部”3 个部门 9 个岗位。

5. 时间安排。

3 月 1 日—15 日整理出所有信息，然后进行综合分析，3 月底拿出完整的职务说明书。

三、组织与实施步骤

第一步：从 2 月 20 日至 2 月 27 日用一周多时间作出访谈提纲及记录表格，并把实施方案发给本组同志，明确个人的责任；

第二步：从 3 月 1 日开始与集团公司总部中层领导联系，一周时间内发出并收回职务调查问卷，并根据所获信息设计进一步访谈、记录与观察的方案；

第三步：实施进一步的访谈、观察，三天内完成；

第四步：整理出所有搜集来的信息，3 月 15 日结束；

第五步：着手编写职务说明书，应经过多次修订，于 3 月底定稿。

四、费用

大额费用与公司集团总部联系，小额费用支出个人自理。

工作分析实施计划草案

一、工作时间

2003.3.1—2003.3.30

二、小组成员

组长：李××

副组长：李×

组员：张××、唐××

三、工作计划

第一步：查阅文献拟定访谈提纲和工作日志，小组成员进行工作任务分配(2.20—2.27)，负责人：李××。

工作成果：访谈提纲（见附件 1）和工作日志（见附件 2）。

任务分配：本组共 4 人，按工作岗位分为两个组。

第一小组：组长（李××）与唐×负责“发展规划部、生产管理部、证券部与研发中心、进出口贸易部”4 个部门共 10 个岗位；

第二小组：副组长（李×）与张××负责“人力资源部、办公室、财务部”3 个部门共 9 个岗位。

第二步：填写职务分析问题和工作日志。

工作成果：填写好的职务问卷和工作日志。负责人：公司领导（3.1—3.8）。

第三步：对职位进行访谈。

工作成果：职位访谈报告。负责人：负责职位的各分组成员（3.16—3.19）。

第四步：编写职务说明书。

工作成果：各职位的职务说明书（3.20—3.23）。

负责人：各小组成员。

第五步：职务说明书交给专家审阅，负责人：李××。

具体安排见表 9—6。

表 9—6　　工作分析计划表

时间	任务	负责人	工作成果
2.21—2.28	1. 拟定访谈提纲和工作日志 2. 小组成员进行工作任务分配	李××	1. 访谈提纲 2. 日志 3. 任务分配计划
3.1—3.8	填写职务分析问卷和工作日志	公司领导	填写好的职务分析问卷和工作日志
3.9—3.15	小组成员阅读问卷、准备职位访谈、选定职位	各分组负责人	详细的各职务访谈计划
3.16—3.19	对职位进行访谈	各分组负责人	职位访谈报告
3.20—3.25	组织编写职务说明书	各分组负责人	职务说明书
3.24—3.25	对每一职务说明书进行讨论	李××	比较规范的职务说明书
3.26—3.28	职务说明书交给专家审阅	李××	
3.29—3.30	修改职务说明书	李××	规范的职务说明书

附件 1　职位分析访谈提纲

一、访谈目的

收集并确认职位信息，以编制正确的职务说明书。

二、访谈对象

各职位。

三、访谈人员

负责分析职位的成员和所分析的岗位职员及其直属高管。

四、访谈时间

3.16—3.19。

五、访谈主要内容

依据一张可以核对和比较的工作分析调查问卷进行访谈提问，主要包括工作的职责等与职位分析相关的问题。

六、访谈准则

1. 访谈人员与该职位的直属主管要密切合作。

2. 访谈人员与被访谈者的关系要融洽，让对方明白访谈目的。

3. 访谈结束后，要让被访谈者或其直属主管对所搜集的工作信息进行最后核查。

4. 当完成任务的方式不是很有规律性时，应让工作承担者按照任务的重要性和发生频率的大小将其一一列举出来。

七、主要问题

1. 你向谁报告？

2. 谁向你报告？

3. 你所做的是一种什么样的工作？

4. 你的主要职责是什么？你又是如何做的？

5. 你的工作环境与别人有什么不同？

6. 你这项工作所需具备的教育程度、工作经历、培训要求是怎样的？

7. 你都参与了哪些活动？

8. 说明你工作绩效的标准有哪些。

9. 工作对身体的要求是怎样的？对脑力和情绪的要求又是什么？

10. 工作对安全和健康的影响如何？

11. 在工作中你有可能受到身体伤害吗？工作时你的心理压力怎样？

12. 工作中对你来说最具挑战性的是什么？

13. 你和公司内或公司外哪些人经常定期接触？

14. 这个工作对你的利益和解决问题的能力有什么样的挑战性？

附件 2　工作日志填写说明

1. 请您在每天工作开始前将工作日志（详见表 9—7）放在手边，按工作活动发生顺序及时填写，切勿在一天工作结束后一并填写。

2. 要严格按照表格要求进行填写，不要遗漏那些细小的工作活动，以保证信息的完整性。

3. 请您提供真实的信息，以免损害您的利益。

4. 请注意保存，防止遗失。

感谢您的真诚合作！

表 9—7　　工作日志记录表

序号	工作活动名称	工作活动内容	工作活动结果	所耗时间	备注

第10章

统计分析与统计报表制作

开章案例

国家统计局局长马建堂2010年1月28日表示，将抓紧提出国家统一核算地区GDP方案。

马建堂在全国统计工作会议上表示，要改进地区GDP审核与评估，统一国家与地区分行业增加值核算方法。目前，我国GDP核算采取分级核算体制，国家和地方分别核算GDP，国家统计局对各省份的GDP数据进行审核。分级核算体制存在地区GDP核算易受地方干预等弊端。国际通行的做法是，地区GDP由国家统一核算。

近年来，国家统计局一直在研究直接核算省一级GDP的办法。马建堂强调，2010年要积极推进统计制度方法改革。抓紧建立国家统一的服务业统计制度，不断扩大部分行业服务业抽样调查制度覆盖范围。进一步完善劳动工资统计制度，扩大抽样调查范围，研究提出工资结构和岗位工资的统计方法。

马建堂还表示，一季度将正式推出主要统计指标环比制度，灵敏准确反映中国经济运行状况。

环比数据通常比同比数据更加灵敏地反映出经济走势，特别是在同比基数明显偏低或偏高时。虽然近来国家统计局也开始发布CPI等环比数据，但工业生产、GDP增速等重要环比数据从未正式发布。

2009年四季度和2010年一季度的中国经济数据，都面临或将面临同比基数明显偏低的问题。1月19日召开的国务院第四次全体会议在部署一季度工作时指出，充分考虑去年同期基数影响，加强对主要指标的环比分析，密切跟踪市场需求变化，准确判断形势，提高宏观经济政策的针对性和有效性。

10.1　统计分析方法

公共管理中经常进行调查研究，但调查研究所得的资料必须进行统计分析，否则只能是杂乱无章的原始材料，而无法在公共管理中发挥重要的作用。调查资料经过整理之后，下一步的工作就是如何对这些资料作进一步的统计分析，以便得出科学而准确的研究结论。资料的统计分析方法就其涉及的变量多少而言，有单变量统计分析、双变量统计分析和多变量统计分析。就其分析的内容而言，有描述性统计分析和推论性统计分析。本章主要介绍单变量和双变量分析中的一些基本统计方法及其在公共管理中的具体应用。

10.1.1　单变量的统计分析

单变量统计分析是对事物某一数量特征所作的描述，其分析内容包括描述性统计分析和推论性统计分析两个方面。描述性分析是对变量的水平或其他特征的一种刻画，是对资料的统计概括；推论性分析是指根据抽样调查的资料，在描述统计的基础上进一步推断总体的特征。

1. 单变量的统计描述。

对事物的测度可分为四个层次，即定类测度、定序测度、定距测度和定比测度。对于不同测度层次上的变量可使用的统计方法是不同的。测度的层次越高，可以使用的统计分析方法就越多、越发达。定类和定序变量都具有对事物分类的性质，而定距和定比变量基本上属于同一测度等级。因此，我们主要从两方面讨论这四种测度变量的常用统计分析方法。

（1）定距测度变量的统计描述。对定距测度变量，我们可以进行频数或频率分析。比如，我们可以将定距尺度的资料分为若干类别或组，然后利用这种分组对各频数分布状况进行全面的描述。此外，我们还可以更多地运用集中趋势和离散趋势的测度来描述定类尺度的数据。

1）集中趋势的测定。集中趋势是总体分布的重要特征之一。在社会经济调查中，测定集中趋势的常用指标主要有平均数、中位数和众数等。

第一，平均数。平均数也称算术平均数，统计上一般称为均值。它是测定集中趋势最常用的指标。在实际计算时，根据掌握的数据不同，通常采用不同的计算公式。在直接根据原始数据计算平均数时，采用下列公式：

$$\overline{X}=\frac{x_1+x_2+\cdots+x_n}{n}=\frac{\sum_{i=1}^{n}x_i}{n} \qquad (10—1)$$

式中：$\overline{X}$——平均数；

x_i——第 i 个观测值；

n——观测值的个数；

$\sum$——求和符号。

这一公式也称为简单算术平均数公式。计算时只需将原始数据加总再除以观测值个数 n 即可。

在根据分组数据计算平均数时，可以采用下列公式：

$$\overline{X}=\frac{x_1f_1+x_2f_2+\cdots+x_nf_n}{n} \qquad (10—2)$$

$$=\frac{\sum_{i=1}^{k}x_if_i}{\sum_{i=1}^{k}f_i}$$

$$=\sum_{i=1}^{k}x_i\frac{f_i}{\sum_{i=1}^{k}f_i}$$

式中：f_i——第 i 组的额数或权数；

k——观测值的数目，即所分的组数或类别数。

这一公式也称加权算术平均数公式。

我们以一个简单的例子来说明均值的求法。

[例 1] 下列数据是学生的学号和成绩。

学号：	1	2	3	4	5	6	7	8	9	10	11	12	13	14	15
成绩：	4	5	4	4	5	3	3	3	2	3	4	3	3	2	5

解：根据以上数据可直接计算学生的平均成绩：

$$\bar{x}=\frac{(4+5+4+4+\cdots+3+3+2+5)}{15}=3.53\text{ 分}$$

如果对数据进行分组整理，则可写成：

数值：5　4　3　2

频数：3　4　6　2

而根据分组数据计算的平均成绩为：

$$\bar{x}=\frac{(5\times3+4\times4+3\times6+2\times2)}{15}$$

$$=3.53$$

由此可见，分组平均数公式是一般公式在数据有重复情况下的简化，两者的本质其实是一样的。简单平均数事实上是用 $1/n$ 作为权数的。

第二，中位数。是将一组数据排序后，处于中间位置上的数值。计算中位数时，首先要确定出中位数的位置，然后确定其具体数值。

在根据原始数据计算中位数时，应先将各变量值从小到大排序，然后根据 $(n+1)/2$ 确定中位数的位置，处于该位置上的变量值即为中位数。若变量值个数 n 为偶数，则取位置两侧数值的平均数作为中位数。就例 1 的数据而言，其成绩按从小到大排序为：2 2 3 3 3 3 3 3 4 4 4 4 5 5 5，中位数的位置为：(15+1)/2=8，即位于第 8 位的数据为中位数，这里即为 3。

在根据组距分组资料计算中位数时，先根据 $\frac{\sum f_i}{2}$ 确定出中位数的位置，从而找出中位数所在的组别，然后根据内插法计算中位数的近似值。其公式为：

$$M_e=L+\frac{\frac{\sum f_i}{2}-S_{m-1}}{f_m}\times i \tag{10—3}$$

式中：M_e——中位数；

L——中位数所在组的下限值；

S_{m-1}——中位数所在组以前各组的累计次数；

f_m——中位数所在组的次数；

i——中位数所在组的组距。

中位数是位置代表值，所以不像均值那样会受极端数值的影响，具有较高的稳定性。

第三，众数。众数是将一组数据从小到大排序后，出现次数（频数）最多的变量值。在直接根据原始数据或单变量值分组数据计算众数时，通过观察即可得到。从例 1 中可以看出，3 出现的次数最多，因此 3 为众数。

在根据组距分组数据计算众数时，通常采用下面的近似公式：

$$M_0 = L + \frac{\Delta_1}{\Delta_1 + \Delta_2} \times i \tag{10—4}$$

式中：M_0——众数；

L——众数所在组的下限值；

Δ_1——众数组次数与前一组次数之差；

Δ_2——众数组次数与后一组次数之差；

i——众数组的组距。

众数与中位数一样，也是一个位置代表值，同样不受极端数值的影响，而且它体现了这样的统计思想：在一组数据的中心点附近，变量值的次数较高。

2）离散趋势的测定。离散趋势是总体分布的另一个重要特征，它所描述的是数据的离散程度或差异水平。集中趋势的各测度值是对数列一般水平的一个概括性度量，它对一组数据的代表性程度，取决于该组数据的离散水平。若数据的离散程度越大，集中趋势的测度值对该组数据的代表性就越差；离散程度越小，其代表性就越好。离散趋势的测度值就是对数据离散程度所作的描述。数据离散程度的描述性指标主要有极差、异众比率、四分位差、平均差、标准差、变异系数等。

第一，极差。极差又称全距，它是一个数列的最大值与最小值之差。若用 R 表示全距，则有：

$$R = \max(x_i) + \min(x_i) \tag{10—5}$$

例 1 的极差为 5－2＝ 3。极差是数据离散程度的一种最简单的测度值，其大小只与数列的极值有关，而不受其他值的影响。极差计算简单、易于理解，但实际中应用较少。

第二，异众比率。异众比率又称离异比率或变差比，它是指非众数的次数与全部变量值总次数的比率。其公式为：

$$V_r = \frac{\sum f_i - f_m}{\sum f_i} = 1 - \frac{f_m}{\sum f_i} \tag{10—6}$$

式中：V_r——异众比率；

$\sum f_i$——观测值的总次数；

f_m——众数组的次数。

就例 1 的数据而言，异众比率为（15－6）/15＝0.6。

异众比率主要用于衡量众数对一组数据的代表性程度。异众比率越大，说明非众数组的次数占总次数的比重越大，众数的代表性就越差；异众比率越小，说

明非众数组的次数占总次数的比重越小，众数的代表性就越好。异众比率一般只适用于分组数据，而且主要应用于定类尺度的资料分析。

第三，四分位差。将一组数据从小到大排序后，用 3 个点将其分为四个相等的部分，这 3 个点在数列中的位置分别为$\frac{n+1}{4}$、$\frac{n+1}{2}$、$\frac{3(n+1)}{4}$，我们将四分位点位置上所对应的变量值称为四分位数。第一个四分位数记为 Q_1；第二个四分位数记为 Q_2，即中位数；第三个四分位数记为 Q_3。我们把数列中最高的 1/4 项和最低的 1/4 项去掉，仅就中间的半数项目计算离散趋势值，就是四分位差。它表示从第一个四分位数 Q_1 到第三个四分位数 Q_3 之间的距离，如果将这个距离分成一半，则分别表示从 Q_1 到中位数的距离和从中位数到 Q_3 的距离。对于定序尺度的资料，通常用 Q_1 和 Q_2 之间的距离表示四分位差，因此，计算公式为：

$$Q.D.=Q_3-Q_1 \tag{10—7}$$

式中，$Q.D.$ 表示四分位差，Q_3 表示第三个四分位数，Q_1 表示第一个四分位数。

就例 1 而言，Q_1 的位置为（15+1）/4=4，因此 $Q_1=3$，Q_2 是中位数，其值为 3，Q_3 的位置为 3×（15+1）/4=12，所以 $Q_3=4$，而 $Q.D.=4-3=1$。

第四,平均差。平均差是各观测值与其平均数的平均离差。因$\sum(x_i-\bar{x})=0$,所以通常对离差取绝对值。其计算公式为：

$$A.D.=\frac{\sum_{i=1}^{n}|x_i-\bar{x}|}{n} \tag{10—8}$$

式中，$A.D.$ 表示平均差。

对例 1 数据，$A.D.=\frac{|4-3.53|+|5-3.53|+\cdots+|2-3.53|+|5-3.53|}{15}$

$=0.84$

对于分组数据，采取如下公式计算：

$$A.D.=\frac{\sum_{i=1}^{k}|x_i-\bar{x}|f_i}{\sum_{i=1}^{k}f_i} \tag{10—9}$$

第五，标准差。标准差是分析数据离散程度的最常用指标。其定义公式如下：

$$\sigma=\sqrt{\frac{\sum_{i=1}^{n}(x_i-\bar{x})^2}{n}} \tag{10—10}$$

式中，σ 表示标准差。对于分组数据，则采用下列公式：

$$\sigma=\sqrt{\frac{\sum_{i=1}^{k}(x_i-\bar{x})^2 f_i}{\sum_{i=1}^{k} f_i}} \tag{10—11}$$

对例 1 的分组数据，计算标准差如下：

$$\sigma=\sqrt{[(5-3.53)^2\times3+(4-3.53)^2\times4+(3-3.53)^2\times6+(2-3.53)^2\times2]/15}$$
$$=0.96$$

上述两式是针对总体的全部数据计算的，而对于样本资料，计算标准差通常采用下列公式：

$$S=\sqrt{\frac{\sum_{i=1}^{n}(x_i-\bar{x})^2}{n-1}} \tag{10—12}$$

或

$$S=\sqrt{\frac{\sum_{i=1}^{n}(x_i-\bar{x})^2 f_i}{\sum_{i=1}^{k} f_i-1}} \tag{10—13}$$

式中，S 表示样本标准差，n 或 $\sum f_i$ 为样本容量。标准差反映了各观测值对平均数的离差程度，也是测定平均数代表性大小的一种尺度。标准差的平方称为方差，记为 σ^2 或 S^2。

第六，变异系数。在对两组数据的离散程度进行比较时，不能直接用标准差。因为标准差是与观测值具有同样测度单位的一个绝对值，其大小不仅与数据的测度单位有关，也与观测值平均水平的大小有关。为消除测度单位和观测值水平不同的影响，比较不同类别数据离散程度的大小，需要计算变异系数。其公式为：

$$V_\sigma=\frac{\sigma}{\bar{X}} \text{或} V_s=\frac{S}{\bar{X}} \tag{10—14}$$

因此，例 1 的变异系数为 0.96÷3.53=0.27。

(2) 定类和定序测度变量的统计描述。对于定类和定序变量，常用的描述性指标主要有比例、百分比和比率，此外，中位数和众数等也可用于对这两类变量的描述。

1）比例和百分比。比例是反映总体内部各类别结构的相对数。假定总体的

N 个元素或单位被分成 k 个类别，每一类别所包括的元素或单位分别为 N_1，N_2，N_3，…，N_k，则有 $N_1+N_2+N_3+\cdots+N_k=N$。比例是某一类别的单位数与总体单位数的比值。比例通常表现为小数，显然，所有类别或部分的比例之和等于 1，即

$$\frac{N_1}{N}+\frac{N_2}{N}+\cdots+\frac{N_k}{N}=1 \tag{10—15}$$

将比例乘以 100 就得到百分比或称为百分数，它表示每 100 个中有多少个具有某一类别的单位。

2）比率。比率通常是表示不同性质的两组或两类之间的数量对比关系。一般将某一类别中的数 A 与另一类别中的数 B 之商定义为比率。

2. 单变量的统计推断。如果在对统计数据进行分析时，依据的不是总体的全部资料，而是样本资料，那么，就需要根据样本的某些描述性指标（如平均数、方差、比例等）来推断总体相应的未知数字特征，即总体参数，就是所谓的统计推断。统计推断的内容包括参数估计和假设检验。

（1）参数估计。参数估计的方法主要有点估计和区间估计两种。

1）总体平均数的区间估计。是根据样本平均数来估计总体平均数的可能范围，即置信区间。总体平均数落在这一区间的概率称为置信度或置信水平，用 $1-\alpha$表示，其中 α 为显著水平，$0\leqslant\alpha\leqslant1$。

当总体为正态分布且方差 σ^2 已知时，总体平均数在 $1-\alpha$ 置信水平下的置信区间为 $[\bar{x}-Z_{\frac{\alpha}{2}}\cdot\frac{\sigma}{\sqrt{n}},\ \bar{x}+Z_{\frac{\alpha}{2}}\cdot\frac{\sigma}{\sqrt{n}}]$，其中：$\bar{x}$ 为样本平均数；$Z_{\frac{\alpha}{2}}$ 为置信水平的 Z 值；σ 为总体标准差；n 为样本容量。

2）总体比例的区间估计。在统计分析中，比例或百分比主要用于定类和定序测度变量的描述。如果依据的是样本资料，也可用样本的某种比例（记为 p）去估计总体比例（记为 P）所在的区间。比例区间估计的方法同平均数的区间估计类似。给定显著水平 α，则总体比例在 $1-\alpha$ 置信水平下的置信区间为：$\left[p-Z_{\frac{\alpha}{2}}\sqrt{\frac{p\ (1-p)}{n}},\ p+Z_{\frac{\alpha}{2}}\sqrt{\frac{p\ (1-p)}{n}}\right]$

（2）假设检验。假设检验是先对总体的某一参数作一假设，然后利用样本资料构造适当的统计量，对假设的正确性进行推断，决定是否接受这一假定。

1）总体均值的假设检验。总体均值的假设检验需要根据总体的分布形态、总体方差是否已知以及样本的大小来确定检验统计量。

当总体为正态分布且σ^2已知时，构造的检验统计量为：

$$Z=\frac{\overline{X}-\mu_0}{\frac{\sigma}{\sqrt{n}}} \tag{10—16}$$

式中，μ_0为原假设的总体均值。

2）总体比例的假设检验。该检验与总体均值的假设检验类似。总体比例（P）检验的统计量为：

$$Z=\frac{p-P}{\sqrt{\frac{P(1-P)}{n}}} \tag{10—17}$$

式中，　p——样本比例；

　　　　P——原假设的比例。

10.1.2　双变量的统计分析

在一项调查中往往包含许多项目或变量，单变量分析是仅就其中一个变量所作的分析，如果我们将各个变量联系起来分析，就是多变量分析。双变量分析是就其中的两个变量所进行的分析，它可以看做是多变量分析的一种简化形式。双变量统计分析的方法较单变量分析要复杂一些，特别是对定类和定序测度变量的分析更是如此。

1. 两个定距变量之间关系的分析。

对于两个定距变量之间关系的分析，主要是研究两个变量之间的关系密切程度，以及一个变量对另一个变量的影响程度。传统的分析方法主要是相关分析和回归分析。

（1）相关分析。

1）简单相关系数。相关分析主要是研究两个变量之间的关系密切程度。其中最广泛应用的一个测度指标就是皮尔森相关系数r，其计算公式为：

$$r=\frac{n\sum xy-\sum x\cdot\sum y}{\sqrt{n\sum x^2-(\sum x)^2}\cdot\sqrt{n\sum y^2-(\sum y)^2}} \tag{10—18}$$

简单相关系数r测定了变量x和y之间的线性相关程度。r的取值范围是[−1，1]。若$0<r<1$，表示x与y之间为正相关；若$-1<r<0$则表示x与y之间为负相关。若$r=+1$，表示x与y之间完全正相关；若$r=-1$，表示x与y之间完全负相关；若$r=0$，表示x与y之间不存在线性相关关系。

［例2］见表10—1。

表 10—1　　**10 年的居民年平均收入与年平均消费表**　　单位：元

编号	收入	消费	编号	收入	消费
1	1 012	884	6	2 031	1 671
2	1 192	1 103	7	2 583	2 110
3	1 387	1 210	8	3 502	2 851
4	1 522	1 278	9	4 288	3 537
5	1 713	1 453	10	4 845	3 919

我们知道，消费与收入之间存在着一定的相关关系，可计算相关系数如下：

$\sum xy=61\ 304\ 103$　　$\sum x=24\ 075$　　$\sum y=20\ 016$

$\sum x^2=74\ 541\ 453$　　$\sum y^2=50\ 448\ 130$

求得相关系数为 $r=0.999\ 538$。

2）相关系数的显著性检验。总体相关系数（记为 ρ）通常是未知的，这就需要用样本相关系数去估计。但由于样本带有一定的随机性，根据样本相关系数能否说明总体的相关程度呢？若样本相关系数较高，我们能否认为总体的相关系数也较高呢？为判断 r 对 ρ 的代表性大小，常常需要对 ρ 进行假设检验，即通过 r 所提供的信息来检验 $\rho=0$ 的假设。如果 $\rho=0$ 通过检验，则说明 r 是抽自 $\rho=0$ 的总体，两个变量之间的关系不显著；若 $\rho=0$ 未通过检验，说明 r 不是抽自 $\rho=0$的总体，两个变量之间的关系显著。

在小样本条件下，即 $n<30$ 的情况下，通常采用 t 检验来检验相关系数的显著性，其检验采用的统计量为：

$$t=\frac{r\sqrt{n-1}}{\sqrt{1-r^2}} \tag{10—19}$$

根据给定的显著水平 α 和自由度 $df=n-2$，查 t 分布表，得到相应的临界值 $t_{\frac{\alpha}{2}}$。

若 $|t|\geqslant t_{\frac{\alpha}{2}}$，则表明 r 不是抽自 $\rho=0$ 总体，r 在统计上是显著的；若 $|t|\leqslant t_{\frac{\alpha}{2}}$，则表明 r 是抽自 $\rho=0$ 的总体，r 在统计上是不显著的。

（2）回归分析。两个变量之间的回归称为一元回归。它是利用样本数据建立自变量 X 与变量 Y 之间的数学表达式，若 X 与 Y 之间为线性关系，称为一元线性回归。其回归方程为：

$$Y_i=a+bX_i \tag{10—20}$$

通过最小二乘法确定方程中的两个未知常数 a 和 b，得到下列标准方程：

$$\begin{cases}\sum Y_i=na+b\sum X_i \\ \sum X_iY_i=a\sum X_i+b\sum X_i^2\end{cases} \tag{10—21}$$

解方程求出 a、b，即得到所求的直线方程。

例 2 中两个变量的相关系数高达 0.999，说明收入与消费之间有很强的相关性，我们可以通过回归分析用一定的数学表达式描述出它们之间的关系。因为消费是依赖于收入的，所以，收入是自变量，消费是因变量。利用例 2 已求得的数据，根据计算未知数的方程，求得：

$$a=97.701\,95 \qquad b=0.791\,013$$

按照代数的概念，a 称为截距，即 X 为 0 时 Y 的取值，此例中的 a 等于 97.7，其经济含义是：即使没有收入，也会存在一些必不可少的消费支出；b 称为斜率，它说明自变量每增加一个单位因变量增加的数量，这在经济学上就是边际的意思，所以此例中的 b 的经济名称即是边际消费倾向。

2. 两个定序变量之间关系的分析

在统计分析中，应用定序测度变量的场合较多。类似于两个定距变量之间的相关分析，对两个定序变量也可以作相关分析。但由于定序变量无法用数字精确计量，因而在测定其相关程度时，需要将两个定序变量分别转化为某种数字等级，然后根据等级排序后的数列测定其关系密切程度。

测定两个定序变量等级相关程度的常用指标是斯皮尔曼（Spearman）相关系数 r_s。如果在排序中不存在相同的等级，r_s 的计算公式为：

$$r_s=1-\frac{\sigma\sum d_i^2}{n\ (n^2-1)} \tag{10—22}$$

式中：n——划分的等级数；

d_i——两种排序的等级之差。

r_s 与简单相关系数 r 类似，其取值范围也为 $[-1,\ 1]$。若 $|r_s|=1$，表明两种排序之间完全相关；若 $-1<r_s<0$，表明两种排序之间为负相关；若 $0<r_s<1$，表明两种排序之间为正相关；若 $r_s=0$，表明两种排序之间完全不相关。

10.1.3 统计分析报告

数据经过统计分析之后，只是为我们得出有关结论提供了基本依据和素材。如何将整个统计分析的成果用文字形式表现出来，使统计真正起到解决社会问题、服务于社会的作用，则需要撰写统计分析报告。统计分析报告是统计分析成果的集中表现。能否撰写出一份高质量的统计分析报告，是决定统计分析本身成败与否的重要环节。

1. 统计分析报告的类型与特点。由于不同的统计分析所要解决的具体问题不同，因而，作为统计分析结果表现形式的统计分析报告也具有不同的类型。因

分类标准不同，人们对统计分析报告类型的划分也就不同。比如，有人根据统计分析报告的内容将之分为描述性报告和探索性报告两类；有人从技术角度将之分为初步报告、一般报告和技术报告三类；也有人将统计分析报告分为普通统计分析报告、学术研究报告和学位论文三类；还有人将之分为应用性统计分析报告和学术性统计分析报告；等等。实际上，社会经济统计分析无非是针对所研究的问题，采取适当的方法搜集有关资料，并对资料进行整理和分析，从中得出有关的结论。而作为表述统计分析成果的统计分析报告，无非是对统计分析过程和结果的一种综合描述与分析。因此，我们根据统计分析报告的内容及其表现形式将其分为两大类：一类是纯资料性统计分析报告；一类是分析性统计分析报告。

纯资料性统计分析报告是以对问题的简单描述为主要目的的，它通常以公布统计分析所得的各项资料为主，不加任何解释。这些资料可供社会各界人士广泛使用，使用者可根据自己的研究选择相应的资料。大型统计分析均以此种报告方式为主。分析性报告则以资料的分析和研究为主，它通常以文字、图表等形式将统计分析的过程、方法及其分析结论表现出来，目的是使人们对该项统计分析及其结论有一个全面的了解。我们通常所说的统计分析报告大多是指分析性统计分析报告。

统计分析报告不同于一般的学术论文，也不同于一般的工作总结，它具有以下两个基本特点：

(1) 统计分析报告是以实际统计分析资料为基础，从对统计分析资料的分析研究中得出结论。统计分析报告是用事实说话，实事求是地反映客观实际，通过对事实的描述使人们了解事实真相，同时通过对实际资料的分析得出客观的结论。也就是说，统计分析报告是由事实而得出结论，而不是先确定出某种结论，再去寻找证据来验证这一结论的正确性。寻找证据来验证自己的理论或观点的正确性，是撰写一般论文常犯的错误。

(2) 统计分析报告所揭示的问题具有普遍性和一般性。尽管统计分析报告往往都是针对具体的问题而撰写的，但它所揭示的问题通常是社会普遍关心的问题，而且所得出的结论又具有一般性的特点。

上述两点是一般统计分析报告所共有的特征。当然，不同的统计分析研究、统计分析报告的侧重点是不同的，在撰写上也应具有自己的特点。

2. 统计分析报告的撰写。撰写统计分析报告大体上需经过两个步骤：一是拟订写作大纲；二是内容的具体写作。

(1) 写作大纲的拟定。撰写统计分析报告之前，应首先拟订写作大纲，这是十分重要的工作步骤。大纲拟订的好坏，直接关系到统计分析报告的质量。写作大纲是对报告内容的一种提要，本身体现了撰写报告的基本思路、框架和内容。大纲拟订之后，具体的写作就比较容易了。拟订写作大纲是一项比较困难的工作，一般需要对所研究的问题进行全面深入的思考，在此基础上对所研究的问题进行系统化、条理化，进而形成写作大纲。具体地讲，拟订写作大纲时，应考虑以下几个方面的问题：

1）应明确读者对象和写作目的。即明确该统计分析报告是为谁而写，预期的读者对象是什么人，报告要达到的目的是什么，不同的读者对象所要达到的目的是什么。因为不同的读者对象所要了解的问题或者对资料的兴趣是不同的，因而调查报告的内容或侧重点也就应该有所区别。比如，从事基础性研究的人员，他们对概念、理论和研究程序都很熟悉，而感兴趣的则是有关科学知识主体的资料，因而希望统计分析报告写得结构严谨，精确无误；而从事应用性研究的人员则希望报告中能将统计分析资料、分析方法及有关知识同制定政策结合起来，提供一些解决特殊问题的具体办法，因此，在统计分析报告中必须表明这些知识在帮助他们解决具体问题时方法上的可能性；政策制定者以及实际部门的工作者，对统计分析资料及其结论的兴趣自然也有所不同。这些都是在拟订写作大纲时应予以充分考虑的。此外，撰写报告的目的对统计分析报告的形式、内容、写作风格及详细程度等也有影响。

2）在拟订大纲时，应明确所研究问题的相关资料和相关问题。首先，针对所研究的问题检查手中所掌握的资料是否齐全。只有掌握全面的资料，才能写出内容丰富的统计分析报告。其次，应对资料的内容作深入的了解。比如，资料的背景、时间状况、空间上的分布、各因素之间的关系等。只有充分认识这些问题，才能对所掌握的资料进行合理取舍和运用。再次，应充分考虑与本研究有关的其他问题。因为任何一个问题都不是孤立存在的，都有与之相关的问题。

3）对所研究问题的全面分析与合理组合。这也就是在上述两个问题的基础上，通过对所研究问题的全面思考，形成统计分析报告的总体构思和基本框架。通过对问题的深入分析，可以明确哪些问题应在报告中予以讨论，哪些问题没有讨论价值，哪些问题可以合并，哪些问题可以分解为若干小问题去讨论，等等。分析之后对问题的合理组合也是至关重要的，它影响着统计分析报告的写作逻辑、结构及可读性。比如，如何对报告中所涉及的问题分门别类？哪些在前？哪些在后？哪些为纲？哪些为目？如何对问题进行条理化和排列？等等。在对问题进行思考并经过系统化、条理化之后，便形成了一份完整的写作大纲。当然，在写作过程中，还可以对大纲作必要的修改。

（2）统计分析报告的基本结构。学术研究报告或论文在写作上具有一定的固定格式，而一般的统计分析报告则没有固定的写作格式，报告的形式及写作要求主要取决于统计分析的目的、内容、结果以及报告所面临的读者对象和写作目的等。但一般来说，一份统计分析报告在结构上大体由标题、导言、主体和结尾几个部分组成。

1）标题。标题就是统计分析报告的题目，它是对报告内容的精确提炼。标题的确定应力求简明、生动、针对性强，能引起读者的兴趣。标题的写法灵活多样，但标题必须与报告的内容相符，不能为了引起读者的关注而使用超出报告内容的标题。就目前的统计分析报告而言，标题的写法主要有三种：一是直接用统计分析的对象或统计分析的问题作标题。这类标题比较简明、客观，但比较呆板，缺乏吸引力。二是以某种结论式的语言或判断语句作标题。这类标题揭示了统计分析研究的内容，又表明了作者的结论和观点，具有较强的针对性和吸引力。使用这类标题时，也可以同时附加一个副题，以进一步说明统计分析的对象、内容和范围。三是以提问的语句作标题。这类标题比较鲜明，具有较大的吸引力，一般用于以揭示问题原因为主的统计分析报告。

2）导言。导言也可以称作“绪论”、“前言”等，它是统计分析报告的开头部分。导言部分主要是介绍统计分析的目的、内容和方法，具体写法主要有三种：一是联系所统计分析的现象，说明统计分析的目的和意义，然后介绍统计分析的范围、内容和方法。这种写法有利于读者了解统计分析工作的基本情况，把握统计分析的宗旨。二是首先对某一现象作出描述，然后对这一现象产生的原因、社会影响及其意义等提出若干问题。这种写法有利于吸引读者。三是在描述现象并提出问题的同时，直截了当地给出问题的结论，然后在报告的主体部分对这一结论进行论证。

3）主体。主体是统计分析报告的核心部分，在整个报告中所占的篇幅和内容最多。这一部分的质量直接关系到整个报告的质量和影响。主体部分的结构因内容不同而写法不一，可以从纵向角度对问题展开描述和分析；也可以从横向角度对问题展开描述、分析和比较；或者将二者结合起来。主体部分的内容大体包括问题的背景及演变、资料的分析与解释、因果关系的阐述等等。其宗旨是剖析问题、证明事实、澄清“怎么样”或“为什么”等疑问。相对于导言部分而言，它是对问题的详细讨论和论证；相对于结论部分而言，它是得出统计分析结论的依据所在。为使主体部分的内容逻辑清楚、结构严谨，在拟订写作大纲时，应对该部分内容作详细分解和组合，以便使问题由浅入深，明确化、条理化和系统化。

4）结尾。结尾部分是对整个统计分析研究结果的概括和总结，主要任务是得出研究的核心结论，并提出解决问题的具体途径和建议。结尾部分在写法上应力求简明、概括、结论明确和突出。从内容上看，结尾部分应突出以下几点：一是明确提出本次统计分析研究的结果或结论；二是说明所研究的问题对现阶段的影响以及未来可能的发展趋势；三是提出解决问题的具体建议或途径。此外，还应对本次统计分析研究的局限性及结论的适用范围作出必要的说明。

（3）撰写统计分析报告应注意的问题。撰写一份好的统计分析报告并非易事，报告本身不仅预示着统计分析的质量，也反映了作者本身的知识水平和文化素养，是作者能力的一种综合体现。在撰写统计分析报告时，有以下三方面的问题需要注意：

1）统计分析报告除了展示资料和结论之外，还必须报告总体背景材料、统计分析方案设计、样本规模、统计分析的组织实施和监督方法、资料的搜集和分析方法、误差范围、结论的局限性等等，目的是使读者能够独立地判断统计分析结果，分析调查结论，从而正确地使用统计分析的结果，应用所得的结论。目前国内的多数统计分析报告最普通的缺陷是不报告上述内容，以致读者不清楚资料的来龙去脉，无法应用。一般来说，统计分析问卷及主要原始资料最好作为附录列入统计分析报告，对于统计分析的回答率或拒答率也应作出说明，并报告对拒答的处理方法、统计分析的误差程度等。

2）在写作文体及行文方面，应力求简明、准确、易懂、易被人接受。统计分析报告的突出特点是用事实说话，在叙述上要真实和客观。在文体上最好用第三人称或非人称代词，如“作者发现……”、“笔者认为……”、“据发现……”、“资料表明……”等等，而尽可能不用“我认为……”、“我们发现……”等语句。行文时，应以向读者报告的语气撰写，不要力图说服读者同意某种观点或看法。因为读者关心的是统计分析的结果和发现，而不是写报告者个人主观的看法。

3）对于报告中引用别人的资料应加以详细注释，这也是大多数人经常忽视的问题之一。通过注释指出资料的来源，一方面可以供读者查证，同时也是对他人研究成果的尊重。注释应详细准确，应包括被引用资料的作者姓名、书刊名称、所在页码、出版单位和时间等。

10.2　我国的统计报表制度

统计报表是我国搜集统计资料的一种重要方式。它是按照国家有关法规的规定，以一定的原始记录为基础，按统一的表格、统一的指标、统一的报送时间和

报送程序进行填报，自下而上地逐级提供基本统计资料的一种统计分析方式。各地区、各部门、各单位都必须遵守国家的法律规定，履行填制报表的义务，这样一系列规则和程序所形成的制度称为统计报表制度。

10.2.1　统计报表的特点与作用

统计报表与其他各种统计分析方式相比，具有以下特点和作用：

(1) 统计报表通常提供国民经济发展状况的基本统计资料，以及重要经济活动情况的统计资料，它可以较为全面、完整、系统地反映客观经济现象的变化。

(2) 由于统计报表的表格形式、指标内容、报送时间和报送程序都是由国家统一规定的，因此，在统计报表的实施范围内，各企业、各单位、各部门、各地区都必须严格贯彻执行，这就保证了所搜集资料的准确性。

(3) 由于在统计分析进行前把报表布置到各个基层填报单位，基层可以根据报表的要求，及时建立、健全各种原始记录，因此保证了统计资料的准确性。

(4) 统计报表是由基层填报，经部门、地区，到全国逐级综合汇总获得的全国社会经济活动的基本统计资料。各级领导部门可以通过统计报表，经常了解社会经济发展变化的情况。并且通常统计报表所包括的统计分析单位比较全面，指标比较系统，指标内容、统计分析周期都有相对的稳定性，便于连续观察，进行历史对比，因此，统计报表资料是研究社会经济发展变化规律的重要依据。

(5) 我国的经济体制决定了国民经济的主要过程和主要方面都应纳入国家的统一计划，在计划管理上也提出了建立统计报表制度的要求。统计报表制度的建立为我国的宏观计划管理提供了大量编制计划，是检查监督计划执行情况所必需的基础资料，也是各级部门实现计划管理的重要手段之一。

然而，统计报表作为一种重要的统计分析方式并不是十全十美的，它与其他统计分析方式相比有其局限性和不足。统计报表在各种统计分析方法中，是一种比较烦琐的资料搜集方式，不如一些非全面统计分析，如抽样统计分析、重点统计分析或典型统计分析机动灵活，针对性强，并且布置和填报一套报表往往需要花费很多人力和物力。当然，从上级来讲，往下发放统计表是最“省力”的一种了解情况的方式，但这样一来，就很容易形成报表过多的情况，给基层统计造成不必要的负担，从而降低统计资料的可信度。因此，一方面要加强对统计报表的管理，另一方面还要尽量多采用其他统计分析方法，以弥补统计报表的不足。

10.2.2　统计报表的种类

1. 基本统计报表和专业统计报表。目前，我们国家的统计报表是由国民经济基本统计报表和专业统计报表所组成的。基本统计报表的主要部分，由国家统计部门统一制发，用来搜集农业、工业、交通运输、邮电、固定资产投资、物资、商业、财政金融、劳动工资等方面基本的统计资料。专业统计报表，是国务院各业务部门为专业管理工作的需要而制定的统计报表，在本系统内施行，用以搜集有关部门的业务技术资料，作为国民经济基本统计报表的补充。

2. 定期报表和年报。统计报表按其报送周期长短的不同，可分为日报、旬报、月报、季报、半年报和年报等。除年报外，其他报表都称定期报表。日报和旬报，由于时效性强，也可称进度报表。各种报表报送时间的长短通常和项目的详简程度有一定的联系，报表报送的时间短，报表的项目少而简；相反，报表报送的时间长，则报表的项目就多些、细些。年报包括的项目比较多，内容比较全面，实施的范围也比较广泛，是全年经济活动的全面总结，用以检查国民经济及各部门、各单位年度计划的执行情况，分析国民经济发展速度和各种重要比例关系，为编制年度计划和长期计划提供依据。月、季报表主要用以检查月度和季度国民经济各部门、各单位计划执行情况，反映各期的生产情况和动态，作为上级经常性了解情况、安排生产的依据。其中，季报除日历年度中的季（三个月）报外还包括季节报，如春、夏播种作物播种面积报表，秋、冬播种作物播种面积报表等。

3. 电讯报表和书面报表。统计报表按报送方式的不同，分为电讯报表和书面（邮寄或投递）报表两种。而电讯报表又可分为电报、电话和电视传真等方式。究竟采用哪种报送方式，要根据报表指标项目的详细程度，以及报送时效性等来决定。如日报和旬报包括的项目少，并且要求迅速上报，通常采用电讯方式上报；月报、季报、半年报和年报包括内容较多，则采用书面（邮寄或投递）的方式上报。

10.2.3 统计报表制度的制定及管理

统计报表制度的制定和管理是一项十分复杂的工作。

统计报表由一系列统计分析项目所构成，因此，制定统计报表制度除了应遵循统计分析方案的一般原则外，尤其要注意统计报表的统计分析项目的设置。

首先，统计报表统计分析项目的设置，要从经济管理的需要出发，以反映国情国力的基本指标和反映生产经营活动的主要情况为限度，力戒烦琐庞杂；并且统计报表涉及面广，完成一套报表的填报往往需要花费大量的人力、物力和财力，为此设置每一个项目都必须考虑到基层填报单位的能力。尽量减少不必要以及用途不大的统计分析项目，减轻填报单位的负担，真正兼顾需要与可能两个方面。

其次，统计报表设置的统计分析项目应与统计指标体系相适应。统计指标体系是设置统计报表的统计分析项目的重要依据，因此，统计分析项目应该与统计指标体系以及统计指标相衔接，既要使指标数值的计算有资料来源，又要避免过多的统计分析项目造成重复。

此外，贯彻实施统计报表制度，最重要的是有效地管理统计报表的制发，明确规定有权利发报表的机关。只有如此，才能做到集中统一，杜绝滥发报表的现象。

关于统计报表的制发管理，国家现行的规定是：

(1) 全国性的统计报表，由国家统计局会同国务院有关部门制定，重要的报请国务院批准下达。

(2) 各地方根据自己的实际需要，有权另制报表或在全国性报表的基础上增补一些项目。地方性的统计报表或增补的项目，由省、市、自治区统计局制定，并报国家统计局备案。

(3) 国务院各部门和省、市、自治区业务部门，发到直属企业的专业统计报表，由本部门负责人批准下达，报同级统计部门备案；国务院各部门和省、市、自治区设立的中心工作办公室和各种临时办公室制发的专业统计报表，也必须按上述程序审批。

(4) 发往农村的统计报表，要严加控制。全国性的由国家统计局会同国务院有关部门共同制定，报请国务院批准下达；各地方因情况特殊，发往农村的统计报表和增补的项目，由省、市、自治区人民政府批准下达，并报国家统计局备案。

随着客观情况的不断变化，统计报表需要不断地得到调整，加以改进。对于未按程序制发的报表以及废止的报表，填报单位有权拒绝填报。

10.2.4　统计报表的资料来源

我国的基本统计和定期统计报表，是以基层企业、单位的原始记录和统计台账为主要资料来源的。因此，建立和健全原始记录和统计台账，是统计分析的基本环节。

1. 原始记录。原始记录是指基层企、事业单位以一定的表格形式对各项生产经营或业务管理活动所做的直接的第一手记录，例如，工业企业的原材料、燃料、动力的消耗记录、现金收支凭证等。这些原始记录，都是各项生产、业务活动的详细书面说明，是统计、核算、会计核算和业务核算的原始依据，所以，原始记录又叫原始凭证。

建立和健全原始记录，不但对于编制和填报统计报表有着重要意义，而且对于基层单位加强经济核算、系统积累资料、摸索生产经营规律等也有重要意义。

原始记录的种类、形式和内容由基层单位的具体情况决定，不能脱离实际，强求一致。在建立和制定原始记录时，必须注意以下几点：

（1）从企事业单位实际需要出发，要有利于加强管理，促进生产。原始记录的种类、内容和记录方法必须适应各单位生产、业务的特点和管理工作的水平，并且在实践中不断总结经验，对原始记录加以整顿和改进，保证资料的切实可靠，逐步完善原始记录制度。

（2）要能同时满足各有关方面的需要，利于统一组织经济核算。原始记录不仅是统计核算的依据，也是会计核算的依据。因此，有关原始记录的各项规定，要同时考虑统计、会计、业务三种核算的需要，避免各搞一套、彼此重复、混乱的做法。

（3）要有利于群众参加管理，力求方法简便，通俗易懂，便于群众填写。

2. 统计台账。由原始记录到统计报表，中间还需设置一些统计台账。统计台账是基层单位根据填报统计报表和本单位经营管理的需要而设置的一种汇总整理统计资料的表册。例如工业企业原材料消耗台账等。统计台账的种类和格式要视各个基层单位的具体情况而定。一般地讲，一个规模较大的企业组织，需要厂部和车间两级设账。原始记录由车间统计员负责整理，登入车间统计台账，并据以编制厂内报表；厂级统计资料室则根据车间报来的内部报表进行整理，登入厂级统计台账。而一个规模较小的基层企业则只需设立统计台账，直接根据原始记录进行整理，将整理结果登入即可。统计台账的基本形式，主要有以下两种：（1）多指标的综合台账。这种台账是在一个表册上，按时间顺序，同时登记若干有关指标数值的发展变化情况。（2）单指标的分组台账。这种台账是在一个表册上，按时间顺序，同时登记各个下属单位某一指标数值的发展变化情况。统计台账的特点是按照一定的期限，对统计数字进行及时的汇总整理。因此，设置统计台账，对加强企业管理有重要作用。首先，利用统计台账可以提高统计报表的及时性，因为设置统计台账，可以把报表资料的核算分散在平时，为期末汇总资料，编制统计报表做好准备；其次，利用统计台账可以系统地积累企业统计资料，便于历史比较，发现问题；最后，利用统计台账可以及时反映各种生产、业务活动情况，为企业领导决策提供依据。

10.3 统计表和统计图的制作

汇总的数字资料，一般都要通过表格或图形表现出来，为此，就要制作统计

表和统计图。

10.3.1　统计表

统计表是系统地表述数字资料的形式，它具有系统、完整、简明、集中的特点，而且便于计算、查找和进行对比研究。广义地讲，统计表包括统计调查中的调查表、汇总表、整理表、分析表以及公布统计资料所用的表格等。狭义地讲，统计表则仅仅指记载汇总结果和公布统计资料的表格。我们这里所讲的统计表，是就狭义而言的。统计表的结构，从形式上看，一般由标题、标目（横标目、纵标目）、数字、表注等要素构成。标题，就是统计表的名称，它简要地说明表中统计资料的内容，位于表的顶端，一般作居中处理。标目，分横标目和纵标目。横标目，通常写在表的左边，是用以说明总体各组或各单位的标志。纵标目，通常放在表的右上方，用以说明总体各组或各单位的指标。数字，是统计表的主体，一般用绝对数、相对数或平均数等反映，它说明总体各组或各单位有关指标的数量特征。表注，是对统计表有关内容所作的说明。从内容上看，统计表的结构包括主词和宾词两个部分。主词，就是统计表所要说明的总体或是总体的各个组。各个单位的名称，通常排在表的左方。宾词，就是统计表用来说明主词的各种指标，通常排在表的右方。统计表的结构可参见图10—1。

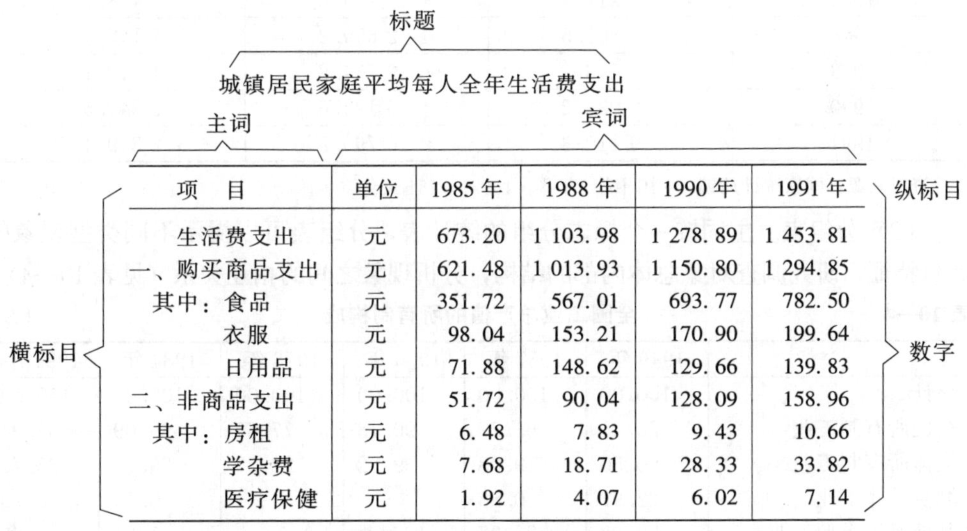

城镇居民家庭平均每人全年生活费支出

项　目	单位	1985年	1988年	1990年	1991年
生活费支出	元	673.20	1 103.98	1 278.89	1 453.81
一、购买商品支出	元	621.48	1 013.93	1 150.80	1 294.85
其中：食品	元	351.72	567.01	693.77	782.50
衣服	元	98.04	153.21	170.90	199.64
日用品	元	71.88	148.62	129.66	139.83
二、非商品支出	元	51.72	90.04	128.09	158.96
其中：房租	元	6.48	7.83	9.43	10.66
学杂费	元	7.68	18.71	28.33	33.82
医疗保健	元	1.92	4.07	6.02	7.14

图10—1　统计表的结构

资料来源：国家统计局编：《中国统计年鉴·1992》，284页，北京，中国统计出版社，1992。

统计表按照主词的结构，可分为简单表、分组表和复合表三种。

（1）简单表。主词未作任何分组的统计表。简单表中，主词只列举总体各单位的名称，或只按地域分布、时间顺序排列（见表10—2、表10—3）。

表10—2　　耐用消费品年底平均每百人拥有量

品　名	单位	1985年	1991年
缝纫机	架	9.3	12.6
自行车	辆	21.1	36.2
电风扇	台	6.0	19.8
洗衣机	台	2.9	9.2
电冰箱	台	0.4	3.0
电视机	台	6.6	17.8
录音机	台	3.5	11.3
照相机	架	1.1	2.1

资料来源：国家统计局编：《中国统计年鉴·1992》，280页。

表10—3　　全国城乡储蓄存款年末余额　　单位：亿元

年份	总计	城镇	农户
1952	8.6	8.6	—
1965	65.2	52.3	12.9
1978	210.6	154.9	55.7
1984	1 214.7	776.6	438.1
1988	3 801.5	2 659.2	1 142.3
1989	5 146.9	3 734.8	1 412.1
1990	7 034.2	5 192.6	1 841.6
1991	9 110.3	6 790.9	2 319.4

资料来源：国家统计局编：《中国统计年鉴·1992》，281页。

（2）分组表。主词按一个标志分组的统计表，分组表可以揭示不同类型现象的数量特征，研究调查对象总体内部的结构，分析现象之间的相互关系（见表10—4）。

表10—4　　全国工业总产值的所有制构成　　（%）

	1949年	1957年	1966年	1978年	1984年	1991年
总计	100.00	100.00	100.00	100.00	100.00	100.00
全民所有制工业	26.25	53.77	90.18	77.63	69.09	52.94
集体所有制工业	0.50	19.03	9.82	22.37	29.71	35.70
城乡个体工业	22.97	0.83	—	—	0.19	5.70
其他经济类型工业*	50.28	26.37	—	—	1.01	5.66

* 1949年、1957年为公私合营和私营工业的数字。

资料来源：国家统计局编：《中国统计年鉴·1992》，408页。

(3) 复合表。主词按两个或两个以上标志复合分组的统计表。复合表可以把多种标志结合起来，从不同角度反映社会现象的不同数量特征（见表10—5）。

表10—5　　1991年全国479个城市工业企业和总产值情况

项　目	单位	全国统计	479个城市合计		占全国比重（%）	
			地区	市区	地区	市区
一、工业企业单位数（乡及乡以上）	万个	50.5	38.6	22.0	76.4	43.6
全民所有制	万个	10.5	7.6	4.8	72.4	45.8
集体所有制	万个	38.9	30.0	16.5	77.0	42.4
二、工业总产值（当年价格）	亿元	28 248	25 567.0	18 679.5	90.5	66.1
乡及乡以上工业总产值	亿元	23 136	21 131.7	16 492.1	91.3	71.3
轻工业	亿元	10 869	9 817.4	7 134.7	90.3	65.6
重工业	亿元	12 267	11 314.3	9 357.3	92.2	76.3

资料来源：国家统计局编：《中国统计年鉴·1992》，669页。

统计表除按主词结构分类外，还可按宾词结构作两种不同的设计，即简单设计和复合设计。宾词结构的简单设计，就是把宾词的各个指标作平行的安排（见表10—6）。

表10—6　　1990年全国人口普查10%抽样数据
部分省、自治区、直辖市人口的性别和婚姻状况

（宾词结构的简单设计）　　单位：万人

地区	15岁及15岁以上人口合计	性　别		婚姻状况			
		男	女	未婚	有配偶	丧偶	离婚
总计	8 183.6	4 192.1	3 991.5	2 056.5	5 577.5	501.2	48.3
天津	68.2	34.4	33.8	13.3	50.7	3.8	0.4
黑龙江	255.2	130.5	124.7	61.0	180.0	12.3	1.9
山东	612.5	308.3	304.2	146.6	424.9	38.8	2.2
河南	609.2	309.0	300.2	154.9	412.6	38.7	3.0
贵州	220.9	114.6	106.3	63.6	142.7	13.2	1.3
宁夏	31.0	15.9	15.1	8.2	21.3	1.3	0.2

资料来源：国家统计局人口统计司编：《中国人口统计年鉴·1991》，95～97页，北京，中国统计出版社，1992。

宾词结构的复合设计，就是把宾词的各个指标结合起来作相互重叠的设计（见表10—7）。

表 10—7　1990 年全国人口普查 10%抽样数据部分省、自治区、直辖市人口的性别和婚姻状况

（宾词结构的复合设计）

单位：万人

地区	15 岁及 15 岁以上人口合计	男				女			
		未婚	有配偶	丧偶	离婚	未婚	有配偶	丧偶	离婚
总计	8 813.6	1 215.7	2 781.9	159.7	34.7	840.8	2 795.6	341.5	13.5
天津	68.2	7.6	25.4	1.2	0.2	5.0	25.3	2.6	0.2
黑龙江	255.2	34.6	90.0	4.7	1.1	26.4	90.0	7.6	0.8
山东	612.5	82.8	211.7	12.2	1.7	63.8	213.2	26.6	0.5
河南	609.2	88.8	205.7	12.2	2.4	66.2	206.9	26.5	0.6
贵州	220.9	37.2	71.5	5.0	0.9	26.4	71.2	8.2	0.4
宁夏	31.0	4.7	10.7	0.4	0.1	3.5	10.6	0.9	0.1

资料来源：国家统计局人口统计司编：《中国人口统计年鉴・1991》，95～97 页。

如果复合设计的指标增多，栏数就会成倍增加。因此，在实际工作中，复合设计不能过于复杂，否则就会使得工作量过大，同时还会损害统计表简明、集中的特点。

制作统计表应该注意以下一些问题：

（1）总标题的文字应简短概括，能确切说明表的内容、统计的时间和地区。

（2）纵横标目的概念要明确，排列要有一定的逻辑顺序，一般按先局部后全体的原则排列，但若局部的项目较多，则可先列合计，后列各局部项目的名称。如果栏目较多，就应该给栏目编号，并说明其相互关系。跨页时，标目应照原表列出。

（3）表的上下两端画粗线，纵栏目之间以及横栏目与数字之间画细线，表的左右两端一般应为开口式。

（4）表中的数字要填写整齐，对准位数。缺项时用“—”。下行与上行数字相同时，不应用“同上”或“〃”表示，而应用实际数字填写。

（5）表注应简明扼要，数字行里不应混杂文字，凡需说明的问题，一律写入表注。

10.3.2　统计图

统计图是表现数字资料的一种重要形式，它具有形象生动、直观、概括、活泼、醒目等特点，它可使数字资料一目了然，从而具有较强的吸引力和说服力。

1. 统计图的类型。

统计图按其表现形式的不同，可分为几何图、象形图和统计地图三种类型。

(1) 几何图，就是利用点、线、面来表示统计资料的图形，包括条形图、平面图、曲线图等。

第一，条形图，常用的有单式条形图（见图10—2）、复式条形图（见图10—3）、断条式条形图（见图10—4）和条形结构图（见图10—5）等几种。

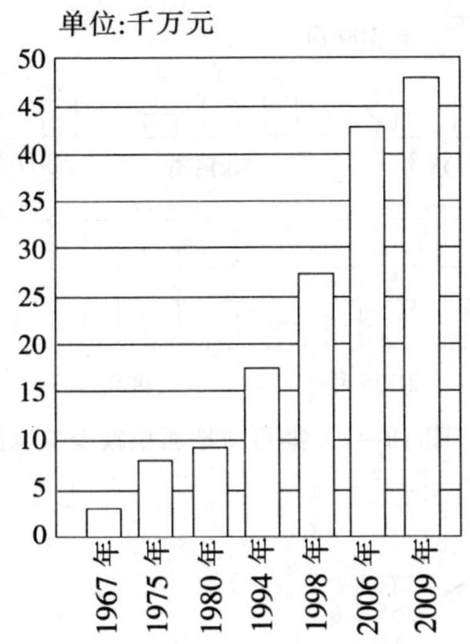

图10—2　某县财政收入增长图

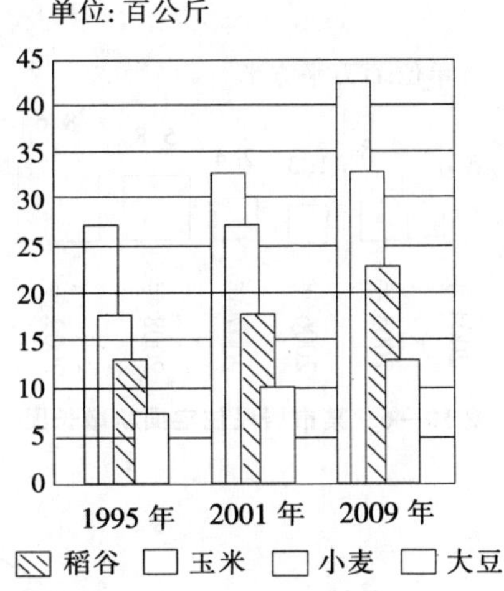

图10—3　某村主要农副产品平均每公顷产量增长图

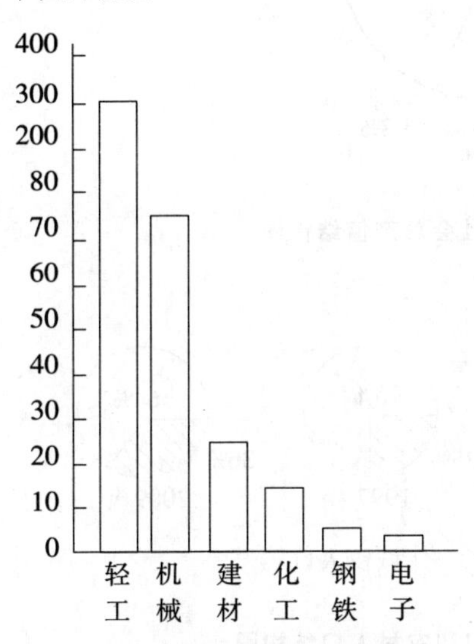

图10—4　某市主要工业部门产值图

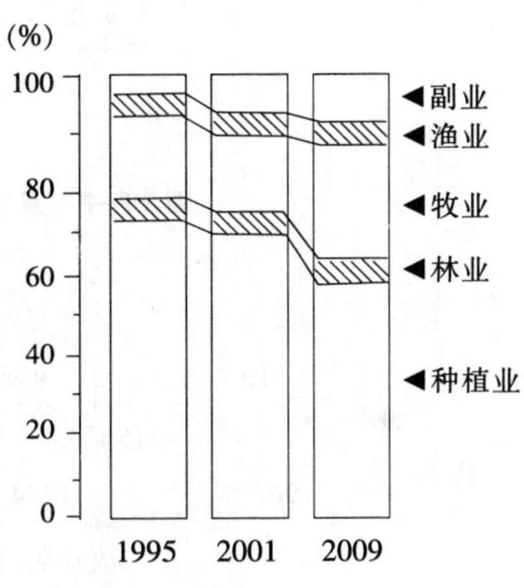

图10—5　某省农业总产值构成图

第二，平面图，常用的有方形图和圆形图两大类。方形图，可分为正方形图（见图10—6）、单位方形图（见图10—7）等几种；圆形图，也可分为单圆结构图（见图10—8）和多圆结构图（见图10—9）等若干种。

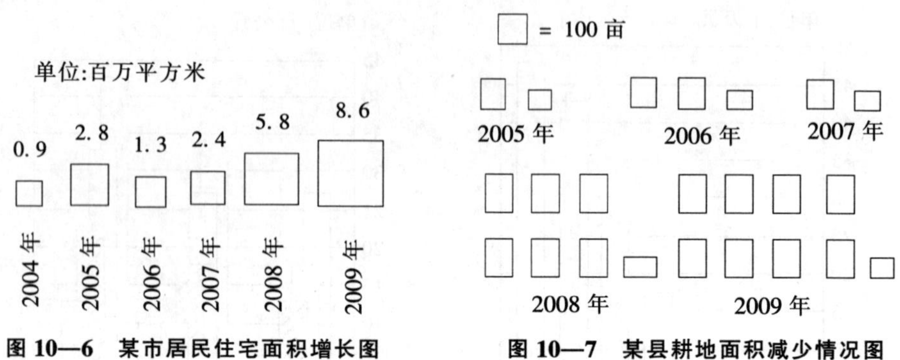

图10—6　某市居民住宅面积增长图　　图10—7　某县耕地面积减少情况图

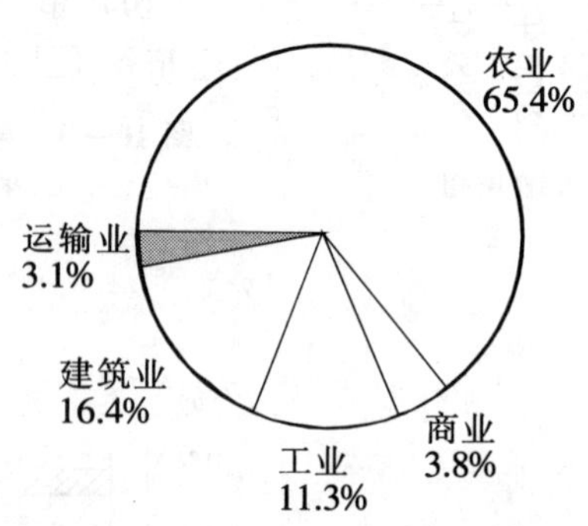

图10—8　某乡农村社会总产值结构图

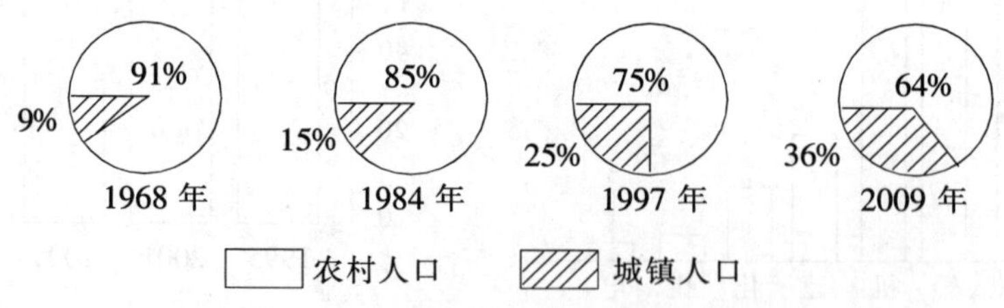

图10—9　某省城镇人口和农村人口结构图

第三，曲线图，常用的有动态曲线图（见图 10—10）、分布曲线图（见图 10—11）和依存关系曲线图（见图 10—12）等几种。

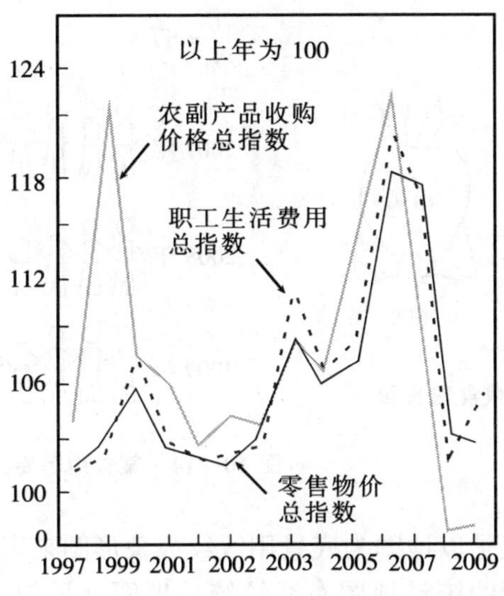

图 10—10　某企业职工生活费用增长图

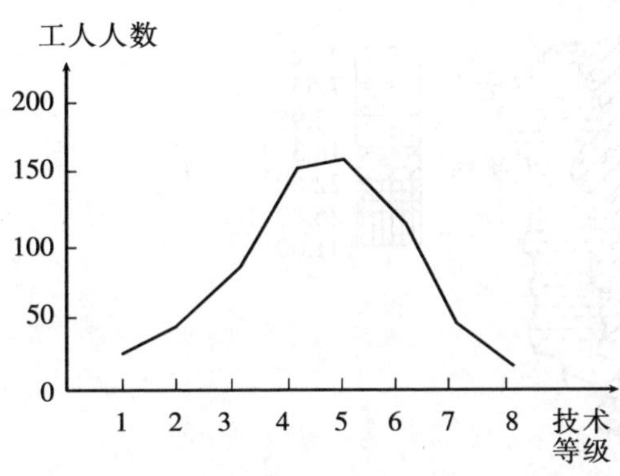

图 10—11　某企业工人技术等级分布情况图

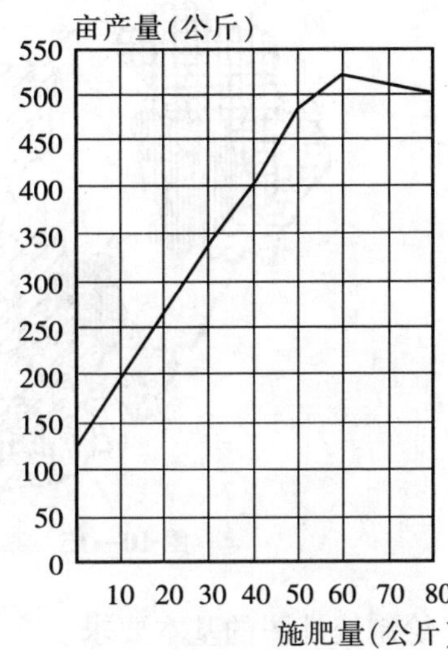

图 10—12　小麦亩产量与施肥量依存关系图

（2）象形图，就是按照调查对象本身的实物形象来表示统计资料的图形。常用的象形图有长度象形图（见图 10—13）和单位象形图（见图 10—14）两种。

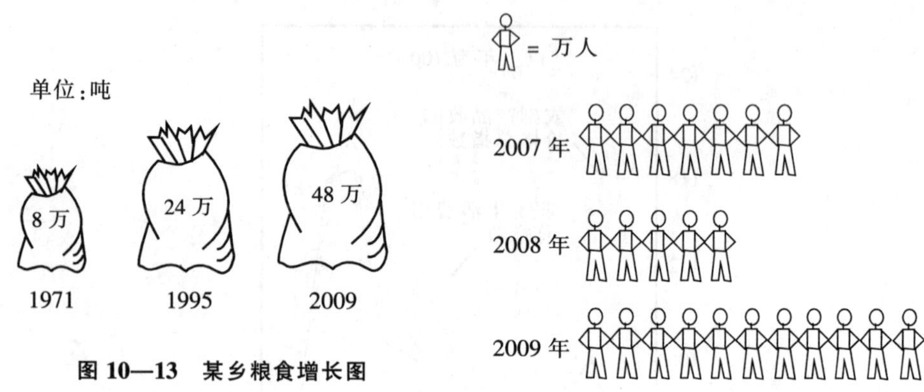

图 10—13　某乡粮食增长图

图 10—14　某省中等专业学校在校学生增长图

（3）统计地图，就是以地图为底景用线纹或象形图来表现统计资料在地域上分布状况的图形。常用的统计地图有线纹统计地图（见图 10—15）和象形统计地图（见图 10—16）两种。

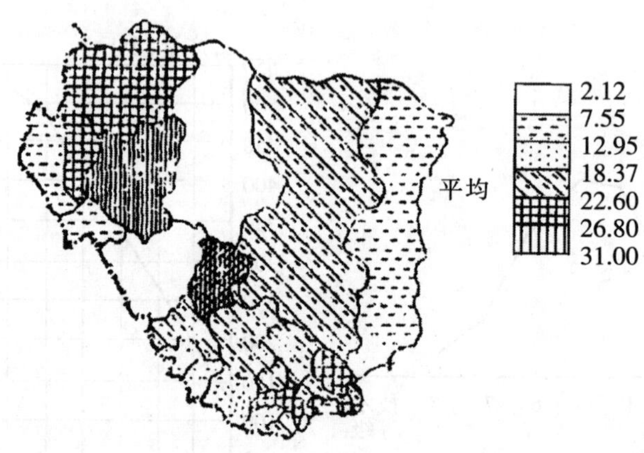

图 10—15　某市各县人口的自然增长率

2. 绘制统计图的基本要求。

（1）绘制统计图，要根据绘图的目的和资料本身的特性选取适合的图形。

（2）图示的内容要简明扼要、突出重点，图示的标题、数字单位以及文字说

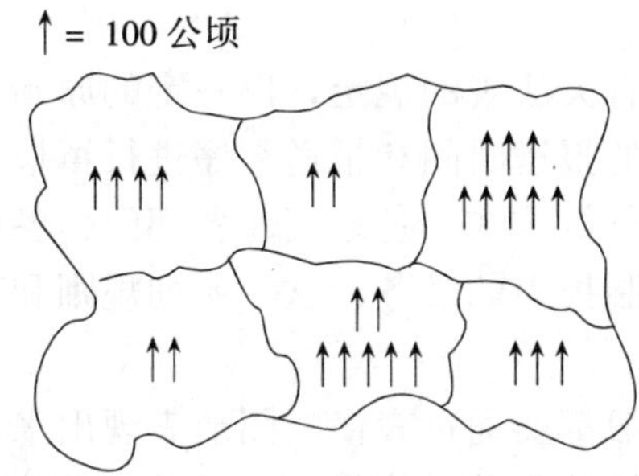

图 10—16　某地区六个县新增造林面积分布图

明等，都应简明清晰、一目了然。

（3）图形的设计要科学、准确，必须依据准确的资料进行加工和计算，做到图示准确，数据分明，表现真实。

（4）绘制的图形，要美观、大方、生动、鲜明，具有较强的吸引力和说服力。

本章小结

本章主要介绍一些基本统计方法在公共管理中的具体应用。

集中趋势是总体分布的重要特征之一。在社会经济调查中，测定集中趋势的常用指标主要有平均数、中位数和众数等。离散趋势所描述的是数据的离散程度或差异水平。数据离散程度的描述性指标主要有极差、异众比率、四分差、平均差、标准差、变异系数等。对于定类和定序变量，常用的描述性指标主要有比例、百分比和比率，此外，中位数和众数等也可用于对这两类变量的描述。

如果在对统计数据进行分析时，依据的不是总体的全部资料，而是样本资料，那么，就需要根据样本的某些描述性指标（如平均数、方差、比例等）来推断总体相应的未知数字特征，即总体参数，这就是所谓的统计推断。统计推断的内容包括参数估计和假设检验。

在一项调查中往往包含许多项目或变量，如果我们将各个变量联系起来分析，就是多变量分析。双变量分析是就其中的两个变量所进行的分析，它可以看作是多变量分析的一种简化形式。传统的分析方法主要是相关分析和回归分析。

要将整个统计分析的成果用文字形式表现出来，使统计真正起到解决社会问题、服务于社会的作用，则需要撰写统计分析报告。统计分析报告是统计分析成果的集中表现。撰写统计分析报告大体上需经过两个步骤：一是拟订写作大纲；二是内容的具体写作。

统计报表是按照国家有关法规的规定，以一定的原始记录为基础，按统一的表格、统一的指标、统一的报送时间和报送程序进行填报，自下而上地逐级提供基本统计资料的一种统计分析方式。各地区、各部门、各单位都必须遵守国家的法律规定，向国家履行填制报表的义务，这一系列规则和程序所形成的制度称为统计报表制度。

汇总的数字资料，一般都要通过表格或图形表现出来，为此，就要制作统计表和统计图。统计表是系统地表述数字资料的形式，它具有系统、完整、简明、集中的特点，而且便于计算、查找和进行对比研究。统计表按照主词的结构，可分为简单表、分组表和复合表三种。统计图是表现数字资料的一种重要形式，它具有形象生动、直观、概括、活泼、醒目等特点，它可使数字资料一目了然，使其具有较强的吸引力和说服力。统计图按其表现形式的不同，可分为几何图、象形图和统计地图三种类型。

关键术语

单变量统计分析　平均数　中数位　众数　极差平均差　标准差　相关分析　回归分析　统计分析报告　统计报表制度　统计表　统计图

复习思考题

1. 统计分析方法包括哪些种类？
2. 何谓单变量统计分析？
3. 统计分析报告的类型有哪些？它们各自的特点是什么？
4. 如何撰写统计分析报告？
5. 我国的统计报表制度有何特点？

阅读材料

统计分析方法在成绩分析中的应用

每学期考试结束后，老师们都要经过一次紧张的算分和成绩分析的忙碌，其实，这是统计分析方法在成绩分析中的具体应用。

一个被测学生团体的原始分数是一堆杂乱无序的数字，要客观评价学生成绩，必须对原始分数进行统计处理。

1. 分数分布统计图

将收集的原始分数按大小顺序进行排列，可排成一个数据的序列，将其按大小分为若干组，并统计每组内每个考生分数 x_i（$i=1$，2，…，n）出现的次数 k（频数）及其频率（即出现的次数 k 同被测团体总人数 N 之比）。表 10—8 所列的是管理系某班 40 人某次考试成绩以 5 分为一分组间距的分数统计表。

表 10—8　　管理系某班考试成绩分数统计表

分组范围	分组平均值 x_i	出现次数（频数 k_i）	出现频率 $V_i=\frac{k_i}{N}$
94～90	93	3	0.075
89～85	88	5	0.125
84～80	83	7	0.175
79～75	78	9	0.225
74～70	72	8	0.2
69～65	67	5	0.125
64～60	62	3	0.075
平均分数		总数	
$\overline{X}=\frac{1}{N}\sum_{i=1}^{n}x_i=77.5$		$N=\sum k_i=40$	$\sum v_i=1$

若以分组分数为横坐标，以出现的次数 k 和频率为纵坐标，绘制分布统计图，然后将图中分组平均值所对应的各点用直线连接起来，得到的折线图，即为经验分布图（见图 10—17）。

分数的分布是有规律的，呈现出近似正态分布的状态。严格的正态分布如图 10—18 所示，称为正态分布曲线。大量实践证明，人的能力符合正态分布。因此，大量考生构成的被测团体的分数也应是近似正态分布的。但由于试题、批

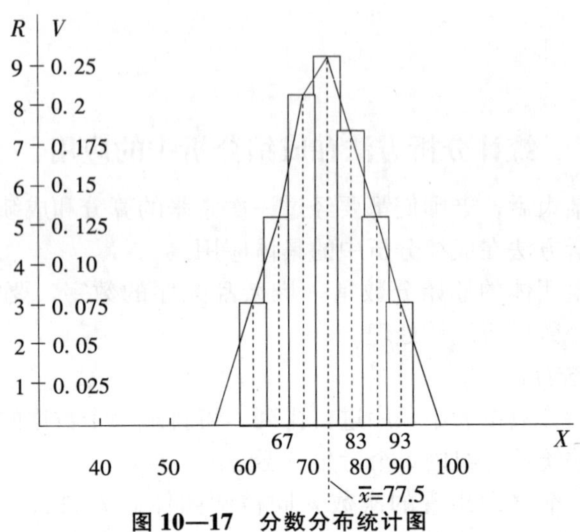

图 10—17　分数分布统计图

分、学生发挥程度等因素的影响，又会偏离正态分布，呈正偏态或负偏态。

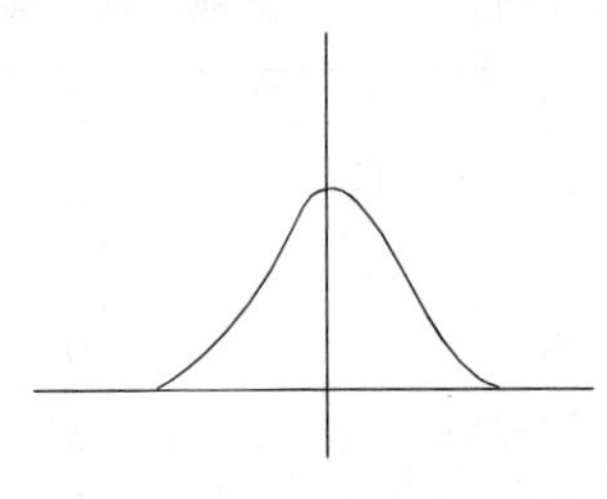
图 10—18　正态分布图

2. 表示考分的特征量数。

（1）总量指标。应用于成绩分析中的总量指标主要有：实考人数、缺考人数、每个分数段的人数。这些总量指标主要通过点数加总的方法取得，它反映了考试的规模大小及考试的基本情况，是最直观的基础指标。

（2）相对指标。成绩分析中常使用的相对指标主要有：及格率、不及格率等等。这些相对指标一般都是由两个有联系的指标相互对比而计算出来的一种比值。它能够深刻地反映学生们考试成绩的好坏，有利于在不同班级、不同科目之间建立起一种直接的对比关系。如果说前面的总量指标只停留在感性认识之上的话，那么，相对指标则已上升到了理性认识的高度。

（3）平均指标。成绩统计中最常用的平均指标是平均成绩。而计算平均成绩我们通常采用的方法是简单算术平均，简单算术平均数用符号 $\overline{X}$ 表示，x_1，x_2，x_3，…，x_n 表示某班每个学生的成绩，n 表示该班人数，则该班学生成绩的简单算术平均数为

$$\overline{X}=\frac{x_1+x_2+x_3+\cdots\cdots+x_n}{n}=\frac{\sum X}{n}$$

算术平均数能够反映全班同学成绩的普遍水平或集中程度，有利于学生推测自己在班级中所处的位置，便于同类科目在不同班级之间进行比较。但是，算术平均数易受极大值和极小值的影响，若一组成绩中绝大多数分数较高，但是有个别数值极低，该组的平均分会大大下降；反之，若一组成绩中绝大多数分数较低，但是个别数值极高，该组的平均分却会大大上升。此时，算术平均数便不足以代表这样两组成绩的一般水平。

计算平均成绩除了采用算术平均的方法外，我们还可以采用众数（或众数组）来描述学生成绩的集中程度。众数是被研究总体中出现次数最多的那个标志值。例如下列一组数据：

成绩：70　　74　　77　　80　　86

人数：5　　6　　15　　7　　4

显然，77 分是该组成绩的众数，代表了多数人的水平。众数在某种程度上可以弥补算术平均数的不足，它不受极端值的影响，但受分配次数的制约。在实际工作中，教师可用众数来掌握大部分学生所处的水平，从而有效地制订或调整教学计划，放慢或加快讲课速度。

（4）标志变异指标。平均成绩反映了全班同学成绩的一般水平或代表性水平。但其代表性如何？同学之间的差距有多大？这就要由标志变异指标来回答了。

1）全距。

全距 R＝最大变量值－最小变量值

如有两组数据资料分别为：

甲组：74　　75　　76　　77　　78

$\overline{X}_{甲}=76$　　$R_{甲}=78-74=4$

乙组：26　　85　　86　　90　　93

$\overline{X}_{乙}=76$　　$R_{乙}=93-26=67$

从平均成绩来看，$\overline{X}_{甲}=\overline{X}_{乙}=76$ 分，但从全距来看，乙组远远大于甲组，这说明了甲组同学成绩差距小，平均成绩的代表性强；反之，乙组同学成绩差距

大，平均成绩的代表性弱。利用全距进行统计分析，计算简便，意义清楚，但过于粗略，它只考虑了最大值和最小值的影响，而没有考虑中间各个数值的影响，因此不能充分反映对象的实际离散程度。

2）标准差。平均成绩掩盖了成绩之间的差距，不能帮助教师发现问题。而全距的计算又太粗略，因此，统计上通常采用标准差来描述一组数据的离散程度，标准差的简单计算式为：

$$\sigma=\sqrt{\frac{\sum_{i=1}^{n}(x_i-\overline{x})^2}{n}}$$

如前例：

$$\text{甲组的标准差}=\sqrt{\frac{(74-76)^2+(75-76)^2+(76-76)^2+(77-76)^2+(78-76)^2}{5}}$$

$$=1.41\text{ 分}$$

如前例：

$$\text{乙组的标准差}=\sqrt{\frac{(24-76)^2+(85-76)^2+(86-76)^2+(90-76)^2+(93-76)^2}{5}}$$

$$=25.16\text{ 分}$$

显然，甲组同学的标准差小于乙组，说明甲组同学之间的水平较为平均，平均成绩 76 分的代表性较强，乙组水平差距较大，平均成绩 76 分不太具有代表性。

3）变异系数。前例两组数据的平均数恰好相等，那么如果两组平均成绩不等，又如何进行组与组之间或者班与班之间平均数的代表性大小的比较呢？这就必须用变异系数来解决了。

$$\text{变异系数 } V=\frac{\sigma}{X}\times 100\%$$

变异系数又可以叫离散系数，只有通过计算离散系数，消除不同数列平均水平所产生的影响，才能作出正确的比较和判断。变异系数越大，说明成绩之间的差距越大，平均成绩的代表性就越小；反之，变异系数越小，说明成绩之间的差距越小，平均成绩的代表性就越大。

根据上例提供的数据，可以计算出甲、乙两班学生成绩的变异系数。

$$V_{\text{甲}}=\frac{1.41}{76}\times 100\%=1.86\%$$

$$V_{\text{乙}}=\frac{25.16}{76}\times 100\%=33.11\%$$

在现实生活中，人们往往局限于利用总量指标、相对指标和平均指标对考试成绩进行分析，而忽略了标志变异指标的应用。总量指标、相对指标和平均指标是一组相互依存的指标，而平均指标和标志变异指标也是一组相互补充的概念，两者从不同侧面说明了学生成绩的共性与个性。在实际中，只有将多种指标结合应用，才能深刻地揭示现象的实质。

思考题

1. 如何制作分数分布统计图？
2. 表示考分的特征量数主要有哪些？

第11章

社会调查方法与技术

开章案例

北方某大城市，一段时期以来，城市管理问题很多，群众意见很大。为了改进工作，提高城市管理的质量和服务水平，及时了解人民群众的意见、要求和愿望，加强与群众的沟通与交流，市政府除了利用原有的信访、市长热线等方式以外，还进行广泛的民情调查，直接收集第一手材料，如进行了“关于社区居民生活与服务质量问卷调查”、“关于出租车价格与服务调查”、“关于城市商业网点的设置与服务的调查”、“关于城市住房制度改革的问卷调查”等各种形式的调查研究，通过了解群众的愿望与要求，为制定相关的政策和措施提供了依据。通过各种有针对性的政策的出台和实施，在比较短的时间内，市政府解决了群众反映最强烈、迫切需要解决的难点和热点问题，提高了城市管理的效率和质量，得到了群众的理解和拥护。通过这个事例，可以看出，深入实际进行调查研究是公共管理的一种重要的方法，也是公共管理人员应当掌握的一种管理知识与管理技能。

11.1　社会调查方法概述

11.1.1　社会调查的含义及其原则

调查研究是人们有目的、有意识地认识社会事物和社会现象的一种自觉的活动。调查就是通过对客观事物的考察、度量，来收集反映社会现象和社会事物的数据、资料与信息，从而获得对客观事物的感性认识，也就是客观事物的“实然”，即客观事物与现象的实际状况。研究就是通过对感性材料的审查和思维加工，以求得对客观事物本质规律的认识，即客观事物的“应然”，也即社会事物与社会现象发展与变化的规律性。

社会调查的历史源远流长，据《后汉书》记载，在大禹治水的时候我国就进行过人口和土地的调查。近代社会的欧洲国家，为了了解和解决资本主义发展中的社会问题和一系列管理问题，也曾广泛地进行社会调查。特别是现代，在以美国为代表的发达国家中，顺应经济、政治和国家管理的需要，出现了大量专门的调查研究机构，它们广泛开展舆论调查、市场调查、社会问题调查，成为政府与企业进行公共管理和企业管理的重要信息来源。盖洛普公司等一大批著名的社会调查公司、调查咨询机构和研究机构就是在这样的背景下产生的。我国的政府部门、管理机构也非常重视社会调查研究。毛泽东曾经指出：没有调查就没有发言权。他还身体力行进行调查研究，并写出了著名的《湖南农民运动考察报告》。现在，随着政府公共管理的发展，一方面需要加强和充实社会调查研究的机构和队伍，同时，社会调查研究的方法也应该为从事管理工作的人员掌握和应用。

在进行社会调查研究时应遵循以下基本原则：

1. 客观性原则。要求以客观事物和客观现象的真实状况为调查的前提和依据，而不能从虚构的事实或主观愿望出发，并以此作为调查的依据。同时，还要求不能凭主观愿望或根据领导人的意愿去夸大或缩小事实，如夸大“喜”，掩盖或缩小“忧”，更不能违背客观事实去任意编造和篡改统计数字和调查资料。

2. 实证性原则。实证性原则要求调查研究的结论和与此相联系的所有观点，都必须有真实、可靠的数据与资料来支持。即研究得出的结论和提出的建议和咨询必须以资料和事实为基础，不能凭空想象，更不能在缺乏数据和资料的情况下构建所谓的理论或得出某些结论。同时，实证性原则还要求，通过调查所得到的资料和数据应当有效地说明调查者的观点，即资料和观点要一致，不能以局部的、零散的资料和数据来说明整体的、全面的情况，更不能以局部的、零散的资料和数据为依据来得出反映整体的观点和结论。

3. 整体性原则。社会调查研究要从系统整体性出发，即把调查研究的对象看成一个有联系的整体，调查研究不能就事论事，也不能只见树木不见森林。要把被调查的事物放在其发展的客观环境和所处的大系统中考察，从而得出正确的观点和结论。同时，还要求把调查研究工作看成一个有机的整体，将课题的选定、调查框架的确立、调查方法的选择、调查研究的实际实施、调查结论的提出等看成一个有密切联系的整体。有时为了全面和真实地反映社会事物的状况，还需要几种调查方法一起结合使用，这就更需要遵循整体性原则。

11.1.2 社会调查的基本原理与概念

1. 社会现象与变量。社会现象是社会事物的特征和状态的集中表现与反映。这种反映是通过社会调查研究中的概念表现出来的，如政治体制、公务员制度、官僚主义、管理效率等。这些概念既有具体的又有抽象的，一般来讲，一个概念的抽象层次越高，其所包含的社会现象就越多。如人的需要这一概念，根据马斯洛的人的需求理论，可以把人的需要划分为基本物质需要、安全需要、归属需要、尊重需要和自我实现需要这五个层次。在基本物质需要中又包含衣、食、住、行几个方面的需要。而后面这几个概念的抽象层次显然比人的需要这个概念的抽象层次要低。社会调查研究就是通过对抽象概念的具体化和可操作化，来进一步了解社会事物的状况或人们对社会事物、社会现象的态度与看法的。

2. 社会指标。社会事物是复杂的、多样的，为了更客观、更准确地了解社会事物，人们通过建立和使用社会指标体系来全面地反映社会事物。社会指标是指反映社会现象的数量、质量、类别、状态、等级、程度等特性的项目。如人均居住面积、人口自然增长率、每万人刑事案件立案数、职业满意度等。社会指标具有具体性、可度量性和代表性等特点。社会指标的基本类型有：

（1）客观性指标和主观性指标。客观性指标是指反映客观社会现象的指标，如人口总数、义务教育普及率；主观性指标也称感觉指标，是指反映人们对客观社会现象的主观感受、愿望、态度等心理状态的指标。客观性指标主要反映民情，主观性指标主要反映民意。

（2）描述性指标和评价性指标。描述性指标，是反映社会现象实际情况的指标，如居民拥有电视机台数、生活消费支出额等。评价性指标，也称分析性指标或诊断性指标，它是反映社会发展、社会效果在某些方面的利弊得失的指标，这些指标通常是以某种理论为指导，为说明某些社会问题而将两种或两种以上社会现象做比较或进行计算而得出的结果，如“食品支出占生活消费品支出的比重”是根据恩格尔定律，为说明居民生活水平而将生活消费支出除以食品支出而得出的。

(3) 肯定性指标、否定性指标和中性指标。肯定性指标，又称正指标，是反映社会进步或社会发展的指标；否定性指标，也称逆指标或问题性指标，它是反映阻碍社会进步或社会发展的社会现象的指标，如物价上涨、失业率、每万人犯罪率等；中性指标，是指反映与社会进步、社会发展没有直接联系的社会现象的指标，如国土面积、人口总数等。

3. 变量。所谓变量，是指包含一个以上亚概念或取值的概念。这里所说的取值的含义可以指一个变量有不同的类别，也可以指态度变量的不同等级，也可以指具体的数值，如年龄、工资等各种数据。比如“性别”是一个概念，但是它包括“男”和“女”两个亚概念（或者说是两个取值），因此，性别可以被看作是一个变量。又如，人们对某个事物或某种现象的看法与态度也可看作变量。对变量类别的划分有两种方法：

(1) 自变量、因变量和中间变量。自变量是指不受外部因素影响而自身产生变化的变量，如年龄、性别等。

因变量是指受外界因素的影响而变化的变量，如人们对某事物的看法和态度往往受其年龄、职业、文化程度以及所处的工作、生活环境的影响。

所谓中间变量，是指介于自变量、因变量之间的变量。自变量是通过中间变量对因变量发生影响的，如某工人出错多、废品也比较多，这可能与其情绪有关，而工人的情绪又是受其自身因素和环境的影响。那么就可以把他的工作表现（差错、废品多）看作因变量，将他的情绪看作中间变量，而将他自身因素或所处的环境看作自变量。

(2) 定类变量、定序变量、定距变量和定比变量。定类变量是指变量的取值，只有类别属性之分，没有大小、优劣之别，如性别，只有男、女两大类，它们之间没有优劣之差。

定序变量是指变量的取值，除了有类别、属性之分以外，还有等级次序上的区别，如人们对某事物的态度和看法，既有类别，如很好、较好、一般、不太好、很差，同时又存在等级程度上的差别；又如对某项改革措施的态度是，很同意、比较同意、无所谓、不太同意、不同意等不同等级的态度倾向。

定距变量是指变量的取值除了有类别、次序上的区别以外，类别之间的距离还可以用标准化的距离去量度，如温度、智商等。

定比变量是指变量除具有上述三种变量的属性外，在变量的取值中可以有一个真正的零，即相当于数学中的零。凡定比变量都可以进行加、减、乘、除运算，如工资、年龄都属于定比变量。

4. 相关关系。相关关系是指变量之间存在着不完全确定的依从关系，如吸烟与致癌、家庭收入与支出等。社会调查的目的就是要发现和分析事物间存在的这些关系。但是，不能错把相关关系等同于因果关系，如调查发现在吸烟者中癌症患者的比率比不吸烟的人中的比率要高，因此可以得出结论：吸烟与致癌有关，但不能说吸烟是致癌的原因。从相关的方向来看，相关关系可分为正相关与负相关；从相关的表现形式来看，相关关系又可分为直线相关与曲线相关。表示变量之间相关关系密切程度的指标，称为相关系数或相关指数。一般情况下，两个变量之间的相关系数的取值在 0 与 1 之间。如果相关系数在 0.3 以下，表明变量间相关程度低；如果相关系数在 0.3～0.5 之间，表明变量间相关程度一般；如果相关系数在 0.5～0.7 之间，表明变量间相关程度显著；相关系数在 0.7～0.9 之间，表明变量间相关程度高；相关系数在 0.9 以上，表明变量间相关程度极高。

5. 命题与假设。调查研究中的命题是关于一个或更多概念与变量的陈述。命题可以分为单变量命题、双变量命题和多变量命题。单变量命题说明在特定范围内存在的社会现象与问题，如经过调查得出结论：社会整合程度在降低，这就是一个单变量命题。双变量命题陈述两个变量之间的关系，如患癌症的概率随着人们吸烟的量而增加，这个命题描述了吸烟与致癌的关系。多变量命题讲述多个变量的关系，如要调动人的积极性就必须要注意满足人的物质需要和精神需要。它说明了积极性与人的各种需要之间的关系。

假设，也称假说，它是对未知的客观事物所做的、尚未经过实践检验的假定性设想或说明。假设与命题既有区别又有联系。其区别在于，假设是未经调查验证的命题。但是，假设并不是研究者凭空想象出来的，它是在前人的研究成果和研究者本身经验的基础上提出的。由于社会现象的复杂性和多样性，在进行社会调查研究之前，就需要对可能得出的结论有一个预先的假定。如进行一项关于青少年犯罪问题的调查，在调查之前假定青少年犯罪与家庭的变故有关，那么，在制订调查计划时就会根据这个假设来确定收集资料的范围与收集的方法。当然在调查研究中也可能会发现最初建立的假设与实际情况不符，这时研究者应及时修改和更正假设。

6. 资料的信度与效度。信度与效度是调查研究中的重要概念之一。信度即资料的可靠性与真实性，它一般用信度系数来表示，一般信度系数在 0.8 以上可以认为调查资料是基本可靠的。测量资料的信度可以采用调查工具对调查对象进

行两次调查，然后比较调查的结果，并求出信度系数。效度是指调查资料说明调查结果的有效程度。资料的效度越高，则说明调查所得到的资料越能体现被调查对象的真正特征；反之，则说明所得到的资料不能体现被调查对象的真正特征。一般来说，资料的效度越高，则其信度也越高。另一方面，资料的效度低，则其信度不一定低。

11.2　抽样调查方法

11.2.1　抽样调查及其术语

1. 抽样调查的含义。抽样调查是一种非全面的调查方法，它是从全体研究对象中抽取一部分单位来调查，并根据这部分单位的调查结果对全部研究对象作出估计和推断。这种由总体中选取一部分单位的过程就是抽样，所选取的这一部分单位就是样本。

抽样调查是社会调查中普遍采用的调查方法，它的优点是：（1）调查费用低。如进行全国普查，其人力、物力和财力的花费是非常大的，而采用抽取样本的方式，其成本就小得多。（2）速度快。由于抽样调查样本少，工作量就相对小，调查的速度就快，效率就高。（3）应用范围广，抽样调查可广泛应用于社会调查的各个领域。近年来，使用现代概率抽样方法和准确的抽样范畴进行的政治民意测验，其准确率高得惊人，如美国，自 1948 年起直到 1980 年的时期内，民意测验不仅对每一届总统选举的获胜者，而且对他得票的百分比都作了正确的预测。例如，在 1968 年的总统选举中，盖洛普民意测验预测理查德·尼克松的得票率是 41%，而他的实际得票率是 42.9%。而且，这次预测是在全国近7 300万名投票者中仅用2 000人作为被调查者的情况下作出的。

2. 抽样调查的专门术语。抽样调查中有一些专门的术语，了解这些术语对于做好调查工作是非常重要的。主要有：

（1）总体和样本。总体是指所要研究对象的全体，如对一个城市的市民进行一项改革方案的调查，那么这个城市的所有居民就是调查的总体。总体是由研究对象中所有性质相同的个体所组成的，组成总体的各个个体称为总体单位。样本是指抽样时按照抽样规则所抽中的那部分总体单位所组成的集合体。假定这个城市的人口是 800 万人，调查者从中抽出2 000人作为调查的对象，那么这2 000人就是抽样的样本。

（2）抽样框。抽样框又称抽样范畴，它是一个抽选样本的框架，是抽取样本的所有抽样单位的名单。例如，要调查某企业职工工资情况，其抽样框就是该企业的全体职工的名单。抽样框一般可采用现成的名单，如户口、机关企业和人员名册等。样本是否有代表性依赖于抽样框能否代表总体。使用错误的抽样框常会引起调查的失败。例如，美国《文学摘要》（以下简称《文摘》）杂志对美国总统选举所进行的民意测验预测失败，就是因为错误地采用了电话号码簿和小汽车登记簿作为抽样框。1936 年《文摘》杂志的民意测验的预测，阿尔夫·兰登将胜过富兰克林·罗斯福而赢得总统选举。《文摘》杂志是根据电话簿和汽车登记簿作为它的抽样框，但是，这个时期，美国的经济正处于萧条期，当时许多人没有汽车甚至没有电话，因此，这些人被排除在民意测验之外，而正是这些人中的大多数人投了罗斯福的票。显然，未被包括在调查中的较穷的人，大多数人投了罗斯福的票，而被包括在调查中的较富裕的人，大多数人可能像所预测的那样投了兰登的票。由此也就不难理解《文摘》调查失败的原因了。

（3）抽样误差。由于总体的异质性和样本与总体范围的差异性，推论总体时，即在用样本的统计值去推论总体的参数值时，总会存在着偏差，这种偏差就是抽样误差。可见，抽样误差是衡量样本代表性大小的标准，它主要取决于总体的异质性和样本所含的个体的多少。一般地说，样本所含个体越多，代表性就越高，抽样误差越小；反之，则代表的越低，抽样误差越大。总体异质性程度越高，含同样数目的样本的代表性越低，抽样误差就越大；反之，代表性越高，抽样误差就越小。需要指出的是，抽样中因误抄、误算等人为过失和其他一些因违反随机原则而产生的误差并不是这里所说的抽样误差。

（4）概率抽样与非概率抽样。概率抽样，就是使总体内所有个体具有相同的被抽入样本的概率，它的原则是随机原则。所谓随机原则，就是在抽取调查对象时，规定了一定的程序，以保证每一个分析单位都有同等入选的机会，所以概率抽样又叫做随机抽样。其最大优点在于，可以对样本结论的代表性或精确程度作定量的估计。概率抽样又可分为简单随机抽样、等距抽样、分层抽样、整群抽样等。

非概率抽样是根据主观判断或考虑其他操作上的方便，来决定抽取哪些单位组成样本，如重点调查、典型调查都属于非概率抽样，它的优点是成本低、花费时间少、回答率高。但是，一切非概率抽样都有一个共同的缺点，就是无法对样本结论的精确程度作定量的估计。因此，在将非概率抽样的结论推论到总体时要极其慎重，否则就容易出现以偏赅全的错误。非概率抽样又可分为偶遇抽样（方便抽样）、主观抽样、定额抽样、滚雪球抽样等几类。

11.2.2　随机抽样的方式与方法

1. 简单随机抽样。简单随机抽样又称纯随机抽样。这是一种最基本的抽样方式，其他概率抽样都可以看成是由它派生出来的。设总体的大小为 N，从中任意抽取容量为 n 的样本，每一个样本都有同样的机会被抽中，这种抽样方法称简单随机抽样。为了保证总体中每一个个体进入样本的机会完全相等，首先要保证抽样框的充分性。如果某些个体被重复列入抽样框，则其进入样本的机会就增加了；如果有些个体被漏掉未登记，它们就丧失了进入样本的机会，这样一来，就破坏了随机原则。

在社会调查中，简单随机抽样通常是使用随机数字进行的。随机数字是将由数字 0～9 组成的表由计算机编制而成，是真正随机排列的。如美国著名的盖洛普总统选举调查的抽样方法是，从美国 20 万个选区中随机抽选了 300 个选区，再从每个抽中的选区中抽选住户。虽然分两阶段抽样，但在每一个阶段中均采用了简单随机抽样的方法，它不需要对总体或抽样框中的单位进行任何分组或排列，完全按照随机的原则来抽取样本。这种抽样方法尤其适用于下面几种情况：对调查对象的情况了解很少；总体单位分布没有规律；抽到的单位数分散时也不影响调查进行。但是，当总体所含个体的数目太多时，采用这种抽样方法不仅费时甚多，工作量大，而且费用太高。如在北京市 200 万户家庭中抽取2 000户家庭对北京市家庭生活状况进行调查，如果采取简单随机抽样的方法，就要对这 200 万户家庭全部登记，并在随机数字表中进行标注，其工作量是非常大的。

2. 等距抽样。等距抽样，又称系统抽样，是指将研究的总体按一定顺序排列，每隔一定的间隔抽取一个单位，并把这些抽取的单位组成样本进行观察用以推断总体的一种抽样方法。其方法是，根据抽样比例 $K=N/n$（样本单位数/抽样框所含单位数）首先在前 K 个单位中随机抽取一个单位，然后按单位在抽样框中的排列顺序，每隔 $K-1$ 个单位抽取一个单位。例如某居民地有1 200户，欲了解他们的生活情况，决定采用系统抽样的方法从中抽出 200 户，这时就可以用简单随机抽样的方法在前 6 户中抽出第一户，以后从第一户开始每隔 5 户抽出一户，查到抽满样本为止。

等距抽样的特点是，系统抽样的误差大小与总体单位的排列顺序有关，如果抽样间隔与单位排列的某种周期性变化相重合，就会产生过多地抽取某些特殊类型的样本单位的情况，从而导致误差。防止出现偏差的办法是：经过若干间隔的抽样后，在新的间隔内，随机地选取某一单位作为新的起点，继续进行下面的等距抽样工作。

3. 分层随机抽样。分层随机抽样亦称分类抽样。它是将总体中的所有单位按其一定的属性或特征，分成不相重叠的若干类别，然后在每个类（层）中分别进行简单随机抽样或等距抽样。分层抽样的作用，主要是为了提高抽样调查结果的精确度，或者是在一定精确性的要求下，减少样本的单位数以节约调查费用。例如，某企业有职工1 000人，欲抽取100人进行调查，这时先按工人、技术人员和管理人员分为三层，然后在每层中按随机抽样方式进行抽样。分层抽样还分为等比例的与不等比例的两种。等比例分类抽样是指各层所抽样本比例应与实际比例相等。例如，工人占60%，技术人员20%，管理人员20%，那么，抽出的样本也应符合上面的比例，即工人每100人抽一个即抽60人，技术人员抽20人，管理人员抽20人。不等比例分层抽样，就是各层抽样比例不等，比如对于一些重要的类别，其样本单位的比例可能就更多一些。但是，在最后进行分析时应当进行加数处理。加数的作用可以看作是把样本中各类样本单位所占的比例恢复到正常的比例。

分层随机抽样的关键是：分类的标准要科学，要符合实际情况；分类的结果必须是每一个单位都归属于某一类，而不允许相互交叉或有所遗漏。同时，确定以何种特征作为分层抽样的标准也有非常重要的意义。一般来讲，是选择与调查中欲测变量高度相关的变量，即对所研究的变量有很大影响的因素作为分层变量。

4. 整群抽样。整群抽样，是将总体单位划分成群，然后采用随机的原则选出若干个群，以这些群所包含的所有单位为样本。应用整群抽样的原因是：第一，缺乏总体单位的抽样框；第二，为了工作方便和节约费用。例如，进行居民家庭收入调查，可以在一个城市中抽取1/10的居委会，对其中的所有居民家庭户进行调查。这种方法的优点是样本单位集中，便于组织抽样和调查，节省时间和经费。缺点是由于抽取样本单位比较集中，在一个群内各单位的差异比较小，而不同群之间的差别比较大，导致抽样误差常常大于简单随机抽样。因此，它适于群间异质性低而群内异质性高的情况。

5. 多阶段抽样。多阶段的抽样，又称多级抽样。简单随机抽样、等距抽样、分类（层）抽样和整群抽样等可称为单阶段抽样。这些抽样方式都是一次直接从总体中抽出样本，而多阶段抽样是把抽取样本单位的过程分为多个阶段来进行。第一阶段先抽取大的单位，第二阶段从第一阶段所抽出的大单位中抽出较小的单位，依次类推。多阶段抽样的每一阶段可以分别采用简单随机抽样、等距抽样或分类抽样等方式，来抽取该阶段的抽样单位。如进行全国企业职工对企业改革的看法的调查，第一阶段可抽取若干个城市，第二阶段可在城市中分别抽取若干企业，第三阶段可在企业中抽选一定数量的职工。

11.3　问卷法

问卷法是社会调查中较常用的资料收集方法。美国社会学家艾尔·巴比特曾指出，问卷是社会调查的支柱。

11.3.1　问卷法的特点

1. 问卷法的优点。

（1）能够在较大范围内进行。由于问卷调查的对象是经过科学方法选取的，因而样本能够具有较强的代表性，因此可以在一个省、一个市，乃至全国进行调查。

（2）具有很好的匿名性。由于社会调查的对象是现实生活中有思想感情的具体的人，因此，在收集资料的过程中研究者常常会遇到一些特殊的障碍和困难从而难以获得真实的资料。而问卷调查可以大大减轻被调查者的心理压力，这种匿名性对于客观地反映社会现实的本来面貌，收集真实的社会信息具有十分重要的意义。

（3）便于对所得资料进行定量处理和定性分析。可以避免主观偏见，减少人为的误差。

正因为有以上优点，所以，在我国问卷调查被广泛地应用于公共管理和企业管理等各个领域。

2. 问卷法的缺陷。问卷法的缺陷主要有：(1)回收率有时难以保证；(2) 回收的问卷其质量难以保证。由于问卷调查的质量与被调查者的文化水平、素质有直接关系，因此问卷调查资料的质量往往参差不齐或难以保证。

11.3.2　问卷的类型与结构

1. 问卷的主要类型。通常把问卷分为两种，即自填问卷和访问问卷。自填问卷主要用于问卷调查，访问问卷则主要用于访问调查。自填问卷又可分为邮寄问卷和发送问卷两种。

2. 问卷的基本结构。一份合格的调查问卷应包括以下主要内容：

（1）封面信。即一封给被调查者的短信，它的作用在于向被调查者介绍和说明调查者的身份，调查的内容、目的、意义等，内容不宜过多，两三百字即可。

（2）指导语。用来指导被调查者填写问卷的一些说明，如填表说明。

（3）问题和答案。这是问卷调查的主要部分。问题可分为开放式问题和封闭式问题两大类。开放式问题就是不为回答者提供具体答案，而由回答者自由填答的问题。如你喜欢哪一类书籍？你对物价政策有什么看法？其优点是，回答者可以按自己的方式发表意见和看法，不受问卷形式的限制。所获得的资料生动、丰富。但它也有缺陷，即这种问题的回答方式，要求回答者要具有较高的知识水平和文字表达能力。另外，对这种答案方式收集的资料只能进行定性分析，难以进行定量处理。封闭式问题是在提出问题的同时，还给出若干个答案，要被调查者从中进行选择。如：

你喜欢哪一类书籍？

（1）政治类　　（2）科学类

（3）文学艺术类　　（4）其他

你所在居住区的“三供”（水、电、暖）情况如何？

（1）很好　　（2）较好

（3）一般　　（4）较差

（5）很差

封闭式问题的优缺点与开放式问题的优缺点正相反，因此研究人员往往在探索性调查中采用开放式问题构成问卷，而在大规模调查中则主要采用以封闭式问题构成问卷。实际运用中也可以把二者结合起来。

11.3.3　问卷设计

问卷设计是问卷调查的关键性工作，问卷设计的好坏直接关系到问卷调查的成败。

1. 问卷语句的设计（问题的设计）

封闭式问题问卷设计主要有以下几种形式：

（1）填空式。

例：您每天上下班在路上需要花费（　　）分钟。

（2）是否式。

例：您是否赞成民主选举厂长？赞成（　　）不赞成（　　）

（3）多项选择式。

例：您较喜欢看哪类电视节目：A. 经济节目　　B. 电视剧　　C. 体育节目　　D. 广告　　E. 其他（请写明）＿＿＿＿＿＿

（4）矩阵式。是指将同一类型的若干问题集中在一起，构成一个问题的表达公式。

例：你觉得下列现象在你们学校是否严重？（请在每一行适当的方框内打"√"）

A. 迟到□很严重□比较严重□不太严重□不严重□不知道

B. 早退□很严重□比较严重□不太严重□不严重□不知道

C. 请假□很严重□比较严重□不太严重□不严重□不知道

D. 旷课□很严重□比较严重□不太严重□不严重□不知道

（5）表格式。这是矩阵式的一种变体，见表 11—1。

表 11—1　　您对目前企业职工的福利劳保制度的看法

	保障了人民生活，体现了社会主义制度的优越性，应坚持	虽然有些弊病，但基本是合理的，应稍加修改	是吃"大锅饭"，不利于调动人们的积极性，应取消
终身就业保障			
公费医疗			
退休金			

2. 问卷答案的设计。根据问卷中所提问题的回答方式，问卷中的问题可分为两种形式：开放式问题和封闭式问题。其中，封闭式问题的答案设计可分为：定类问题的答案设计、定序问题的答案设计、定距问题和定比问题的答案设计。

（1）定类问题的答案设计。定类变量是指变量的取值，只有类别属性之分，没有大小、优劣之差。如性别有男、女两大类，职业有工人、农民等。

对这类问题的答案设计要注意两点：1）答案必须互斥，也就是两个概念不能出现交叉和包容的现象。如"年轻人"和"知识分子"这两个概念就有交叉。要想使答案之间互斥有两种方法：一是采用同一个标准进行分类。如年龄可分为老年人、中年人、青年人，也可分为 1 岁～20 岁、21 岁～40 岁、41 岁～60 岁、61 岁～80 岁、80 岁以上。二是对比较复杂抽象的问题进行设计答案时，必须首先弄清楚是在哪一个抽象层次上进行分类，然后在某一确定的层次上再设计答案。2）需要注意的是，答案要尽量穷尽所有项目，也就是按照某一种分类方法，在同一抽象层次上，应把所有可能的答案都列举出来。例如，在一份关于婚姻问题的调查问卷中，关于"您的婚姻状况"这一问题，如果只设计已婚、未婚、丧偶三个答案，那么，有些人的婚姻状况就不能被包括进去，如已离婚而未再婚的人等。应该设计为：未婚、已婚、丧偶、离婚、丧偶再婚、其他（请写明）。当然，答案穷尽和详细的程度还要根据具体的调查要求来确定。

（2）定序问题的答案设计。定序变量，是指变量的取值除有类别、属性之分外，还有等级次序上的区别。如对某个领导同志的评价，对某社会事物或现象的看法和态度等。对这些问题的答案设计经常采取例如：非常同意、同意、基本同意、不太同意、无所谓五级或类似的三级定序答案的形式。

（3）定距问题和定比问题的答案设计。定距变量是指变量的取值除了有类别、次序区别外，类别之间的距离还可以用一定的量度去测量，如智商、工资、温度等。定比问题具有上述三种变量特质外，还具有一个共同的基准，即有实际意义的零点（绝对零点）。所以它所测得的数据，既能作加减运算，又能作乘除运算，如身高、年龄、出生年月、工资增长等数据即属此类。设计这类答案要注意几点：划分的档次不宜太多；每一档的范围不宜太宽；要尽量使档次之间的间距相等，以便在分析结果时进行比较；各档的数字之间应正好衔接，无重叠、中断现象；等等。

3. 问卷设计中的常见问题及其处理

（1）概念过于抽象。有些问卷设计的问题是概念过于抽象，一般人很难理解和回答。如："请问您的家属于下列哪一类家庭？单身家庭、核心家庭、主干家庭"即属此类。这种对家庭类型的划分方法比较抽象，一般人难以理解，也不好回答。

（2）问题具有诱导性。使问题产生诱导性的原因，往往是调查问卷中引用了权威的话，如"大多数医生认为抽烟是有害的，你同意吗"，"政府号召一对夫妇只生一个孩子，您拥护吗"，等等。

（3）问题与答案不协调。

例如：你常看哪一类电视节目？请选择：

新闻节目	经常看	很少看	从不看
电视剧	经常看	很少看	从不看
体育节目	经常看	很少看	从不看
广告节目	经常看	很少看	从不看

问卷中问的是"常看哪一类电视节目？"因此，答案中除了类别外就不应再有别的内容，否则就会出现一些答非所问的回答。如"你常看哪一类电视节目？——我从不看新闻节目"。解决的办法是去掉经常看、很少看、从不看等选项。

（4）问题过于敏感。敏感性问题的产生，是由于人们对它的看法、理解存在比较大的差异，出于各种考虑，人们一般不愿意直接回答或不愿意让调查者了解自己的真实想法和感受。对于敏感性问题，为了解除回答者的顾虑，通常在问卷中采取一些特殊处理办法。如：1）释疑法。即在问题前面写一段消除疑虑的功能性文字。例如"宪法规定：中华人民共和国公民对于任何国家机关和国家工作人员，有提出批评和建议的权利，你对你所在地方的政府机关主要负责人有何评价和看法?”2）假定法。即用一个假定判断作为问题的前提，然后再询问被调查者的看法。例如，“假如允许专业人员自由流动的话，你是否还愿意留在原单位工作?”3）转移法。即把直接回答问题的人转移到别人身上，然后再请被调查者对他人的回答作出评价。例如，“对于实行破产法，一些人认为利大于弊，你认为哪种意见更符合实际?”4）间接法。如个人收入是一个比较敏感的问题，许多人不愿作出具体回答，但如果这样设计：您本人的月收入是 A. 500 元以下、B. 501 元～800 元、C. 801 元～1 200元、D. 1 201元～1 500元、E. 1 500元以上，被调查者就有可能作出较为真实的回答。

4. 问卷调查的实施

（1）确定问卷对象数量。由于问卷调查的回复率和有效率一般都不可能达到100%，因此选择的调查对象应多于研究对象，确定问卷对象数量的公式是：

问卷对象数量＝研究对象数量/（回复率×有效率）

如研究对象数量是 200 人，回复率是 80%，有效率是 90%，那么问卷对象的数量就是：

问卷对象数量＝200/（80%×90%）＝278 人。

（2）确定问卷发放方式。主要是指确定采用报刊发送、邮寄以及送发中的一种方式。

（3）采取一些有效的办法，提高问卷的回复率。其措施主要有：要争取知名度高、权威性大的机构的支持；要挑选恰当的调查对象；选择具有吸引力的课题；提高问卷的设计质量；采取回收率高的问卷发放方式等。

11.4　量表与测量法

11.4.1　量表与量表的作用

1. 量表的含义。量表是一种调查主观社会指标的工具。所谓主观社会指标，是指反映人们的情感、态度、观念等心理状态的指标。主要有：关于情绪和感情方面的指标；关于意向或期望方面的指标；关于行为倾向方面的指标；关于态度方面的指标；关于价值观念方面的指标；等等。对于主观社会指标的测量，不能简单地用“是”和“否”来回答，而应当既反映出人们心理状态的正、反两个方面，如喜欢和不喜欢、满意与不满意、赞成与不赞成等，还要反映出其心理状态的不同程度。量表就是一种最方便最常用的测量工具。同时，量表还是一个衡量某一个概念的尺子，它能够较精确地度量一个抽象或概括性较强的概念，能够通过间接的方式衡量那些难以直接观测和准确度量的社会现象。

2. 量表的种类与形式。量表可分为调查量表和测验量表。在社会调查中，常用的调查量表有总加量表、累积量表和测评表等几种形式。

（1）总加量表。总加量表是心理学家伦西斯·利科特发明的，因此，也叫利科特量表。下面关于领导与被领导作风的测量表就是这种量表。总加量表的制作与使用方法有：1）根据所要测量的内容和变量（如领导形象、人际关系等）收集有关的问题，进行筛选后，选出一组问题（问题数量一般在 10 个～30 个之间）。2）确定问题的类别和计分的标准。回答的类别可以是七、五、三、二几个等级。比较常用的是五个等级（如非常同意、同意、无所谓、不同意、非常不同意），应注意的是，正向提问与负向提问的记分是相反方向，在一个量表中，正向（+）提问与负向（—）提问应各占一半。五级回答可用 1 分～5 分记分。3）进行试调查，从调查对象中找出一些人尝试回答初步量表，以便发现量表中的问题。其中，最重要的是检查出每道题的分辨能力。分辨能力是指一个题目是否能够区分出人们的不同态度，或人们意愿的不同程度。分辨能力的计算方法是：将试调查中得分最高的 25%的人与得分最低的 25%的人进行比较，然后计算出每道题的分辨能力。用公式表示为：

$$\text{每道题的分辨系数}=\frac{\text{得分最高的 25\%的人在这一题上的平均分}}{\text{得分最低的 25\%的人在这一题上的平均分}}$$

题目的分辨系数越小，说明这一题的分辨力越低，分辨力过低的题目应该删除。最后保留分辨力高的 10 个～20 个题目组成正式的调查量表。4）量表设计好以后，就可以进行正式的调查了。

（2）累积量表。累积量表亦称古德曼表。这种量表的制作和使用方法是：1）提出问题与规定分数。这个问题的回答只有“是”或“同意”的得 1 分，选择“不是”或“不同意”的得 0 分。2）进行初步的试测，算出题目的分辨力。凡 80%以上（不含 80%）被测者表示“同意”或“不同意”的问题，均算分辨力低的问题，这样的题目应当淘汰，最后形成量表。3）进行正式测量和汇总。以量表为工具，让被测者回答问题，然后根据每人得分高低由上而下排列，再按照每题得分多少由左向右排列，制成汇总表。

（3）测评表。考核和评价一个人的能力、素质和工作绩效时，通常需要设计和使用测评表。这种调查表类似于一个组分量表，它是用一个题目来量度，然后用各种题目的分数或用一个总分来评价。设计测评表的主要步骤是：1）对测评内容下操作定义。如干部的“能力”可以设计为：组织管理能力、决策能力、创

新能力、交往能力、应变能力等可操作性的内容。2）根据可操作化的内容设计测评题，并规定每一道题的评分标准，如能力很强 5 分，较强 4 分，一般 3 分，较差 2 分，很差 1 分。3）进行正式的测评，并对测评结果进行评价。

11.4.2　几种管理行为的测评量表实例

1. 领导与被领导形象测验。领导者与被领导者在管理活动中是相互作用的。有效的领导者不仅要在管理中制订工作计划，进行绩效考核，还要以自身的素质和作风引导人们的行为。因此，进行领导与被领导形象的测量，对于了解组织活动中的领导活动状况是很有意义的。

（1）领导形象测量。

以下 16 个语句是有关领导形象的，请对这些语句作出反应。假定你自己是个领导者（或者你就是一个领导者），你就站在领导的地位来回答这些问题。这样，测量结果将反映出你当领导时的领导作风。你有没有领导经验，或者有什么样的经验，这都没有关系，测验的目的是使你想出与下属相处的最好办法。

每个语句都有 5 个分数尺度，由完全同意到完全不同意。在每个尺度上选取一个分数，给它画个圈。当你读这些语句时，如果你觉得语句的意思不清楚，或你认为无法回答，你就不必画圈。如果觉得模棱两可（即既不肯定，也不否定），那就是“有点同意，有点不同意”。

	完全同意	同意	有点同意，有点不同意	不同意	完全不同意
A. 我告诉下属去做某件事情，我希望他不要问这问那，是我对他所做的事情负责，而不是他。	1	2	3	4	5
B. 领导者对下属控制严格，管得很死，往往害多益少，让人们自己控制自己，他们会把工作做得非常好。	5	4	3	2	1
C. 虽然组织纪律是重要的，有效的领导者要把以下两方面结合起来：运用纪律措施；考虑自己是否了解人和情况。	1	2	3	4	5

D. 领导者必须尽力把人们的工作划分到最细的程度。	1	2	3	4	5
E. 作为一个领导者，我对所属人员的一切行动负最后责任，如果我们的活动给组织带来好处，我应受到相应的奖励和报酬。	1	2	3	4	5
F. 大多数人要做好工作，只要求领导者的最低限度的指示。	5	4	3	2	1
G. 下级人员通常要有一个严格的领导者进行管理。	1	2	3	4	5
H. 领导一般来自最高层，但这个惯例会有某些合乎逻辑的例外。	5	4	3	2	1
I. 领导者的纪律性职能，不过是征求有关问题的民主意见。	5	4	3	2	1
J. 领导者应当是这样的群体成员，他被其他成员选为领导者，由他来协调成员的活动，并在组织中代表本单位。	5	4	3	2	1
K. 领导者的职责就是要管理他的下属。	1	2	3	4	5
L. 一个群体中必须有一个，而且只能有一个公认的领导者。	1	2	3	4	5
M. 一个好的领导者必须建立并严格实行不讲个人感情的决策系统。	1	2	3	4	5
N. 纪律规则应是灵活的，应在一定情况下允许被领导者作出自己的决定。	5	4	3	2	1

O. 人们基本上对自己负责，不对别人负责，因此，不能因为下属工作做得不好而责备领导者，也不能因下属工作做得好而归功于领导者。	5	4	3	2	1
P. 领导的职位意味着身居其位者对他的工作者（下属）有优越性。	1	2	3	4	5

（2）被领导形象测量。

这一部分问卷中的16个语句，是关于你所喜欢的哪一类型的领导的调查，你以某种下属的立场来看待领导，用你的反应（回答）来表示你所喜欢的领导者与下属相处的方式。格式与前一部分一样。

	完全同意	同意	有点同意，有点不同意	不同意	完全不同意
A. 我希望有人把我的工作内容非常明确地说明一下。	1	2	3	4	5
B. 领导交代要做什么事情，我就做，因为他毕竟是领导。	1	2	3	4	5
C. 僵硬的规章制度总是使我感到沮丧，变得无能为力。	5	4	3	2	1
D. 根据我和周围人的接触，我能够自我约束，也能负责把工作做好。	5	4	3	2	1
E. 我工作的持续时间应缩短些，这样我才能通过重复动作使工作变得有效率。	1	2	3	4	5
F. 在适当的范围内，我会接受人们的要求。虽然这些人不是我的上级，但是他们的要求是对单位有利的。	5	4	3	2	1

G. 领导让我做某件事情，但是做这件事情是错误的。由我来做，可不是我的责任，而是他的责任。	1	2	3	4	5
H. 我的领导应拿出一套规定，根据这个规定我才能衡量我的绩效。	1	2	3	4	5
I. 领导就是领导。那次提升说明他颇有本领。	1	2	3	4	5
J. 我只服从我的领导的命令。	1	2	3	4	5
K. 我希望我的领导告诉我总的目标和方针，然后让我按我的方式去做工作。	5	4	3	2	1
L. 假如我做的事情是不对的，即使是我的上级让我去做的，也是我的过错。	5	4	3	2	1
M. 我喜欢做非重复性的工作，喜欢做每次都是新的不同的工作。	5	4	3	2	1
N. 我的领导只是地位比我高,其实他也没有什么比我高明的。他不过是做些不同的工作，一些管理和协调的工作而已。	5	4	3	2	1
O. 我希望我的领导者给我一些纪律性准则。	1	2	3	4	5
P. 我要告诉我的领导，我将做或至少必须做什么工作，是我对我自己的工作负最后的责任。	5	4	3	2	1

（3）记分和解释。

给每一项，即每一语句圈定一个数字，把这些数字平均一下就是你自己的领导与被领导形象的得分。例如，如果你对第 1 句表示完全同意，你的答案分值就是“1”。你把所有数字的值加起来，就得到关于全面的领导形象的分数，除以

16，就是平均数。

第一部分的数字值（从第 1 个到第 16 个句子的值加起来）为 48，48÷16=3。这个 3 的平均数按表 11—2“解释”中得分的第三项 2.5～3.4，属于混合型的领导作风。

表 11—2　　解　释

得分	种类	领导作风	被领导作风
1.9 以下	非常独断	领导者作出决定，宣布决定和规定，由被领导者执行	没有方案和程序，不能很好地工作，需要反馈
2.0～2.4	比较独断	领导宣布决定，但征求意见；按规定办事，但有例外	需要完整的结构和反馈，但也能独立地进行工作
2.5～3.4	混合的	领导者提出意见，和大家商量；对于规章，有很多例外	以上和以下两部分的混合体
3.5～4.0	适度参与	在上级提示的基础上，大家作出决定；规定很少，大家认为合适，就做	独立工作的人员，不需要严格监督，只要一些反馈
4.1 以上	非常民主	大家做决定，领导者只是协调者，由大家做任何决定	工作主动的人们，喜欢向新事物挑战

资料来源：A. J. Dubrin：《组织行为基础》，见吴玉编著：《管理行为的调查与量度》，260～266 页，北京，中国经济出版社，1987。

2. 关于组织中对待权力问题的测量。

为了了解职工在组织生活中某些心理活动状况，特制定关于权力认识的调查表。要求回答以下问题（暂定为 20 个），即对每个语句的意思作出反应：“非常同意”或“非常不同意”。如果你的反应是“非常同意”，记 1 分；“非常不同意”记 0 分。如你的回答在 16 分以下，说明你有一定的权力意识，你希望掌握影响他人的权力。如果你的分数为 5 分或 5 分以下，那就说明你对权力不感兴趣，对权力也不向往。

填调查表时可以不记名，调查结果也可以不公布。

关于权力认识的调查表见表 11—3。

表 11—3　　关于权力认识的调查表

	非常同意	非常不同意
(1)		
(2)		
(3)		
(4)		
(5)		

续前表

	非常同意	非常不同意
(6)		
(7)		
(8)		
(9)		
(10)		
(11)		
(12)		
(13)		
(14)		
(15)		
(16)		
(17)		
(18)		
(19)		
(20)		

(1) 如果你了解到某些情况（这些情况别人还不了解，也没估计到），向上级汇报对我有利，对解决问题也有利，我会向上级汇报。

(2) 我不愿接受一个下属，因为他受过正式教育，而我没有。

(3) 假如我替别人办了一件事，帮了个大忙，我记着要他回报我。

(4) 一有机会，我就设法与那些手中握有实权的人建立友谊。

(5) 我有个对手，和他共事于己不利，我尽量到处说他的好话而不说坏话，目的是让他调离本部门。

(6) 别人工作做得好，我为什么不赞扬他？我要赞扬他，他也会赞扬我。

(7) 如果有机会，我要为我的顶头上司做些家具或书架之类他需要的东西。

(8) 我的顶头上司爱说笑话，即使他的笑话并不可笑，我也要捧腹大笑。

(9) 只有傻瓜，才去改正上司的错误。

(10) 我要参加本单位举行的晚会或野餐，即使我有别的事情要做或有私人约会，我也要服从本单位的安排。

(11) 假如我知道一个高级人员损公肥私，我就乘机要他帮我的忙，替我办点事。

(12) 在我和上司讨论问题以前，我要先了解他的倾向或对问题的态度。

(13) 如果有人犯了错误，而我想让他的错误亮相，我就写报告，给他一个打击，这是个好主意。

(14) 假如我要一个同事办一件事，我要这样对他说："你要是不把这件事办

好，咱们的头儿会感到非常不高兴。”

(15) 尽管我不喜欢我的上司，我也要请他到我家里来参加晚会或请他吃饭。

(16) 只要我做得到，我要和那些对我有用的人共进午餐，每星期至少两次。

(17) 我那个部门要是允许我自己选自己，我就选我自己，绝不错过机会。

(18) 权力是一个人一生中最宝贵的东西，有了它就会得到较好的待遇。

(19) 人际关系很重要，给人送点东西、办点事，总会有好处。

(20) 学一学办事情的策略比读冒险故事更有趣。

资料来源：A. J. Dubrin：《组织行为基础》，见吴玉编著：《管理行为的调查与量度》，400～402 页。

3. 关于管理责任的调查。

关于管理责任的调查，见表 11—4。

表 11—4　　管理责任量表

个人责任感（在每一项下的三格中，选择其中一格，并打“√”）	有点同意有点不同意	同意	不同意
(1) 不拿公家的一针一线	______	______	______
(2) 在规定的休息时间之后，立即返回工作场所	______	______	______
(3) 一看到别人违反规定，立即向领导汇报	______	______	______
(4) 凡与职务有关的事情，注意保密	______	______	______
(5) 不到下班的时间，不离开工作岗位	______	______	______
(6) 不采取有损本单位名誉的行动，即使这种行动并不违反规定	______	______	______
(7) 自己对本单位有利的意见或方法，都提出来，不管自己是否得到相应的报酬	______	______	______
(8) 不泄露对竞争者有利的信息	______	______	______
(9) 准备接受更大的责任	______	______	______
(10) 在工作之外不做有损本单位名誉的事情	______	______	______
(11) 只为本单位工作，不兼任其他单位的工作	______	______	______
(12) 对外界人士说有利于本单位的话	______	______	______
(13) 把本单位的目标放在与工作无关的个人目标之上	______	______	______
(14) 为了完成工作，在工作时间之外，自行加班加点	______	______	______
(15) 无论在工作上或在工作以外，避免任何削弱本单位竞争地位的行动	______	______	______
(16) 用业余的时间研究与工作有关信息	______	______	______
(17) 购买本单位的产品或服务，不买竞争者的产品或服务	______	______	______
(18) 保证本人家庭成员也采取有利于本单位的行动	______	______	______
(19) 凡是支持本行业和本行业的人都赞成	______	______	______
(20) 为了工作绩效，做到劳逸结合	______	______	______

调查的目的：(1) 了解职工在工作上的责任感；(2) 了解个人行为与工作要求的关系。

调查说明：管理责任调查中有20个语句，请你对它们作出反应，并计算一下你的个人管理责任指数。计算方法如下：将“不同意”的回答用D来表示，并把数目加起来；将“有点同意有点不同意”的回答用S来表示，并把数目加起来；按以下公式来计算管理责任指数：

$$MRI=\frac{20-D-0.5S}{20}$$

式中：MRI——管理责任指数；

D——不同意；

S——有点同意有点不同意。

再将20项中每一项都算出管理指数，即把人们对一项“不同意”(D)和“有点同意与有点不同意”(S)统计一下，然后逐项按以下公式算出每一项的指数。

$$MRI=\frac{N-D-5S}{5}$$

式中：N——回答者的人数。

11.5 观察法

11.5.1 观察法概述

1. 观察法的含义

观察法是一种主要依靠研究者的感官，如人的视觉、听觉、嗅觉和有关的辅助工具来收集资料的调查研究方法。在社会研究领域，观察法是收集非语言行为的数据和资料的一种主要方法和技术。在公共管理领域，管理者通过观察管理活动的过程、管理行为的变化来收集管理中的重要信息，从而对管理活动实施有效的控制，并对管理政策、管理方式作出及时的调整。管理发展史上有名的“霍桑实验”就是通过对工厂工人的劳动情况和工作程序、工作态度的长期观察和实验，从而提出新的管理理论和管理思想。

2. 观察法的基本类型

(1) 实验观察与非实验观察。实验性观察是在人为设置的环境中进行的观察。霍桑实验就属于实验观察。非实验性观察是在自然环境下进行的观察，如观

察城市道路上的来往车辆和人流情况，掌握城市道路拥挤状况。实验性观察与非实验性观察的根本区别是：实验观察能够对观察环境及有关因素进行控制，而非实验观察则不能。

(2) 有结构观察与无结构观察。有结构观察是观察者对所观察的对象有一定的理解，并根据研究的目的，制订出详细的观察计划并规定了规范的观察程序与标准，来实施的观察活动。有结构观察一般还使用精良的工具来记录观察的结果。无结构观察一般对观察对象不太了解，没有规范的观察计划与程序，观察多采取灵活的方式进行。

(3) 参与性观察与非参与性观察。参与性观察是指观察者参加到被研究对象的活动中进行观察，又可分为隐蔽性观察与非隐蔽性观察。进行隐蔽性观察时，观察者不暴露自己的身份，目的是不影响被观察者的行为和活动，同时也是为了更真实、更客观地收集信息，如一个社会工作者为了了解和研究位于社会底层的乞丐们的生活，就装扮成一个乞丐与他们同吃同住，生活了很长一段时间，通过他的亲自观察和了解，掌握了处于生活底层的这一群体的大量有价值的、真实和客观的信息和资料。非隐蔽性观察是指被观察者知道观察者的身份，观察者与被观察者进行接触和一起参与活动，如领导下基层，作家到农村、厂矿体验生活等。非参与性观察是指观察者不介入被研究对象的活动中，而是以一种旁观者的身份来观察被观察对象的行为和观察环境的状况。

3. 观察法的优点与缺陷。

(1) 观察法的优点。在收集非语言行为信息方面，观察法明显的优点就是直观性和可靠性。在这方面它优于问卷调查法、访谈法、实验法以及文献研究法。观察者亲自深入到客观事物中去体验和感受事物的状态，所获得的感性认识是最直观和比较可靠的，所谓“百闻不如一见”，“要想知道梨子的滋味，就要亲口尝一尝”，就是这个道理。

(2) 观察法的缺陷。观察法的主要缺陷是：对环境难以控制，受时空等条件的限制比较大；观察的对象有一定的局限性，对有些事物就不能进行观察，如某些隐秘的社会现象和社会事物不适合也不容易进行观察；通过观察法所获得的资料难以进行量化分析与处理。

11.5.2　观察的原则

要保证观察的顺利进行，并取得良好的观察效果，在观察中应坚持正确的原则和注意采用科学的方法。观察要遵循的原则主要有：

1. 客观性原则。就是按照客观事物的本来面目进行观察。在具体的观察活动中要以客观事物的真实存在作为观察的前提，客观事物是什么情况就观察和记录什么情况，客观事物的发展处于什么阶段和什么状态就记录什么状态，不能以自己的喜好和态度来决定记录什么或不记录什么，更不能为了某种目的而歪曲客观事实，甚至编造根本不存在的事实。观察的客观性是对观察者的最基本要求，也是观察者在观察中必须坚持的原则。

2. 全面性原则。列宁指出：要真正认识事物，就必须把握住、研究清楚它的一切方面、一切联系和“中介”。我们永远也不可能完全做到这一点，但是，全面性这一要求可以使我们防止犯错误和防止僵化。这是因为社会事物都是多层次、多变量的，同时，随着社会的发展，社会事物之间的联系日益多样化和网络化，我们对社会事物的观察必须是多角度和多方面的，这样才能较全面地了解和跟踪事物的整体发展状态和发展过程。要做到全面性，就需要由表及里、由部分到整体来观察社会事物的发展和变化情况，防止以管窥豹，以偏赅全。

3. 深入持久原则。观察活动是一项科学和艰苦的工作，要保证观察的科学性，就必须深入客观事物本身，不能走马观花，而是要下马观花，要观察细微而不能浮光掠影。同时，还要有吃苦的思想准备，因为观察工作是一项十分单调、枯燥的工作，有些调查还需要数月、数年的时间，在观察中还会遇到各种各样的困难，这时必须不退缩、不放弃，才能使观察连续地进行下去，才能收集到客观事物产生、发展的全面的数据和资料。否则，只能使观察工作半途而废，毫无价值和意义。

11.5.3 观察的基本程序与要求

1. 观察的基本程序。观察的基本程序是：确定观察的目的和指导思想；选定观察的对象和范围；选择观察的方法和主要手段；进入现场进行观察；记录观察的事物和现象；退出观察现场；分析和研究观察的数据和资料；撰写观察报告。

2. 观察的基本要求。

(1) 要明确观察的目的和确定观察的指导思想。通过实地观察来收集反映客观事物的状态信息，是人们进行科学研究和解决实际问题的重要途径，也是人们的一种有目的和有意识的活动。要保证这种活动的有效性，就必须以一定的科学理论作为指导。这也是一般观察与科学观察的区别所在。因此，观察是有理性渗透其间的感性反映形式。以什么样的理性渗透其中，或者说以什么作为指导对于观察活动是非常重要的。例如，哥白尼和托勒密都“观察日出”，但是，一个坚持“日心说”，另一个却坚持“地心说”。在不同的理论指导下，结论大相径庭。

（2）选择好观察的对象、地点与观察的范围。由于可观察的对象比较多，而观察的时间、人力、物力有限，因此，为了保证观察的有效性，就必须要选择好观察的对象和范围。观察对象的选择，首先要选择那些最能反映观察目的的人和事物，如要调查改革开放以来农民生活的变化情况，就应该选择改革变化大的地区与典型的人物，并通过对他们的住房、家具、衣着和精神面貌的观察来进行调查。如要观察机关人员的出勤情况，就应该选择机关上下班必须经过的大门作为观察的地点和人们上下班前后一小时左右的时段作为重点观察的时间范围。

（3）要积极地进行观察。观察活动有它被动性的一面，但是这种被动性，并不是说观察者就是机械地被动地进行观察，在观察中应当根据事物发生、变化的情况，对自己的观察程序、观察的方法进行及时和必要的调整，同时在观察中会随时出现偶然的意外事件，而这些偶然的事件往往给人以新的启发。因此，在观察活动中就应当有敏锐的观察能力和快速的应变能力，及时捕捉观察中的热点和亮点。

（4）要进行有思考的观察。观察活动不是机械地进行，它需要把观察与思考联系起来，进行有效的观察。应该把观察到的现象与自己以往的知识、经验联系起来，带着思考进行进一步的观察，从而得出规律性的东西，如牛顿通过对苹果落地现象的观察、思考和不懈的研究，发现了万有引力定律。

11.6　文献调查法

11.6.1　文献及其文献调查

1. 文献的含义。宋代朱熹作注说："文，典籍也；献，贤也。"这就是说，文献原指典籍与宿贤。随着社会的进步，文献的内涵和外延进一步扩大，人们往往把用文字、图像、符号、声频、视频等方式记录人类知识的物质形态，称为文献。一般地说，文献有三个基本要素。（1）有一定的知识内容。没有记录任何知识内容的物体，如空白纸张就不能称之为文献。（2）有一定的物质载体。人们头脑中的知识、口头传递中的知识，就不能称之为文献。（3）有一定记录手段。如某些古迹、文物，虽然也是一种物质载体，也体现一定知识内容，但没有一定的记录手段，也就不能称之为文献。概言之，文献就是通过一定记录方式，记录在一定物质载体上的知识和信息。它包括图书馆、教学馆、博物馆、艺术馆、情报中心、资料室乃至私人收藏的以一切文字、符号、图形、声频与视频等手段记录下来的各种有价值的知识载体。

文献的种类很多。从历史时期看有古代文献、近代文献和现代文献；从载体形式上看有文字文献、数据文献、声像文献。

按对文献内容加工程度的不同，文献可分为：一次文献、二次文献、三次文献等类型。一次文献也称原始文献，是指以作者本人的生产或调查研究工作成果为依据的文献。二次文献，是指对一次文献进行加工整理并使之有序化和浓缩化的文献，如目录、文摘、索引等。三次文献，是指在一二次文献基础上，经过分析、综合而编写的文献，如综述、述评、动态、年鉴、字典、辞典、百科全书等。

2. 文献调查。文献调查是收集信息和数据的一种重要方式，马克思写作《资本论》的 40 年中，共阅读了1 500多种书刊。列宁写作《帝国主义是资本主义的最高阶段》一书也摘录了 156 本外文书籍和 232 篇国外文章。阿尔温·托夫勒的《第三次浪潮》，约翰·奈斯比特的《大趋势》，甘哈曼写的《第四次浪潮》，都是从过去的文献中搜索、摘录大量的资料后进行系统比较分析之后写成的。

3. 文献调查法的特点。文献调查法也称历史文献法，就是通过搜集各种文献资料，摘取与调查课题有关的信息的方法。文献调查法的主要特点是：

（1）历史性。它是对人类以往所获得的知识的调查，可超越时间和空间的限制获取客观事物的信息。

（2）间接性。它的调查对象大都是间接的第二手资料。在印刷型文献占主导地位的条件下，它主要是对以纸张为物质载体的文献所进行的调查。因此，文献调查对于每个调查者来说，不仅能够广泛地涉猎前人在各个领域的研究成果，超越自身调查研究的局限，而且还可以延续人类知识成果。

（3）无反映性。文献调查不直接接触被调查者，不会受到被调查者心理或行为的干扰。因此，在一定程度上可避免调查者与被调查者在互动中的不良影响，使数据和资料的收集更具客观性。

11.6.2 文献调查的方法

要搜集文献，必先查找文献。查找文献的方法，一般可分为以下三种：

1. 检索工具查找法。即利用已有的检索工具查找文献资料的方法。文献检索工具是指用以积累和查找文献线索的工具，它可分为两大类：一是手工检索工具；二是机读检索工具。手工检索工具按其著录形式可分为目录、索引和文摘等。利用检索工具查找文献，可以采用顺查法，也可以采用倒查法。顺查法，即

由远到近，逐年逐月按顺序查找。倒查法，即由近而远，回溯而上，按时间顺序往前查找。一般地说，顺查法有利于了解与调查课题有关的各类问题发展过程的全貌，但要花费较多的时间和精力；倒查法可以节省时间和精力，能够较快地了解到与调查课题有关的各类问题的最新动态，但查找的文献可能不系统、不全面，无论是顺查还是倒查，都应该按照调查课题的时间跨度来决定查找文献的时间跨度。

2. 参考文献查找法。也称追溯查找法，即根据著作者在文章、专著的末尾所开列的参考文献目录，或者是文章、专著中所提到的文献目录，追踪查找有关文献资料的方法。具体做法是：从已经掌握的文献资料开始，根据文献中所开列的参考文献和所提到的文献名目，直接去查找较早一些的文献，再利用较早文献中所开列的参考文献和提到的文献名目，去查找更早一些的文献，如此一步一步向前追溯，直到查找出比较完整的文献资料为止。

用参考文献查找法查找文献，不如用检索工具查找法所得的文献那样全面和广泛，但它查找的文献比较集中，效率相对高一些，而且往往能及时捕捉到一些最新的研究成果。这是因为，相对于一次文献而言，任何检索工具都具有一定的滞后性，载有最新研究成果的文献资料往往很难及时在检索工具中找到。

3. 循环查找法。也称为分段查找法，即将检索工具查找法和参考文献查找法结合起来，交替使用，循环查找。循环查找法，可以先采用检索工具查找法，查找出有用的文献资料，然后再根据文献中所开列或提到的参考文献名目，去查找更早一些的文献；也可以先采用参考文献查找法，查找出更早一些的文献，然后再采用检索工具查找法，去扩大查找文献的线索，如此分阶段地交替使用两种查找文献的方法，直到查找出自己所需要的文献为止。

一般地说，检索工具查找法，较适用于检索工具比较齐全的部门或单位；参考文献查找法则较适用于没有检索工具的部门或单位；循环查找法则具有较广泛的适用性。因此，进行文献调查时，应根据不同的情况，选择不同的查找文献的具体方法。

目录是一种题录性的检索工具，一般只列出原文献的题目、作者、出处（包括原书刊名称、出版单位、出版年代、卷名、期次、页码等）及文种等。目录种类很多，主要有：

（1）分类目录。根据图书内容的学科特点，按照图书情报机构所采用的分类法编制的目录。调查者通过分类目录查找文献，可以因类以求，较快地查找到同类学科的有关文献。

（2）书名目录。按照书籍名称排列起来的目录，调查者只要知道了书名，就可以查找到所需的文献。

（3）著作者目录。即按著作者的姓名排列的目录，同一作者的著作集中在一起，查找比较方便。

（4）主题目录。也叫标题目录，即按图书的主题标目排列的目录。当既不知道所需文献的分类，也不知道书名或著作者，而又想查找关于某学科、某专题的资料时，就可去查阅主题目录，主题目录把各种著作、文章中有关某一主题的文献集中在同一主题词下，可以帮助调查者迅速找到某专题比较全面的文献。

11.7 访谈法

11.7.1 访谈法的特点与类型

访谈法是调查者通过与被调查者面对面地进行交谈、讨论而收集信息资料的一种方法。访谈法的最大特点在于，整个访谈过程是访问者与被访问者互相影响、互相作用的过程，它可以比问卷法获得更全面、更直接的信息。同时，这也是一种难度比较大的调查方法。

访谈法主要有以下几种类型：个别访谈和集体访谈；一般访谈与深度访谈；标准化访谈与非标准化访谈。

11.7.2 访谈的方法及其技巧

掌握访谈的方法和技巧，对访谈的成功是非常重要的。

1. 明确访谈中所提的问题。提问是访谈调查的关键，提什么样的问题，如何提问题，不仅反映出提问者的水平，而且决定着访谈调查的成败。访谈中所提问题主要有两类：一是实质性问题；二是功能性问题。

实质性问题是指与调查所要了解的内容有关的问题。它又包括：（1）事实方面的问题。如姓名、年龄、职工人数等。（2）行为方面的问题，如“您在工作中直接与上级领导接触的方式是怎样的？”“您是否参加过所在社区的基层选举活动？”等等。（3）观念性问题。如“您是否赞成在社区管理中采取政府和社会组织合作的方式？”（4）感情和态度问题。如“您对所在社区的管理和服务满意吗？”“您赞成住房商品化吗？”等等。

功能性问题是指在访谈过程中为了更好地接近被访问者和为了使访谈更有效而进行的提问。它包括：（1）接触性问题。如“近来工作忙吗？”“压力大吗？”“您所住的小区离单位近吗？”等等。这些问题是为了使访谈者与被访谈者之间拉近距离，使访谈自然进行下去。接触性问题要有目的性，在看似无意的闲聊中，很快使谈话进入主题。(2) 试探性问题。如“假如政府政策允许人才流动，您是否考虑重新择业?”“您是否愿意对领导工作中的问题提出批评和建议?”(3) 观察和印证性问题。就是通过这些问题来帮助提问者更进一步地检验自己的观察和判断以及被访问者的真实态度。如先问“您的家庭支出情况如何”，这个大问题下包括家庭支出的项目，各项支出的数额和各项支出所占比例等问题，然后，再问有关家庭收入的问题，从中可以进行印证，最后再问：“您对目前的工作和收入是否满意？在允许的情况下您是否想调换一下工作?”

2. 要接近被访问者。通过恰当的方式来接近被访问者，打消他们的顾虑，使访问者与被访问者之间建立起亲切友好的关系，这就需要掌握一定的方法和技巧。在见面时的称呼上需要注意以下几点：称呼要符合双方的亲密程度和心理距离。初次见面应当称呼头衔或一般尊称，如某某教授、经理、局长、先生、小姐等。称呼要亲切自然，还要注意不同时期称呼的特点、不同地域称呼的区别等。

3. 注意提问的方式和方法。提问的方式方法多种多样，或开门见山，或委婉间接，或耐心开导、循序渐进，至于采用哪种方式要根据所提问题和所要达到的目的而定。如果所提问题是一般性问题，可直截了当，具体明了，切不能吞吞吐吐。对那些敏感性的问题则应当先投石问路，再一步步推进，切不可鲁莽简单，引起被访问者的反感，影响谈话的进行。提问的语言要简短、通俗和明了。

4. 掌握倾听的技巧。在访谈中不仅要“善谈”还要“会听”。会听就是不仅要提高听的有效性，要认真地听被访问者的谈话，要边听边记，还要有感情地听，并对被访问者的谈话作出适当的反应，如谈到成绩时要给予肯定，谈到困难和挫折时应给予关切和同情。

5. 要注意克服访谈中的各种障碍。

(1) 偏见性障碍。有的人不喜欢被访问者的打扮、说话的样子和态度，从而产生反感和偏见，这种态度会直接影响访谈的效果。(2) 理解性障碍。即由于访问者与被访问者之间对某一问题、某一提法的理解不同，从而影响到访谈的效果。(3) 判断性障碍。由于访问者对被访问者的回答作出了主观的判断，如认为回答者回答的不是客观事实，或认为回答者在故意隐瞒自己的观点等等，这种判断会影响访问者的访问效果。

11.8　调查报告的撰写

11.8.1　调查报告的类型

调查报告是调查者反映调查结果的一种书面形式的报告。它是在资料收集、整理和深入分析基础上的研究成果，也是向政府部门、研究单位、委托单位和人民群众进行汇报的重要形式。调查报告主要有以下几种类型：

1. 综合性调查报告和专题性研究报告。根据调查报告的内容，可分为综合性调查报告和专题性研究报告。综合性调查报告设计的问题比较全面，反映的情况也比较丰富，如著名社会学家李景汉教授所撰写的《定县社会概括调查》，较全面地反映了定县的土地、人口、风俗、民情、社会矛盾和问题等各个方面的情况。国家农村政策研究室组织编写的《万户农民调查》，对改革开放以来农民在吃、穿、住、用等方面的变化，对农村改革的看法和满意程度，主要农副产品的生产和流通情况，对粮食生产的态度，对村组合作经济的看法，其对村干部的看法以及择业和致富观念等进行了较全面的调查，反映了改革开放以来农村发生的变化。专题性调查报告的内容一般比较专一，问题也比较集中，有较强的针对性。如《湖南农民运动考察报告》、《我国大中城市青年结婚消费调查》、《社区公民参与决策调查》等。

2. 应用性调查报告和学术性调查报告。根据调查的目的和应用的角度不同，可分为应用性调查报告和学术性调查报告。应用性调查报告主要以反映和解决现实问题为目的，如《当前石家庄地区私营企业的调查和分析》、《令人忧虑的乡村政权建设》、《关于当前民办学校的问题与发展调查》、《城市社区服务质量有待提高——关于城市社区管理的调查报告》。学术研究型调查报告，主要是以揭示事物产生与发展的规律为主要目的的，如《关于当前社会分层与社会整合的研究报告》。

11.8.2　调查报告的结构

调查报告一般由标题、前言、正文、结尾几部分组成。

1. 标题。调查报告的标题即题目，任何调查报告都有一个题目。确定调查报告的题目要注意以下几个方面：

（1）调查报告的标题要能够反映调查的内容。例如《湖南农民运动考察报告》、《一份妇女儿童外流的调查报告》、《关于北京市私营企业问题的调查》等

等，读者通过这些题目就可以知道调查的主要内容。

（2）标题要新颖，具有吸引力。如《希望的火光——中关村电子一条街》、《自费生，只是花钱买个学历吗？——来自大连市高校自费生的调查》、《方兴未艾的农村股份合作经济的调查》等。这些题目一开始就吸引了读者的注意力，使读者有进一步读下去的欲望。

（3）标题要简明、精练。调查报告的标题就是调查内容的引子和浓缩，如《棉花产量为何连续下滑？》、《我国大中城市青年结婚消费调查》。为了避免调查报告的题目过长，可采用副标题的形式。如《夹在农村与城市之间——留民营村调查纪实》。有的调查报告的标题就过长，如《沪宁高速公路江宁段工程建设中暴露出来的一个突出问题——一边资金紧缺，一边又冒领挪用》。

2. 前言。这一部分是调查报告的开头，主要是简明扼要地说明调查的目的，调查的时间、地点，调查的对象，调查的方法等，让读者对调查的基本情况有一个基本的了解，前言的主要写法有以下几种：

（1）从调查的目的写起。如《关于北京市私营企业问题的调查》的前言写道："党的十一届三中全会以来，个体经济作为公有制经济的必要补充，得到了政策的扶植，发展迅速。私营企业就是从个体工商户中脱颖而出的一部分新的经济成分。为了了解当前我市私营企业的规模、效率，以及未来发展中的问题，为政府有关部门制定关于私营企业的法规、政策提供咨询，我们在市工商联和民建北京市委协助下，对北京市私营企业做了一次调查。"

（2）从提出问题角度写起。如《一份妇女儿童外流的调查报告》前言写道："十一届三中全会以来，随着多种经营的发展，农村劳动力和产业结构正经历着巨大的演变和重新组合，这种变化较突出的是农村剩余劳动力向城市转移，其中妇女儿童流入城市的人数日趋增多，尤其是非法外流的人数比例在增大，妇女、儿童外流已成为一个严重的社会问题。"

（3）从交代调查情况写起。即在前言中交代调查的时间、地点、调查方法，调查经费来源等情况。

（4）从论证调查的重要性写起。主要在前言中重点突出本次调查的重要意义，上级有关部门重视调查的原因，以及对调查的人力、物力和资金的支持等。

3. 正文。调查报告的正文是全文的主体，也是关系调查报告质量的关键部分。正文的撰写要结构清楚、观点明确、论据充分，同时还要注意问题的内在逻辑性。

正文的撰写有两种主要的写作方式：一是按照事物发生、发展的历史顺序和其内在的逻辑顺序来写。这种写法的特点是能够完整地描述事物的发生和发展，逻辑清楚。另一种是按事物的性质或类别进行叙述和论证。这种方法的特点是在对调查的事实进行分析的基础上，形成观点，使问题能够得到充分的展开，观点明确，有一定的说服力。

4. 结尾。调查报告的结尾，可根据不同的内容采用不同的写法，如有的以概括全文、深化主题作为结尾；有的以提出应注意的问题作为结尾；有的说明事物发生和发展的危害，以引起有关部门的注意作为结尾，等等。不管以什么样的写法作为结尾，都应当注意不能画蛇添足。

本章小结

社会调查是人们有目的、有意识地认识社会事物与社会现象的一种活动，也是公共管理的重要方法手段。因为公共事务的计划、决策、控制与协调都是建立在对社会事物本身特征与发展规律的了解和研究的基础之上，正如毛泽东同志指出的："没有调查就没有发言权"。

进行调查研究必须依据以下原则：客观性原则、实证性原则、整体性原则。

社会调查中关于社会现象、社会指标、变量、命题与假设等方面的基本原理与概念是进行社会调查的基础。

社会调查的方式方法很多，主要有：抽样调查方法；问卷调查方法；观察方法；量表与测量法；文献调查法；访谈法。

社会调查中的数据分析是调查中的重要内容，目前主要的分析工具是统计软件，由于篇幅有限本章未对其进行详细介绍。

调查研究的成果方式之一是调查研究报告的撰写。调查报告可分为综合性调查报告与专题性研究报告；应用性调查报告与学术性调查报告。调查报告由标题、前言、正文、结尾几部分组成。

关键术语

社会调查　问卷　变量　抽样　量表　观察　访谈　文献调查　调查报告

复习思考题

1. 什么是社会指标？社会指标有哪些类型？

2. 什么是变量？自变量、因变量和中间变量的关系是什么？定类变量、定序变量、定距变量、定比变量有什么特点？

3. 什么是资料的信度和效度？它们的关系是怎样的？

4. 随机抽样有哪几种类型？它们各自的特点是什么？

5. 问卷设计中应注意哪些问题？

6. 什么是量表？总加量表和累积量表的特点是什么？

7. 在观察中应当遵循哪些原则？

8. 文献调查的基本方法是什么？

阅读材料

“北京市城乡结合部利益调整与体制创新”课题的调查问卷与实证分析

一、调查问卷部分

____区____乡____村　　　　调查员姓名：__________

问卷编号：________　　　　调查对象电话：________

属于私人、家庭的单项调查资料，非经本人同意，不得泄露。

——摘自《中华人民共和国统计法》

北京市城乡结合部居民生活状况调查问卷

居民同志：

您好！

我们是中国人民大学公共管理学院的社会调查员。为了全面了解我市城乡结合部广大居民的生活状况，及时向市政府及有关部门反映居民生活中存在的主要困难和问题，受市政府委托，我们组织了这次对城乡结合部1 000位居民的大型社会调查。

本次调查严格按照《中华人民共和国统计法》的要求进行，您不用填写姓名，所有回答只用于统计分析。您只需根据自己的实际情况，在每个问题所给出的几个答案中选择一个合适的答案打钩，或者直接在______中填写。您的回答将代表众多和您一样的居民，并对改善我市城乡结合部居民的生活状况提供有益的帮助，请您认真填写问卷，尽量不要遗漏问题。

衷心感谢您的支持和协助！

中国人民大学公共管理学院

2003 年 1 月

填写说明：

一、如无特殊说明，每个问题只能选择一个答案。如果能够选择多个答案，我们会在题目旁边注明“本题可以多选”。

二、请在所选的答案的号码上画“√”。

1. 您的性别是：

①男　　②女

2. 您的年龄是：________岁。

3. 您家里有________口人（指长期居住在一起的）；其中 16 岁以下子女有________个。

4. 目前您家需要赡养的老人有：

①没有　②一个　③两个　④三个　⑤四个　⑥四个以上

5. 您的婚姻状况是：

①未婚　②已婚　③丧偶　④离婚　⑤其他

6. 您的文化程度是：

①小学及以下　②初中　③高中（包括中专）　④大专　⑤大专以上

7. 您家的劳动力（16 周岁～55 周岁，具有劳动能力的人）有：

①没有　②一个　③两个　④三个　⑤四个　⑥四个以上

8. 您从事农业劳动的年数是：

①没有从事过农业劳动　②1 年～5 年　③6 年～10 年　④11 年～15 年　⑤16 年～25 年　⑥26 年以上

9. 目前您的就业情况是：

①临时工　②合同工　③自谋职业　④没有任何职业

* 如果您选择“④没有任何职业”，请跳过 10 题～18 题，直接从 19 题开始

回答。

10. 您每天平均大约工作________小时。

11. 您每月的平均工资收入大约是________元。

12. 您目前所从事的工作是________________。

13. 除了本职工作的工资收入外，您还有其他方面的收入吗？

①有　　　②没有

↓

14. 这些其他方面的收入主要来自于（本题可以多选）：

①个体经营　　②兼职工作　　③租房收入　　④集体资产分红

⑤政府提供的社会保障　　⑥其他（请写明）__________。

15. 每月这一收入平均是________元。

16. 如果政府能够提高一次性土地补偿费用，您是否愿意自谋职业？

①愿意　　　②不愿意

17. 您对自己目前的工作是否满意？

①很满意　　②比较满意　　③一般　　④不太满意　　⑤很不满意

↓　↓

18. 您“不太满意”或“很不满意”的主要原因是（本题可以多选）：

①这个工作被别人瞧不起　②收入低　③专业不对口　④与个人的兴趣不相符合　⑤与领导关系不好　⑥与同事相处不融洽　⑦工作太紧张　⑧工作的条件和环境差　⑨其他

19. 目前您是否在积极寻找工作？

①是　　　②否

↓　↓

20.（A）根据您本人的条件，您希望找一份每月能挣______元的工作。

20.（B）您“不积极寻找工作”的原因是（本题可以多选）：①可以参与集体资产分红获得收入　②可以通过出租房屋获得收入　③没有报酬满意的工作　④没有较稳定的工作　⑤没有提供各种福利保障的工作　⑥希望自己有更多的空闲时间

21. 您更愿意在哪类性质的单位工作？

①国家事业单位　　②国有企业　　③集体企业　　④三资企业

⑤私营企业　　⑥个体经营　　⑦其他（请说明）________

22. 您是否会为了找一份好工作而主动地去学习相关的技术知识？

①会　　②不会

23. 您认为现在影响您个人就业的最主要的因素是（本题可以多选）：

①学历　②技术经验　③政府的就业政策　④外来人口参与竞争

⑤经济状况

24. 您在选择职业时，下列因素的重要程度是：

	非常重要	比较重要	一般	不太重要	不重要
收入	①	②	③	④	⑤
与工作相关的社会保障	①	②	③	④	⑤
工作稳定性程度	①	②	③	④	⑤
工作强度	①	②	③	④	⑤
与同事关系的融洽程度	①	②	③	④	⑤

25. 您的家庭总收入大约是每月________元。

26. 您认为在农转居的过程中，政府是否应该承担起培训劳动者的职责？

①应该　②不应该　③不知道

↓

27. 政府是否应该收取培训费用？①应该　②不应该

28. 目前您的身体状况是：

①很好　②较好　③一般　④较差　⑤很差

29. 您认为在年老以后，应该主要：

①自己照顾自己　②由配偶照顾　③由子女照顾　④由其他亲属照顾

⑤由政府照顾　⑥由邻居照顾

30. 对于以下社会保障项目，您比较了解的是（本题可以多选）：

①养老保险　②医疗保险　③失业保险　④最低生活保障制度

⑤都不了解

31. 以下社会保障项目对您的重要程度是：

	非常重要	比较重要	一般	不太重要	不重要
养老保险	①	②	③	④	⑤
医疗保险	①	②	③	④	⑤
失业保险	①	②	③	④	⑤
最低生活保障	①	②	③	④	⑤

32. 对于以下社会保险项目，您是否愿意参加？

	非常愿意	比较愿意	一般	不太愿意	很不愿意
养老保险	①	②	③	④	⑤
医疗保险	①	②	③	④	⑤
失业保险	①	②	③	④	⑤

33. 如果您选择了“不太愿意”或“很不愿意”，原因是________。

34. (A) 在您看来，您目前享有的社会保障与您农转居以前相比：

①农转居以前好 ②农转居以后更好 ③二者差不多 ④不知道

34. (B) 如果您选择了其中的某一个答案，那么您选择该答案的理由是________。

35. 目前您享有哪些社会保障项目？(本题可以多选)

①养老保险 ②医疗保险 ③失业保险 ④最低生活保障制度

⑤其他社会保障项目 ⑥都没有参加

36. 您认为政府、单位和个人在社会保障中应该承担的责任是：

	承担所有责任	承担绝大部分责任	承担少部分责任	不承担责任
政府	①	②	③	④
单位	①	②	③	④
个人	①	②	③	④

37. (A) 目前您看病后医疗费用的负担情况是：

①完全由个人负担 ②大部分由个人负担 ③个人负担小部分

④个人完全不用负担

37. (B) 在您看来，通过土地获得社会保障与政府直接提供社会保障项目相比：

①前者更好 ②后者更好 ③二者差不多 ④不知道

38. 总体看来，您对自己目前享有的社会保障是否满意？

①很满意 ②比较满意 ③一般 ④不太满意 ⑤很不满意

39. 如果您选择“不太满意”或“很不满意”，原因是________。

40. 您对您居住的生活环境是否满意？

①很满意 ②比较满意 ③一般 ④不太满意 ⑤很不满意

41. 您对生活环境“不太满意”或“很不满意”的原因是（可以多选）：

①经济发展太快 ②外来人口急剧增多 ③环卫工人工作不够积极

④环卫处理系统没有规划好 ⑤环卫主管部门管理不力

42. 您认为您居住地的大量外来人口对您的生活、工作等各方面的影响如何？

①很大 ②比较大 ③一般 ④不太大 ⑤几乎没有影响

* 如果你选择“⑤几乎没有影响”，请跳过 45 题，直接从 46 题开始回答。

43. 在外来人口对您的生活、工作等各方面造成的影响因素中，请您列举出最重要的两方面（本题选择两项）：

①就业压力增大 ②环境卫生变差 ③社会治安变坏 ④人口过度集中

⑤促进城市建设 ⑥便利日常生活 ⑦获得房租收入 ⑧其他

44. 您认为外来人口应该归哪个部门管理最合适？

①村委会 ②居委会 ③地区办事处的外来人口管理部门

④市外来人口管理部门 ⑤无所谓

45. 您认为影响本地区社会治安状况的最主要的原因是什么？（本题可以多选）

①人口的总体素质不够高 ②政府的管理不力 ③经济不景气

④外来人口太多 ⑤其他（请说明）____________。

46. (A) 您所在的村是否实行了“村务公开”？

①是 ②否

46. (B)“村务公开”的形式是：

①开村民大会 ②出墙报 ③其他（请说明）____________。

47. 您对当地政府关于农转居的政策是否满意？

①很满意 ②比较满意 ③一般 ④不太满意 ⑤很不满意

48. 如果把村委会改为居委会，您会：

①完全赞成 ②比较赞成 ③不太赞成 ④完全不赞成 ⑤无所谓

49. (A) 在农转居之后，您认为对集体资产最合理的处理方式是：

①卖掉后分钱 ②股份制经营参加分红

③先以股份制形式经营，时机成熟后再卖掉

④好的资产股份制经营，差的卖掉分钱

⑤听凭组织意愿　⑥其他（请说明）________。

49.（B）如果在集体资产处置中给您分配股权，那么您愿意要什么样的股权？

①乡（村）总公司的股权　②经营良好的具体企业股权　③无所谓

50. 您认为您所在村的集体资产管理中是否有问题？

①有　②没有

↓

51. 那么您认为集体资产管理中存在的问题是（可以多选）：

①管理者不认真负责　②管理者人选不合理　③管理过分集中

④利益分配不均　⑤管理中的贪污腐化　⑥其他（请说明）________。

52. 您对乡镇企业改造成股份制企业的态度是：

①很赞成　②比较赞成　③一般　④不赞成　⑤很不赞成

53. 您认为效益好的乡镇企业应该如何处置？

①股份制改造　②承包　③出售　④维持现状

⑤其他（请说明）________。

54. 您认为效益不好的乡镇企业应该如何处置？

①股份制改造　②承包　③出售　④维持现状

⑤其他（请说明）________。

55. 您认为乡镇企业领导可以多拿股份吗？

①可以　②不可以　③不知道

56. 您认为集体资产股权可以在村内个人之间买卖吗？

①可以　②不可以　③无所谓

57. 您认为集体资产股权可以卖给不是本村户口的人吗？

①可以　②不可以　③无所谓

58. 如果您已经拥有了集体资产股权，您愿意：

①卖出　②买进　③保留　④其他（请说明）________。

59. 您对所在村已经处理的集体资产满意吗？

①非常满意　②比较满意　③一般　④不太满意　⑤很不满意

↓　↓

60. 您“不太满意”或“很不满意”的原因在于：________。

61. 您目前是否有房屋出租?

①有　　②没有

* 如果您选择“②没有”请跳过64、65、66题，从67题开始回答。

62. 您所出租房屋的用途是:

①居住　②作为门面经商　③作为加工作坊

④其他（请说明）________。

63. 您所出租房屋的租金大约是每间每月________元。

64. 您所出租房屋的面积大约是__________平方米。

65.（A）据您所知，您所在的村里大约有________%的人出租房屋。

65.（B）您对搬迁住进统一修建的楼房的看法是:

①赞成　　②反对　　③无所谓

65.（C）您“反对”的原因是（可以多选）:

①房子面积比以前小　②生活不方便、不习惯　③物业管理等费用高

④获得的房租收入比以前少　⑤其他（请说明）______________。

66. 据您所知，您所在村里的农用地多，还是非农用地多?

①农地多　　②非农地多　　③不知道

67. 请问大约占______%

70. 请问大约占______%

68.（A）您认为村里的非农用地（包括土地上的房屋）进入交易市场的方式是:

①征为国有土地再进入市场　②直接进入市场

68.（B）您认为村里的非农用地直接进入市场可以采取的方式是:（可以多选）

①出租　②联营、联建　③土地入股　④转让

⑤其他（请说明）__________。

69. 据您所知，您村里的非农地（包括土地上的房屋）是否有如下现象:

①土地征用　②土地出租　③土地入股　④土地联营、联建　⑤都没有

70. 对于集体从非农用地直接进入市场后获得的收益，您认为集体应该返还给个人的比例是__________%。

71. 如果您的土地被征用了，您接受（或愿意接受）的是何种补偿方式?

①安排工作　　②得到一次性补偿费　　③进入社会保障体系

④其他（请说明）＿＿＿＿＿＿＿＿。

72. 据您所知，您村里农用地是否有下列现象（可以多选）：

①土地征用　　②土地承包　　③土地转包　　④都没有

73. 您对您所得到（或可能得到）的一次性征地补偿费的看法是：

①补偿费高了　　②差不多　　③补偿费低了

74. 您对村里的农地转为非农建设用地的看法是：

①国家应该严格控制　　②国家不应该严格控制　　③无所谓

我们的调查结束了，再次向您表示感谢！如果您还有什么建议、意见或要求，欢迎写在下面。

二、调查的方法

本研究所采用的主要方式是问卷调查和访谈调查两种方式。访谈调查主要是在朝阳、海淀、丰台三个区，召开由区、乡和村领导及有关人员参加的座谈会近 20 场。问卷调查由调查员入户进行，发放调查问卷1 000份，其中有效问卷 894 份。

在抽样方法上，本研究主要使用多阶段抽样法。第一阶段，在北京市抽取三个具有典型性和代表性的区，即朝阳区、海淀区和丰台区。第二阶段，从这三个区中再随机抽取若干个乡，即朝阳区的大屯乡和东风乡，海淀区的永丰乡和海淀乡以及丰台区的南苑乡和花乡。第三阶段，从所抽取的乡中随机收取若干个村子，比如从大屯乡抽取关庄村、大屯村和辛店村；从东风乡抽取将台洼村、豆各庄村和辛庄村；从永丰乡抽取屯佃村、小牛坊村、六里屯村和亮甲村；从海淀乡抽取六郎庄和万泉庄；从南苑乡抽取右安门村、石榴庄村、果园村和成寿寺村；从花乡抽取榆树庄村。第四阶段，从所抽取的村中再随机抽取若干个住户，由调查员入户调查。在每个阶段所采用的抽样方法基本上都是随机抽样。

之所以采用多阶段抽样法的原因主要有以下几点：(1) 由于研究的总体是整个北京市城乡结合部所有“农转居”人员，其总数大约有 113.3 万，所以调查对象十分庞大，范围十分广泛，在这种情况下采用一阶段抽样或整群抽样是不现实的，而采用多阶段抽样法就比较方便。(2) 在多阶段抽样中，我们对被抽中的一阶样本单位并不进行全面调查，而是进一步地抽样，得到二阶样本单位。对于本研究的四阶段抽样，我们对二阶样本单位也不进行全面调查，而是继续进行抽样。所以，多阶段抽样法的组织管理和实测调查的工作量都不会太大，可以节省本来就非常紧张的研究经费。(3) 这种逐级进行的多阶段抽样，其逐级得到的结果，可以为各有关机构提供相应的各种重要信息，因此，也容易得到各有关机构领导的关心、支持和帮助，这样抽样调查工作开展起来就更为方便。

三、实证分析部分（以城乡结合部劳动力就业部分为例）

1. 研究假设。

（1）关于“农转居”人员的个人特征对其劳动力供给影响的假设：

假设1：“农转居”人员的年龄越大，其劳动力供给意愿越弱；

假设2：“农转居”人员的人力资本越高，其劳动力供给意愿越强。

（2）关于“农转居”人员的家庭背景对其劳动力供给影响的假设：

假设3：“农转居”人员的家庭非工资收入越高，其劳动力供给意愿越弱；

假设4：“农转居”人员家庭负担越重，其劳动力供给意愿越强。

（3）关于城乡结合部体制变革因素对“农转居”人员劳动力供给影响的假设：

假设5：“农转居”人员对集体资产处置的满意度越高，其劳动力供给意愿越强；

假设6：城乡结合部地区的社会保障水平越高，“农转居”人员劳动力供给意愿越弱。

2. 变量的操作化定义。研究的被解释变量是劳动力供给行为，其具体的含义是：北京市城乡结合部16周岁～55周岁的“农转居”人员在一定条件下的劳动力供给意愿。按照传统的做法，男性劳动力一般被定义在16周岁～60周岁，女性劳动力一般被定义在16周岁～55周岁。但是经过研究者几轮调研发现，城乡结合部55周岁以上的“农转居”人员，不论男性和女性，大多已经退出了劳动力市场，属于非劳动力，即非经济活动人口。所以，在此将研究的被解释变量统一定义在16周岁～55周岁，同时，这样做也是为了研究的方便。在调查问卷中，被解释变量被定义为：在目前没有职业的情况下，“农转居”人员是否在积极寻找工作。解释变量共分为三大类，其一是个人特征，其二是家庭背景，其三是城乡结合的体制变革。

个人特征主要包括“农转居”人员的性别、年龄、婚姻状况、人力资本、就业状况、求职意向、工资收入、人力资本投资偏好。其中，婚姻状况分为“未婚、已婚、丧偶、离婚”四类进行测量；人力资本主要包括三个指标：受教育程度、农龄和健康状况，其中受教育程度通过“小学及以下、初中、高中（包括中专）、大专、大专以上”五级进行测量；农龄是指“农转居”人员在身份转为城市居民之前所从事农业劳动的年数，该指标从另一个侧面反映了“农转居”人员的劳动技能，一般来说，“农转居”人员的农龄越长，其掌握的非农劳动技能越少，反之亦然；健康状况也是人力资本的一个重要组成部分，该指标通过“很好、较好、一般、较差、很差”五级进行测量；根据城乡结合部实际情况，“农转居”人员的就业状况共分为四类：临时工、合同工、自谋职业、没有任何职业；求职意向主要测量“农转居”人员在求职过程中对工作单位是否具有所有制

方面的偏好；“农转居”人员的人力资本投资偏好通过“您是否为了找一份好工作而主动去学习相关的技术知识”这一问题来测量。城乡结合部的体制变革主要考虑城乡结合部地区的社会保障水平和“农转居”人员对集体资产处置的满意度两个指标，这两个指标主要通过五点法即“很满意、比较满意、一般、不太满意、很不满意”来进行测量。

3. 数据整理。在问卷调查完成后，研究者对调查资料进行了精心整理，使之变成可以直接输入计算机进行处理的数据。数据的准备工作共分为三步：第一是资料的审查；第二是资料的分类和编码；第三是录入，就是将调查问卷中的答案转录到SPSS统计软件中，并建立数据库。数据具体的整理和编码过程如表11—5所示。

表 11—5

变量	测量指标		代码	题号	计分方法与测量尺度
个人特征	性别		V1	1	1＝男，2＝女；定类变量
	年龄		V2	2	定距变量
	婚姻状况		V5	5	1＝未婚，2＝已婚，3＝丧偶，4＝离异，5＝其他；定类变量
	人力资本	教育程度	V6	6	1＝小学及以下，2＝初中，3＝高中，4＝大专，5＝大专以上；定序变量
		农龄	V8	8	1＝没有从事过农业劳动，2＝1 年～5 年，3＝6 年～10 年，4＝11 年～15 年，5＝16 年～20 年，6＝21 年以上；定序变量
		健康状况	V28	28	1＝很好，2＝较好，3＝一般，4＝较差，5＝很差；定序变量
	就业状况		V9	9	1＝临时工，2＝合同工，3＝自谋职业，4＝没有任何职业；定类变量
	求职意向		V21	21	1＝国家事业单位，2＝国有企业，3＝集体企业，4＝三资企业，5＝私营企业，6＝个体经营；定类变量
	工资收入		V11	11	定距变量
	人力资本投资偏好		V16	16	1＝愿意，2＝不愿意；定类变量
家庭背景	抚养子女的个数		V3a	3	定距变量
	赡养老人的个数		V3b	4	定距变量
	家庭劳动力个数		V7	7	定距变量
	家庭非工资收入		V15	15	定距变量
	家庭月收入		V25	25	定距变量

续前表

变量	测量指标	代码	题号	计分方法与测量尺度
体制变革	社会保障水平	V38	38	1＝非常满意，2＝比较满意，3＝一般，4＝不太满意，5＝不满意；定序变量
	集体资产处置的满意度	V59	59	
	“农转居”政策的满意度	V47	47	
	对政府培训的期望	V26	26	1＝应该，2＝不应该，3＝不知道；定类变量

4. 分析方法。鉴于本文的研究目的是考察多个自变量对某一个自变量的影响，因此将采用多元回归的方法对数据进行分析。在进行回归分析时，要根据被解释变量的类型选择合适的分析模型。在分析影响城乡结合部“农转居”人员的劳动力供给意愿的因素时，由于被解释变量（劳动力供给意愿）并不是一个连续变量，而是一个二分定性变量，即虚拟变量，因此其取值只有 0、1 两个。在这种情况下，并不适合使用多元线性回归模型，否则会不可避免地违反许多重要的假设条件，如被解释变量的连续性、误差项的正态分布和异方差性等，从而导致回归估计的推断存在严重误差，以致无论是进行假设检验，或是计算置信区间都失去了合理性。为了达到研究目的，研究者在论文主体的实证分析中采用了一种概率模型，即把被解释变量视为一个事件发生或不发生的概率，研究当解释变量发生变动时，被解释变量的变动情况。社会统计中对此提出了一种 Logistic 回归模型，假设被解释变量发生的概率为 p，可以用 Logistic 概率函数将其表示：

$$p=\frac{\exp\left(\sum b_i x_i\right)}{\left[1+\exp\left(\sum b_i x_i\right)\right]}$$

其中 x_i 为研究的解释变量，b_i 为解释变量的回归系数，$\exp(u)$ 表示自然对数底的指数函数。我们再用事件发生的概率 p 除以事件不发生的概率$(1-p)$，就得到被解释变量事件发生的发生比(odds) $=\dfrac{p}{1-p}=\Omega$，经过数学变换，我们可以得到：$\ln\Omega=\sum b_i x_i$。这种将概率 p 转化为 $\ln\Omega$ 的过程称为“logit 转换”，通过这样的转换，达到了将被解释变量发生的概率函数用解释变量来线性表达的目的。也就是说，Logistic 回归模型中的回归系数反映的是每一个解释变量的变化对被解释变量事件发生比的对数影响。在具体解释回归系数的作用时，我们可以通过每个解释变量的发生比率[odd ratio，也就是发生比的比，数学表达式为 $\exp(B_i)=\Omega^*/\Omega$]的考察，来确定解释变量每一个单位的变化给原来发生比带来的变化。

5. 假设检验。检验“农转居”人员的人力资本对劳动力供给的影响。本研究把“农转居”人员的人力资本界定为三个指标，即“农转居”人员的受教育程度、农龄以及健康状况。我们可以认为，“农转居”人员的农龄越长，其非农的劳动技能越低，从而其人力资本越低；“农转居”人员的健康状况越好，其人力资本也就越高。基于此，我们得出了假设 2：“农转居”人员的人力资本越高，其劳动力供给意愿越强。根据 Logistic 回归模型，我们可以看出：“受教育程度”、“农龄”与“健康状况”这三个解释变量对“农转居”人员的劳动力供给意愿的作用都比较显著（显著性水平分别为 0.033、0.026 和 0.030），但是作用的方向和幅度各不相同。“受教育程度”对“农转居”人员的劳动力供给意愿产生正向作用，根据发生比率 exp（B）的系数判断,“农转居”人员所受教育的程度每增加一个等级，其参与劳动力供给的发生比就会比原来的发生比增加 3.05 倍，可见增加的幅度是非常巨大的，所以我们可以认为，教育程度越高的“农转居”人员，其参与劳动力供给的积极性就越强。“农龄”对“农转居”人员的劳动力供给意愿产生反向作用，根据发生比率 exp（B）的系数判断，“农龄”每增加一年，“农转居”人员参与劳动力供给的发生比就会比原发生比降低 0.762 倍，因此，我们可以推断，“农转居”人员的“农龄”越长，其参与劳动力供给的积极性就越小。“健康状况”对“农转居”人员的劳动力供给意愿也产生反向作用，根据发生比率 Exp（B）的系数判断，“健康状况”每增加一个等级，“农转居”人员参与劳动力供给的发生比就会比原来的发生比降低 0.004 倍，虽然作用的幅度非常小，但是我们仍旧可以推断，“农转居”人员的“健康状况”越差，其参与劳动力供给的积极性就越小。通过对这三个指标的分析，我们的结论是，Logistic 回归模型验证了我们的假设 2，即随着“农转居”人员的人力资本的提高，其劳动力供给的意愿就会增强。

教育不仅能够提高受教育者的工资率，而且教育还具有一种信号的功能（Micheal Spence，1973），高水平的教育通常与高水平的劳动生产率相关，因此受教育程度的高低是用人单位招聘员工的一个标准。受教育程度高的人无疑会在劳动力市场的竞争中居于有利地位，他们不仅能较为容易地找到适合自己的工作，而且所获得的工资报酬也很可观，所以随着文化水平的提高，“农转居”人员劳动力供给意愿会增强。农龄较短的“农转居”人员在“农转居”以前都从事过各种非农劳动，这些非农劳动经历为他们积累了许多工作经验，这使他们比那些农龄较长的“农转居”人员在劳动力市场上更容易地找到合适的工作，所以农龄短、非农工作经验丰富的“农转居”人员的劳动力供给意愿必然会很强。人的身体健康状况本来就是一种非常重要的人力资本，身体健康是人们从事社会生产活动的基础，在身体健康的情况下，人们有能力而且愿意增加劳动力供给。总之，随着“农转居”人员人力资本水平的提高，他们在劳动力市场上的竞争优势增强，“农转居”人员参与劳动力供给的积极性也随之增强。因此，从解决“农转居”人员劳动力供求矛盾的角度来说，人力资本投资问题应该引起当地政府以及“农转居”人员自身足够的重视。

说明：本材料为北京市委托课题，课题负责人为董克用教授，子课题负责人为魏娜、叶裕民、吕萍、段成荣、田凯，所用实证分析材料由成得礼提供。

参考文献

1. ［美］彼得·F·德鲁克. 成果导向：有效的管理思路和分析. 北京：中国财政经济出版社，1990

2. ［美］彼得·F·德鲁克. 管理：任务、责任、实践. 北京：中国社会科学出版社，1989

3. ［日］狼谷雅治. 目标管理体制. 北京：中国农业机械出版社，1983

4. 黄土. 目标管理的要诀. 北京：光明日报出版社，1985

5. ［日］日本东芝电气. 目标管理的实践. 沈阳：辽宁人民出版社，1981

6. 许仁忠. 目标管理与目标规划. 成都：成都科技大学出版社，1981

7. 刘源张. 全国质量管理. 天津：天津人民出版社，1984

8. 林修齐. 全面质量管理的组织与推行. 上海：上海科学技术出版社，1991

9. ［日］小林忠嗣. 办公室和间接部门的全面质量管理. 北京：机械工业出版社，1990

10. 张文焕. 全面质量管理咨询. 北京：北京日报出版社，1988

11. 郎志正. 质量管理和质量体系要素第二部分：服务指南、宣贯指南. 北京：中国标准出版社，1995

12. 杨文士，张雁. 管理学原理. 北京：中国人民大学出版社，1994

13. ［美］哈罗德·孔茨，海因茨·韦里克. 管理学. 北京：经济科学出版

社，1998

14. ［美］里基·W·格里芬．实用管理学．上海：复旦大学出版社，1989

15. 萧鸣政．现代人事考评技术及其应用．北京：中国人民大学出版社，1997

16. 萧鸣政．现代人员素质测评．北京：北京语言学院出版社，1995

17. ［美］斯蒂芬·P·罗宾斯．管理学（第四版）．北京：中国人民大学出版社，1998

18. 王雨田．控制论、信息论、系统科学与哲学．北京：中国人民大学出版社，1984

19. 宋林飞．社会调查研究方法．上海：上海人民出版社，1991

20. 吴玉．管理行为的调查与量度．北京：中国经济出版社，1987

21. 水延凯等．社会调查教程．北京：中国人民大学出版社，1996

22. 龚鉴饶．抽样调查基本原理．北京：中央广播电视大学出版社，1984

23. 赵彦云等．社会经济调查方法与应用．北京：中国统计出版社，1994

24. 王一夫．新中国统计史稿．北京：中国统计出版社，1986

25. 何平，王清，王洪燕等．实用统计方法．北京：北京经济学院出版社，1989

26. ［美］R.克朗．系统分析和系统科学．北京：商务印书馆，1985

27. 张卓民．系统方法．沈阳：辽宁人民出版社，1985

28. 孙光．政策研究．杭州：浙江教育出版社，1988

29. 孙国庆．现代公共政策导论．北京：北京大学出版社，1997

30. 林德金．政策研究方法论．吉林：延边大学出版社，1989

31. 朱志方．社会决策论．武汉：武汉大学出版社，1998

32. 许文惠，张成福，孙柏瑛．行政决策学．北京：中国人民大学出版社，1997

33. 陈庆云．公共政策分析．北京：中国经济出版社，1996

34. 杜嘉伟等．哈佛模式·项目管理．北京：人民日报出版社，线装书局，2001

35. 毕星，翟丽．项目管理．上海：复旦大学出版社，2000

36. 王德海，张晓婉，赵维宁．现代项目管理的理论与方法．北京：中国农业出版社，1998

37. 郎荣燊，刘荔娟．现代项目管理学．天津：天津大学出版社，1996

38. ［美］琼·努特森，艾拉·比茨．怎样当好项目经理．上海：上海人民

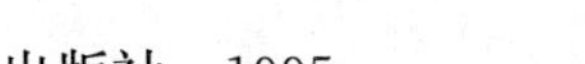

出版社，1995

39. 萧鸣政等编著. 工作分析的方法与技术. 北京：中国人民大学出版社，2010

40. [美] 加里·德斯勒. 人力资源管理. 北京：中国人民大学出版社，1999

41. [美] 雷蒙得·A·诺伊，约翰·霍伦拜克等. 人力资源管理——获得竞争优势. 北京：中国人民大学出版社，2000

42. 王璞主编. 人力资源管理咨询实务. 北京：机械工业出版社，2003

43. [美] 罗纳德·克林格勒，约翰·纳尔班迪. 公共部门人力资源管理：系统战略（第四版）. 北京：中国人民大学出版社，2001

人大版公共管理类教材

公共管理类专业教材——学科基础课教材

书名	作者
现代管理学原理（第三版）（“十一五”国家级规划教材）	娄成武　魏淑艳
一般管理学原理（第四版）	张康之　周　军
管理学基础（第三版）	方振邦
管理学教程	方振邦
政治学原理（第三版）	景跃进　张小劲
现代政治学原理（第四版）	石永义　刘玉萼　张　璋
政治学教程	舒　放　刘琼莲
公共管理学（第二版）	陈振明
公共管理学——一种不同于传统行政学的研究途径（第二版）	陈振明
公共管理学（第二版）（“十二五”国家级规划教材）	蔡立辉　王乐夫
公共管理学（精编版）	王乐夫　蔡立辉
公共管理学（第二版）	张康之　郑家昊
公共管理概论（第二版）	朱立言　谢　明
公共管理学概论	曹现强　王佃利
公共管理学导引与案例（第二版）	王丛虎
公共管理案例	中国人民大学公共管理学院
公共政策导论（第五版）（数字教材版）	谢　明
公共政策概论（第二版）	谢　明
公共政策学——政策分析的理论、方法和技术（“十一五”国家级规划教材）	陈振明
公共政策学	杨宏山
政策科学——公共政策分析导论（第二版）	陈振明
公共政策学导引与案例	陈季修
公共政策案例	中国人民大学公共管理学院
公共经济学（第三版）（“十二五”国家级规划教材）	高培勇
公共经济学教程	秦立建
政府经济学（第四版）（“十一五”国家级规划教材）	郭小聪
政府经济学（第四版）	潘明星　韩丽华

公共管理类专业教材——方法课教材

书名	作者
行政学研究方法与应用案例	萧鸣政
管理定量分析：方法与技术（第二版）	刘兰剑　李　玲
公共管理的方法与技术（第二版）	魏　娜
公共管理实用分析方法	汪明生　胡象明

公共管理类专业教材——行政管理、公共事业管理专业教材

书名	作者
行政法学导论	姜晓萍
行政法学	朱新立　唐明良　李春燕
公共部门人力资源管理（第四版）	孙柏瑛　祁凡骅
公共部门人力资源开发与管理（第五版）（“十二五”国家级规划教材）	孙柏瑛　祁凡骅
公共部门人力资源开发与管理（第三版）	孙柏瑛
公共部门人力资源管理（第三版）	滕玉成　于　萍
公共部门人力资源管理	方振邦
公共部门人力资源管理概论	方振邦

书名	作者
公共部门人力资源管理案例	周均旭
公共人事制度	刘俊生
行政管理学（第五版）	郭小聪
公共行政学（第五版）	彭和平
公共行政学	张康之　张乾友
行政学导论（第三版）	齐明山
行政管理学导引与案例	陈季修
管理心理学（第二版）	范逢春
公共组织行为学（第三版）（“十一五”国家级规划教材）	孙　萍　张　平
公共组织学（第三版）	李传军
行政组织学（第二版）	张　昕　李　泉
公共组织理论	陆明远　冯　楠
公共事业管理概论（第三版）	朱仁显
公共事业管理概论（“十一五”国家级规划教材）	娄成武　李　坚
公共组织财务管理（第三版）（“十一五”国家级规划教材）	王为民
国家公务员制度（第四版）（数字教材版）（“十二五”国家级规划教材）	舒　放　王克良
国家公务员制度概论（第二版）	刘碧强　郗永勤
公务员制度概论	李如海
公务员制度导论	孙德超
行政领导学（第三版）	朱立言　李国梁
领导学（第五版）	邱霈恩
领导学	王自亮
领导学：理念、行为与艺术	祁凡骅
领导学	孙　健
现代市政学（第四版）（数字教材版）	王佃利　张莉萍　高　原
市政管理学（第四版）（“十一五”国家级规划教材）	杨宏山
市政学导引与案例（第二版）	李燕凌
社区管理（第三版）	汪大海　魏　娜　郇建立
社区管理原理与案例	魏　娜
电子政务教程（第三版）（“十一五”国家级规划教材）	赵国俊
电子政府与电子政务（第二版）（“十一五”国家级规划教材）	张锐昕
电子政府概论（第二版）	张锐昕
管理信息系统	张维明　黄金才
行政伦理学教程（第三版）（“十二五”国家级规划教材）	张康之　李传军
公共危机管理导论（“十一五”国家级规划教材）	肖鹏军
公共危机管理概论（第二版）	王宏伟
公共危机管理	唐　钧
公共危机与应急管理：原理与案例	王宏伟
行政决策学	许文惠　张成福　孙柏瑛
非营利组织管理	吴东民　等
非营利组织管理（第二版）	康晓光
非营利组织管理导引与案例	崔向华　张　婷
当代中国政府与政治	景跃进　陈明明　肖　滨
当代中国政府与行政（第三版）	魏　娜　吴爱明
当代中国政府（第二版）（“十一五”国家级规划教材）	吴爱明
地方政府学概论（第二版）	方　雷
地方政府管理（第二版）	陈瑞莲　张紧跟
管理秘书实务（第三版）	赵锁龙
行政秘书学	唐　钧
公文写作与处理	赵国俊
机关管理的原理与方法（第三版）	赵国俊　陈幽泓
公共部门绩效管理	方振邦
政府绩效管理	方振邦　葛蕾蕾

书名	作者
政府绩效评估	蔡立辉
公共关系概论（第二版）	邹正方
政府公共关系（第二版）（“十一五”国家级规划教材）	廖为建　张　宁
社会管理	汪大海
社会管理——理论、实践与案例	陈振明
西方行政学理论概要（第二版）（“十一五”国家级规划教材）	丁　煌
公共行政学史	何艳玲
公共行政学经典理论导引与案例	付小均
西方公共管理名著导读	汪大海
管理思想史教程	方振邦　葛蕾蕾
文化管理学（第三版）（“十二五”国家级规划教材）	孙　萍
文化创意产业导论	魏鹏举
卫生事业管理（第二版）（“十一五”国家级规划教材）	李　鲁
教育经济与管理（第二版）（“十一五”国家级规划教材）	娄成武　史万兵
现代公用事业管理	崔运武

公共管理类专业教材——劳动与社会保障专业教材

书名	作者
社会保障概论（第六版）（数字教材版）（教育部推荐教材）	孙光德　董克用
社会保障管理（“十一五”国家级规划教材）	邓大松　刘昌平
劳动经济学（“十一五”国家级规划教材）	董克用　刘　昕
劳动法与社会保障法	黎建飞　李　静
人力资源管理	彭剑锋
社会保险学（第三版）	孙树菡　朱丽敏
社会保障基金管理	李春根
社会保险精算原理与实务	王晓军
社会保障国际比较	仇雨临
国际社会保障制度教程	穆怀中
员工福利概论（第二版）（“十一五”国家级规划教材）	仇雨临
医疗保障	王虎峰

公共管理类专业教材——土地资源管理专业教材

书名	作者
土地经济学（第八版）（“十一五”国家级规划教材）	毕宝德
土地法学（中国人民大学“十三五”规划教材）	严金明
土地法学	王守智　吴春岐
土地科学导论	叶剑平
土地资源管理学	张正峰
国土空间规划学	张占录　张正峰
土地利用规划学	张占录　张正峰
不动产估价（第二版）（“十一五”国家级规划教材）	叶剑平　曲卫东
土地信息系统	曲卫东　韩　琼
地籍管理（第五版）（“十一五”国家级规划教材）	谭　峻　林增杰

公共管理类专业教材——城市管理专业教材

书名	作者
城市管理学（第三版）	杨宏山
城市管理法	王丛虎
城市总体规划原理	郐艳丽　田　莉

公共管理硕士（MPA）教材——核心课教材

书名	作者
全国公共管理硕士（MPA）核心课程教学指导纲要	全国公共管理专业学位研究生教育指导委员会
社会主义建设理论与实践（第三版）	李景治　蒲国良
公共管理英语（修订版）	顾建光
公共管理学（第三版）	张成福　党秀云
公共管理学原理（修订版）	陈振明
公共管理导论	竺乾威　朱春奎　李瑞昌
公共政策分析	陈振明
公共政策分析导论	陈振明
公共政策分析概论（修订版）	谢　明
政治学：基本理论与中国视角	任剑涛
公共部门经济学（第三版）	高培勇　崔　军
公共经济学	唐任伍
行政法学（修订版）	皮纯协　张成福
行政法学概论（第三版）	胡锦光
非营利组织管理概论（修订版）	王　名
非营利组织管理	王　名　王　超
公共管理伦理学（修订版）	张康之
社会研究方法	陈振明
定量分析方法（第三版）	谭跃进
电子政务理论与方法（第五版）	金江军
电子政务	吴爱明　何　滨
公文写作概论	高永贵
信息技术及其应用（第三版）	张维明

公共管理硕士（MPA）教材——专业方向必修课、选修课教材

书名	作者
公务员制度教程（第六版）	舒　放　王克良
比较政府与政治（修订版）	卓　越
当代中国政府与政治（第三版）	吴爱明　朱国斌　林　震
公共部门人力资源管理及案例教程（第三版）	陈天祥
领导学	祁凡骅　刘　颖
领导学教程	常　健
领导理论与实践	邱霈恩
西方公共行政管理理论精要	丁　煌
社会管理概论	唐　钧
公共部门绩效评估（修订版）	卓　越
公共危机管理（修订版）	王宏伟
公共部门危机管理（第三版）	张小明
公共部门战略管理（修订版）	陈振明
城市管理理论与实务	杨宏山
公共冲突管理	常　健
MPA 学位论文写作指南	汪大海

图书在版编目(CIP)数据

公共管理的方法与技术/魏娜主编．—2版．—北京：中国人民大学出版社，2011
(21世纪公共管理系列教材)
ISBN 978-7-300-13397-3

Ⅰ.①公… Ⅱ.①魏… Ⅲ.①公共管理-高等学校-教材 Ⅳ.①D035

中国版本图书馆CIP数据核字(2011)第026647号

21世纪公共管理系列教材
公共管理的方法与技术(第二版)
魏　娜　主编
Gonggongguanli de Fangfa yu Jishu

出版发行	中国人民大学出版社		
社　　址	北京中关村大街31号	**邮政编码**	100080
电　　话	010－62511242(总编室)		010－62511770(质管部)
	010－82501766(邮购部)		010－62514148(门市部)
	010－62515195(发行公司)		010－62515275(盗版举报)
网　　址	http://www.crup.com.cn		
经　　销	新华书店		
印　　刷	北京昌联印刷有限公司	**版　　次**	2004年4月第1版
规　　格	170mm×228mm 16开本		2011年3月第2版
印　　张	22.75	**印　　次**	2021年6月第7次印刷
字　　数	398 000	**定　　价**	38.00元

教学支持说明

（教学课件）

中国人民大学出版社政治与公共管理出版分社秉承“出教材学术精品，育人文社科英才”的出版宗旨，多年来，出版了大批高质量的公共管理、教育学、政治学、政治理论公共课教材和学术著作。

我们为本教材制作了相应的 PPT 教学课件，任何一位采用本书作为授课教材的教师均可免费获得该课件。为了确保该课件仅为授课教师获得，烦请您填写如下材料，并将相关信息通过 E-mail 发送给我们，我们将在收到相关信息后通过 E-mail 给您发送该课件。欢迎您加入我们的 QQ 群（全国政管教师交流群，群号为 236159213），或登录我社官方网站（www. crup. com. cn），注册并认证成为教师会员，以获得更好的服务。

我们的联系方式：

地址：（100872）北京市中关村大街甲 59 号文化大厦 1202 室

中国人民大学出版社政治与公共管理出版分社

电话：（010）82502724　62514775（传真）

E-mail：ggglcbfs@vip. 163. com

QQ 群：236159213

兹证明＿＿＿＿＿＿＿＿大学/学院＿＿＿＿＿＿＿＿院/系＿＿＿＿＿＿＿专业＿＿＿＿＿＿学年第＿＿＿＿＿＿学期开设的＿＿＿＿＿＿＿＿＿课程，采用中国人民大学出版社出版的＿＿＿＿＿＿＿＿＿＿＿＿＿＿＿＿＿＿＿（书名、作者）作为本课程教材。授课教师为＿＿＿＿＿＿＿＿＿＿，授课班级共＿＿＿＿个、学生＿＿＿＿人。授课教师需要与本书配套的教学课件。

联 系 人：＿＿＿＿＿＿＿＿＿＿＿＿＿＿＿＿

通信地址：＿＿＿＿＿＿＿＿＿＿＿＿＿＿＿＿

邮　　编：＿＿＿＿＿＿＿＿＿＿＿＿＿＿＿＿

电　　话：＿＿＿＿＿＿＿＿＿＿＿＿＿＿＿＿

E-mail：＿＿＿＿＿＿＿＿＿＿＿＿＿＿＿＿＿

系/院主任：＿＿＿＿＿＿＿（签字）

（系/院办公室章）

＿＿＿＿年＿＿＿月＿＿＿日